C. S. 루이스,
기쁨의
하루

믿음이란 한 알의 밀알이 땅에 떨어져 죽음으로 많은 열매를 맺음과 같이 진리의 열매를 위하여 스스로 죽는 것을 뜻합니다. 눈으로 볼 수는 없으나 영원히 살아 있는 진리와 목숨을 맞바꾸는 자들을 우리는 믿는 이라고 부릅니다. 「믿음의 글들」은 평생, 혹은 가장 귀한 순간에 진리를 위하여 죽거나 죽기를 결단하는 참 믿는 이들의, 참 믿는 이들을 위한, 참 믿음의 글들입니다.

C. S. 루이스,
기쁨의
하루

C. S. 루이스 지음

월터 후퍼 엮음

홍종락 외 옮김

홍성사

일러두기
내용 및 성경 출처를 나타낸 괄호 중 ( )는 원문에 있는 내용이며, 〔 〕는 원문에는 없
으나 이해를 돕기 위해 옮긴이가 넣은 것이다.

서문

"인간은 기차가 여러 역을 통과하는 것처럼 여러 단계를 통과해 버리지 않는다. 살아 있는 한, 인간은 언제나 움직이면서도 지나온 것들을 그대로 간직하는 특권을 누린다. 과거의 우리는 어떤 식으로든 현재의 우리 안에 남아 있다."

C. S. 루이스의 《사랑의 알레고리》 첫 단락에 나오는 대목이다. 이 구절을 자주 묵상해서였는지, 루이스의 신학적인 글로 365일 묵상용 선집을 편집해 달라는 요청을 받았을 때 내 머릿속엔 두 가지 생각이 거의 동시에 떠올랐다. 우선 기차가 떠올리게 한 여행의 이미지에서 나온 의문이었다. 어디로 가는 여행인가? 그러자 루이스의 《시편사색》에 나오는 다음 구절이 기억났다. "우리가 지금 '종교적 의무들'을 수행하는 것은 메마른 땅에 수로를 파는 것과 같습니다. 언젠가 물이 흐를 때를 대비하기 위해서 말입니다. ……지금도 이따금 바싹 마른 고랑 위에 물방울이 뚝뚝 떨어지는 행복한 순간들이 있습니다. 이런 일이 빈번하게 나타나는 행복한 영혼들도 있습니다."

둘의 조합이 너무나 매력적으로 느껴졌다. 그리고 C. S. 루이스의 글을 교회력이라는 '수로' 안에 부어넣으면 얼마나 즐거울까 상상하게 되었다. 교회력은 "언제나 움직이면서도 지난 것을 그대로 간직하는 특권"을 누리는 기차와 같다. 교회력은 역사상 가장 큰 두 사건, 즉 우리 주님의 탄생과 부활을 축으로 짜여져 있기 때문이다. 엄격하게 말하면, 교회력은 강림절降臨節, Advent*의 첫 번째 주일부터 시작한다. 크리스마스 시즌은 그리스도가 이방인인 동방박사들에게 '나타나심'을 기념하는 1월 6일 주현절主顯節, epiphany에서 절정에 이른다. 그다음으로 큰 교회의 축일은 40일 동안 이어지는 부활절이고 그리스도 승천절, 오순절, 삼위일체 축일이 그 뒤를 잇는다. 오순절과 강림절 사이의 주들은 '오순절 후' 몇 주, '삼위일체 축일 후' 몇 주 같은 식으로 부르는 것이 관례다. 그렇게 시간이 흘러 한 해가 지나면 다시 강림절에 이르고 교회력이 다시 시작된다.

이렇게 매년 순환되는 교회력을 받아들이는 사람들은 시간을 초월해 있으면서도 언제나 상쾌함을 주는 새로움을 그 안에서 발견한다. 물론 이렇게 말하는 별다른 사람도 가끔 있다. "새롭다고? 원래 출발점으로 되돌아가는 기차 여행이 뭐가 그리 새롭다는 거요?" 그러나 기독교회 안에서 살아온 사람이 이런 반론을 제기할 것 같지는 않다. 대단히 경건하지만 전례를 덜 강조하는 교회들에 속한 많은 그리스도 인들에게는 오래된 형식의 교회력이 다소 혼란스럽게 다가올 수는 있을 것이다. 그러나 이 선집이 배치된 순서를 따라 루이스의 글을 읽어나가면 혼란은 얼마 안 가 사라질 것이다. 내가 판단할 수 있는 한, 교회력은 그들의 신앙에 아무런 해를 끼치지 않는다. 오히려 그들은 우리 주님이 지상에 계실 때 있었던 사건들을 더욱더 귀하고 소중하게 여기게 될 것이다. 예수님의 부활을 매년 하루만 떠올리던 사람이 40일 동안 기억하는 경험을 갖는다면 그 위대한 사건에 대한 믿음이 더 굳건해지고 감사하는 마음도 더 커질 것이 분명하다.

나는 그리스도인이 "또 크리스마스야! 또 부활절이야!"라고 말하는 것을 들어보지 못했다. 충실한 그리스도인이라면 그가 아무리 오래 산다 해도 부활절이 '효용을 다하는' 일은 있을 수 없다. C. S. 루이스는 《개인기도》에서 이렇게 썼다. "구체적인 성소聖所, 성물聖物, 성일聖日 등이 있다는 건 바람직한 일이야. 이런 구심점이나 기념물이 없다면, 모든 것은 거룩하며 '하나님을 담고 있다'는 믿음은 금세 쪼그라들어 막연한 감정만 남게 될 테니까." 이것은 그가 범신론에 대한 답변으로 한 말이다. 루이스는 범신론을 가장 그럴싸한 이단사설이라 봤고, 그 때문에 기독교로 회심하는 시기가 다소 늦추어진 바 있다.

교회력에서 많은 자양분을 섭취했던 루이스는 전혀 뜻밖의 책인 《스크루테이프의 편지》에서 교회력에 찬사를 보낸다. 이 선집을 통해 스크루테이프의 편지들을 처음 접하게 될 사람들을 위해 약간의 설명이 필요할 듯하다. 스크루테이프는 고참 악마다. 그의 '편지들'의 수신인은 젊은 악마 웜우드다. 웜우드는 한 젊은이의 영혼이 지옥으로 떨어지도록 지킬 임무를 맡고 있다. 스크루테이프가 "지하에 계신 우리 아버지"라고 할 때는 사탄을 가리키는 말임을 기억해야 한다. '그'나 '원수'라는 표현은 하나님을 가리킨다. 선집 1월 17일자에 발췌된 편지에서 스크루테이프는 새로움에 대한 채워질 줄 모르는 욕망과 더불어 "예나 지금이나 변함없는 것"에 대한 두려움을 인간 안에 심어주라고 독려한다. 스크루테이프는 원수가 인간에게 "불변을 사랑하는 마음"을 주어 "변화를 사랑하는 마음"과 균형을 이루게 하지 않았다면 이 작업이 훨씬 쉬웠을 거라고 털어놓는다. 스크루테이프의 불평을 들어보자.

> 그자는 인간에게 사계절을 주고, 각 계절이 해마다 다르면서도 같게 해놓았어. 그래서 봄은 늘 새로우면서도 동시에 아주 오래된 주제의 반복이 되지. 원수는 자기 교회에게도 영적인 해spiritual year를 주었는데, 그것 역시 금식과 축제가 번갈아가며 바뀌면서도, 동시에 해마다 같은 절기를 지키게 되어 있지.

이런 이유로 나는 교회력의 테마가 매일묵상집을 좋아하는 사람들에게 가장 잘 맞을 거라고 생각했다. 루이스의 글에서 인용문을 뽑아내기 시작하면서, 독자가 이 테마를 잘 따라온다면 루이스의 글을 가장 흥미롭고 다양하게 활용할 수 있을 거라고 믿게 되었다. 이 매일묵상집이 하나님의 '영적인 해'를 파괴하려는 스크루테이프의 계획을 물리치고 "예나 지금이나 변함없는 것"에 대한 우리의 두려움을 불태워버리는 데 큰 역할을 감당하기를 바라는 마음도 생겼다. 스크루테이프의 주장을 좀더 들어보자.

> 원수는 상투적인 걸 좋아한다. 그래서 내가 아는 한, 인간들이 어떤 행동을 하기에 앞서 아주 단순한 질문들을 던지길 바라지. 이를테면 '옳은 일인가', '신중한 일인가', '가능한 일인가' 하는 따위 말이다. 그런데 우리가 그것 대신 '우리 시대의 전반적 조류에 부합하는 일인가', '역사의 흐름에 맞는 일인가'를 질문하게 만들 수만 있다면, 진짜 필요한 질문들을 무시하게 될 게다. 물론 이런 건 대답할 수 없는 질문들이야. 인간은

미래가 어떻게 될지 모를 뿐 아니라, 미래의 모습이란 게 실은 상당 부분 현재의 선택에 달려 있다는 것도 모르니까. 그들은 오히려 미래에 기대어 현재의 선택을 내리려고 하지. 그 결과, 인간들이 이런 진공상태에서 우왕좌왕하는 사이에 살짝 침입하여 우리가 이미 정해 놓은 행동을 하게 만들 좋은 기회가 생기는 거야.

완전히 눈먼 사람이 아니라면 그동안 스크루테이프가 얼마나 많은 승리를 거두었는지 알 수 있을 것이다. 내 경우엔 특히 성직자들 사이에 널리 퍼진 배교를 생각하게 된다. 부활절 설교 시간에 심령연구에 대한 이야기만 잔뜩 늘어 놓던 주교의 설교를 아직도 잊을 수가 없다. 그는 죽음 이후에도 사람의 어떤 찌꺼기가 '살아남을'지 모른다는 사실을 알려 주면서 기뻐했다. 루이스는 이 주교를 몰랐지만, 이 선집의 5월 22-25일자 발췌문에는 그의 모습을 놀랄 만큼 정확하게 묘사한 글이 실려 있다. 아는 사람 중에 그 묘사에 해당하는 사람이 없다면 운이 좋은 것이리라.

하지만 '심령연구 주교'가 내게 준 유익이 한 가지 있다. 그 덕분에 나는 아주 중요한 것을 기억하게 되었다. 이단이 나타나서 분별 있는 사람은 다 그렇게 생각해야 하는 듯 속일 때마다 결과적으로 정통 기독교리가 활발하게 일어난다는 사실이다. 교회사를 보면 이것을 분명히 알 수 있다. 전쟁, 질병과 기근은 대개 그 끔찍한 문제들을 해결하기 위해 최선을 다하는 많은 선한 사람들에게서 최선의 모습을 이끌어내지 않았던가? 교회가 시작된 이후 줄곧, 하나님은 위대한 그리스도인들을 일으키셔서 이단을 물리치고 단번에 주어진 믿음을 굳건하게 하셨다. 그래서 나는 이 선집에 루이스가 '위대한 성인들'이라 부른 사람들에 대한 글을 많이 실었다.

하지만 모든 성인들에 대한 글을 다 실을 수는 없었다. 반갑게도 그 수가 너무 많았고, 루이스가 그들 모두에 대해 글을 쓴 것도 아니었기 때문이다. 이 책에 실린 사람들을 선택한 두 가지 이유가 있다. 첫째, 그들은 세상이(지금처럼) 이교사상으로 빠져들 것처럼 보이던 시기에 기독교 신앙을 고취하거나 굳게 지켜냈다. 둘째, 그들은 기념비와도 같은 존재로서, 교회가 지금 우리로부터 시작된 것이 아니라, 그들과 같은 위대한 인물들 덕분에 그리스도께서 원하셨던 형태로 오늘날 여기 존재할 수 있게 되었다는 사실을 상기시켜 준다. 이 성인들의 기념일과 교회의 축일, 금식일(루이스는 이런 날들을 '성일聖日, holy days'이라 불렀다)에 해당하는 날은 날짜 옆에 괄호를 넣어 표기했다.

금식일과 축일이 무엇인가? 교파마다 교회력의 양대 금식일인 재의 수요일(사순절 첫날)과 성 금요일(십자가 처형의 날)을 지키며 완전히 금식을 해야 하는지, 육식만 금해야 하는지에 대해 의견을 달리한다. 하지만 대부분의 사람들은 사순절 기간 내내 모종의 자기부인 행위가 있어야 한다고 믿는다. 마태복음 17장 14-21절에서 사도들은 주님이 한 소년에게서 악한 귀신을 쫓아내시는 광경을 목격하고 왜 자신들은 그런 일을 할 수 없었느냐고 물었다. 예수님은 "기도와 금식이 아니면 이런 유가 나가지 아니하느니라"(마 17:21, 난외주)라고 대답하셨다. 성인들의 삶에서 기도와 금식은 거의 언제나 같이 나타난다. 금식은 육적 쾌락의 매력을 약화시킴으로써 영적 생명을 강화시키기 위해 고안된 고행의 일종이다. 40일의 사순절은 광야에서 우리 주님이 받으신 40일의 유혹을 기념한다. 우리에게 사순절의 주된 목적은 십자가를 향해 가시는 우리 주님과 일체감을 갖는 것이다. 축일은 우리 주님의 생애에서 일어난 위대한 사건들을 기념하는 날, 그리고 성인들에게 경의를 표하는 날이다. 부활절은 교회력에서 가장 큰 축일이다. 혹시 있을지 모를 오해를 염려하여 하는 말인데, 구약성경 기자들이 안식일을 말할 때는 하나님이 창조의 일을 쉬신 날과 이스라엘이 이집트에서 해방된 일을 모두 뜻했다. 유대민족은 지금도 안식일을 이런 뜻으로 지킨다. 그러나 신약성경 시대에는 주일이 안식일을 대체했다. 사도들에게도 주일은 주님의 부활을 매주 기념하는 날이었다. 이것이 사순절 기간이라도 주일에는 금식할 필요가 없는 이유다. 모든 주일은 부활을 기념하는 날이기 때문이다.

이제 독자는 교회력에 근거해 선집을 구성하는 데 따르는 한 가지 어려움을 알아차렸을 것이다. 크리스마스처럼 소위 '날짜가 고정된 축일Immovable Feasts'의 경우에는 아무 문제가 없다. 하지만 부활절은 유월절 만월滿月(춘분 다음의 최초의 만월)을 기준으로 정해지기 때문에 해마다 달라지고 빠르면 3월 21일, 늦으면 4월 25일이 될 수도 있다. 그래서 부활절은 '날짜가 바뀌는 축일Movable Feast'이다. 부활절 및 관련 금식일과 축일들에 대해 이 책에서 날짜를 지정하기란 불가능했다. 그래서 나는 '날짜가 바뀌는 금식일과 축일'에 해당하는 묵상의 글들을 책 끝부분에 따로 두기로 했다. 재의 수요일(사순절의 첫 날), 세족 목요일(부활절 전 목요일), 성 금요일(부활절 전 금요일), 성 토요일(부활절 전 토요일), 부활절, 그리스도 승천절, 오순절(성령강림절), 삼위일체 축일, 그리스도의 성체성혈 대축일에 해당하는 루이스의 글을 보려면 뒤쪽으로 가서 해당 항목에서 찾으면 된다.

근년 들어 죄는 조금만 얘기하고 사랑과 기쁨과 평안을 강조하는 움직임이 있었다. 이런 지름길은 재앙에 가까운 결과로 우리를 이끌었다. 죄를 말하지 않으니 정말 어떤 잘못을 저지른 사람이 도저히 죄책감을 벗을 수 없게 되었고, 사랑과 기쁨과 평안도 누리지 못하게 된 것이다. 약(회개)을 먹지 않고 건강해지려는(사랑과 기쁨과 평안을 맛보려는) 이런 노력은 행복을 추구하는 것과 다를 바 없다는 게 내 생각이다. 행복은 어느 덤불 뒤에 숨어 있는지 알기만 하면 붙잡을 수 있는 대상이 아니다. 행복을 추구하다간 환멸에 빠지고 만다. 그렇게 되지 않으려면 행복은 언제나 그보다 더 중요한 무엇의 결과라는 사실을 깨달아야 한다.

이 묵상집에 실린 발췌문들을 매일 순서대로 읽어가는 사람들은 행복 너머의 그 '무엇'의 정체를 발견하게 될 것이다. 독자는 이 선집에 도덕에 대한 구절들이 아주 많이 실려 있음을 알게 될 것이다. 하지만 루이스가 말한 대로 '기쁨이야말로 천국의 진지한 임무'라는 것을 잘 보여 주는 구절들도 많이 만나게 될 것이다. 루이스 덕분에 우리는 우리의 전체 모습을 보지 않을 수 없다. 그는 우리가 아는 가장 현실적인 그리스도인 중 한 사람이었기 때문이다. 그는 두더지 둔덕이 산이라고 허풍떨지 않았지만 거기 분명히 존재하는 진짜 두더지 둔덕을 외면하지도 않았다. 그는 잠시라도 우리가 기독교를 실제보다 못한 모습, 다른 모습으로 가장하도록 내버려두지 않을 것이다. 그가 왜 그렇게 하겠는가? 존 번연을 다룬 글에서 그는 이렇게 말한 바 있다. "태어난다는 것은 도저히 상상하지 못할 큰 기쁨과 비참함에 노출되는 일이다. 갈림길마다 내린 선택이 우리가 생각하는 것보다 더 중요할 수 있다. 지름길을 따라가다가는 아주 몹쓸 장소에 이를 수도 있다."

그러나 놀라운 소식 하나가 있다. 루이스가 이 책에서 분명히 밝히고 있다시피, 도덕이 중요하긴 하지만 도덕 그 자체가 목적으로 제시된 적은 결코 없다. 도덕은 더 높은 곳으로 올라가는 데 필요한 '밧줄과 도끼'다. 그 높은 곳에서부터 교회력보다 더 위대한 여행이 시작된다. 그 여행은 '삼위일체의 행복한 나라'로 이어진다. 바로 그곳에서 이 세상에서는 상상도 하지 못했던 기쁨이 시작된다. 끝이 아니라 시작이다. 그 '행복한 나라'에서는 '천국의 진지한 임무'에 대한 설명이 필요 없을 것이다. 그곳에서 우리는 그 외의 다른 것이 있었다는 사실조차 잊어버리게 될 것이다. 하지만 그 전에 먼저 C. S. 루이스와 교회력 여행을 떠나보자.

1983년 막달라 마리아 축일**에
옥스퍼드에서 **월터 후퍼**

---

* 크리스마스 이전 네 번의 주일을 포함해서 지키는 절기—역주.
** 7월 22일—역주.

1월 1일
새해를 열며

저도 잘 압니다. 고질적인 유혹을 극복하기란 참으로 절망적인 일이지요. 하지만 구겨진 자존심에서 나온 조바심, 또 실패했다는 짜증, 안달 등으로 무너지지만 않는다면 그리 심각한 상황은 아닙니다. 아무리 많이 넘어진다고 해도 그때마다 계속 마음을 다잡고 일어나면 파멸하지 않습니다. 물론 집에 도착할 무렵이면 우리 몸은 온통 진흙범벅에다 옷도 너덜너덜해져 있겠지요. 그러나 집안에는 목욕물이 준비되어 있고, 수건이 걸려 있고, 갈아입을 깨끗한 옷도 선반에 놓여 있습니다. 치명적인 잘못은 하나뿐입니다. 분통을 터뜨리며 다시 일어나 길을 계속 가기를 포기하는 것이지요. 몸에 흙이 묻은 게 보인다는 것은 하나님이 우리 안에 더없이 분명히 계시다는 의미입니다. 하나님이 함께하신다는 가장 확실한 증표입니다.   루이스의 편지 [1942년 1월 20일]

1월 2일
매일 아침 가장 먼저 해야 할 일

바로 그렇기 때문에 대개의 경우 예상치 못하는 곳에서 그리스도인의 삶을 방해하는 진짜 문제에 부딪치는 것입니다. 그것은 매일 아침 눈을 뜨는 바로 그 순간 찾아옵니다. 그 순간 그 날의 모든 소원과 희망이 맹수처럼 달려들지요. 따라서 매일 아침 가장 먼저 해야 할 일은 그것들을 모조리 밀어내는 것입니다. 다른 음성에 귀를 기울이고, 다른 관점을 받아들이며, 좀더 크고 강하고 고요한 생명이 흘러들어오게 하는 것입니다. 이 일은 날마다 계속되어야 합니다. 우리는 안달복달하며 야단법석을 떠는 자연적 자아에서 물러서야 합니다. 그 세찬 바람에서 벗어나야 합니다.

처음에는 이렇게 할 수 있는 순간이 불과 얼마 안 됩니다. 그러나 그런 짧은 순간들을 통해 새로운 종류의 생명이 우리의 전신으로 퍼져 나갑니다. 왜냐하면 그분은 이렇게 함으로써 일해야 할 부분에서 제대로 일하실 수 있기 때문입니다. 이 차이는 겉에만 칠해지는 페인트와 속까지 흡수되는 염료의 차이나 같습니다. 그리스도는 이상주의에 불과한 말씀을 하신 적이 없습니다. 그가 "너희도 온전하라"고 하실 때는 말 그대로 정말 온전하라는 것, 온전히 치료받을 마음을 먹으라는 것입니다. 이것은 어려운 일입니다. 그러나 우리가 오로지 추구하는 일종의 절충안을 따르기는 더 어렵습니다. 아니, 사실은 아예 불가능하지요. 알이 부화해서 새가 되는 것은 어려운 일일 수 있습니다. 그러나 알이 나는 법을 배우려 드는 것은 더 어려운 일일 뿐만 아니라 보기에도 우스운 광경이 될 것입니다. 지금 우리는 알과 같습니다. 우리는 언제까지나 평범하고 보기 좋은 알로 머물 수 없습니다. 부화하든지 썩든지 둘 중에 하나가 될 수 밖에 없습니다.

《순전한 기독교》 4장 인격을 넘어서, 또는 삼위일체를 이해하는 첫걸음

1월 3일
여행길에 만나는 활력소들

우리는 모두 확고한 행복과 안전을 갈망하지만, 하나님은 세상의 본성상 그것을 허락지 않으십니다. 그러나 기쁨과 쾌락과 즐거움은 널리 퍼뜨려 놓으셨습니다. 우리는 결코 안전하지 않지만, 풍성한 재미와 얼마간의 황홀함을 누립니다. 하나님이 그렇게 하신 이유를 알기란 어렵지 않습니다. 우리가 갈구하는 안전은 우리 마음을 세상에 안주시킴으로써 하나님께 돌아가지 못하게 하는 장애물이 될 수 있습니다. 그러나 잠깐 동안의 행복한 사랑, 아름다운 경치, 교향악, 친구들과의 즐거운 만남, 목욕, 축구경기에는 그런 성향이 없습니다. 우리 아버지께서는 여행길에 기분 좋은 여관에 들러 원기를 회복하게 해주시지만, 그 여관들을 우리 집으로 착각하게 하시지는 않습니다.

《고통의 문제》 7장 인간의 고통 II

1월 4일
모든 것이 뒤집힌 세상

우리가 노동의 저주 아래에서 매일 곤경과 좌절을 겪고 끊임없는 계획과 당혹, 불안에서 벗어나지 못하는 이 '눈물 골짜기'에 있는 동안, 천상을 알리는 특성들이 나타나 그 이미지를 드러낼 수 있는 유일한 자리는 사소한 활동들뿐일세. 천국 성도의 삶은 그 자체가 하나의 목적, 아니 참된 목적이라고 해야 하지 않을까? 전적으로 자발적이고 무한한 자유와 유연하고 미묘하며 가장 꼼꼼하게 조정된 아름다운 질서가 온전한 조화를 이루는 삶 말일세. '진지한' 활동들 속에서 이러한 삶의 이미지를 어떻게 찾을 수 있겠는가? 자연적 삶이든 (현재의) 영적 삶이든 마찬가지일세. 변덕스럽고 애절한 우리의 정서에서 찾겠는가, 아니면 어떤 면에서는 항상 십자가의 길*via crucis*이라고 해야 할 참된 도道에서 찾겠는가? 아닐세, 말콤. 우리가 유비를 발견할 수 있는 곳은 휴식시간, 우리에게 허용된 축제의 순간뿐이야. 춤과 게임은 이곳, 아래 세상에서는 경박하고 사소하네. '이곳, 아래 세상'은 자연스러운 장소가 아니기 때문일세. 이곳에서, 춤과 게임은 주된 생활에서 벗어나 잠시 갖는 휴식일세. 그러나 이 세상은 모든 것이 뒤집혀 있는 곳일세. 이곳에서 춤과 게임 등에 오래 빠져 있으면 게으르다고 손가락질받겠지만, 더 나은 나라에서는 바로 그런 일이 최상의 목적일 가능성이 높네. 기쁨이야말로 천국의 진지한 임무니까. 《개인기도》 17장

1월 5일

길

　　숲에서 길을 잃었을 때에는 표지판을 찾는 일이 중요한 법이다. 표지
판을 처음 찾은 사람은 "저기 있다!"고 소리를 친다. 그리고 사람들이 모여 그
표지판을 들여다본다. 그러나 마침내 길을 발견해서 몇 마일마다 하나씩 세워져
있는 표지판들을 만나게 되면 더 이상 멈추어 서서 들여다보지 않는다. 물론 표
지판들을 보면 용기가 생기고, 그런 표지판들을 세워 놓은 당국에 감사한 마음
도 들 것이다. 그러나 매번 멈추어 서서 들여다보지는 않을 것이며, 혹시 들여다
본다 해도 오래 지체하지는 않을 것이다. 일단 이 길에 들어선 사람은, 표지판의
기둥이 은이고 글자가 금이라 해도 지체하지 않는다. "우리는 예루살렘으로 가
고 있기 때문이다." 물론 아직도 길가의 하찮은 것들을 들여다보느라 발걸음을
멈출 때도 아주 없지는 않다. 《예기치 못한 기쁨》 15장 시작

1월 6일 〈주현절〉

주님의 나타나심

민주적이고 산술적인 사고방식에 젖어 있는 우리 현대인들의 바람과 기대에 부응하려면, 하나님을 찾는 일에서도 모든 사람이 똑같이 출발해야 할 것입니다. 그림으로 나타내자면 마음씨 고운 사람들이 모두 같은 뜻을 품고 여러 방향에서 출발해 하나의 중심으로 향하는 도로들을 따라 걸어가며 서로 점점 가까워지는 광경과 비슷하겠지요. 그러나 이것은 기독교의 이야기와 놀랄 만큼 반대되는 그림입니다! 전 지구에서 한 민족이 뽑힙니다. 그 민족은 거듭거듭 시험을 받으며 정화됩니다. 그들 중 일부는 팔레스타인에 도착하기도 전에 사막에서 죽습니다. 일부는 바벨론에 남겨지고, 일부는 무관심해집니다. 모든 것이 좁아지고 좁아지다가 마침내 창끝 같은 예리한 점에 이릅니다. 기도하는 한 유대인 소녀입니다. 성육신이 나타나기 전에, 인간성 전체가 이 정점에까지 좁혀진 것입니다. 우리의 기대와는 전혀 다르지만, 자연이 보여주는 것처럼 이것은 하나님이 일반적으로 일하시는 방식입니다. 다를 게 없습니다. ……선택된 민족은 최고의 명예를 누리도록 어떤 의미에서 불공평하게 선택되었지만 그것은 또한 엄청난 짐이기도 합니다. 이스라엘 민족은 그들의 불행이 세상을 구원하고 있음을 깨닫습니다. 《피고석의 하나님》 1부 장엄한 기적

1월 7일
들어오라는 부르심을 기다리기

현재 우리는 그 세계의 바깥, 그 문의 바깥쪽에 있습니다. 우리는 아침의 신선함과 깨끗함을 인식하지만 그것이 우리를 신선하고 깨끗하게 만들지는 못합니다. 우리는 우리가 보는 그 광채와 뒤섞일 수가 없습니다. 그러나 신약성경의 모든 나뭇잎들은 언제나 그렇지는 않을 거라는 소문을 퍼뜨리며 바스락거리고 있습니다. 언젠가 하나님이 허락하시면 우리는 안으로 들어갈 것입니다. 인간의 영혼은 무생물이 묵묵히 하나님께 순종하는 만큼 자발적으로 그분께 온전히 순종하게 될 때 자연의 영광을 덧입게 될 것입니다. 아니, 자연이 초벌 스케치 정도로 느껴질 만큼 더 큰 영광을 덧입을 것입니다. 제 말을 자연에 흡수된다는 식의 이교도적 공상으로 생각하시면 안 됩니다. 자연은 필멸의 존재이지만 우리는 자연보다 오래 존재하게 됩니다. 모든 항성과 성운이 사라져 버린 뒤에도 우리 각 사람은 여전히 살아 있을 것입니다. 자연은 이미지요 상징에 불과합니다. 그러나 성경이 우리에게 준 상징입니다. 우리는 자연을 통해, 자연을 넘어, 자연이 시원찮게 반영하고 있는 그 광채 속으로 들어오라는 부름을 받습니다. 《영광의 무게》 영광의 무게

1월 8일

하나님 앞에 서는 것

실재로 가는 우리의 유일한 길은 결국 기도와 성례와 회개와 예배, 즉 종교 자체입니다. 수학이 그렇듯, 종교도 내면에서부터 자라날 수도 있고, 썩을 수도 있습니다. 유대인은 이교도보다 많이 알았고, 그리스도인은 유대인보다 많이 알며, 현대의 막연하게 종교적인 사람은 그 셋 중 누구보다 아는 게 적습니다. 그러나 수학과 마찬가지로, 종교는 그 자체로 물질적 우주에 대한 어떤 새로운 이론에도 적용될 수 있고, 그 어떤 이론에 의해서도 시대에 뒤떨어진 것으로 밀려나지 않습니다.

하나님의 임재 안에 들어간 모든 사람은, 원하건 원치 않건 그를 다른 시대의 사람들과, 심지어 이전의 자신과도 너무나 다르게 보이게 했던 온갖 것들이 벗겨져 버린 자신의 본모습을 발견하게 될 것입니다. 그는 그가 언제나 있던 자리, 모든 사람이 늘 머무는 자리로 돌아옵니다. ……우리가 우주를 제아무리 복잡하게 그려 내도 그것이 우리를 하나님으로부터 숨겨 주지는 못합니다. 하나님으로부터 피할 은신처가 될 만큼 빽빽한 덤불이나 숲이나 정글은 없습니다. ……어느 곳에서든 눈 깜짝할 사이에, 너무 짧아서 측정도 못할 만큼 짧은 순간에, 우리를 하나님으로부터 갈라놓는 듯 보이던 모든 것이 흩어지고 사라져 버릴 수 있습니다. 그렇게 되면 우리는 최초의 사람처럼, 유일했던 그 사람처럼, 그분과 나만 존재하는 것처럼 그분 앞에 벌거벗고 있게 될 것입니다. 그 만남은 오랫동안 회피할 수 있는 것이 아니고, 축복이거나 공포가 될 것입니다. 그렇기 때문에, 인생의 본분은 그것을 좋아하는 법을 배우는 일입니다. 그것이 첫째 되는 큰 계명입니다. 《피고석의 하나님》 3장 교리와 우주

1월 9일

냉담한 피조물들

오늘날 선량한 사람 스무 명을 찾아 최고의 미덕이 무엇이라고 생각하는지 묻는다면, 그중 열아홉은 '비이기심Unselfishness'이라고 답할 것입니다. 하지만 과거의 위대한 그리스도인들에게 같은 질문을 던졌다면, 거의 대부분은 '사랑'이라고 답했을 것입니다. 어떤 차이가 있는지 아시겠습니까? 소극적인 용어가 적극적인 용어를 대체했습니다. 이 현상에는 언어적인 차이 이상의 중요한 의미가 담겨 있습니다. 비이기심이라는 소극적 이상negative idea을 가진 사람은 다른 사람에게 좋은 것을 주는 일이 아니라 내가 좋은 것 없이 지내는 일에 주로 관심을 보입니다. 다른 사람의 행복이 아니라 나의 금욕이 중요한 일인 것처럼 말입니다. 이것은 기독교에서 가르치는 사랑과 다릅니다.

신약성경은 자기부인self-denial에 대해 많이 말하지만, 자기부인 자체를 목적으로 제시하지는 않습니다. 그리스도를 좇기 위해 자기를 부인하고 자기 십자가를 지라고 합니다. 그리고 그렇게 할 때 뒤따라오는 바람직한 결과에 대한 설명이 이어집니다.[2] 자신의 행복을 갈망하고 간절히 누리고 싶어 하는 것은 나쁜 것이라는 생각이 현대인의 사고에 도사리고 있다면, 그것은 칸트와 스토아 학파의 사상에서 스며든 것이지 기독교 신앙의 일부가 아니라는 점을 말씀드립니다. 복음서가 당당하게 약속하는 보상, 그 엄청난 보상들을 생각하면, 우리 주님은 우리의 갈망이 너무 강하기는커녕 오히려 너무 약하다고 말씀하실 듯합니다. 우리는 무한한 기쁨을 준다고 해도 술과 섹스와 야망에만 집착하는 냉담한 피조물들입니다. 마치 바닷가에서 휴일을 보내자고 말해도 그게 무슨 뜻인지 상상하지 못해서 그저 빈민가 한구석에서 진흙 파이나 만들며 놀고 싶어 하는 철없는 아이와 같습니다. 우리는 너무 쉽게 만족합니다. 《영광의 무게》 영광의 무게

1월 10일
사랑과 친절의 차이

　　오늘날 하나님의 선함은 거의 예외 없이 사랑이 많다는 뜻으로 이해되고 있습니다. 여기까지는 맞는 말일 수 있습니다. 문제는 우리 대부분이 이 문맥의 사랑을 친절kindness—다른 사람이 자기보다 행복하기를 바라는 마음, 어떤 식으로든 행복하기만을 바라는 마음—로 이해한다는 데 있습니다. 실제로 우리 마음에 드는 하나님이란 우리가 무슨 짓을 하든 간에 "너만 만족을 느낀다면 무슨 문제가 되겠느냐?"고 말해 주는 하나님일 것입니다. 사실 우리는 그 하늘에 계신 아버지Father in Heaven가 아니라 그냥 하늘에 계신 할아버지 grandfather in heaven —흔히 말하듯이 "젊은이들이 즐기는 모습을 보기 좋아하는" 할아버지, 세상에 대한 계획이라고 해 봤자 하루가 끝날 때마다 "오늘도 모두 즐겁게 보냈지"라고 말할 수 있게 만드는 것이 전부인 연로하고 인자한 할아버지—를 원합니다. 물론 자신의 신학을 이런 용어로 정확히 표현하는 사람은 많지 않습니다. 그러나 이와 별 차이 없는 개념을 은연중에 품고 있는 이들은 많습니다. 저도 예외라고 할 수 없습니다. 저 또한 그런 방침에 따라 운영되는 우주에 살고 싶은 마음이 굴뚝같습니다. 그러나 제가 지금 그런 세상에 살고 있지 않다는 것이 너무나 명확하고, 그럼에도 저에게는 '하나님은 사랑'이라고 믿을 만한 이유가 있으므로, 결국은 사랑에 대한 저의 개념을 수정해야 한다는 결론을 내릴 수밖에 없습니다. 《고통의 문제》 3장 하나님의 선함

1월 11일

황송할 정도의 극진한 대접

사랑 안에 친절이 있습니다. 그러나 사랑과 친절이 동일선상에 있는 것은 아니며, 사랑의 다른 요소들과 분리된 친절(앞서 말한 의미의 친절)은 그 대상에게 근본적인 관심을 갖지 않는 것은 물론이고 그 대상을 경멸하는 사태까지 초래할 수 있습니다. 친절은 그 대상을 제거하는 일에도 서슴없이 동의합니다. 우리는 동물에게 친절한 마음을 가지고 있기 때문에 고통을 면하게 해주려는 목적으로 동물을 죽이는 사람들을 알고 있습니다. 이처럼 단순한 친절은 고통을 면하게 해줄 수만 있다면 그 대상이 선해지든 악해지든 상관하지 않습니다. 성경이 지적하듯이, 응석만 부리면서 자라는 자식은 서자입니다. 가문의 전통을 이어갈 적자는 징계를 받습니다.[3] 우리는 별 관심 없는 사람들에 대해서는 그들이 무조건 행복하기만을 바랍니다. 그러나 우리의 친구와 연인과 자녀들에 대해서는 엄격한 태도를 보이며, 그들이 다른 사람과 불화를 일으키는 비열한 방식으로 행복해지느니 차라리 고통받는 편을 바랍니다.

이러한 사랑의 정의에 비추어 볼 때, 하나님이 사랑이시라면 단순한 친절을 넘어서는 분임이 분명합니다. 또 모든 기록을 볼 때, 그가 우리를 꾸짖고 책망하신 적은 자주 있었지만 우리를 경멸하신 적은 한 번도 없다는 것을 알 수 있습니다. 그는 가장 깊고 가장 비극적이며 가장 불가항력적인 의미에서 우리를 사랑하여, 황송할 정도로 극진한 대접을 해주셨습니다. 《고통의 문제》 3장 하나님의 선함

1월 12일

하나님께서 사랑하시는 대상

기독교에서 하나님이 인간을 사랑하신다는 것은, 말 그대로 하나님이 인간을 사랑하신다는 뜻입니다. 우리에게 무관심한 나머지 '사심 없이' 우리의 복지에 신경 쓰신다는 뜻이 아니라, 두렵고도 놀라우며 참된 의미에서 우리를 사랑의 대상으로 삼으셨다는 뜻입니다. 여러분은 사랑의 하나님을 만나고 싶어 했습니다. 그 하나님이 여기 계십니다. 여러분이 대수롭지 않게 불러낸 위대한 영, 그 "무시무시한 용모의 군주"가 여기 계십니다. 꾸벅꾸벅 졸면서 여러분이 그 나름대로 행복해지기를 바라는 연로한 할아버지의 인자함이나 양심적인 치안판사의 냉담한 박애주의, 손님 대접에 책임감을 느끼는 집주인의 배려로서가 아니라, 소멸하는 불로서, 세상을 창조해 낸 사랑으로서, 작품을 향한 화가의 사랑처럼 집요하고 개를 향한 인간의 사랑처럼 전제적專制的이며 자식을 향한 아버지의 사랑처럼 신중하고 숭고하며 남녀의 사랑처럼 질투할 뿐 아니라 꺾일 줄 모르는 철두철미한 사랑으로서 여기 계십니다.

어떻게 이런 일이 가능한지 저는 모르겠습니다. ……우리를 만드신 주된 목적은 우리로 하여금 하나님을 사랑하게 하려는 데 있는 것이 아니라(물론 이 목적도 있지만), 하나님이 우리를 사랑하심으로써 우리를 그의 사랑이 '아주 기쁘게' 머물 수 있는 대상으로 만드시려는 데 있습니다. 하나님의 사랑을 향해 현재의 우리 모습에 만족하라고 요구하는 것은, 하나님께 하나님이기를 그만두시라고 요구하는 것과 같습니다. 하나님은 하나님이시기 때문에 그의 사랑은 본성상 지금 우리의 인격에 있는 흠들을 저지하고 거부할 수밖에 없으며, 그는 이미 우리를 사랑하고 계시기 때문에 우리를 사랑스러운 존재로 만들기 위해 노력하지 않으실 수 없습니다. 전보다 좀 나아졌다 해도 여전히 불순한 현재의 우리 모습에 만족해 주시기를 바랄 수는 없습니다. 《고통의 문제》 3장 하나님의 선함

1월 13일

눈에 보이는 교회

우리가 하나님을 알 수 있다면 그것은 우리의 억측이 아니라 오로지 그분의 자기 계시에 의해서 가능할 것입니다. 그러므로 우리는 하나님이 기적과 영감된 교사들 그리고 특정 의례를 통해 자신을 드러내셨다는 곳에서 그분을 찾아야 합니다. 종교 전통들은 내용이 상충되지만 시간을 들이고 마음을 열어 연구하면 할수록 그 중 상당수에 들어 있는 공통 요소를 더욱 깨닫게 됩니다. 희생, 피 흘림을 통한 신비한 교제, 죽음과 재생, 구속의 주제가 너무나 분명히 나타나 있어 못 알아볼 수가 없습니다. 우리에겐 도덕적·지적 비판을 가할 권리가 얼마든지 있습니다. 그러나 윤리적 요소만을 추려 내어 그 자체를 하나의 종교로 내세울 권리는 없다고 생각합니다. 그런 최소종교가 아니라, 더욱 철저히 윤리적인 동시에 단순한 윤리를 훌쩍 뛰어넘는 종교 전통 안에서, 우리가 모든 종교의 성취이시며 전적 타자이신 살아 계신 창조주께서 주시는 온전한 메시지를 받게 될 거라고 믿는 것이 훨씬 합리적입니다.

그분이 존재한다면 철학자들만의 하나님이 아니라 신비가와 야만인의 하나님이기도 할 것이며, 머리와 가슴의 하나님만이 아니라 원시적인 감정과 모든 감정을 초월하는 영적 황홀경의 하나님일 것입니다. 우리가 교회에 합류하는 것은 지금도 여전히 합당한 일입니다. 교회는 오늘날까지 이교적, 어쩌면 전前이교적 메시지까지 망라하여 세계 너머에서 찾아온 모든 메시지의 핵심을 보존해 왔습니다. 우리는 이른바 우리의 본성에서 어떤 '고차원의' 요소들을 일부 추려 낸 것에 근거한 종교가 아니라, 모든 부분에서 그 본성의 깨어짐과 다시 지음, 죽음과 재생이 신앙의 근거인 유일한 종교를 믿고 따르기 시작할 수 있습니다. 그리스인도 유대인도 야만인도 없고 오직 새로운 피조물만이 있을 뿐입니다.

《피고석의 하나님》 16장 교리 없는 종교?

1월 14일

기독교권의 분열

'기독교'가 너무 많은 의미를 지닌 단어이기 때문에 아무 의미가 없다고 생각하고픈 유혹을 받는 사람이 있다면, 자신이 속한 세기를 벗어나 보면 실상이 그렇지 않음을 의문의 여지 없이 알게 될 거라고 말해 주고 싶습니다. 지난 여러 시대에 걸쳐 드러난 바에 따르면, '순전한 기독교'는 눈에 뻔히 보이는 초교파적 무미건조함이 아니라 긍정적이고 사리에 맞고 다함이 없는 실체입니다. 이것은 제가 쓰라린 경험을 통해 알게 된 사실입니다. 제가 기독교를 미워하던 시절,⁴ 저는 청교도 버니언의 작품과 성공회 후커, 때로는 토마스주의자 단테의 글에서 너무나 친숙한 어떤 냄새처럼, 제가 만날 때마다 거의 변하지 않는 그 무엇을 계속 감지하게 되었습니다.

우리 모두 기독교권의 분열 때문에 마음이 괴롭고 부끄럽습니다. 그럴 만도 합니다. 그러나 평생 그리스도인들의 공동체 안에서만 살아온 사람들은 이로 인해 너무 쉽게 낙담할 우려가 있습니다. 기독교 내의 분열은 나쁘지만, 이 사람들은 바깥에서 그것이 어떻게 보이는지 알지 못합니다. 바깥에서 보면, 온갖 분열 후에도 손상되지 않고 남은 부분은 여전히 (실제로도 그렇듯) 엄청나게 강력한 단일체로 보입니다. 저는 그것을 직접 보았기 때문에 압니다. 우리의 원수들도 그 사실을 잘 압니다. 그 단일성은 이 시대를 벗어나서 보면 우리 중 누구라도 발견할 수 있습니다. 충분하지는 않지만, 우리가 생각했던 것 이상입니다. 일단 그 안에 푹 잠기고 난 뒤 과감하게 말을 해보면, 재미있는 경험을 하게 될 것입니다. 실제로는 버니언의 글을 인용하고 있는데 천주쟁이라는 말을, 아퀴나스의 글을 인용하는데 범신론자라는 말을 듣게 될 것입니다. 그것은 우리가 이제 모든 시대를 가로지르는 고가도로, 골짜기에서 보면 너무 높고, 산에서 보면 너무 낮고, 습지에 비하면 너무 좁고, 양 떼가 다니는 길에 비하면 너무 넓은 대단한 수준의 고가도로에 올라섰기 때문입니다. 《피고석의 하나님》 2부 옛날 책의 독서에 대하여

1월 15일
그리스도의 몸의 재결합

지금은 그 필요성이 과거 어느 때보다 절실합니다. 하나된 기독교 세계는 새로운 이교신앙에 대한 해답이 될 것입니다. 그러나 구교에서 신교, 또는 신교에서 구교로 개종하는 것 외에 교회들 간의 화해가 어떻게 이루어질지는 솔직히 모르겠습니다. 제가 볼 때 우리의 당면과제는 구교와 신교가 현재 볼 수 있는 공통점에 근거해 열심히 협력하는 일입니다. 물론 서로의 차이점들은 분명히 인정하고 들어가야 할 겁니다. 몇 가지 일에서 하나 되는 경험이 모든 일에 대한 신앙고백의 하나됨을 여는 서막이 될 수 있겠지요. 교황이 기독교 세계의 수장으로 실질적인 역할을 감당하게 된다면 구교의 주장들을 무엇보다 강하게 뒷받침해 주는 일이 될 것입니다. 루이스의 편지 [1939년 5월 8일]

기독교와 물 탄 기독교

재결합의 적기는 따로 없습니다. 그리스도인들의 분열은 죄이고 부끄러운 일입니다. 그리스도인들은 언제나 재결합을 위해 조그마한 일이나마 감당해야 합니다. 기도밖에 할 수 없다면 기도해야 합니다. 저는 평신도이고 그리스도인이 된 지도 얼마 되지 않기 때문에 이런 일들에 대해 잘 모릅니다. 하지만 저는 언제나 전통적이고 교리에 충실한 입장에서 글을 쓰고 생각을 펼쳐 왔습니다. 그 결과, 전혀 종류가 다른 부류로 취급받는 그리스도인들로부터 한목소리가 담긴 편지들을 받게 되었습니다. 예수회 신부, 수도사, 수녀, 퀘이커교도, 웨일스의 비국교도 등이지요. 제가 볼 때는 모든 교회의 '극단' 분자들은 서로 가까운 반면, 각 교회의 자유주의적이고 '관대한' 사람들은 결코 연합하지 못하는 것 같습니다. 교리에 충실한 기독교 세계는 전혀 다른 유형의 사람들 수천 명이 계속해서 같은 얘기를 하는 곳입니다. '관용'과 물 탄 '종교'의 세계는 (모두 같은 유형의) 소수의 사람들이 전혀 다른 이야기들을 하고 몇 분마다 생각이 바뀌는 곳입니다. 거기서는 결코 재결합을 보지 못할 것입니다.

《피고석의 하나님》 1부 기독교에 대한 질문과 답변

그리스도인을 변질시키기 위한
스크루테이프의 계략

사랑하는 웜우드에게

네 환자가 어울리고 있는 일당의 진짜 문제는 순전히 기독교적이라는 데 있다. 물론 각자 관심사가 다르긴 하지만 그들을 묶고 있는 끈은 여전히 순전한 기독교란 말이야.

우리의 바람은 이왕 그리스도인이 된 인간이라 하더라도 '기독교와 무엇무엇'이라는 심리상태를 유지하게 만드는 것이다. 무슨 소린지 알겠지. 기독교와 위기, 기독교와 신新심리학, 기독교와 나치 독일의 신新질서, 기독교와 신유의 역사, 기독교와 심령 연구, 기독교와 채식주의, 기독교와 맞춤법 개혁 같은 걸 찾게 하라구. 어차피 그리스도인이 될 수밖에 없는 인간이라면 적어도 무언가 다른 그리스도인을 만들어야지. 신앙이 있어야 할 자리에 무언가 기독교적 색채를 띤 유행을 들어앉히거라. '예나 지금이나 변함없는 것'이라면 무조건 질색하는 감정을 파고들라 이 말이야.

이 감정은 우리가 인간의 마음에 만들어 낸 가장 값진 열정이다. 이 감정이야말로 종교에서는 이단을, 조언을 할 때는 어리석음을, 결혼생활에서는 부정不貞을, 우정에서는 변덕을 일으키는 원천이지. 인간은 시간 속에서 사는 존재인지라 현실을 연속적인 형태로 경험하게 되어 있다. 그러니 현실을 많이 경험하려면 그만큼 다양한 걸 많이 경험해야 하는 게야. 이것은 곧 변화를 경험해야 한다는 뜻이다.

이렇게 인간에게는 변화가 필요하기 때문에, 원수는 인간이 먹는 걸 즐기듯이 변화도 즐기게 해놓았다(내심으로는 정말 쾌락주의자라니까). 그러나 먹는 것이 그렇듯이 변화 역시 그 자체가 목적이 되면 곤란하니까 불변을 사랑하는 마음을 주어 변화를 사랑하는 마음과 균형을 맞추어 놓은 게야. 그리고는 변화와 불변을 결합함으로써(우리는 이걸 '리듬'이라고 부른다), 자신이 창조한 세계 속에서 이 두 취향이 다 만족될 수 있도록 고안해 두었지. 인간에게 사계절을 주되, 그 계절이 해마다 다르면서도 같게 해놓은 것처럼 말이야. 그래서 봄은 늘 새로우면서도 동시에 아주 오래된 주제의 반복이 된다. 원수는 자기 교회에도 영적인 해spritual year를 주었는데, 그것 역시 금식과 축제가 번갈아가며 바뀌면서도, 동시에 해마다 같은 절기를 지키게 되어 있지.

그러나 우리는 먹는 즐거움만 따로 부풀려 탐식을 만들어 낸 것처럼, 변화가 주는 자연스런 즐거움만 따로 뒤틀어 완벽하게 새 것만 원하는 욕구로 바꾸고 있다. 《스크루테이프의 편지》 25장

1월 18일

신학자의 위험

"전에는 하나님의 존재를 증명하는 데 지나치게 관심을 기울인 나머지, 하나님의 존재 외에는 아무것에도 신경 쓰지 않게 된 사람들도 있었지……. 마치 주님이, 존재하는 일 말고는 다른 할 일이 전혀 없는 분인 것처럼 말이야! 기독교를 전파하는 데 너무나도 몰입한 나머지 그리스도는 아예 쳐다볼 생각도 하지 않았던 사람들도 있다네. 인간이란……! 더 사소한 일에서도 똑같은 현상을 발견할 수 있지. 초판본이며 저자가 서명한 판본들은 모두 소장하고 있으면서도, 막상 그 책들을 읽을 능력은 상실한 서적 애호가를 본 적이 있지 않나? 아니면 가난한 사람들에 대한 사랑을 잃어버린 자선 사업가는? 그건 덫 중에서도 가장 교묘한 덫이지." 《천국과 지옥의 이혼》 9장

1월 19일

성직자에게 주는 조언

성직자는 특별한 직업적 논리를 만들어 내 분명한 도덕적 문제를 흐려 놓을 위험이 있습니다. 이런 사람들은 자신의 비정통적 견해가 정직하게 내린 결론이라며 항변하곤 합니다. 그러한 견해를 지키기 위해 그들은 불명예나 승진의 기회를 박탈당하는 손해까지도 감수합니다. 이쯤 되면 그들은 자신이 순교자가 된 듯 느끼게 됩니다. 그러나 그들은 평신도들이 왜 이것 때문에 참으로 분개하는지 요점을 완전히 놓치고 있습니다. 우리는 그들의 비정통적 견해가 정직하게 내린 결론이리라는 점을 의심한 적이 한 번도 없습니다. 다만 그런 견해를 갖게 된 이후에도 성직에 계속 머무르는 것이 불만일 따름입니다. 보수당의 유급 당원으로 생계를 꾸리던 사람이 견해를 바꾸고 정직하게 공산주의자가 될 수 있습니다. 우리도 그 사실을 잘 압니다. 그러나 그가 다른 정당의 정책을 지지하면서 보수당의 당원 노릇을 하고 보수당의 돈을 받는 일은 계속할 수 없습니다. 그것은 인정할 수 없습니다. 《피고석의 하나님》 1부 기독교 변증론

1월 20일

참 아니면 거짓

청중이 진리의 문제를 계속 생각하게 만드는 것이야말로 진정 어려운 일입니다. 그들은 여러분이 기독교를 권하는 이유가 그것이 옳기 때문이 아니라 좋기 때문이라고 생각합니다. 논의를 하다 보면 그들은 매순간 '참인가 거짓인가' 문제에서 벗어나 좋은 사회, 도덕, 주교의 수입, 스페인 종교재판, 프랑스나 폴란드, 또는 무엇이건 다른 주제로 넘어가려 할 것입니다. 여러분은 그들이 거듭거듭 진짜 요점으로 되돌아가게 해줘야 합니다. ……어느 정도의 '종교'는 바람직하지만 그것에 너무 빠지면 안 된다는 믿음입니다. 여러분은 기독교가 만약 거짓이라면 전혀 중요하지 않은 진술이고, 만약 옳다면 무한히 중요한 진술이라는 점을 계속해서 지적해야 합니다. 기독교는 결코 적당히 중요할 수는 없습니다. 《피고석의 하나님》 1부 기독교 변증론

기독교 신앙을 변호하라

우리는 기독교 자체, 즉 사도들이 선포하고 순교자들이 증언하고 신경信經들로 구현되고 교부들이 해설한 기독교 신앙을 변호해야 합니다. 이것은 우리 중 어느 한 사람이 하나님과 인간에 대해 생각할 수 있는 내용과 명확히 구분되어야 합니다. 우리 각자는 나름의 강조점들을 갖고 있습니다. 각자의 기독교 신앙에 더해 그것과 일관성도 있고 스스로 옳고 중요하다고 여기는 많은 의견들을 갖고 있습니다. 아마 변증론자들도 그럴 것입니다. 그러나 변증론자의 임무는 그런 의견들을 변호하는 것이 아닙니다. 우리는 '내 종교'가 아니라 기독교를 변호해야 합니다. 자신의 개인적 의견을 말할 때는 그것과 신앙 자체는 다르다고 분명히 밝혀야 합니다. ……정직성이 요구하는 이 구분은 변증가에게 커다란 전략적 이점을 줍니다. 현대의 청중은 우리가 기독교를 전하는 이유가 오로지 그것이 옳다고 생각하기 때문임을 도무지 깨닫지 못합니다. 그들은 우리가 기독교를 좋아하거나 그것이 사회나 다른 무엇인가에 유익하다고 생각하기 때문에 기독교를 전하겠거니 하고 짐작합니다. ……이렇게 되면 그들은 우리가 어떤 이상이나 관점에 대한 허튼소리를 하는 게 아니라, 객관적인 사실에 대한 질문을 다루고 있음을 알게 됩니다. ……기독교에 물을 타려 하지 마십시오. 초자연적인 요소를 빼버려도 기독교가 살아남을 수 있는 척 가장할 수 없습니다. 제가 아는 한, 기독교는 기적적인 요소와 분리할 수 없는 유일한 종교입니다. 맨 처음부터 초자연주의를 지지하는 주장을 솔직하게 펼쳐야 합니다.

《피고석의 하나님》 1부 기독교 변증론

1월 22일

분위기가 갑자기 냉랭해질 때

기독교를 옹호할 때 우리가 끊임없이 부딪히는 반대는 상대방의 무종교 때문이 아니라, 그들이 실제 가진 종교에서 비롯됩니다. 아름다움이나 진리나 선에 대해서, 또는 그런 것 안에 내재하는 원리로서의 하나님에 대해서, 아니면 만물 속에 침투해 있는 어떤 거대한 영적 힘으로서의, 혹은 우리 모두가 그 일부인 어떤 공동의 정신으로서의, 혹은 우리 모두가 흘러나오는 원천인 어떤 막연한 영성의 못으로서의 하나님에 대해 한번 말해 보십시오. 그러면 여러분의 말에 우호적인 반응을 보이는 이들을 쉽게 만날 것입니다. 그러나 뚜렷한 목적을 갖고 특정한 행동을 수행하시는 하나님, 어떤 일을 하되 또 어떤 일은 하지 않는 하나님, 명확한 성격을 가졌으며 구체적이고 무언가를 선택하며 명령하고 금지하시는 하나님에 대해 언급해 보십시오. 그러면 그 순간 분위기는 갑자기 냉랭해질 것입니다. 사람들은 당황하거나 화를 냅니다. 그들은 그러한 개념이 원시적이고 미개하며 심지어 불경하다고까지 여깁니다. 대중적 '종교'가 기적을 배제하는 것은 기독교의 '살아 계신' 하나님을 배제하고, 대신 기적 같은 일은 실은 어떤 일도 행하지 않는 그런 종류의 하나님을 믿기 때문입니다.

《기적》 11장 기독교와 '종교'

1월 23일

학교에서의 기독교 교육

오늘날의 젊은이들이 산수의 정답을 맞추는 일을 점점 더 어려워한다고 가정해 봅시다. 그런데 학교에서 여러 해 동안 산수를 가르치지 않았다는 사실을 알게 된다면, 그 순간 상황 설명은 끝났다고 여길 것입니다. 이때 사람들이 내놓는 모호하고 거창한 설명들은 모두 무시해야 할 것입니다. 아인슈타인의 영향으로 수의 관계가 고정되어 있다는 고대의 믿음이 무너졌다, 갱단 영화가 정답을 얻으려는 욕구를 허물어 버렸다, 의식의 진화가 이제 산수 이후의 단계에 접어들고 있다, 하는 등의 설명이 다 그런 부류에 속합니다. 사실을 완전히 담아내는 분명하고 간단한 설명이 있다면, 더 이상 다른 설명이 필요하지 않습니다. 젊은 세대가 그리스도인들이 믿는 내용과 그것을 지지하는 논증을 들어본 적이 없다면, 그것만으로 그들의 불가지론 또는 무관심은 충분히 설명이 됩니다. 더 멀리 바라볼 필요가 없습니다. 시대의 전반적인 지적 풍토나 기계 문명의 영향을 받은 도시 생활의 특성을 거론할 필요가 없습니다.

그리고 그들의 무지의 원인이 교육의 부재임을 발견했다면, 치료책도 함께 발견한 것입니다. 젊은 세대의 본성에 기독교를 받아들이지 못하게 하는 요소는 없습니다. 그들에게 말할 준비가 된 사람이 나타난다면, 그들은 분명 들을 준비가 되어 있습니다. ……오늘날의 젊은이들이 그리스도인이 아닌 이유는 그들의 교사들이 그들에게 기독교를 전수할 마음이 없었거나 그럴 능력이 없었기 때문입니다. ……누구도 자신이 갖지 못한 것을 다른 사람에게 줄 수 없습니다.

《피고석의 하나님》 1부 기독교의 진수에 대하여

참회를 감정 상태로 보는 위험

참회를 사과apology 또는 진정시킴 정도로 표현한 미숙한 그림은, 나에게 참회를 하나의 행위로 보게 하네. 반면, 참회에 대한 고상한 견해에는 참회를 단순히 감정 상태 정도로 여기게 하는 위험이 다분히 있네. ……지금 이런 질문이 떠오른 이유는 알렉산더 화이트Alexander Whyte[5]의 글을 읽고 있기 때문일세. ……그가 생각하기에 중생한 삶에서 가장 중요한 징후 중 한 가지는, 본질적이고 바뀌지 않는 (듯 보이는) 자신의 부패상을 계속 인식하고 끊임없이 혐오하는 것이라네. 참된 그리스도인이라면 내면의 하수구에서 나는 악취를 자신의 콧구멍으로 계속 맡아야 한다는 거야.

……핼러William Haller의 《청교도 정신의 기원Rise of Puritanism》에 인용된 한 저자는 자신의 마음을 들여다보는 것이 "마치 뜨거운 여름에 더러운 지하 감옥 속을 들여다보는 것만 같았다. 그곳의 하수구와 썩은 물 한가운데선 수백만 개의 살아 있는 무언가가 꿈틀거리고 있었다"라고 말했네.

나는 이런 시각이 병적인 것이라고 해석하는 사람들의 말을 귀 담아 듣지 않을 걸세. 나 역시 내 지하 감옥에서 "다리로 기어 다니는 끈적끈적한 것들"을 보았기 때문이네. 힐끗 본 그 장면이 나를 정신 차리게 해주었어. 그러나 화이트는 힐끗 보는 것으로는 부족하고 매일, 평생토록 꼼꼼히 살펴야 한다고 말하네. 과연 그 말이 옳을까? 그건 사랑, 희락, 화평 등 신약성경이 소개하는 성령의 열매와 너무 다른 것 같거든. 또 "뒤에 있는 것은 잊어버리고 앞에 있는 것을 잡으려"[6]하는 바울적인 생활 철학과도 아주 다르네. 그리고 자아에 대한 온유함la douceur을 권고한 프랑수아 드 살의 생생하고 상쾌한 글과도 대조적이지. 어쨌거나 지속적으로 감정을 느끼려 계획하는 것이 무슨 소용이 있단 말인가? 감정이 계속되려면 그것을 인위적으로 만들어 내야만 한다네. ……영적 구토제가 필요한 적절한 순간이 있다는 건 아네만, 나는 구토제를 꾸준히 복용할 생각은 없

네! 그걸 먹고 살아난다면 그에 대한 '내성耐性'이 생겨날 걸세. '하수구'를 들여
다보는 일은 나름의 뒤틀린 교만을 낳을 걸세. 《애인기도》 18장

1 월 25 일 〈사도 바울 회심 축일〉

회심의 본질

이처럼 하나님께 돌아가는 길은 어떤 의미에서 도덕적으로 더욱더 열심히 노력하는 것입니다. 그러나 또 다른 의미에서 보면 이런 노력은 우리를 고향으로 인도해 주지 못합니다. 이 모든 노력은 하나님을 향하여 "당신이 이 일을 하셔야 합니다. 저는 못합니다"라고 고백하게 되는 그 지극히 중대한 순간까지만 우리를 인도해 갈 수 있습니다.

그렇다고 해서 "나는 그 순간에 도달했을까?"라는 질문은 던지지 마시기 바랍니다. 털썩 주저앉아 자기 속을 들여다보면서 그 지점에 얼마나 가까이 왔나 확인하려 들지 마십시오. 그러면 잘못된 길로 들어서게 됩니다. 우리 삶에서 정말로 중요한 일들은 대개 우리가 모르는 사이에 일어납니다. "와! 지금 내 키가 크고 있어"라고 말하는 사람은 없습니다. 나중에 뒤돌아보고 나서야 비로소 어떤 일이 일어났는지 깨닫고, '이게 바로 키가 자란다는 거로구나' 하고 인식하게 되는 것이지요. 아주 단순한 일에서도 그렇습니다. 예컨대 언제 잠이 오나 초조하게 신경 쓰는 사람은 밤새도록 잠 못 들 가능성이 큽니다.

또한 제가 말하는 이런 일은 사도 바울이나 존 번연의 경우처럼 꼭 급작스럽게만 일어나는 것은 아닙니다. 너무나 점진적으로 진행되는 바람에 이 일이 몇 시에 일어났는지, 심지어 어느 해에 일어났는지조차 꼬집어 말할 수 없는 경우도 많습니다. 중요한 것은 변화의 본질 그 자체이지, 변화가 일어날 때의 느낌이 어떠했느냐가 아닙니다. 중요한 것은 자신의 노력을 의지하던 상태에서 자신에게 완전히 절망하고 모든 것을 하나님께 맡기는 상태로 변화되었다는 사실 그 자체입니다. 《순전한 기독교》 3장 그리스도인의 행동

사도 바울을 둘러싼 엄청난 오해

사도 바울을 둘러싼 놀라운 오해 하나가 현대인의 정신을 오랫동안 지배해 왔습니다. 그 내용인즉, 예수님은 친절하고 소박한 종교(사복음서에서 볼 수 있는)를 선포했는데 이후 사도 바울이 그것을 잔인하고 복잡한 종교(사도 서신에서 볼 수 있는)로 타락시켰다는 것입니다. 정말 도저히 지지할 수 없는 주장입니다. 오히려 가장 무시무시한 본문들은 모두 우리 주님의 말씀이고, 모든 사람이 구원받게 될 거라고 바랄 수 있는 근거가 될 만한 성경구절의 출처는 모두 사도 바울입니다. 만약 사도 바울이 주인의 가르침을 어떤 식으로건 바꾸었음을 입증할 수 있다면, 그는 사람들이 흔히 생각하는 것과 정반대 방향으로 바꾼 셈이 됩니다. 그러나 사도 바울의 교리와 다른, 바울 이전의 기독교 교리가 있다는 제대로 된 증거는 전혀 없습니다. 사도 서신은 대체로 우리가 갖고 있는 가장 초기의 기독교 문서에 해당합니다. 사복음서는 그 이후에 나왔습니다. 사복음서의 내용은 기독교 신앙의 명제를 담은 '복음'이 아닙니다. 사복음서는 이미 회심한 사람들, 이미 '복음'을 받아들인 사람들을 위해 쓰였습니다. 사복음서가 '복잡한 내용들'(즉 신학)을 상당수 제외시킨 까닭은 이미 그 내용으로 가르침을 받은 사람들을 위해 쓴 책이기 때문입니다. 그런 의미에서 사도 서신은 사복음서보다 근본적이고 더 중심이 됩니다. 물론, 사복음서가 기록하고 있는 그 위대한 사건들이 보다 더 근본적이고 중심적입니다. 하나님의 행하심(성육신, 십자가 처형, 부활)이 먼저 있었고 그 일에 대한 최초의 신학적 분석이 사도 서신에 등장합니다. 그리고 주님을 직접 알았던 세대가 죽어 갈 무렵, 신자들에게 주님의 위대한 행하심과 그분의 일부 말씀에 대한 기록을 남겨 주기 위해 복음서들이 기록되었습니다.

《피고석의 하나님》 2부 현대어 번역 성경

1월 27일

그리스도에 대한 반역

　　모든 반역의 역사를 보면, 초기 단계에서 왕을 직접 공격하지는 않습니다. 대신 이렇게 말하지요. "폐하는 모두 옳으시다. 그분의 대신들이 틀렸다. 그들이 폐하의 뜻을 잘못 전하고 그분의 모든 계획을 더럽히고 있다. 대신들의 농간만 없으면 폐하의 좋은 계획이 효력을 드러낼 줄 확신한다." 그리고 몇몇 대신의 목을 베는 것으로 첫 승을 올립니다. 그리고 그로부터 몇 단계가 지나서야 본색을 드러내고 왕의 목을 베기에 이릅니다. 이와 마찬가지로, 사도 바울에 대한 19세기의 공격은 사실 그리스도에 대한 반역의 한 단계에 불과했습니다. 당시 그리스도를 직접 공격할 준비가 된 사람은 그리 많지 않았습니다. 그들은 통상적인 첫 번째 조치를 취했습니다. 그분의 주요 대신 한 명을 공격한 것입니다. 그들이 싫어하는 기독교 안의 모든 요소를 사도 바울의 탓으로 돌렸습니다. 안됐지만 그들의 주장은 사복음서와 사도 서신을 주의 깊게 읽은 사람에게는 통할 수 없는 내용이었습니다. 그러나 그런 사람이 거의 없었던지 이 싸움에서 그들은 첫 승을 거두었습니다. 사도 바울은 고발당한 뒤 추방되었고 세상은 그 다음 단계로 접어들어 왕을 직접 공격했습니다. 《피고석의 하나님》 2부 현대어 번역 성경

성경의 소박성

성경비평에서 알레고리적 의미가 되살아날 거라고 예견할 수는 있습니다. 그러나 역사책인 성경을 순전한 영웅 이야기로 여긴다면 그것은 위험한 일일 것입니다. 제 생각에 그것은 중세에도 위험한 일이었습니다.

토마스 아퀴나스는 성경의 '조야성'이나 '소박성'을 좀 더 잘 이해할 수 있게 도움을 줍니다. 그는 성경이 육체의 이미지를 통해 하나님의 진리를 표현하되, 고상한 몸이 아니라 천한 몸의 이미지를 사용하는 이유를 설명합니다. 그는 이것이 사고思考의 오류를 막아주기 위해, 상징과 실재를 혼동하는 위험을 줄이기 위해서라고 말합니다. 이것은 깊이 있는 신학자에게 걸맞은 답변입니다.

그러나 이 답변이 등장하는 글에는 성경을 미적으로 받아들이는 일에 대한 지독히 적대적인 태도도 함께 드러나고 있습니다. 아퀴나스는 성경이 비유를 쓰지 말아야 할 것처럼 보인다고 말합니다. 가장 열등한 학문infimae doctrinae에 합당한 것이 학문의 여왕에게는 적합하지 않아 보이기 때문입니다. 그러나 비유는 시에 적합하고, 시는 가장 열등한 형태의 학문입니다. …… 여기서 우리의 관심을 끄는 답변은, 시와 성경이 둘 다 비유를 사용하지만 그 목적이 전혀 다르다는 것입니다. 시는 기쁨을 주기 위해, 성경은 "필요성과 유용성 때문에propter necessitatem et utilitatem" 비유를 사용합니다. 19세기의 비평가라면 성경이 그 자체로 최고의 시라고 말했겠지만, 아퀴나스는 가장 고등한 학문과 열등한 학문이 역설적이게도 한 가지를 공유하고 있고 그것의 존재 이유는 두 학문에서 각기 다르다고 말합니다. '홍정역 성경이 문학에 끼친 영향'

1월 29일

성경이 지닌 본래 의미의 회복

성경이 제기하는 종교적 주장들의 정당성을 다시금 인정하지 않는다면, 그 문학적 정당성에 대한 우리의 평가 또한 '입으로만 찬사'에 그치고 말 것이며 그것조차 점차 줄어들게 될 것입니다. 성경은 철두철미하게 경전이기 때문입니다. 성경을 이루는 대부분의 글은 순전히 종교적인 목적을 위해 기록되었고, 전체 글이 종교적인 목적을 위해 취합되었습니다. 성경에는 좋은 문학도 있고 시원찮은 문학도 있습니다. 그러나 좋은 문학이라도 그 종교적 특성을 무시할 수 없는 방식으로 기록되어 있습니다. 그리스의 신들에 대한 우리의 불신을 접어두고 호메로스의 글을 읽기는 쉽습니다. 그러나 《일리아드》는 제우스와 아테네와 포세이돈에 대한 순종을 역설하기 위해 쓴 책이 아닙니다. 그리스의 비극작가들은 호메로스보다 더 종교적이지만, 그들의 작품 역시 종교적 의견이나 시인 개인의 종교적인 생각이 담겨 있을 뿐 교리는 없습니다. 그렇기 때문에 우리는 그 작품들에 몰입할 수 있습니다. 아이스킬로스(기원전 525-456, 그리스의 비극 시인)나 베르길리우스도, 암묵적으로나마 "신들이 이렇게 말씀하시니라"는 문구로 시를 시작하지 않습니다.

그러나 성경의 많은 부분은 암묵적이건 명시적이건 "주께서 이렇게 말씀하시니라"라는 선언으로 시작됩니다. 이렇게 표현해도 된다면, 성경은 단순히 종교적인 책이 아니라 단호하고 한결같이 종교적인 책인지라 순전한 미적 접근을 독자에게 권하지 않을 뿐더러 오히려 그것을 배제하고 배척합니다. 성경을 문학으로 읽기 위해서는 절묘한 기술을 사용해야만 합니다. 그것은 나뭇결과 반대 방향으로 나무를 자르는 꼴이며, 원래 용도가 아닌 목적으로 도구를 사용하는 일입니다. 성경은 그 본질에 충실하게 성경을 대하라고 끊임없이 요구합니다. 문학적 기쁨을 얻기 위해 성경을 보는 사람에게는 그 기쁨이 그리 오래 가지 않을 것입니다. 전혀 다른 것을 얻고자 성경을 보는 사람만이 그 안에서 계속 문학적 기쁨을 얻게 될 것입니다. 옛날부터 성경은 늘, 거의 그리스도인들만 읽는 책이 었습니다. 제 생각에는 앞으로도 그럴 것 같습니다.   '흠정역 성경이 문학에 끼친 영향'

1월 30일
다른 종교들

여러분이 그리스도인이라면 '기독교 외의 모든 종교는 처음부터 끝까지 틀렸다'고 믿을 필요가 없습니다. 여러분이 무신론자라면 '세상 모든 종교를 지탱하는 중심점은 하나의 거대한 착각에 불과하다'고 믿어야 합니다. 그러나 그리스도인이라면 아무 거리낌 없이 '모든 종교는 아무리 괴상하기 짝이 없는 것이라 해도 최소한 진리의 단서를 가지고 있다'고 생각할 수 있습니다. 제가 무신론자였을 때는 '인류 대다수는 가장 중요한 문제에 관해 언제나 잘못 생각해 왔다'고 스스로에게 애써 확신시켜야만 했습니다. 그러나 그리스도인이 되자, 전보다 개방적인 관점을 가질 수 있게 되었습니다.

물론 그리스도인이 된다는 것은, 기독교가 다른 종교와 차이를 보이는 부분에서 기독교는 옳고 다른 종교들은 틀렸다고 생각한다는 뜻입니다. 산수를 할 때 그렇듯이, 맞는 답은 하나이며 나머지는 다 틀린 답입니다. 그러나 틀린 답들 중에도 비교적 정답에 근접한 답이 있는 법입니다.

《순전한 기독교》 2장 그리스도인은 무엇을 믿는가?

1월 31일

중간 지점은 없다

중간 지점은 없고, 다른 종교에서는 이와 비슷한 모습을 찾아볼 수 없습니다. 누군가 부처를 찾아가 "당신이 브라마의 아들입니까?"라고 물었다면 그는 이렇게 말했을 것입니다. "아들이여, 그대는 여전히 환상의 속세에 빠져 있구나." 소크라테스에게 찾아가 "당신이 제우스입니까?"라고 물었다면 그는 우리를 비웃었을 것입니다. 우리가 마호메트에게 가서 "당신이 알라입니까?"라고 물었다면 그는 옆 사람에게 옷을 맡겨 놓고는 우리의 목을 잘라 버렸을 것입니다. 공자에게 가서 "당신이 천제天帝입니까?"라고 물었다면 그는 "본성에 합하지 않은 말들은 적절하지 않다"고 대답했을 것입니다.

위대한 도덕적 스승이 그리스도가 한 말과 같은 말을 한다는 것은 불가능합니다. 제가 볼 때, 그런 종류의 말을 할 수 있는 사람은 하나님이거나, 정신을 완전히 망가뜨리는 망상에 시달리는 미친 사람입니다. 우리가 스스로를 자신에게 어울리는 토스트 한 조각을 찾는 삶은 계란이라고 생각한다면 정상일 수 있습니다. 그러나 자신이 하나님이라고 생각하는 사람은 정상일 가능성이 전혀 없습니다. 게다가, 그분이 자신을 단순한 도덕적 스승으로 여긴 적이 없다는 사실도 가볍게 언급할 수 있습니다. 그분을 실제로 만난 사람들은 그런 식의 반응을 보이지 않았습니다. 그분을 만난 사람들은 주로 증오나 두려움, 흠모, 이렇게 세 가지 반응을 보였습니다. 그분을 적당히 인정하는 사람은 찾아볼 수 없습니다.

《피고석의 하나님》 1부 예수 그리스도를 어떻게 생각할 것인가?

2월 1일

예수 그리스도를 어떻게 생각할 것인가?

　　'예수 그리스도를 어떻게 생각할 것인가?' 이것은 우리가 그분을 어떻게 생각할 수 있는지 묻는 질문이 아닙니다. 전적으로 그분이 우리를 어떤 존재로 만들기 원하시는지 묻는 질문입니다. 우리는 그분의 이야기를 받아들이거나 거부할 수밖에 없습니다.

그분이 말하는 내용은 다른 모든 스승이 말한 내용과 전혀 다릅니다. 다른 스승들은 이렇게 말합니다. "이것이 우주에 대한 진리다. 이것이 네가 가야 할 길이다." 그러나 그분은 이렇게 말씀하십니다. "내가 진리요, 길이요, 생명이다." 그분은 이렇게 말씀하십니다. "어떤 사람도 나를 통하지 않고는 절대적 실재에 이를 수 없다. 자기 목숨을 지키려고 애를 쓰면 너는 망하고 말 것이다. 자신을 버리면 구원을 얻을 것이다." 그분은 이렇게 말씀하십니다. "네가 나를 부끄럽게 여기면, 네가 이 부름을 듣고 외면하면, 나도 숨김없는 하나님으로 다시 올 때 너희를 외면하겠다. 무엇이건 너를 하나님과 나로부터 멀어지게 하는 것이 있다면, 그것이 무엇이건 내다버려라. 그것이 네 눈이라면 빼어버려라. 그것이 네 손이면 찍어버려라. 네가 자신을 첫째로 여기면 너는 마지막이 될 것이다. 무거운 짐 진 자들은 다 내게로 오너라. 내가 그것을 처리해 주겠다. 너희 죄, 너희 모든 죄가 씻겼고, 나는 능히 그렇게 할 수 있다. 나는 중생이요, 나는 생명이다. 나를 먹고, 나를 마셔라. 나는 너희 음식이다. 끝으로, 두려워 말라. 내가 세상을 이기었노라." 이것이 진짜 중요한 문제입니다.

《피고석의 하나님》 1부 예수 그리스도를 어떻게 생각할 것인가?

2월 2일
선택의 무게

왜냐하면 그리스도인들이 말하는 하나님의 '선택'을 가만 들여다보면, 거기에는 우리가 염려하는 그런 '편애favouritism'가 전혀 발견되지 않기 때문입니다. 그 '선택받은' 민족은 그들 자신을 위해서 선택받은 것이 아니라 (그들 자신의 영예나 쾌락을 위해서는 더더욱 아닙니다), 바로 선택받지 못한 이들을 위해 선택받은 것입니다. 아브라함이 들은 말씀은 '그의 씨'(즉 선택받은 민족)를 통해 '모든 민족이 복을 받게 된다'는 것이었습니다. 그 선택받은 민족은 다름 아니라 무거운 짐을 지기 위해 선택된 것입니다. 그들은 큰 고난을 겪었습니다. 그러나 이사야가 깨달았듯이, 그들의 고난은 다른 이들에게 치유를 가져다주는 고난입니다. 최종 선택을 받은 여자, 마리아에게는 어머니가 받을 수 있는 최고의 고통이 임합니다. 그녀의 아들, 성육하신 하나님은 '고통을 많이 겪은 사람man of sorrows'입니다.' 하나님이 아래로 임하여 오신 사람, 그래서 찬미의 대상이 되실 수 있는 유일한 존재이신 그분은 누구보다도 고통을 많이 겪으셨던 분입니다.

《기적》 14장 장엄한 기적

공평성의 문제

그리스도에 대해 들어 볼 기회를 얻었고 그래서 그를 믿을 수 있게 된 사람들만 이 새 생명을 얻는다는 것은 엄청나게 불공평한 일 같지 않습니까? 분명한 사실은, 그리스도에 대해 들을 기회가 없었던 이들을 어떻게 할 것인지에 대해 하나님이 우리에게 말씀하신 바가 없다는 것입니다. 우리는 오직 그리스도를 통해서만 구원받을 수 있다는 사실을 압니다. 그러나 그를 아는 사람들만 그를 통해 구원받을 수 있는가에 대해서는 잘 모릅니다. 한편으로 생각해 보면 그리스도 밖에 있는 자들의 운명을 걱정하는 사람이 자기는 여전히 그리스도 밖에 머물려고 하는 것이야말로 불합리하기 짝이 없는 일입니다. 그리스도인들은 그리스도의 몸이며, 그리스도는 이 유기체를 통해 일하십니다. 이 몸의 구성원이 하나씩 더 생길 때마다 그는 더 많은 일을 하실 수 있습니다. 만약 여러분이 그리스도 밖에 있는 자들을 돕고 싶다면, 무엇보다 여러분 자신이 한 세포가 됨으로써 그들을 도울 수 있는 유일한 존재인 그리스도의 몸을 불려 나가야 합니다. 다른 사람의 손가락을 잘라내 놓고 더 많은 일을 하라고 재촉할 수는 없는 노릇이지요. 《순전한 기독교》 2장 그리스도인은 무엇을 믿는가?

교리와 우주

"인간 지식은 끊임없이 성장하는데 기독교의 교리는 변하지 않는다"는 말은 기독교에 대해 자주 들을 수 있는 비난입니다. 그래서 불신자들은 그리스도인들을 이미 작아져 버린 틀에 새로운 지식을 억지로 구겨 넣는 가망 없는 일에 몰두하는 사람들로 봅니다. 저는 외부인들을 기독교에서 멀어지게 하는 데는 이런저런 교리와 이런저런 과학 이론의 구체적인 불일치보다 이런 인상이 더 크게 작용한다고 생각합니다. 그리스도인들은 교리와 과학 이론 사이의 개별적인 '난점들'을 수십 가지 '해결'할 수 있지만, 그런 시도 전체가 실패할 수밖에 없는 억지에 불과하다는 불신자의 거부감은 달라지지 않습니다. 오히려 그 해결책이 기발할수록 더욱 억지스럽게 보입니다. 불신자는 우리 선조들이 지금 우리가 우주에 대해 아는 바를 알았다면 기독교는 애초에 존재하지도 않았을 거라고 믿고 있고, 지금 아무리 꿰매고 고쳐 봐야 불변함을 내세우는 모든 사고 체계는 결국 지식의 성장에 적응할 수 없다고 보기 때문입니다.

《피고석의 하나님》 1부 교리와 우주

2월 5일

과학과 창조교리

많은 그리스도인들이 알아차린 바와 같이, 어떤 면에서 볼 때 최근의 현대 과학은 기독교 교리와 한편이 되었고 고전적 형태의 유물론과 결별했습니다. 현대 물리학을 통해 자연이 영원하지 않다는 사실이 분명히 드러났습니다. 우주에는 시작이 있었고 끝도 있을 것입니다. 그러나 과거의 거창한 유물론 체계들은 모두 물질의 영원성과 그에 따른 물질의 자존성을 믿었습니다. 1942년 리델 기념 강연에서 휘터커 교수가 한 말을 들어 보십시오. "창조론의 교리를 진지하게 반대할 수 있는 유일한 방법은 세상이 현재와 비슷한 상태로 영원부터 존재했다고 주장하는 것뿐이었습니다."[2] 유물론의 근본을 떠받치던 이 토대가 이제 무너졌습니다. 우리는 이것에 너무 의지해선 안 됩니다. 과학 이론은 변하기 때문입니다. 여하튼 현재로서는 우리가 아니라, 자연에는 그 너머의 원인이 있음을 부인하는 사람들에게 입증 책임이 넘겨진 듯합니다.

그러나 대중들은 우주의 기원보다는 그 광대한 크기와 인간 생명에 대한 (적대감은 아니라 해도) 무심함 같은 우주의 특성을 더 중요하게 여기는 것처럼 보입니다. 이렇듯 우주의 특성이 사람들에게 더욱 인상 깊게 다가오는 것은 많은 경우 그것이 현대의 발견이라고 생각하기 때문입니다. 우리 선조들이 알지 못했던 지식, 그들이 알았더라면 기독교의 시작을 원천 봉쇄했을 지식의 탁월한 사례라는 거지요. 하지만 이것은 역사적 사실로 볼 때 틀린 주장입니다. 프톨레마이오스[3]는 우주 공간의 전체 크기에 비하면 지구는 크기 없는 점에 불과하다는 사실을 에딩턴 못지않게 잘 알고 있었습니다.[4] 이것은 지식이 성장을 거듭하여 오래된 사고의 틀이 더 이상 그것을 담아낼 수 없게 된 상황이 아닙니다. 지구가 공간적으로 대수롭지 않다는 것은 이미 여러 세기에 걸쳐 알려진 사실인데 왜 지난 세기에 와서 갑자기 기독교에 반대하는 논증으로 변했는가가 진짜 문제입니다. 《피고석의 하나님》 1부 교리와 우주

2월 6일

공간의 방대함이 하나님께 불리한 증거인가?

시신을 검사하는 의사가 시신의 장기 상태를 관찰하고 음독이라고 진단할 때 그의 주장이 합리적인 근거는, 자연사한 경우 장기의 상태가 어떤지를 분명히 알고 있기 때문입니다. 이와 마찬가지로, 우주의 광대함과 지구의 소소함을 근거로 하나님의 존재를 부정하려면 먼저, 하나님이 존재하지 않을 경우에는 우주가 어떤 곳이어야 하는지에 대해 분명한 생각이 있어야 합니다. 그러나 과연 그렇습니까? 우주가 유한하다고 생각하는 사람들도 있습니다만, 실제 공간이 어떻든 간에 우리는 공간을 삼차원적인 것으로 지각할 수밖에 없습니다. 그런데 삼차원적 공간은 경계를 가질 수 없으므로 우리의 지각 형식으로는 우리 자신이 무한한 공간 속 어딘가에 살고 있다고 느낄 수밖에 없습니다. 이 무한한 공간에 우리에게 쓸모 있는 것들(해와 달)을 제외하고는 어떤 천체도 없다면, 그런 방대한 공허성은 분명 하나님의 존재를 부정하는 논증으로 사용될 것입니다. 만일 우리가 다른 천체들을 발견한다면, 그 천체들은 생명체가 사는 곳이거나 아니거나 둘 중 하나일 수밖에 없습니다.

그런데 이상한 것은, 이 두 가지 가정 모두 기독교를 거부하는 근거로 쓰인다는 점입니다. 만일 우주가 생명체로 가득한 곳이라면, 이는 인간이 특별하다는 기독교의 주장과 하나님이 인간과 인간 구원을 위해 스스로 인간이 되어 지구라는 행성으로 내려왔다는 기독교의 교리가 얼마나 어이없는 것인지 보여 준다는 말을 듣게 될 것입니다. 그러나 다른 한편으로, 만일 지구가 이 우주에서 유기체 생명이 사는 유일한 곳이라면, 이는 생명이 우주 안의 우연한 부산물에 불과함을 증명함으로써 역시 기독교는 틀린 것임을 반증할 것입니다. 참으로 인간은 만족시키기 어려운 존재입니다. 우리는 경찰이 용의자를 대하는 태도로 하나님을 대합니다. 그가 한 모든 일을 '그에 대한 불리한 증거'로 사용하는 것입니다. 저는 이것이 인간의 사악함 때문이라 생각하지 않습니다. 우리의 사고방식

에는 우리의 존재 방식과는 상관없이 존재 자체에 늘 당황하게 만드는 그 무엇

이 있는 것 같습니다. 《피고석의 하나님》 1부 교리와 우주

2월 7일

크기와 가치

크기로부터 논증하는 논거는 크기의 차이가 가치의 차이와 일치해야 한다는 가정이 분명합니다. 그렇지 않다면 자그마한 지구와 거기 사는 그보다 더 작은 인간들이 나선형 성운星雲들을 포함한 우주에서 가장 중요한 존재가 되어선 안 될 이유가 없기 때문입니다. 자, 이런 가정이 이성적인 것입니까, 감성적인 것입니까? 다른 사람이 그렇듯 저도, 하나님이 보실 때 은하계가 그에 비하면 원자 정도의 크기에 불과한 인간보다 중요하지 않다는 생각은 터무니없게 느껴집니다. 그러나 키가 150센티미터인 사람이 160센티미터인 사람보다 중요할 수 있고, 인간이 나무보다, 뇌가 다리보다 더 중요할 수 있다는 생각에는 그와 비슷한 불합리함을 느끼지 않습니다. 다시 말해, 그런 불합리함의 느낌은 크기의 차이가 대단히 클 때만 나타나는 현상입니다. 그러나 우리의 이성이 어떤 부분에서 모종의 관계를 파악했다면, 그 관계는 보편적으로 유효한 것이 됩니다. 만일 크기와 중요성이 정말 서로 연관되어 있다면, 크기 차이가 커지면 중요도 차이도 커지고 크기 차이가 작으면 중요도 차이도 작다는 뜻일 수밖에 없습니다. 그러나 제정신인 사람이라면 누구도 그렇게 생각하지 않을 것입니다. 저는 키 큰 사람이 키 작은 사람보다 조금이라도 더 가치 있다고 생각하지 않습니다. 인간보다 나무가 더 우월하다고 여기지 않습니다. 인간과 나무의 크기 차이는 얼마 되지 않기 때문에 무시하는 것이지요. 크기 차이가 적은 두 대상을 다룰 때에는, 크기의 차이가 가치의 차이와 아무 상관이 없음을 알게 됩니다. 그러므로 결론은 분명합니다. 우리가 크기의 차이에 부여하는 중요성은 이성의 문제가 아니라 감정의 문제일 뿐입니다. 어떤 것의 절대적인 크기가 일정 지점에 이르면 비로소 크기상의 우월함에 대해 위와 같은 특이한 감정이 생겨납니다.

《피고석의 하나님》 1부 교리와 우주

2 월 8일

우리는 천상 시인이다

우리는 무엇인가의 양이 대단히 커지면 더 이상 단순히 양으로 생각하지 않습니다. 우리의 상상력이 깨어납니다. 더 이상 양이 아니라 질로 여기고, 거기서 숭고함을 느낍니다. 그렇지 않다면, 은하계의 산술적 크기를 보더라도 전화번호부에 적힌 숫자와 별반 다름없게 느꼈을 것입니다. 어떤 의미에서 물질적 우주가 경외감을 불러일으키는 힘을 이끌어오는 곳은 다름 아닌 우리 자신입니다. 우리와 같은 감정을 공유하지 않고, 우리와 같은 상상력을 갖지 못한 정신적 존재에게는 크기에 근거한 논증이 전혀 무의미할 것입니다. 인간들은 별이 빛나는 하늘을 바라보며 외경심을 느끼지만 원숭이들은 그렇지 않습니다. 파스칼이 영원한 우주 공간의 침묵을 보고 두려움을 느꼈던 것은 파스칼 자신의 위대함 때문이었습니다. 우리가 우주의 크기에 겁을 집어먹는 일은, 실은 거의 말 그대로 우리 자신의 그림자에 겁을 집어먹는 일과 같습니다. 왜냐하면 광년의 거리나 수십억 년의 세월은 거기에 시인이나 신화 작가인 인간의 그림자가 드리워지기 전까지는 그저 계산에 불과하기 때문입니다. 우리가 인간의 그림자를 보면서 몸을 떠는 것이 잘못이라는 뜻은 아닙니다. 그것은 하나님의 형상의 그림자이니까요. 그러나 우리 영혼이 물질의 광대함에 압도당하는 것은, 다만 인간의 상상력이 자연을 정신화하기 때문이라는 점을 기억해야 합니다. 안드로메다의 거대한 성운이 갖는 거대함은 어떤 면에서는 인간의 미약함에서 생기는 것입니다. 《피고석의 하나님》 1부 교리와 우주

2월 9일

우리는 어떤 종류의 우주를 원하는 걸까?

　　인간은 만족시키기 어려운 존재입니다. 우리가 사는 세상이 우리에게 파스칼이 느꼈던 두려움을 줄 만큼 광대하고 이상하지 않다면 우리는 얼마나 가없은 피조물이겠습니까! 우리는 이성을 갖춘 동물, 감각의 세계에서 출발해 신화와 비유를 거쳐 영의 세계에 이른 양서류입니다. 그런 우리가 물질적 우주의 거대함을 통해 힌트를 얻지 못했다면 하나님의 위대하심을 어떻게 알 수 있었을지 저는 모르겠습니다. 다시 묻겠습니다. 우리는 어떤 종류의 우주를 원하는 걸까요? 편안한 느낌이 들 만큼 우주가 작길 바란다면, 거기서 숭고함을 느낄 수는 없을 것입니다. 우리 영혼의 사지를 쭉 뻗어도 될 만큼 충분히 크길 바란다면, 우리를 당혹스럽게 할 만큼 커야 할 것입니다. 어떤 우주를 생각하건, 비좁아서 답답하거나 너무 커서 두려움을 느끼거나 둘 중 하나일 수밖에 없습니다. 저는 두려움을 택하겠습니다. 끝이 보이는 우주에서는 숨이 막히는 기분이 들 것입니다. 숲속을 걸어가다 중간에 일부러 돌아온 적이 없습니까? 혹시 숲이 끝나 버려 이후 상상 속에 빈약한 나무 몇 그루 정도로만 남을까 싶어서 말이지요. 《피고석의 하나님》 1부 교리와 우주

2월 10일

인간은 만물의 척도가 아니다

제 말을 하나님이 나선형 성운들을 만드신 유일한 이유, 또는 주된 이유가 제게 경이감과 당혹감을 주시기 위함이었다는 식으로 오해하지 마시기 바랍니다. 저는 하나님이 그것들을 만드신 이유를 짐작조차 할 수 없습니다. 짐작할 수 있다면 오히려 놀라운 일이 되리라는 게 대체적인 제 생각입니다. 제가 이해하는 바에 따르면, 기독교는 우주 전체를 인간 중심적으로 이해하지 않습니다. 물론 창세기의 첫 몇 장은 민간 설화의 형태로 창조 이야기를 들려줍니다. 그 사실은 이르면 성 제롬의 시대에도 인정되고 있었습니다. 성경의 그 첫 몇 장의 내용만 고려한다면, 기독교에 대해 그런 인상을 받을 수 있습니다. 그러나 그것은 성경 전체가 확증해 주는 바는 아닙니다. 욥기는 인간을 만물의 척도로 삼지 말라고 더없이 엄중하게 경고합니다. "네가 낚시로 리워야단을 끌어낼 수 있겠느냐? ……어찌 그것이 너와 계약을 맺고 너는 그를 영원히 종으로 삼겠느냐? ……그것의 모습을 보기만 해도 그는 기가 꺾이리라."[6] 사도 바울의 글을 보면 하늘의 권세가 대체로 인간에게 적대적인 것으로 보입니다. 물론, 하나님이 인간을 사랑하시고 인간을 위해 인간이 되셔서 죽으셨다는 것이 기독교의 정수입니다. 그러나 그것이 인간이 자연의 유일한 목적이라는 증거는 아닙니다. 예수님의 비유에서 목자는 한 마리 잃어버린 양을 찾아 길을 떠납니다.[7] 그 양은 양 떼 중의 유일한 양도 아니었고, 그것이 가장 귀한 양이었다는 말도 없습니다. 다만, 사랑하는 자의 눈에는 가장 도움이 필요한 존재가 매우 특별해 보이기는 합니다. 그의 상황이 나아질 때까지 말입니다. 《피고석의 하나님》 1부 교리와 우주

2월 11일

하나님의 사랑은 무궁하다

성육신의 교리는 우리가 이 광대한 우주에 대해 아는 바와 충돌합니까? 만약 우주에 우리와 다른 이성적 종족이 살고 있고, 그들도 우리처럼 타락하여 우리와 동일한 방식으로 구속救贖이 필요한데, 그러한 구원을 받지 못했다는 사실을 알게 된다면 그럴 것입니다. 그러나 우리는 이중 어떤 것도 알지 못합니다. 어쩌면 우주는 결코 구속이 필요하지 않은 생명체로 가득할 수도 있습니다. 어쩌면 구속받은 생명체들로 가득할 수도 있고요. 어쩌면 우주는 우리가 상상도 못할 방식으로 하나님의 지혜를 만족시키는 무언가 생명 아닌 존재들로 가득할 수도 있습니다. 우리는 하나님의 심리 지도를 그리거나 그분의 관심사를 제한할 만한 위치에 있지 않습니다. 우리는 우리보다 위대한 사람에게도 그런 시도를 하지 않습니다. 하나님이 사랑이시고 그분이 인간을 기뻐하신다는 교리는 긍정적인 교리일 뿐, 제한하는 교리가 아닙니다. 하나님은 그 교리보다 작은 분이 아닙니다. 그분에게 다른 어떤 면이 더 있는지 우리는 알지 못합니다. 우리는 그저 하나님이 우리가 상상할 수 있는 것보다 더 크신 분임을 알 따름입니다. 우리는 하나님의 창조 세계가 대체로 우리가 이해할 수 없는 것이리라 짐작할 수 있습니다. 《피고석의 하나님》 1부 교리와 우주

2월 12일

하나님의 계시와 인간의 호기심

　　이 문제를 둘러싼 오해가 커진 데는 우리 그리스도인들에게 상당 부분 책임이 있습니다. 우리는 계시의 존재 목적이 모든 자연계를 비춰 주어 자연이 자명해지고 모든 의문이 풀리는 것인 양 말하는 나쁜 습관이 있습니다. 그러나 제가 볼 때 계시는 타락한 인간이라는 특정한 동물을 그의 절박한 어려움에서 구해 주려는, 순전히 실용적인 목적으로 주어진 것입니다. 자유분방한 호기심을 채우고 싶어 하는 인간의 탐구 정신을 위해 주어진 것이 아닙니다. 우리는 하나님이 당신의 백성들을 찾아오셔서 구속하셨음을 압니다. 그것이 우리에게 창조 세계의 전반적인 특성에 대해 얼마나 말해 줄까요? 한 커다란 농장의 병든 암탉 한 마리에게 준 약이 영국 농업의 전반적 특성에 대해 말해 주는 정도와 비슷할 겁니다. 우리는 무엇을 해야 하는지, 어떤 길을 택해야 생명의 근원으로 나아갈 수 있는지 압니다. 그 지시를 진지하게 따라갔던 사람은 누구도 속았다는 불평을 하지 않았습니다. 그러나 우리와 같은 다른 피조물들이 존재하는지, 그들이 어떤 대우를 받는지, 무생물은 생물을 섬기기 위해서만 존재하는지 아니면 다른 존재 목적이 있는지, 우주의 광대함은 다른 어떤 목적으로 가는 수단인지, 환상인지, 아니면 무한한 에너지를 만들어 내기 위한 자연스러운 환경인지. 이런 점들에 대해서는 그저 추측만 할 수 있을 따름이라는 게 제 생각입니다.

기독교는 방대한 우주를 두려워할 필요가 없습니다. 방대한 우주를 두려워해야 할 쪽은 우리 행성의 생물학적 또는 사회적 진화에 존재의 모든 의미를 두고 있는 체계들입니다. 밤하늘을 올려다보며 두려움에 떨어야 할 사람이 있다면 창조적 진화론자, 베르그송주의자Bergsonian나 쇼주의자Shavian[8], 또는 공산주의자입니다. 그들이야말로 침몰하는 배와 운명을 같이했기 때문입니다. 참으로 그들은 이미 발견된 세상의 본질을 무시하려 안간힘을 쓰고 있습니다. 단 하나의

행성에서 볼 수 있는 상승 경향에 집중함으로써 우주 전체의 불가피한 하강 경
향, 낮아진 온도와 돌이킬 수 없는 무질서로 가는 경향을 잊을 수 있는 것처럼
행동하고 있습니다. 《피고석의 하나님》 3장 교리와 우주

지식의 진보와 기독교

'끊임없이 지식이 증가하는 상황에서 변하지 않는 체계가 어떻게 살아남을 수 있습니까?' 우리는 이런 일이 이루어지는 사례를 잘 알고 있습니다. 플라톤의 위대한 한 구절을 읽으며 그 형이상학과 문학적 아름다움, 유럽 역사에서 그 구절이 차지하는 위치를 단번에 파악하는 성숙한 학자는 이제 겨우 그리스어 알파벳을 배우는 소년과는 전혀 다른 위치에 있습니다. 하지만 그 방대한 정신적·정서적 활동은 모두 변하지 않는 알파벳 체계를 통해 이루어지고 있습니다. 알파벳 체계는 새로운 지식에 의해 무너지지 않았습니다. 낡아 버리지 않습니다. 이것이 변한다면 모든 것이 혼란에 빠질 것입니다. 수백만 명의 삶에 영향을 끼칠 것이며 극히 복잡한 경제·지리·정치적 고려를 포함하는 조치의 도덕성을 따지는 위대한 크리스천 정치가는, 남을 속이거나 거짓말을 하거나 죄없는 사람들에게 상처를 줘서는 안 된다는 것을 처음 배우는 소년과 다른 위치에 있습니다.

그러나 그의 판단이 도덕적이려면 위대한 도덕적 상투어들에 대해 어릴 때 배운 지식이 손상되지 않고 그의 가슴속에 살아남아 있어야 합니다. 그 지식이 사라져 버리면, 진보는 없고 변화만이 있을 것입니다. 핵심이 유지되지 않으면 변화는 더 이상 진보가 아니기 때문입니다. 작은 참나무가 자라서 큰 참나무가 됩니다. 작은 참나무가 너도밤나무가 된다면, 그건 성장이 아니라 변화에 불과할 것입니다. 과일 개수를 세는 것과 현대 물리학의 수학 공식을 유도하는 과정은 커다란 차이가 있습니다. 그러나 구구단은 두 경우 모두에 쓰이고 시대에 뒤떨어지지 않습니다.

……진보라는 것이 가능하려면 변하지 않는 요소가 있어야 합니다. 새 포도주에는 새 술병. 물론입니다. 그러나 새 입천장, 새 목구멍, 새 위장은 아닙니다. 그렇다면 그것은 우리에게 '포도주'가 아닐 것입니다. 저는 간단한 수학 규칙에서

이런 종류의 변하지 않는 요소를 찾을 수 있다는 데 모두가 동의할 거라 생각합니다. 저는 여기에다 도덕의 기본 원리들을 덧붙이고 싶습니다. 그리고 기독교의 근본 교리들도 덧붙이겠습니다. 다소 전문적인 용어로 표현하자면 이렇습니다. 역사적으로 기독교가 내세운 적극적 진술들은, 다른 분야에서도 형식 원리들의 경우에서 주로 볼 수 있듯 근본적인 변화 없이, 지식의 증가와 더불어 점점 더 복잡해지는 의미를 담아낼 능력이 있습니다. 《피고석의 하나님》 1부 교리와 우주

하나님은 외계에 계시는가?

러시아인들이 우주 공간에서 하나님을 발견하지 못했다고 전했다는 이야기를 들었습니다. 그런데 여러 시대 여러 나라에 걸쳐 수많은 사람들이 바로 이 지구상에서 하나님을 발견했거나 하나님에 의해 발견되었다고 주장합니다. 어떤 사람들은 이런 사실로부터 하나님은 존재하지 않는다고 우리가 결론 내리기를 바랍니다. 그러면 지구상에서 하나님을 만났다고 생각하는 사람들은 필연적으로 망상에 빠져 있는 것이 되겠지요.

하지만 다른 결론들을 내릴 수도 있습니다.

1. 우리는 아직 우주에서 충분히 멀리 가보지 않았다. 미 대륙이 발견되기 전 오랜 기간 동안 대서양에는 배들이 항해하고 있었다.

2. 하나님은 존재하지만 지역적으로 이 지구상에만 국한되어 있다.

3. 그 러시아인들은 하나님을 감지하는 데 꼭 필요한 장치가 없었기 때문에 우주에서 하나님을 발견하고도 알지 못했다.

4. 하나님은 존재하지만 우주의 특정 부분을 차지하거나 흩어져 있는 대상이 아니다. 한때 우리는 에테르ether가 우주에 흩어져 있다고 생각했다.

이 가운데 앞의 두 결론에 대해선 저는 관심이 없습니다. 그런 정도로 변호될 수 있는 종교라면 그것은 미개인들을 위한 종교일 것입니다. 그러니까 특정 사원이나 섬이나 숲에 국한될 수 있는 지역 신을 믿는 것입니다. 그것은 사실 러시아인들 혹은 일부 러시아인들과 서구의 많은 사람들이 믿지 않고 있는 종교 같은 것이 아닌가 합니다. 어떤 우주 비행사도 그와 같은 종류의 신을 발견하지 않았다는 사실은 우리를 전혀 불안하게 하지 않습니다. 만약 그들이 그러한 신을 발견했다면 정말 불안한 일이 되었을 것입니다. 《기독교적 수고》 14장 관점

2월 15일

모든 시공간의 창조자

우주 탐험을 통해 하나님 혹은 천국을 찾는 것은 마치 셰익스피어의 모든 희곡을 읽거나 그 공연을 보며 등장인물들 가운데서 셰익스피어를 찾으려 하거나 배경 장소 가운데서 스트랫포드Stratford를 찾으려 하는 것과 같습니다. 셰익스피어는 어떤 의미에서 자신이 쓴 모든 희곡에 매 순간 현존하고 있습니다. 그러나 결코 폴스타프Falstaff나 맥베스Macbeth 부인처럼 존재하지는 않습니다. 마치 기체처럼 희곡 전체에 퍼져 있는 것도 아닙니다.

……제가 말하고자 하는 것은, 만약 하나님이 존재한다면 하나님과 우주의 관계는 우주 속의 한 대상과 또 다른 대상의 관계보다는 작가와 희곡의 관계에 더 가깝다는 것입니다. 만약 하나님이 우주를 창조했다면 그분은 시공간을 만든 것이며, 시공간과 우주는 운율과 시 혹은 음조와 음악의 관계와 같습니다. 하나님을, 하나님 자신이 고안해 낸 틀 안에 있는 한 요소로 생각하고 찾는 것은 터무니없는 짓입니다. 어떤 종교이든 성숙한 종교가 믿는 그런 신이 존재한다면, 우주에서 단순히 움직이는 것이 지금 바로 이 순간 우리가 있는 곳에서 우리를 신에게 더 가깝게 혹은 더 멀리 결코 데려다 주지 못할 것입니다. 켄타우루스 자리의 알파별이나 심지어 그 외에 다른 은하로 여행을 한다고 해서 신에게 더 가까이 가거나 그를 피할 수 있는 것이 아닙니다. 바닷속 물고기는 천 마일을 헤엄쳐 간 후에도 처음 지느러미질을 시작할 때처럼 여전히 바닷속에 있습니다.

……실제로 우주여행은 이 문제와 아무런 상관이 없습니다. 어떤 사람들에게 신은 어디서나 발견할 수 있는 존재이고, 또 어떤 사람들에게는 아무 데서도 발견할 수 없는 존재입니다. 지구상에서 신을 찾지 못하는 사람은 우주에서도 찾지 못할 것입니다. (사실 우리는 이미 우주에 있지 뭡니까. 해마다 우리는 우주에서 거대한 원을 그리며 여행합니다.) 그러나 성인聖人을 우주선에 태워 보내면 그는 지구에서 그랬던

것처럼 우주에서도 신을 발견할 것입니다. 많은 것이 관점에 달려 있습니다.

《기독교적 수고》 14장 관점

2월 16일

다른 행성의 생명체

인간 외에 이성을 갖춘 다른 종들이 존재한다면, 그 중 일부나 전부도 우리처럼 타락했을까요? 비기독교인들은 이 부분을 늘 잊어버리는 듯합니다. 그들은 성육신이 인류의 특정한 장점이나 탁월함을 보여준다고 생각합니다. 그러나 천만의 말씀입니다. 성육신이 보여주는 것은 인류의 특정한 단점과 타락상입니다. 구속 받을 자격이 있는 피조물이라면 구속 받을 필요가 없겠지요. 건강한 사람들은 의사가 필요하지 않습니다. 그리스도께서 인간들을 위해 죽으신 것은 인간들이 그럴 만한 가치가 없기 때문에 그럴 만한 가치 있는 존재로 만들기 위해서입니다.

……성육신과 수난에 의한 구속이 필요한 피조물들에게 그것이 거절된 적이 있는지, 우리는 모릅니다. 성육신과 수난 외의 다른 구속방식이 존재할 수 없다는 게 확실합니까? 물론 모르는 일입니다. 아니, 하나님이 계시하지 않으신다면 도저히 답을 알 수 없는 문제입니다. 우리가 하나님의 계획을 더 깊이 들여다볼 수 있다면 베들레헴 탄생, 갈보리 십자가, 그리고 빈 무덤, 오로지 이런 방식으로만 타락한 인류를 구원할 수 있었음을 더욱 분명히 알게 될지도 모릅니다. 하나님의 본성과 죄의 본질에는 이런 구원을 요구하는, 넘어설 수 없는 필연성이 깊게 뿌리내리고 있을지도 모릅니다. 그러나 우리는 모릅니다. 어쨌거나 나는 모릅니다. 다른 세계마다 물리적 상태뿐 아니라 영적 상태도 크게 다를 수 있습니다. 타락에도 종류와 정도가 있을 수 있겠지요. 하나님의 사랑은 측량할 수 없이 겸손하게 내려오셨을 뿐 아니라 그 방책 또한 측량할 수 없이 풍성함을 우리는 확고히 믿어야 합니다. 다른 질병에 대해, 혹은 같은 질병을 앓는 다른 환자에 대해, 위대한 의사께서는 다른 치료법을 내리셨을지도 모릅니다. 설령 우리가 그 내용을 들어본 적이 있다 해도 그것이 치료법이라는 사실조차 알아채지 못할 것입니다. '종교와 로켓공학'

2월 17일

외계의 선교사들

선교사라고 해서 믿을 수 있을까요? '총과 복음'이 끔찍하게 결합되었던 과거가 있습니다. 영혼을 구원하기 원하는 선교사의 거룩한 욕망이 (그의 표현을 따르면) '원주민들'을 (이른바) '개화'시키려는 오만한 욕망, 남의 일에 간섭하고 싶은 충동과 뒤섞여 나타난 경우가 적지 않습니다. 타락하지 않은 종족을 만난다면 우리의 선교사들이 다 그들을 알아볼까요? 알아볼 수 있을까요? 구원받을 필요가 없는 피조물들에게 하나님이 인간에게 정해주신 구원의 계획을 줄기차게 강요하지는 않을까요? 그 낯선 피조물들의 영적, 생물학적 역사에 의하면 전적으로 정당한 일이자 하나님이 친히 복 주신 모습인데도, 인간과 다른 행동이라는 이유만으로 죄라고 지적하고 나무라지는 않을까요? 우리가 배워야 할 바가 더 많은 상대이건만, 무턱대고 그들을 가르치려고만 들지는 않을까요? 저는 모릅니다.

그러나 제가 분명히 아는 바가 있습니다. 지금 여기서, 그런 조우에 대비해 준비할 수 있는 방법이 딱 하나 있습니다. 모든 착취와 모든 신학적 제국주의에 단호히 맞서리라 다짐하는 일입니다. 그 일이 재미있지는 않을 겁니다. 아마도 인류의 배신자라고 불리게 될 것입니다. 우리는 거의 모든 사람에게 미움을 받을 것이고, 일부 종교인들까지 거기에 가세할 것입니다. 그래도 우리는 조금도 물러서선 안 됩니다. 결국엔 아마도 실패하겠지만, 올바른 편에 서서 싸우다 쓰러집시다. 우리는 인류가 아니라 하나님께 충성을 다해야 합니다. 그분의 아들인 자들, 그렇게 될 수 있는 자들에게 (단단한) 껍질shell이나 (무서운) 엄니tusk가 있다 해도, 그들이 우리의 진짜 형제입니다. 중요한 것은 생물학적인 혈족관계가 아니라 영적인 혈족관계입니다.

제 기억이 맞다면, 성 아우구스티누스는 시티로스(파우누스), 모노포드(외다리종족), 기타 반인半人 동물들이 신학적으로 어떤 자리를 차지할지 의문을 제기한

적이 있습니다. 그리고 그 문제는 그런 동물들의 존재 여부를 알게 될 때까지 미뤄두어도 되겠다고 판단했습니다. 방금 우리가 다룬 문제도 마찬가지라고 생각합니다. '종교와 로켓공학'

2월 18일

연대에 관한 속물적 태도

"이런, 젠장, 완전히 중세잖아."

나는 소리쳤다. 그때까지만 해도 연대年代에 관하여 우리 시대가 갖고 있던 속물적 태도를 나 또한 가지고 있었던 터라, 과거의 시대를 매도하는 말을 한 것이다. ……바필드는 내가 '연대에 관한 속물적 태도'라고 부르는 바 우리 시대에 통용되는 지적 풍토를 무비판적으로 수용하는 태도와, '무엇이든 시대에 뒤떨어졌다는 것은 불신의 근거가 된다'는 가정假定을 간단히 무너뜨렸다. 중요한 것은 그것이 시대에 뒤떨어진 이유를 찾는 것이다. 반박되어 사라졌는가(그렇다면 누가 어디서 어떻게 결정적으로 반박해서 사라졌는가), 아니면 단순히 유행이 사라지듯 사라졌는가? 만약 그냥 사라진 것이라면, 사라졌다는 그 사실만으로 참, 거짓을 판단할 수 없다. 이런 점에서 볼 때 우리 세대 역시 '하나의 시대'로서, 다른 모든 시대들처럼 특유의 미망迷妄을 갖고 있음을 깨닫게 된다. 그 미망은 그 세대에 깊고도 넓게 뿌리박힌 가정들 속에 숨어 있기 쉬우므로, 아무도 감히 그것을 공격하지 못하며 변호할 필요도 느끼지 못한다.

둘째로, 바필드는 우리가 지금껏 견지해 온 입장이 만족스러운 인식론을 세우기에는 너무나도 편협한 것임을 납득시켰다. 전문용어로 말하자면 우리는 '실재론자realists'였다. 즉 우리는 감각에 의해 드러나는 우주를 가장 근본적인 실재로 받아들였다. 그러면서도 의식意識의 현상에 대해서는 사실상 유신론 내지는 관념론의 관점에 해당하는 주장을 계속 펴고 있었다. 우리는 추상적인 사고야말로(그 사고가 논리적인 법칙을 따르는 사고라면) 반박할 수 없는 진리를 제공하며, 우리의 도덕적 판단은 '타당하고', 심미적 경험은 즐거울 뿐 아니라 '가치 있다'는 생각을 고수했다. 《예기치 못한 기쁨》 12장 무기와 전우

2월 19일

살아계신 하나님께 다가서기

　　사람들은 추상적이고 소극적인 신을 생각하던 것에서 살아 계신 하나님을 생각하는 것으로 옮아가기를 꺼립니다. 당연합니다. ……범신론자들의 하나님은 아무 일도 하지 않는 존재, 아무것도 요구하지 않는 존재입니다. 그런 하나님은 그저 여러분이 원하는 대로, 단지 선반 위의 책처럼 존재할 뿐입니다. 그는 여러분을 따라다니며 괴롭히지 않습니다. 어느 순간 그의 명령에 하늘과 땅이 순식간에 사라져 버릴 염려도 없습니다. 만일 그런 범신론의 하나님이 진리라면, 우리는 하나님을 왕으로 묘사하는 모든 기독교적 이미지들은 그저 역사적 우연에 속하는 것으로, 이제 우리 종교는 거기서 벗어나야 한다고 말해야 할 것입니다. 그러나 충격적이게도 우리는 그런 이미지들이 필요불가결한 것임을 발견합니다. 여러분은 전에 더 작은 일들과 관련해서 이런 충격을 느껴 봤을 것입니다. 예를 들어, 여러분이 잡고 있던 줄이 갑자기 반대쪽에서 당겨질 때, 어둠 속에서 무언가 옆에서 숨 쉬는 소리를 듣게 되었을 때와 같은 경우에 말입니다. 여기서도 그렇습니다. 무언가 실마리를 따라가다 어느 순간 예기치 못한 생명의 떨림이 전해져 오고, 그 순간 우리는 충격을 받습니다. 혼자 있다고 생각했던 곳에서 살아 있는 존재를 만나는 일은 언제나 충격을 줍니다. "저기 봐!" 우리는 소리칩니다. "저게 살아 있어." 따라서 수많은 사람들이 바로 이 지점에서 기독교로부터 뒷걸음쳐 물러납니다. 할 수 있다면 저도 그랬을 것입니다.
어떤 '비인격적인 하나님', 이는 사람들이 좋아합니다. 우리 머릿속에 들어 있는 주관적인 진선미의 하나님, 이는 사람들이 더 좋아합니다. 우리를 관통해 요동치는 어떤 무정형의 생명력, 우리가 끌어다 쓸 수 있는 방대한 힘으로서의 하나님, 이는 사람들이 최고로 좋아합니다. 그러나 진짜 하나님, 살아 계신 하나님, 반대쪽에서 줄을 끌어당기시고, 무한한 속도로 우리에게 다가오시는 하나님, 추적자, 왕, 남편으로서의 하나님, 이는 전혀 다른 문제입니다. 도둑 놀이를 하고 있던 아이들이 갑자기 조용해지는 순간이 있습니다. 방금 현관에서 난 저 소리, 혹시 진짜 사람 발자국 소리는 아닐까? ('하나님을 찾는 인간!' 운운하며) 그저 종교를 가지고 장난쳐 왔던 사람들이 갑자기 뒤로 움찔 물러서는 순간이 옵니다. 생각해 보십시오. 우리가 정말 하나님을 만나게 된다면? 우리는 정말 그런 것을 기대했던 것은 아니었습니다. 아니, 더 나쁜 경우로, 만약 그분 편에서 친히 우리를 찾아온다면? 《기적》 11장 '기독교와 '종교'

2월 20일

회개란 무엇인가

누군가 곤경에 빠졌는데 그를 곤경에서 건져주는 일은 인정 많은 친구의 몫이 되는 상황을 다들 본 적이 있을 겁니다. 인간이 빠져 있는 '곤경'이란 어떤 것일까요? 스스로 독립적인 위치에 서려고 한 것, 스스로 자기의 주인인 양 행세하려 한 것입니다. 다시 말해서 타락한 인간은 개선해야 하는 불완전한 피조물이 아니라 손에 든 무기를 내려놓아야 하는 반역자입니다. 무기를 내려놓고 항복하면서 잘못했다고 하는 것, 그동안 잘못된 길을 걸어 왔음을 깨닫고 삶을 처음부터 다시 시작할 준비를 하는 것, 이것이 이 '곤경'에서 빠져나올 수 있는 유일한 길입니다.

이렇게 항복하는 과정—전속력을 다해 뒤로 도는 동작—을 그리스도인들은 '회개'라고 부릅니다. 회개는 장난 삼아 할 수 있는 일이 결코 아닙니다. 이것은 단순히 굴욕을 감수하는 것보다 훨씬 어려운 일입니다. 회개한다는 것은 수천 년간 익혀 온 자기 만족과 자기 의지를 버린다는 뜻입니다. 이것은 여러분 자신의 일부를 죽이는 것, 일종의 죽음을 겪는 것을 뜻합니다.

사실 회개는 선한 사람이 할 수 있는 일입니다. 바로 여기에 함정이 있습니다. 정작 회개가 필요한 사람은 악한 사람인데, 완전한 회개는 선한 사람만 할 수 있으니 말입니다. 여러분이 악해질수록 회개의 필요성은 점점 커지고 회개할 수 있는 능력은 점점 적어집니다. 완전하게 회개할 수 있는 유일한 사람은 완전한 인간—회개할 필요가 없는 인간—뿐입니다. 《순전한 기독교》 2장 그리스도인은 무엇을 믿는가

2월 21일

완전한 회개자만 줄 수 있는 도움

이 회개, 즉 자발적으로 자신을 낮추며 일종의 죽음을 받아들이는 일은 하나님께서 여러분을 도로 찾으시기 전에 먼저 요구하시는 사항이 아닐 뿐 아니라 하나님이 원하신다면 얼마든지 면제해 줄 수 있는 일 또한 아니라는 점을 기억하십시오. 회개란 '하나님께 돌아간다'는 것이 어떤 것인지를 보여 주는 하나의 표현법일 뿐입니다. 그러니까 하나님께 "회개하지 않고 당신께 돌아가게 해주소서"라고 구하는 것은 "당신께 돌아가지 않으면서도 돌아가게 해주소서"라고 구하는 것이나 다름없습니다. 이런 일은 당연히 일어날 수 없지요.

자, 그렇다면 우리는 반드시 회개를 거쳐야만 합니다. 그런데 문제는 우리에게 회개의 필요성을 주는 그 악함이 동시에 우리를 회개할 수 없게 한다는 데 있습니다. 그래도 하나님이 도와 주시면 회개할 수 있지 않을까요? 맞는 말입니다. 하지만 대체 어떤 뜻에서 하나님이 우리를 도우신다는 겁니까?

하나님이 우리를 도우신다는 것은 이를테면 그분 자신을 우리에게 조금 넣어 주신다는 뜻입니다. 그는 자신의 추론 능력을 우리에게 조금 빌려 주셨고, 그래서 우리는 생각할 수 있게 되었습니다. 그는 자신의 사랑을 우리에게 조금 넣어 주셨고, 그래서 우리는 사랑할 수 있게 되었습니다. 여러분은 아이에게 처음 글쓰기를 가르칠 때, 아이의 손을 붙들고 함께 글자를 씁니다. 그러니까 그 글자가 쓰여지는 것은 여러분이 그것을 쓰고 있기 때문인 것입니다. 그처럼 우리가 사랑하고 추론하는 것은 하나님이 사랑하시고 추론하시기 때문이며, 그가 우리 손을 붙들고 계시기 때문입니다. 《순전한 기독교》 2장 그리스도인은 무엇을 믿는가?

2월 22일

무례한 자들의 불평

만약 예수가 인간일 뿐 아니라 하나님이라면 그의 고통과 죽음은 "그에게 지극히 쉬운 일이었을 것이므로" 아무 가치가 없지 않느냐고 불평하는 이들의 말을 들은 적이 있습니다. 이런 반발을 배은망덕하고 무례하다며 나무라는 사람도 있겠지요(이런 나무람은 아주 정당한 것입니다). 그러나 제가 선뜻 그렇게 못하는 것은 그들이 무언가 오해하고 있다는 점이 이 말에 드러나고 있기 때문입니다. 물론 어떤 의미에서 그들의 주장은 옳습니다. 그것은 그들 자신의 생각보다 더 옳은 주장일 수도 있습니다. 완전한 순종, 완전한 고난, 완전한 죽음은 예수가 하나님이었기 때문에 더 쉬운 일이었을 뿐 아니라, 오직 그가 하나님이었기 때문에 가능했던 일입니다. 그러나 그것을 이유 삼아 그의 순종과 고난과 죽음을 받아들이지 않는다는 것은 너무나 이상한 일 같지 않습니까? 선생님이 아이들의 손을 잡고 글씨를 써 주는 것은 그가 어른으로서 글씨 쓰는 법을 알고 있기 때문입니다. 물론 선생님은 아이보다 더 쉽게 글씨를 쓸 수 있습니다. 바로 그렇기 때문에 아이를 도울 수 있는 것입니다. 그런데 '글씨 쓰는 것은 어른에게 쉬운 일'이라는 이유로 선생님의 도움을 거절하고 글씨 쓸 줄 모르는(따라서 '불공평한' 이점을 갖고 있지 않은) 다른 아이에게 배우겠다고 우긴다면, 글씨 배우는 일은 아주 지지부진해지고 말 것입니다.

제가 급류에 빠졌는데, 강둑에 한 발을 딛고 있는 어떤 사람이 저의 목숨을 구해 주기 위해 팔을 뻗었다고 합시다. 그 때 제가 "아니, 이건 불공평해! 당신은 지금 유리한 위치에 있잖아! 강둑에 한 발을 디디고 있으니까" 하고 (물에 빠져 숨을 헐떡거리면서) 소리쳐야 마땅하겠습니까? 그가 가진 이점—여러분이 '불공평하다'고 말할 수 있는—이야말로 그가 저를 도울 수 있는 유일한 이유입니다. 자기보다 강한 존재에게 도움을 청하지 않는다면 누구에게 도움을 청하겠습니까? 《순전한 기독교》 2장 그리스도인은 무엇을 믿는가?

2월 23일

통회

사순절 기간은 신학자들이 통회라 부르는 행위에 특별히 집중되어 있습니다. ……여러분도 아시다시피, '통회하는contrite'이란 라틴어에서 번역된 단어로, 으깨지거나 부서진다는 뜻입니다. 현대인들은 우리 기도서에 그 단어가 너무 많이 나온다고 불평합니다. 그들은 마음이 부서지기를 원하지 않고, 자신들이 '비참한 범죄자들'[9]임을 진심으로 고백할 수 있다고 느끼지 않습니다. 저는 정기적으로 교회에 나가지만 "그 짐(즉 그의 죄)이 견딜 수 없나이다"[10]라는 구절을 따라하지 않는 사람을 알고 있습니다. 자신의 죄가 견딜 수 없다고 느끼지 않기 때문입니다. 하지만 저는 기도서가 우리의 감정에 대해 주로 말하는 경우는 매우 드물다고 생각합니다. (제 생각에는) 그것이 "우리는 비참한 범죄자들입니다"라는 구절에 대해 우리가 저지르기 쉬운 첫 번째 실수입니다. 저는 우리가 비참하다고 느끼는지의 여부는 중요하지 않다고 생각합니다. 그리고 저는 이 구절이 '비참한miserable'이라는 단어를 옛날 의미, 즉 연민의 대상이라는 뜻으로 쓰고 있다고 생각합니다.

사람이 스스로 비참하다고 느끼지 않아도 연민의 대상이 될 수 있다는 사실을 쉽게 아는 방법이 있습니다. 사람들이 가득 탄 급행열차 두 대가 시속 100킬로미터의 속도로 같은 선로를 따라 서로를 향해 달려가는 모습을 높은 곳에서 지켜본다고 상상해 보십시오. 40초 후에는 정면충돌이 일어날 것입니다. 그렇다면 이 열차들의 승객들이 연민의 대상이라고 말하는 것이 아주 자연스러운 일이 될 것입니다. 이것은 그들이 스스로를 비참한 존재로 여긴다는 뜻은 아니겠지요. 그러나 그들은 적절한 연민의 대상임이 분명합니다. 저는 이런 의미에서 '비참한'이라는 단어를 이해해야 한다고 생각합니다. 기도서의 이 구절은 우리가 비참한 느낌을 가져야 한다는 게 아니라, 충분히 높은 위치에서 상황을 내려다볼 수 있다면 우리가 합당한 연민의 대상이라는 사실을 누구나 깨닫게 될 거라

고 말하는 것입니다. 《피고석의 하나님》 14장 '비참한 범죄자'

2월 24일

죄 고백

여러분이 자신의 죄를 성직자에게 고백해야 하는지 말아야 하는지는 제가 결정할 일이 아닙니다. ……그러나 성직자에게 죄 고백을 하지 않으신다면, 최소한 종이 한 장을 준비해 죄의 목록을 작성하고 각각에 대해 진지하게 참회해야 합니다. 그저 단순한 말처럼 보이지만 참회에는 큰 힘이 있습니다. 다만 두 가지 위험을 피해야 합니다. 선정적인 과장—감정을 만들어 내려 하거나 작은 문제들에서 신파조의 죄를 지어내는 짓—이나 그 반대의 위험인 물 흐리기입니다. 참회할 때는 우리가 다른 사람의 죄에 대해 사용할 만한 숨김없고 단순한 구식 단어를 쓰는 것이 반드시 필요합니다. 도둑질, 간음, 증오 같은 단어들 말입니다. "부정직하려고 한 것은 아니었어요." "그때 전 아이였을 뿐이에요." "울화통이 터졌을 뿐입니다." 이런 식으로 말하지 말라는 것입니다. 자신이 아는 죄를 꾸준히 직시하고, 그것을 핑계 없이 하나님께 내어놓고 진심으로 용서와 은혜를 구하고, 힘닿는 데까지 더 잘하기로 다짐하는 일만이 유일한 길입니다. 《피고석의 하나님》 1부 '비참한 범죄자'

2월 25일

국가의 죄를 회개하는 데 따르는
치명적 유혹

사람들이 자신의 진짜 죄를 회개하지 않는 경우가 너무나 많기 때문에 가끔 가상의 죄라도 회개하는 것이 바람직한 일로 보일 수 있습니다. 그러나 국가의 죄를 회개하는 젊은이들에게 실제로 벌어지는 일은 이보다 다소 복잡합니다. 잉글랜드는 하나의 자연적인 주체가 아니라 시민 사회입니다. 따라서 잉글랜드의 행위라고 하는 것은 실상 영국 정부의 행위를 말합니다. 젊은이에게 잉글랜드의 외교 정책을 회개하라고 말하는 것은 실제로는 이웃의 행위를 회개하라는 뜻입니다. 외교부 장관이나 각료 장관은 이웃이 분명하기 때문입니다. 그리고 회개는 정죄를 전제로 합니다. 그러므로 국가적 회개의 으뜸가고 치명적인 매력은 우리 자신의 죄를 회개하는 괴로운 일에서 벗어나 다른 사람들의 행위를 슬퍼하는—그러나 우선 비난하는—신나는 일에 참여할 수 있다는 점입니다. 이것이 자신이 하는 일의 본질이라는 사실을 젊은이들이 분명히 알게 된다면, 그는 분명 사랑의 원리law of charity를 기억하게 될 것입니다. 불행히도 국가의 죄를 회개할 때 쓰는 표현이 그 진정한 본질을 감추고 있습니다.

참회자는 위험한 수사적 표현을 사용하여 정부를 '그들'이 아니라 '우리'라고 부릅니다. 그는 자신의 죄에 대해서는 관대하지 말고 자신에게는 무죄 추정의 원칙을 적용해서는 안 되는 입장이므로, '우리'라고 불리는 정부는 '사실상ipso facto' 사랑의 영역은 물론, 정의의 영역에도 들지 못합니다. 그러므로 참회자는 정부에 대해 무슨 말이건 하고 싶은 대로 말할 수 있습니다. 거침없는 비난이라는 널리 퍼진 악을 마음껏 저지르면서도 줄곧 자신이 참회하고 있다고 생각합니다.

《피고석의 하나님》 2부 국가적 회개의 위험

2월 26일

죄의 용서

　　교회 안에서(교회 밖에서도 마찬가지로) 우리는 별다른 생각 없이 아주 많은 말을 합니다. 예를 들면, 사도신경을 통해 "죄를 사하여 주시는 것을 믿사옵나이다"라고 고백합니다. 저는 이 문구를 몇 년 동안이나 되풀이하다가 이것이 왜 사도신경에 있는지 자문해 보게 되었습니다. 이 문구는 사도신경에 들어갈 가치가 없는 듯 보였습니다. 이런 생각 때문이었습니다. "그리스도인이라면, 죄를 사하여 주시는 것을 당연히 믿지. 말할 것도 없잖아." 그러나 사도신경을 작성했던 사람들은 이것이 우리가 교회에 갈 때마다 상기해야 하는 신앙의 일부라고 생각했던 것 같습니다. 그리고 적어도 제 경우에는 그들이 옳았음을 알게 되었습니다. 죄 용서를 믿는 일은 생각만큼 쉽지 않았습니다. 그리고 그 믿음은 그나마도 계속 상기하지 않으면 아주 쉽게 잊고 맙니다.

우리는 하나님이 우리 죄를 용서하신다고 믿지만, 우리에게 죄 지은 다른 사람들을 용서하지 않으면 하나님이 우리를 용서하지 않으신다고도 믿습니다. 이 두 번째 부분에는 의심의 여지가 없습니다. 주기도문에 있고, 우리 주님이 강조해서 말씀하셨기 때문입니다. 용서하지 않으면 용서받지 못할 것입니다. 주님의 가르침 중 이만큼 분명한 부분도 없습니다. 여기에는 어떠한 예외도 없습니다. 그분은 다른 사람들의 죄가 그리 끔찍하지 않거나, 정상 참작이 되는 경우에만 그들의 죄를 용서하신 게 아닙니다. 우리는 다른 사람들의 모든 죄를 용서해야 하고, 그것이 아무리 끔찍하고 비열하고 자주 되풀이되더라도 용서해야 합니다. 용서하지 않으면, 우리 역시 용서받지 못할 것입니다. 《영광의 무게》 용서

2월 27일

용서와 양해

우리는 우리 죄에 대한 하나님의 용서와 우리가 다른 사람들에게 베풀어야 하는 용서를 놓고 자주 실수를 범합니다. 먼저 하나님의 용서에 대해 생각해 봅시다. 저는 하나님께 용서를 구할 때 (아주 주의하지 않는 한) 실제로는 제가 그분께 전혀 다른 것을 구하고 있음을 발견합니다. 용서가 아니라 양해를 구하는 것입니다. 그러나 용서와 양해는 전혀 다릅니다. 용서는 이렇게 말합니다. "그렇다. 너는 이런 일을 했다. 하지만 네 사과를 받아들인다. 나는 이 일에 대해 네게 앙심을 품지 않을 것이고 우리 사이의 모든 것이 이전과 똑같을 것이다." 그러나 양해는 이렇게 말합니다. "네가 어쩔 수 없었다는 것과 본심이 아니었다는 걸 알겠다. 정말 네 잘못이 아니었구나." 이런 의미에서 용서와 양해는 반대말에 가깝습니다. 물론, 하나님과 사람 사이건 사람과 사람 사이건, 수십 가지의 경우, 용서와 양해가 섞여 있을 수 있습니다. 처음에는 죄로 보였던 것의 일부가 실제로는 누구의 잘못도 아님이 드러나 양해가 됩니다. 그리고 남은 부분은 용서를 받습니다. 명백한 이유가 있는 경우라면 용서가 필요 없을 것입니다. 행동 전체에 용서가 필요하다면 그 일에는 변명의 여지가 없습니다. 그러나 문제는 우리가 "하나님께 용서를 구한다"고 하는 일이 실제로는 하나님께서 우리의 해명을 받아 주시기를 구하는 일일 때가 아주 많다는 것입니다.

우리가 이런 실수를 저지르는 이유는 대부분의 행동에는 어느 정도의 핑계, '정상 참작을 할 만한 상황'이 있기 때문입니다. 우리는 이 사실을 하나님께 (그리고 우리 자신에게) 알리느라 바쁜 나머지 정말 중요한 것을 잊기 쉽습니다. 남은 부분 말입니다. 어떤 행동에서 핑계댈 수 없는 부분, 변명의 여지가 없지만 감사하게도 하나님께 용서받을 수 있는 부분 말입니다. 만약 우리가 이것을 잊어버린다면, 실제로는 우리 자신의 핑계에 스스로 만족하면서 자신이 회개했고 용서받았다고 상상하며 돌아가게 될 것입니다. 《영광의 무게》 용서

우리의 실수와 하나님의 교정책

이 위험을 피하는 두 가지 방법이 있습니다. 하나는 하나님이 모든 변명을 우리보다 훨씬 잘 아신다는 걸 기억하는 것입니다. 진정한 '정상 참작 사유'가 있다면 하나님이 그것을 놓치실 우려는 없습니다. 하나님은 우리가 상상도 못한 많은 사정들까지 다 아실 것이므로, 겸손한 영혼들 중에는 죽은 후 자신이 생각보다 훨씬 죄를 덜 지었음을 발견하고 깜짝 놀라 기뻐하는 경우도 있을 것입니다. 정말 양해할 만한 점이 있다면 하나님은 다 양해하실 것입니다. 우리가 하나님 앞에 가져가야 할 것은 핑계댈 수 없는 부분, 죄입니다. 하나님이 (우리 생각에) 양해하실 수 있는 부분들에 대해 말하는 것은 시간낭비일 뿐입니다. 우리가 의사에게 갈 때는 부러진 팔처럼 우리 몸에서 잘못된 부분을 보여 줍니다. 다리와 눈과 목은 다 괜찮다고 계속 설명하는 것은 시간낭비에 불과할 것입니다. 물론 그것도 잘못 생각한 것일 수 있지만, 어쨌거나 그 부분들이 정말 괜찮다면 오히려 의사가 그 사실을 더 잘 알 것입니다.

두 번째 방법은 정말로, 진심으로 죄 용서를 믿는 것입니다. 하나님 앞에서 핑계를 늘어놓는 우리의 불안은 상당 부분 참으로 죄 용서를 믿지 않기 때문에 생겨납니다. 우리의 잘못들에 대해 하나님이 만족하실 만한 타당한 이유들을 제시하지 않으면 우리를 다시 받아 주지 않으실 거라는 생각 때문에 생겨납니다. 그러나 그런 것은 용서가 아닙니다. 진정한 용서는 변명의 여지가 없는 죄, 정상 참작을 다 하고도 남은 죄를 찬찬히 들여다보고, 그 끔찍함과 더러움과 비열함과 악독함에도 불구하고 그 죄를 지은 사람과 온전히 화해하는 것입니다. 바로 그것이 진정한 용서이며, 우리가 구할 때마다 하나님이 우리에게 베푸시는 용서입니다.

《영광의 무게》 용서

3월 1일

자비와 공정함

우리가 다른 사람들을 용서하는 문제에는 하나님의 죄 용서와 같은 부분도 있고 다른 부분도 있습니다. 같은 부분은 용서가 양해를 뜻하지 않는다는 것입니다. 많은 사람들이 용서와 양해를 같은 것으로 여기는 듯합니다. 자신들을 속이거나 괴롭힌 누군가를 용서하라는 말을 들으면 그들은 속임수나 괴롭힘 자체가 없었다고 설득당한다고 생각합니다. 그러나 정말 그렇다면 용서할 일이 없을 것입니다. 그들은 계속해서 이렇게 대답합니다. "하지만 분명히 말하는데, 그 사람은 가장 중요한 약속을 어겼습니다." 그렇습니다. 바로 그것을 용서해야 합니다. (그렇다고 그의 다음 번 약속을 반드시 믿어야 하는 건 아닙니다. 하지만 여러분의 마음에 남아 있는 원한과 상대에게 모욕과 상처를 주거나 앙갚음하고 싶은 욕망을 모두 없애 버리기 위해 정말 분투해야 합니다.)

이 상황과 우리가 하나님께 용서를 구하는 상황과의 차이점은 이렇습니다. 우리 자신의 경우, 우리는 스스로의 구실을 너무나 쉽게 받아들입니다. 그러나 다른 사람들의 구실은 좀처럼 받아들이지 않습니다. 내 죄에 대해 늘어놓는 구실은 실제로 내 생각만큼 훌륭하지 않다고 봐도 (확실한 정도는 아니라도) 무방할 것입니다. 반면 다른 사람들의 구실들은 내 생각보다 낫다고 봐도 (확실한 정도는 아니라도) 무방할 것입니다. 그러므로 우리는 상대방의 잘못이 우리 생각만큼 크지 않음을 보여 주는 모든 것에 먼저 주의를 기울여야 합니다. 그러나 누군가의 죄가 전적으로, 철저하게 그의 잘못이라 해도 우리는 여전히 그를 용서해야 합니다. 그가 저지른 죄의 99퍼센트가 정말 타당한 구실들로 설명될 수 있다 해도, 용서는 남은 1퍼센트에서 시작됩니다. 양해할 만한 정당한 사유가 있는 일을 양해하는 것은 기독교적인 자비가 아닙니다. 그것은 공정함일 뿐입니다. 그리스도인이 된다는 것은 용서할 수 없는 사람들을 용서한다는 뜻입니다. 하나님이 우리의 용서할 수 없는 부분들을 용서하셨기 때문입니다.

이 일은 어렵습니다. 한 번의 큰 모욕을 용서하는 건 어쩌면 그리 어렵지 않을지도 모릅니다. 그러나 일상생활에서 우리를 끊임없이 자극하는 사람들을 용서하는 일은 다릅니다. 들볶아 대는 시어머니, 윽박지르는 남편, 바가지 긁는 아내, 이기적인 딸, 거짓말쟁이 아들을 계속해서 용서하라니, 어떻게 그럴 수가 있겠습니까? 방법은 우리가 서 있는 자리를 기억하는 것밖에 없습니다. 매일 밤 "우리가 우리에게 죄 지은 자를 사하여 준 것같이 우리 죄를 사하여 주옵시고"라고 기도할 때마다 진심으로 구하는 수밖에 없습니다. 우리가 용서받을 수 있는 다른 조건은 없습니다. 다른 사람을 용서하지 않으려는 것은 하나님이 우리에게 베푸시는 자비를 거절하는 것과 같습니다. 예외가 있다는 암시는 전혀 없으며, 하나님은 결코 빈말을 하지 않으십니다. 《영광의 무게》 용서

3월 2일

도덕의 세 요소

한 초등학생에게 하나님을 어떤 분으로 생각하느냐고 물었습니다. 그 아이는 자기가 이해할 수 있는 한도 안에서, 하나님은 "누가 재미있게 지내나 맨날 감시하다가 결국은 훼방을 놓는 분"이라고 대답했습니다. '도덕'이라고 할 때 꽤 많은 이들의 마음에 떠오르는 생각이 바로 이런 것이 아닐까 합니다. 즉 도덕이란 무언가 간섭하는 것, 여러분이 즐거운 시간을 보내지 못하도록 막는 훼방꾼이라는 것이지요.

사실 도덕 규칙이란 인간이라는 기계를 잘 움직이게 만드는 지침이라고 할 수 있습니다. 모든 도덕 규칙은 이 기계가 움직이다가 고장나지 않게 하려고, 또 기계에 무리가 생기거나 마찰이 일어나지 않게 하려고 존재합니다. 그렇기 때문에 처음에는 이런 규칙들이 우리의 자연스러운 성향에 계속 간섭만 하는 것처럼 보이는 것입니다. 어떤 기계든 사용법을 배우려면 "아니, 그렇게 하면 안 돼요"라는 지도교사의 지적을 줄기차게 듣게 마련인데, 그것은 여러분의 기계 사용법이 자신의 눈에는 괜찮아 보이고 자연스러워 보여도 실제로는 기계를 작동시키지 못하는 경우가 많기 때문입니다.

……이제 한 걸음 더 나아가 봅시다. 인간이라는 기계는 두 가지 방식으로 잘못될 수 있습니다. 하나는 개인들이 각기 따로 놀거나 충돌함으로써 서로에게 해를 입히는 경우로, 속임수를 쓰거나 횡포를 부릴 때 이런 일이 일어납니다. 다른 하나는 각 개인의 내부에 무언가 문제가 생기는 경우, 즉 한 개인을 이루고 있는 서로 다른 부분들(각기 다른 기능과 욕구 등)이 각기 따로 놀거나 충돌하는 경우입니다. 《순전한 기독교》 3장 그리스도인의 행동

3월 3일
사회적 관계

신문에서 "기독교적 도덕 기준을 지키기 위해 노력해야 한다"고 말하는 것은, 대개 국가와 계층과 개인이 서로 친절하게 대하며 공정하게 처신하기 위해 애써야 한다는 뜻에서 하는 말입니다. 즉 첫 번째 사항만을 생각하는 것이지요. 어떤 일을 하고 싶을 때 "다른 사람에게 해를 끼치는 일은 아니니까 괜찮아"라고 말하는 사람도 첫 번째 사항만을 생각하는 것입니다. 옆 배와 충돌하지만 않으면 자기 배의 내부 상태야 어떻든 괜찮다는 것이지요.

사실 도덕에 대해 생각하기 시작할 때, 첫 번째 사항인 사회적 관계부터 생각하는 것은 아주 자연스러운 일입니다. 이 부분에서 벌어지는 부도덕한 짓들은 식별하기도 쉬울 뿐 아니라 직접적으로 매일 우리에게 고통을 주기 때문이지요. 전쟁과 가난과 부정부패와 거짓말과 비열한 짓들처럼 말입니다. 게다가 첫 번째 사항에 관한 한, 사람들의 의견이 갈릴 이유가 거의 없습니다. 인간은 서로 정직하며 친절하며 도움을 주어야 한다는 것은 모든 시대 거의 모든 인간들이 동의해 온(이론적으로는) 바니까요.

그러나 첫 번째 사항부터 생각하게 되는 것이 아무리 자연스러운 일이라 해도, 도덕에 대한 생각이 이 지점에서 멈추고 만다면 아예 생각을 시작하지 않은 것이나 다를 바가 없습니다. 여기서 도덕의 두 번째 사항—각 인간의 내면을 정돈하는 일—으로 나아가지 않는 것은 자신을 속이는 일입니다.

《순전한 기독교》 3장 그리스도인의 행동

3월 4일

인간이 영원히 사는 존재라면
많은 것이 달라진다

종교는 사실에 관한 일련의 진술, 즉 참이거나 거짓일 수밖에 없는 진술들과 관련되어 있다는 점을 기억하십시오. 만약 그 진술들이 참이라면 인간이라는 선단의 바른 항해가 무엇이냐에 대해 일단의 결론이 나올 것입니다. 물론 그 진술들이 거짓이라면 아주 딴판의 결론이 나오겠지요.

예를 들어 "다른 사람에게 해가 되지 않는 일은 잘못이라고 할 수 없다"고 말하는 사람의 경우를 다시 생각해 봅시다. 그는 주변에 있는 다른 배에 손상을 입혀서는 안 된다는 점은 잘 이해하고 있지만, 자기 배는 자기 마음대로 해도 좋다고 생각합니다. 그러나 그 배가 그의 소유냐 아니냐에 따라 사정은 크게 달라지지 않겠습니까? 이를테면 내가 내 몸과 마음의 영주냐, 아니면 진짜 영주에게 그것들을 빌린 소작인에 불과하냐에 따라 사정은 크게 달라지지 않겠습니까? 만약 누군가 다른 존재가 자신의 목적을 위해 나를 만들었다면, 내가 단순히 내 것일 경우에는 부과되지 않았을 많은 의무를 감당해야 할 것입니다.

게다가 기독교는 모든 인간은 영원히 산다고 주장하는데, 이것 역시 참 아니면 거짓입니다. 만약 우리가 영원히 사는 존재라면, 겨우 70년 정도 살다가 죽을 존재일 경우에는 전혀 고민할 필요가 없는 아주 많은 것들을 놓고 고민해야 합니다. 예컨대 지금 나의 못된 성질과 시기심이 점점 심해지고 있다고 합시다. 이것은 점차 진행되는 일이므로 70년이 지난다 한들 눈에 확 뜨일 정도로 심해지지는 않을 것입니다. 그러나 이 일이 100만 년 동안 계속된다면 그야말로 완벽한 지옥이라고 하지 않을 수 없겠지요. 기독교가 진짜 참이라면, '지옥Hell'이야말로 이 상태를 정확하게 꼬집어 주는 용어라 할 것입니다. 《순전한 기독교》 3장 그리스도인의 행동

3월 5일
사회도덕

사람과 사람 사이에 관한 기독교의 도덕을 이야기할 때 가장 먼저 분명히 해야 할 것은, 이 영역에서 새로운 종류의 특별한 도덕을 설파하기 위해 그리스도가 오신 것이 아니라는 점입니다. 신약성경이 말하는 황금률("무엇이든지 남에게 대접받고자 하는 대로 너희도 남을 대접하라")[1]은 모든 사람이 늘 옳다고 생각해 온 바를 요약한 것입니다. 참으로 위대한 도덕 선생들은 새로운 도덕을 소개한 적이 없습니다. 가짜와 괴짜들이나 새 것을 소개하는 법입니다. 존슨Samuel Johnson 박사 말처럼 "사람은 가르쳐야 할 때보다 기억시켜야 할 때가 더 많습니다." 모든 도덕적 스승들의 진정한 임무는, 우리가 자꾸 외면하고 싶어하는 단순한 옛 원칙들을 몇 번이고 다시 일깨우는 것입니다. 말을 넘기 싫어하는 담장 앞으로 자꾸 끌어가고 또 끌어가듯이, 아이가 공부하기 싫어하는 부분을 다시 보게 하고 또 보게 하듯이 말입니다.

두번째로 밝힐 것은, 기독교에는 "남에게 대접받고자 하는 대로 너희도 남을 대접하라"는 원칙을 특정 시대 특정 사회에 적용시키기 위한 세부적 정치 프로그램이 없으며, 그런 것이 있노라고 주장하지도 않는다는 점입니다. 기독교에는 그런 것이 있을 수 없습니다. 기독교는 모든 시대 모든 사람을 위한 것으로, 한 시대나 한 공간에 맞는 특정 프로그램은 다른 시대나 다른 장소에는 맞지 않을 것이기 때문입니다. 여하튼 기독교는 그런 게 아닙니다. 기독교는 배고픈 사람에게 먹을 것을 주라고 할 뿐, 그 조리법을 알려 주지 않습니다. 성경을 읽으라고 할 뿐, 히브리어나 헬라어는 고사하고 우리말 문법도 알려 주지 않습니다. 기독교는 인간의 정규적인 예술과 학문의 자리를 대신 차지하려 들지 않습니다. 오히려 예술과 학문이 기독교의 뜻에 따르기만 한다면, 그 모든 것에 새로운 생명을 공급하는 에너지의 원천이자 그 모든 것에 올바른 임무를 부여하는 관리자가 되어 줍니다. 《순전한 기독교》 3장 그리스도인의 행동

3월 6일

평신도의 의무

사람들은 "교회가 세상을 이끌어야 한다"고들 합니다. 이것은 무슨 뜻으로 말했느냐에 따라 옳은 말이 될 수도 있고 그른 말이 될 수도 있습니다. 이것이 옳은 말이 되려면 그들이 말하는 바 '교회'는 곧 실천적인 그리스도인 전체를 가리켜야 합니다. 그리고 '교회가 세상을 이끈다'는 말은 어떤 그리스도인들─경제나 정치에 적합한 재능이 있는 그리스도인들─은 경제학자나 정치가가 되어야 하며, 모든 경제학자와 정치가는 그리스도인이어야 하고, 그들은 정치 경제 분야에서 "남에게 대접받고자 하는 대로 너희도 남을 대접하라"는 원칙을 실천하기 위해 모든 노력을 기울여야 한다는 뜻이 되어야 합니다. 만일 그런 일이 정말 일어난다면, 그리고 그리스도인이 아닌 다른 이들이 그런 일을 기꺼이 받아들인다면, 상당히 빠른 시간 안에 우리 사회의 문제들을 풀어 낼 기독교적 해결책을 찾게 되겠지요.

그러나 실제로 사람들이 교회에게 세상을 이끌라는 것은 대부분, 목회자들이 정치적 프로그램을 제시해 주길 바란다는 뜻에서 하는 말입니다. 이것은 어리석은 생각입니다. 목회자는 '앞으로 영원히 살 피조물'로서의 인간에게 필요한 일들을 돌보기 위해 전체 교회 가운데 따로 구별되어 특별히 훈련받은 사람들입니다. 그런 그들에게 정치적 프로그램을 제시하라는 것은, 전혀 훈련받지 못한 생판 다른 영역의 일을 하라고 요구하는 것이나 다름없습니다. 그런 일은 사실 우리 같은 평신도가 해야 합니다. 이를테면 노동조합이나 교육 분야에 기독교적 원칙을 적용하는 것은 그리스도인 노동조합원들과 그리스도인 교사들이 해야 할 일이며, 기독교 문학은 그리스도인 소설가와 극작가가 해야 할 일─주교들에게 남는 시간에 모여 희곡이나 소설을 써 달라고 할 것이 아니라─입니다. 《순전한 기독교》 3장 그리스도인의 행동

전적으로 기독교적인 사회

신약성경은 전적으로 기독교적인 사회의 모습에 대해 세세히 설명하지는 않지만 상당히 분명한 단서는 제시합니다. 그 단서만 보아도 우리가 감당할 수 있는 분량 이상의 내용을 알 수 있지요. 우선 성경은 그 사회에 놀고먹는 사람이나 빌붙어 사는 사람이 없다고 말합니다. 일하지 않는 사람은 먹지도 말아야 합니다. 모든 사람은 자신의 손으로 일해야 하며, 더 나아가 무언가 좋은 것을 만들어 내는 일을 해야 합니다. 그 사회에서는 분별없는 사치품을 만들지 않을 것이며, 그런 물건을 사라고 부추기는 더 분별없는 광고는 더더욱 하지 않을 것입니다. 또한 그 사회에는 허세를 부리거나 잘난 척하거나 으스대는 일이 없을 것입니다.

여기까지만 보면 기독교 사회는 요즘 말로 '좌파' 사회인 것 같습니다. 그러나 다른 한편으로 이 사회는 언제나 순종—우리 모두가 정당하게 임명된 관리들에게 순종하는 것(그리고 존경심을 겉으로 표현하는 것), 자녀가 부모에게 순종하는 것, 아내가 남편에게 순종하는 것(이것은 상당히 인기 없는 발언일 테지만)—을 강조합니다.

셋째로 이 사회는 유쾌한 사회입니다. 이 사회는 노래와 즐거움이 가득 찬 곳으로서 걱정이나 근심을 악한 일로 여깁니다. 정중함은 기독교적 덕목 가운데 하나입니다. 신약성경은 '참견쟁이들'을 싫어합니다.

만일 그런 사회가 정말 있어서 여러분이나 제가 찾아갈 수 있다면, 아주 기이한 인상을 받고 돌아올 것입니다. 우리는 그곳의 경제생활이 아주 사회주의적이며 그런 의미에서 '진보적'이지만, 가정생활과 예의범절은 오히려 구식이라고—심지어 형식 중심적이며 귀족적이라고—느낄 것입니다. 그 사회에서 마음에 드는 부분들은 각자 있어도, 그 사회 전체를 좋아할 사람은 극히 드물 것입니다.

기독교가 인간이라는 기계의 전체 설계도라면 이런 일이 벌어지는 것이 당연합니다. 우리 모두는 각기 다른 방식으로 그 설계도에서 이탈했고, 원래 설계도를 변경한 자신의 설계도야말로 진짜라고 믿고 싶어합니다. 그러므로 진정으로 기독교적인 것에는 이런 반응이 거듭 나타날 것입니다. 즉 누구나 거기서 끌리는 부분을 발견하지만, 오직 그 부분만을 골라낸 후 나머지는 버리고 싶어할 것입니다. 이것이 우리가 앞으로 더 나아가지 못하는 이유입니다. 또한 정반대의 주장을 펴는 사람들이 제가끔 자신이야말로 기독교를 옹호하기 위해 싸운다고 말할 수 있는 이유이기도 합니다. 《순전한 기독교》 3장 그리스도인의 행동

3월 8일

오늘날의 경제 제도

　　또 한 가지 중요한 점이 있습니다. 그것은 고대의 이방인이었던 그리스인과 구약시대의 유대인, 중세의 위대한 기독교 스승들이 우리에게 한 충고로서, 현재 우리의 경제 제도가 완벽하게 거스르고 있는 교훈입니다. 그들이 한결같이 가르친 그 교훈이란 바로 이자를 받고 돈을 빌려 주지 말라는 것입니다. 이자를 받고 돈을 빌려 주는 것—이른바 투자—은 우리 경제 제도의 근간입니다. 물론 우리가 절대적으로 잘못되었다는 뜻은 아닐 수도 있습니다. 어떤 이들은 이렇게 말하기도 합니다. 모세와 아리스토텔레스와 그리스도인들이 이자(당시 용어로는 '고리대금') 받는 것을 금한 것은 사실이지만, 주식회사를 예견하지 못한 채 그저 개인적인 고리대금업자만을 염두에 두고 한 말이므로 신경 쓸 필요가 없다고 말입니다. 이것은 제가 뭐라고 확실하게 말할 수 없는 문제입니다. 경제학자가 아닌 저로서는 현 상태의 책임이 투자 제도에 있는 것인지 아닌지 알 도리가 없습니다. 이런 부분에서 그리스도인 경제학자가 필요한 것이지요. 그러나 위대한 세 문명이 현대 생활 전체의 토대를 이루는 바로 그 부분을 한결같이 비난했다는 점(일견 그렇게 보인다는 점)만큼은 짚고 넘어갈 필요가 있겠군요.

《순전한 기독교》 3장 그리스도인의 행동

3월 9일

가난한 자들에게 베풀기

한 가지만 더 말씀드리겠습니다. 신약성경은 사람은 누구나 일해야한다고 말하면서, "빈궁한 자에게 구제할 것이 있기 위하여"를 그 이유로 듭니다.[2] 자선charity(사람에게 무엇을 주는 일)은 기독교 도덕의 핵심을 이루는 부분입니다. 양과 염소에 대한 무시무시한 비유를 보면 마치 자선이 모든 것을 판가름 내는 것처럼 보이기도 합니다.[3]

요즘 어떤 이들은 자선이 필요 없는 사회를 만들어야 하며, 가난한 자들에게 무엇을 주기보다는 그런 가난한 자들이 없는 사회를 만들어야 한다고 말합니다. 물론 옳은 말입니다. 그러나 그렇기 때문에 지금 가난한 자에게 주지 않아도 좋다고 생각하는 사람이 있다면, 그는 모든 기독교 도덕과 결별하는 것과 같습니다.

얼마나 많이 주어야 하는지는 일괄적으로 정해 놓을 수 없다고 생각합니다. 다만 한 가지 안전한 기준은 우리가 여유 있게 줄 수 있는 정도보다 조금 더 주는 것이 아닐까 합니다. 다시 말해서 우리와 수입 수준이 같은 사람들이 안락한 생활과 사치품과 오락 등에 지출하는 만큼 우리도 그런 일에 돈을 지출하고 있다면, 다른 사람에게 주는 양이 너무 적다고 할 수 있겠지요. 자선에 쓰는 비용 때문에 가계가 빠듯해지거나 제한받는 일이 전혀 없다면 너무 적게 주고 있는 것입니다. 《순전한 기독교》 3장 그리스도인의 행동

3월 10일

도덕과 정신분석

먼저 여러분은 정신분석학자들이 실제로 사용하는 의학 이론 및 기술과, 프로이트Sigmund Freud를 비롯한 몇몇 사람들이 거기에 덧붙여 놓은 일반적인 철학적 세계관을 분명하게 구분해야 합니다. 두 번째 것—프로이트의 철학—은 또 한 사람의 위대한 심리학자인 융Carl Gustav Jung의 철학과 정면으로 배치됩니다. 더구나 프로이트는 신경증 치료에서는 전문가지만, 일반 철학에서는 아마추어입니다. 그러므로 신경증 치료에 대한 그의 말에는 귀 기울여도 일반 철학에 관한 말에는 그러지 않는 것이 분별 있는 태도입니다. 저는 그렇게 하고 있습니다. 제가 더더욱 그렇게 할 수밖에 없는 것은, 그가 자기 분야를 떠나 제가 아는 분야(언어 분야처럼)에 관해 말할 때마다 그 부분에 아주 무지하다는 사실을 확인하게 되기 때문입니다.

그러나 프로이트와 다른 이들이 덧붙인 철학적 요소들만 제외한다면, 정신분석학 그 자체는 적어도 기독교와 배치되지 않습니다. 정신분석학의 기술은 어떤 점에서는 기독교 도덕과 중복되며, 모든 이들이 이 기술에 대해 좀 알아두는 것도 그리 나쁘지는 않습니다. 그러나 이 두 기술이 하는 일에는 상당한 차이가 있으니만큼 처음부터 끝까지 똑같다고 할 수는 없지요.

도덕적인 선택에는 두 가지 요소가 관련되어 있습니다. 하나는 선택하는 행위입니다. 그리고 또 하나는 선택하는 사람의 심리적 소양에서 비롯되는 것으로, 선택의 원재료가 되는 다양한 감정과 충동 같은 것들입니다. 이 원재료에는 두 종류가 있을 수 있습니다. 하나는 이른바 '정상적인' 재료로서, 사람이라면 누구나 지닌 감정들로 이루어진 것입니다. 다른 하나는 잠재의식에서 무언가 잘못되는 바람에 생긴, 아주 자연스럽지 못한 감정들로 이루어진 재료입니다. 정신분석학자들이 하는 일은 두 번째 종류에 속하는 비정상적인 감정들을 제거해 주는 것, 즉 선택하는 행위에 좀더 좋은 재료를 제공하는 것입니다. 그러나 도덕은 선택하는 행위 그 자체와 관련되어 있습니다. 《순전한 기독교》 3장 그리스도인의 행동

3월 11일

의지의 자유

　　이렇게 설명해 봅시다. 전쟁에 나가게 된 세 남자가 있다고 해보십시오. 위험 앞에서 누구나 느끼는 평범하고 자연스러운 두려움을 가진 한 남자는 도덕적 노력으로 그 두려움을 이기고 용감하게 싸웠습니다. 그런데 다른 두 남자는 잠재의식에서 비롯된 터무니없는 두려움이 너무나도 큰 나머지 도덕적으로 아무리 노력해도 싸울 수가 없었습니다. 그래서 한 정신분석학자가 그들을 따라가 치료를 했습니다. 즉 이 두 남자를 첫번째 남자와 같은 상태로 돌려놓은 것입니다.

정신분석학적인 문제는 여기서 끝나고 이제부터 도덕적인 문제가 시작됩니다. 치료를 받은 두 남자는 이제 완전히 다른 길을 선택합니다. 예컨대 한 사람은 이렇게 말할 수 있습니다. "병명이 뭐라든가 하는 그 증상이 없어져서 정말 다행이야. 이제야말로 내가 하고 싶었던 일을 할 수 있게 되었군. 나도 이제 나라를 위해 의무를 다해야지." 반면에 다른 한 사람은 이렇게 말할 수 있지요. "적의 포화가 떨어지는 판에 이렇게 어느 정도 냉정을 되찾게 되어 정말 기쁘긴 하지만, 그래도 내 이익을 먼저 챙기면서 위험한 일은 되도록 다른 녀석에게 미루겠다는 결심에는 변함이 없어. 겁을 덜 내게 되어 정말 좋은 점은, 전보다 훨씬 효과적으로 실속을 챙기면서도 더 감쪽같이 숨길 수 있다는 거지."

이 두 태도의 차이는 순전히 도덕적인 것으로, 정신분석과는 아무 상관이 없습니다. 즉 원재료를 아무리 향상시킨다 해도 그것과 다른 문제, 즉 주어진 재료를 가지고 자신의 이익을 먼저 추구할 것인가 뒤로 미룰 것인가를 자유롭게 결정해야 하는 진정한 선택의 문제는 여전히 남는 것입니다. 이런 자유로운 선택은 도덕이 관여하는 유일한 영역입니다. 《순전한 기독교》 3장 그리스도인의 행동

3월 12일

의지와 공상에 관한 스크루테이프의 편지

네가 아무리 애를 써도 환자의 영혼에는 어느 정도의 악의와 함께 어느 정도의 선의가 있게 마련이다. 제일 좋은 방법은 매일 만나는 이웃들에게는 악의를 품게 하면서, 멀리 떨어져 있는 미지의 사람들에게는 선의를 갖게 하는 것이지. 그러면 악의는 완전히 실제적인 게 되고, 선의는 주로 상상의 차원에 머무르게 되거든. 만약 환자가 제 어머니나 고용주나 기차에서 매일 만나는 사람 따위를 사랑하는 몹쓸 버릇을 기르게 된다면, 독일군에 대한 증오에 아무리 기름을 퍼붓고 부채질을 해봤자 전혀 쓸모가 없다.

네 환자를 몇 개의 동심원으로 생각해 보거라. 한가운데 의지가 있고, 다음에 지성이 있고, 제일 바깥쪽에 공상이 있다. 모든 원에서 원수의 흔적을 일거에 쓸어 버릴 수야 없는 일이지. 하지만 미덕이란 미덕은 모조리 밖으로 밀어내 공상의 원 안에 처넣고, 바람직한 자질들은 몽땅 안으로 끌어와 의지의 원 안에 모으는 작업을 계속해야 한다.

인간의 미덕들이 우리에게 치명상을 입히려면 반드시 의지의 원에 도달해서 습관으로 자리잡아야 하지. 《스크루테이프의 편지》 6장

3월 13일

분별력

'분별력prudence'이란 실생활에 적용되는 양식良識, common sense을 뜻하는 말로, 자신이 지금 어떤 행동을 하고 있으며 그 행동이 어떤 결과를 낳을 것인지에 대해 심사숙고하는 것입니다. 요즘은 분별력을 '덕목'으로 생각하는 사람이 거의 없습니다. 그리스도가 어린아이같이 되지 않으면 하나님 나라에 갈 수 없다고 말씀하셨다고 해서 '착하기만' 하면 어리석어도 괜찮다고 생각하는 그리스도인들이 많습니다. 그러나 이것은 오해입니다. 첫째로, 대부분의 어린아이들은 자기가 정말 관심 있는 일에 대해서는 상당한 '분별력'을 발휘하며, 아주 지각 있게 사고합니다. 둘째로, 사도 바울이 지적했듯이 그리스도는 지성의 영역에서 아이처럼 되라고 하신 것이 결코 아닙니다.⁴ 그리스도는 우리에게 비둘기처럼 순결할 뿐 아니라 뱀처럼 지혜로우라고 하셨습니다.⁵

그가 바라시는 것은 아이의 마음과 어른의 머리입니다. 그는 우리가 착한 아이처럼 순진하고 한결같으며 정 많고 잘 배우기를 바라시지만, 동시에 우리의 지성은 어느 면에서나 그 임무를 다할 준비를 하고 있으며 최상의 전투 태세를 갖추고 있기를 바라십니다. 《순전한 기독교》 3장 그리스도인의 행동

3월 14일

절제

　　'절제temperance'는 불행히도 그 의미가 변질된 단어 중의 하나입니다. 요즘 이 말은 대개 '절대 금주teetotalism'라는 뜻으로 쓰이고 있지요. 그러나 이 두번째 덕목에 '절제'라는 이름을 붙였던 그 당시에는 전혀 이런 뜻이 아니었습니다. 절제는 특별히 음주와 관련된 말이 아니라 온갖 종류의 쾌락과 관련된 말이었습니다. 그리고 그것은 완전히 삼간다는 뜻이 아니라 적절한 정도까지만 하고 그 이상은 하지 않는다는 뜻이었습니다.

그리스도인은 전부 절대 금주해야 한다는 것은 잘못된 생각입니다. 절대 금주를 요구하는 종교는 기독교가 아니라 회교입니다. 물론 그리스도인 중에서도 일단 마시기 시작하면 도저히 멈추지 못하는 성향이 있다거나, 자기가 그런 성향인 것은 아니지만 주변에 잘 취하는 사람이 있어서 자극하지 말아야 하는 상황처럼 특별한 경우에는 독한 술을 삼갈 수 있습니다. 그러나 여기서 중요한 점은 자기한테 마땅한 이유가 있어서 술을 삼가는 것이지 남이 술 마시는 것을 죄로 생각해서가 아니라는 것, 따라서 남이 적당히 술을 즐기는 것은 얼마든지 좋게 볼 수도 있다는 것입니다. 특정 부류의 악인들에게 나타나는 특징 중 하나는 자기들이 포기하는 것을 다른 사람도 다 포기해야 한다고 생각하는 것입니다. 그것은 결코 기독교적인 방식이 아닙니다. 그리스도인이 특별한 이유로 어떤 것—결혼이든 고기든 술이든 영화든—을 포기하는 게 좋겠다고 생각할 수는 있습니다. 그러나 그런 일 자체를 악하다고 말하는 순간, 혹은 그런 일을 하는 다른 사람들을 경멸하는 순간, 그는 잘못된 길로 접어드는 것입니다.

현대에 와서 '절제'라는 말을 음주 문제에만 국한해서 사용하는 바람에 생긴 큰 해악이 하나 있습니다. 음주 외에 다른 많은 부분에서도 똑같이 무절제해질 수 있다는 사실을 잊어버렸다는 것이 바로 그것입니다. 골프나 오토바이를 자기 생활의 중심으로 삼은 남자나, 옷이나 카드놀이나 애완견에 온통 정신이 팔린 여자는 저녁마다 술에 취하는 사람만큼이나 '무절제한' 사람입니다. 물론 겉으로는 쉽게 드러나지 않지요. 카드놀이광이나 골프광이 길 한복판에 쓰러져 자는 경우는 없으니까요. 그러나 하나님은 겉모습에 속지 않으십니다.

《순전한 기독교》 3장 그리스도인의 행동

3월 15일

정의와 꿋꿋함

　　'정의justice'는 법정에서 통용되는 정의 이상을 뜻하는 말입니다. 지금 우리가 '공정함'이라고 부르는 모든 것을 옛날에는 '정의'라고 불렀습니다. 여기에는 정직함이나 공평한 교환, 성실함, 약속을 지키는 일 등 삶의 모든 부분이 포함됩니다.

또 '꿋꿋함fortitude'에는 두 가지 종류의 용기—고통 속에서 '버티는' 용기뿐 아니라 위험에 맞서는 용기—가 포함되어 있습니다. 이와 가장 비슷한 현대 영어는 아마 '배짱guts'일 것입니다. 이 덕목을 발휘하지 않는 한 다른 어떤 덕목도 오래 실천할 수 없다는 것은 물론 여러분도 아시겠지요.……

'덕목'은 현세에만 필요하다고 생각하게 될 수 있습니다. 내세에는 다툴 일이 없을 테니 정의로울 필요가 없고, 위험이 없을 테니 용감할 필요도 없으리라는 것이지요. 다음 세상에서 정의롭거나 용기 있게 행동해야 할 기회는 정말 없을지도 모르지만, 이곳에서 정의롭고 용감한 행동을 해야만 형성될 수 있는 됨됨이는 여전히 요구될 것입니다. 제 말의 핵심은, 일정한 인격적 특질을 갖지 못한 사람은 하나님의 영원한 나라에 들어갈 수 없다는 것이 아닙니다. 제 말의 핵심은, 이러한 특질이 그 내면에서 싹조차 나지 못한 사람에게는 아무리 외부 조건이 좋은 곳도 '천국'이 될 수 없다는 것, 즉 그들은 하나님이 주고자 하시는 그 깊고도 강하며 흔들리지 않는 행복을 행복으로 느끼지 못한다는 것입니다.

《순전한 기독교》 3장 그리스도인의 행동

3월 16일

믿음

그리스도인들은 대략 두 가지 의미 또는 차원에서 믿음이라는 말을 사용하는 것으로 보입니다. 첫째로, 믿음은 단순히 '신념Belief'—기독교 교리를 사실로 여기거나 받아들이는것—을 의미합니다. 그야말로 간단하지요. 그러나 사람들을 당황시키는 것—적어도 예전에 저를 당황케 했던 것—은 그리스도인들이 이 첫번째 의미의 믿음을 하나의 덕목으로 여긴다는 사실입니다. 저는 도대체 이것이 어떻게 덕목이 될 수 있느냐고 묻곤 했습니다. 일련의 진술을 믿거나 믿지 않는 것이 도덕, 부도덕과 무슨 상관이 있단 말입니까? 그러나 그 때 제가 몰랐던 것—지금도 상당히 많은 사람들이 여전히 모르고 있는 것—이 하나 있습니다. 당시 저는 '인간의 정신이 한번 어떤 것을 사실로 받아들이면, 그것을 재고하게 만드는 대단한 이유가 생기지 않는 한 자동적으로 그 믿음을 견지하게 마련'이라는 가정을 가지고 있었습니다. 사실상 인간의 정신은 이성의 전적인 지배를 받는다고 생각했던 것이지요. 그러나 그렇지 않습니다.

예컨대 제 이성은 마취를 한다고 해서 사람이 질식하는 것은 아니며 잘 훈련된 의사들은 제가 완전히 의식을 잃을 때까지 절대 수술을 시작하지 않는다는 것을 충분한 증거를 통해 완벽하게 확신하고 있습니다. 그런데도 의사들이 저를 수술대 위에 눕혀 놓고 그 끔찍한 마스크를 씌울 때면, 속에서부터 아주 유치한 공포심이 솟구치기 시작합니다. 숨이 막혀 죽을지도 모른다는 생각이 들면서 제대로 마취되기도 전에 칼을 대지는 않을까 하는 무서운 생각이 들지요. 다시 말해서 마취에 대한 믿음을 잃어버리는 것입니다. 이때 제 믿음을 무너뜨리는 것은 이성이 아닙니다. 오히려 정반대로 제 믿음은 이성에 근거해 있습니다. 정작 제 믿음을 무너뜨리는 것은 저의 상상력과 감정입니다. 믿음과 이성이 한편이 되고, 감정과 상상력이 다른 편이 되어 싸움을 벌이는 것이지요. 《순전한 기독교》 3장 그리스도인의 행동

3월 17일

믿음의 습관을 기르는 훈련

제가 여기서 사용하는 의미의 믿음은, 아무리 기분이 바뀌어도 한번 받아들인 것은 끝까지 고수하는 기술art입니다. 기분은 이성의 생각과 상관 없이 변하는 법입니다. 저도 이런 경험을 했습니다. 지금 저는 그리스도인이면서도 모든 것이 도무지 사실이 아닌 듯한 기분이 들 때가 있습니다. 그런데 무신론자 시절에는 기독교가 정말 사실 같은 기분이 들 때가 있었습니다. 이처럼 기분은 여러분의 진정한 자아에 반기를 들게 되어 있습니다. 바로 이런 이유 때문에 믿음이 필수 덕목에 들어가는 것입니다. 기분을 '어디에서 하차시켜야 하는지' 모른다면 건실한 그리스도인이 될 수 없을 뿐 아니라 건실한 무신론자도 될 수 없으며, 그 날의 날씨나 소화 상태에 따라 신념이 좌우되는 줏대 없는 인간이 될 수밖에 없습니다. 그래서 우리는 믿음의 습관을 들이기 위해 훈련해야 합니다. 믿음의 습관을 훈련하는 첫 단계는 사람의 기분은 바뀌게 마련이라는 사실을 인정하는 것입니다. 그다음 단계는 기독교를 받아들인 이상 날마다 조금씩이라도 시간을 내서 그 주요 교리들을 찬찬히 마음에 새겨 나가는 것입니다. 매일 기도하며 성경과 경건서적을 읽고 교회에 나가는 일이 그리스도인의 삶에 필수적인 이유가 바로 여기에 있습니다. 우리는 우리가 믿는 바를 지속적으로 상기할 필요가 있습니다. 가만히 내버려 두는데도 살아남을 수 있는 신념은 없습니다. 신념은 계속 북돋워 주어야 합니다. 사실상 믿음을 저버리는 사람 100명 중 정직한 논쟁을 거쳐 추론한 결과 믿음을 버리는 사람이 과연 몇 명이나 되겠습니까? 그저 어쩌다가 믿음을 잃는 사람들이 대부분 아닙니까?

《순전한 기독교》 3장 그리스도인의 행동

3월 18일

그리스도, 유일하게 완벽한 현실주의자

선을 행하기 위해 치열한 노력을 기울여 보기 전까지는 자기가 얼마나 악한 인간인지 깨닫지 못하는 법입니다. 선한 사람들은 유혹이 어떤 것인지 모를 것이라는 어리석은 생각이 요즘 유행하고 있습니다. 그러나 이것은 명백한 거짓말입니다. 유혹에 맞서 싸워 본 사람만이 유혹의 힘이 얼마나 강력한지 압니다. 독일군의 힘이 얼마나 막강한지 알려면 항복할 것이 아니라 싸워 봐야 합니다. 바람이 얼마나 세찬지 알려면 누워 있을 것이 아니라 바람을 거슬러 걸어가 봐야 합니다. 고작 5분 만에 유혹에 넘어가는 사람은 그 유혹이 한 시간 뒤 어떻게 변할는지 알 수 없습니다. 바로 그렇기 때문에 악한 사람들은 어떤 의미에서 악에 대해 거의 알지 못하는 것입니다. 그들은 늘 악에 굴복하여 그 그늘 아래 삽니다. 그러나 악한 충동과 싸우기 전까지는 결코 그 힘을 알 수 없습니다. 그리스도는 유혹에 무릎 꿇지 않은 유일한 인간이며, 따라서 유혹을 완전히 파악하고 있는 유일한 인간—유일하게 완벽한 현실주의자realist—입니다.

《순전한 기독교》 3장 그리스도인의 행동

요셉이 알았던 것

어떤 사람들이 이렇게 말하는 것을 들어 봤을 것입니다. "초기 그리스도 인들은 그리스도가 동정녀의 아들이었다고 믿었지만, 이제 우리는 그것이 과학적으로 불가능하다는 것을 안다." 이 사람들은 기적에 대한 믿음이 자연의 행로에 너무 무지한 나머지 기적이 이에 어긋난다는 것을 몰랐던 시대에 생겨난 것이라고 생각하는 것 같습니다. 그러나 이는 조금만 더 생각해 봐도 말이 안 됨을 알 수 있습니다. 동정녀 탄생 이야기가 특히 인상적인 예입니다. 요셉이 자기 약혼자가 임신 중이라는 것을 알았을 때, 자연스럽게 파혼하기로 결정했습니다. 왜 그렇습니까? 자연의 정상적 행로로 볼 때 남자와 동침하지 않은 여자는 결코 아기를 가질 수 없다는 것을 요셉도 현대의 어느 의사 못지않게 잘 알고 있었기 때문입니다. 물론 현대의 의사는 임신에 대해 요셉이 몰랐던 여러 가지를 알고 있을 것입니다. 그러나 그것은 요점—동정녀 탄생은 자연의 행로에 위배된다—과 관계가 없습니다. 그 요점은 요셉도 분명히 알고 있었습니다. 지금이라면 그 역시 "그것은 과학적으로 불가능하다"라고 말했을 것입니다. 이 특정한 경우에서, 만일 자연의 규칙적 과정들이 자연 너머로부터 오는 무언가가 제압 내지 보충하지 않는 한 그런 일은 언제나 불가능한 일이었고, 또 어느 시대나 사람들은 그렇게 알고 있었습니다.

요셉이 후에 자기 약혼녀의 임신은 부정不貞 때문이 아니라 기적 때문이라는 관점을 받아들였을 때, 그는 기적을 자연의 질서를 거스르는 무언가로 받아들인 것입니다. 기적에 대한 모든 기록은 이와 동일한 것을 가르칩니다. ……만일 사람들이 기적을 자연법칙에 위배되는 일로서 여겼던 것이 아니라면, 어떻게 기적이 초자연의 현존을 나타내는 것이 될 수 있었겠습니까? 만일 사람들이 기적을 법칙에 대한 예외적 사건으로 보지 않았다면, 어떻게 기적이 놀라운 사건일 수 있었겠습니까? ……여러분은 어떤 것이 평범한지 알고 나서야 비로소 어떤 것이 비범한지 알 수 있습니다. 《기적》 7장 오해

3월 20일

소망

　　이런 보상의 약속을 근거로 불신자들이 그리스도인의 삶을 상거래라고 하더라도 걱정할 것 없습니다. 보상에도 여러 종류가 있기 때문입니다. 첫째, 합당치 않은 보상이 있습니다. 행위와 보상 사이에 자연스러운 연관성이 없는 경우입니다. 동기가 불순한 경우라고 할 수 있지요. 돈은 사랑에 대한 당연한 보상이 아닙니다. 그렇기 때문에 돈 때문에 여자와 결혼하는 사람을 속물이라 부릅니다. 둘째, 합당한 보상이 있습니다. 진정한 연인에게 결혼은 합당한 보상이며, 결혼을 원한다고 하여 속물이라고 손가락질하지 않습니다. 귀족 작위를 얻기 위해 싸우는 장군은 속물이지만, 승리를 위해 싸우는 장군은 속물이 아닙니다. 결혼이 사랑의 합당한 보상이듯, 승리는 전투의 합당한 보상이기 때문입니다. 합당한 보상은 어떤 활동의 대가로 주어진 부산물이 아니라 그 활동 자체의 완성입니다. 세 번째 종류의 보상은 좀더 복잡합니다. 그리스어로 된 시를 감상하는 즐거움은 그리스어를 배우는 사람에게 합당한 보상임이 분명합니다. 그것은 장삿속이 아닙니다. 하지만 그리스어 실력이 시를 즐길 수 있는 수준에 이른 사람만이 그 사실을 경험적으로 알 수 있습니다. 이제 겨우 그리스어 문법을 배우기 시작하는 학생은 연인이 결혼을 바라거나, 장군이 승리를 바라듯 소포클레스Sophocles[6]의 시를 즐기게 될 날을 간절히 바랄 수 없습니다.……오로지 그 보상에 거의 다다를 때에만 그리스어 공부가 주는 진정한 보상을 바랄 수 있게 됩니다. 그리고 그러한 보상을 바랄 수 있다는 것 자체가 이미 예비 보상입니다. 천국을 바라보는 그리스도인의 처지가 이 학생의 처지와 상당히 비슷합니다. 영원한 생명을 얻고 하나님의 목전에 서 있는 사람들은 천국이 뇌물 따위가 아니라 지상 제자도의 완성임을 아주 잘 알 것입니다. 하지만 아직 그런 상태에 이르지 못한 우리는 그들과 같은 방식으로 천국의 실체를 알 도리가 없고, 그것의 맛이라도 약간 보려면 계속 순종할 수밖에 없으며, 궁극적 보상인 천국을 점점 더 간절히 바라는 자기 모습에서 순종의 첫 보상을 발견하는 수밖에 없습니다. 천국에 대한 욕망이 커져 감에 따라, 그것이 장삿속이 아닐까 하는 두려움은 사라지고 마침내 터무니없는 기우였음을 알게 될 것입니다. 하지만 우리 대부분에게 이런 일은 하루아침에 이루어지지 않을 것입니다. 시가 문법을 대신하고, 복음이 율법을 대신하고, 갈망이 순종을 변화시키는 과정은 썰물로 갯벌에 처박힌 배가 밀물이 들어오면서 떠오르듯 서서히 이루어집니다.

《영광의 무게》 영광의 무게

3월 21일

사랑과 호감

　　"네 이웃을 네 몸과 같이 사랑하라"는 말이 정확히 무슨 뜻인지 이해하기 위해 노력하십시오. 나는 나 자신을 사랑하듯이 내 이웃을 사랑해야 합니다. 그런데 나는 나 자신을 얼마나 한 치 오차 없이 사랑하고 있습니까?

저 자신의 경우를 생각해 볼 때, 저는 자신에게 한 치 오차 없는 호감이나 애정을 가지고 있지 않으며, 저라는 사람은 제가 보기에도 늘상 어울리고 싶은 상대가 못 됩니다. "네 이웃을 사랑하라"는 것 역시 '그에게 호감을 느끼라'든지 '그에게서 매력을 찾으라'는 뜻이 아닙니다. 이 사실을 진작 알았다면 좋았겠다는 생각이 듭니다. 애를 쓴다고 해서 호감이 생기는 것은 확실히 아니지요.

저 자신을 좋게 생각하거나 호감 주는 인간으로 생각하느냐구요? 글쎄요, 감히 그럴 때도 있긴 하지만(이런 생각은 필시 최악의 순간에 하게 마련입니다), 그것이 곧 저 자신을 사랑하는 이유는 아닙니다. 사실은 오히려 그 반대지요. 저 자신을 사랑하기 때문에 호감 주는 인간으로 여기는 것이지, 제가 원래 호감 주는 인간이기 때문에 사랑하는 것은 아닙니다. 이와 마찬가지로 "네 원수를 사랑하라"는 말씀 또한 그들을 호감 주는 인간으로 생각하라는 뜻이 아닙니다. 이 점은 우리를 크게 안심시켜 줍니다. "원수를 용서하라"는 말씀을, 실제로는 악하기 짝이 없는 인간들을 마치 그렇지 않은 것처럼 여기라는 말로 오해하는 사람들이 꽤 많지요.

한 걸음 더 나아가 봅시다. 제 모습을 가장 선명하게 보는 순간, 저는 제가 호감 주는 인간은커녕 오히려 아주 추한 인간임을 알게 됩니다. 제가 저지른 어떤 짓들은 그야말로 끔찍하고 혐오스럽게 보이기도 합니다. 이와 마찬가지로 우리는 원수들이 저지른 어떤 짓들 또한 혐오하고 미워할 수 있습니다. 그러고 보니 오래 전에 기독교의 스승들이 악한 사람의 행위는 미워하되 그 사람 자체는 미워하지는 말라고 했던 말이 생각나는군요. 그들이 늘 말했듯이 죄는 미워하되 죄인은 미워하지 말라는 것입니다. 《순전한 기독교》 3장 그리스도인의 행동

사랑

자연스럽게 좋아하는 마음이 생길 때 그 마음을 북돋워야 마땅하지만, 그렇다고 해서 가만히 앉아 인위적으로 애정의 감정을 만들어 내려고 애쓰는 것이 곧 사랑하는 길이라고 생각한다면 큰 착각입니다. 어떤 이들은 기질적으로 '냉정'합니다. 그것은 불운한 일이긴 해도 죄는 아닙니다. 소화불량이 죄가 아닌 것과 같지요. 그런 기질이 있다고 해서 사랑을 배울 기회가 없거나 사랑을 배워야 하는 의무에서 면제되는 것은 아닙니다.

우리 모두에게 주어진 법칙은 아주 간단합니다. 자신이 이웃을 사랑하나 사랑하지 않나 고민하느라 시간을 낭비하지 마십시오. 그냥 그를 사랑한다 치고 행동하십시오. 그러면 곧 위대한 비밀 하나를 발견할 것입니다. 어떤 사람을 사랑한다 치고 행동하면, 얼마 지나지 않아 진짜로 그를 사랑하게 된다는 비밀 말입니다. 어떤 사람이 싫다고 해서 상처를 주면 점점 더 그가 싫어집니다. 그러나 싫은 사람이라도 잘 대해 주면 점점 덜 싫어집니다. 한 가지 예외는 있습니다. 하나님을 기쁘게 하며 사랑의 법을 따르기 위해 잘 대해 주는 것이 아니라, 자기가 얼마나 너그러이 잘 용서해 주는 사람인지를 과시하거나 상대방이 마치 빚진 사람처럼 자기를 찾아와 '감사'를 표하기를 바라는 마음 때문에 잘 대해 주는 경우에는 실망을 면치 못하게 될 것입니다(사람들은 바보가 아닙니다. 그들은 어떤 것이 과시이고 선심인지 금방 알아챕니다). 그러나 그가 단지 하나님이 지으신 자아이기 때문에(우리처럼) 나의 행복을 바라듯 그의 행복을 바라는 마음으로 잘해 준다면, 그때마다 우리는 조금씩 더 그를 사랑하게 될 것이며, 아니면 적어도 덜 싫어하게 될 것입니다.

……어떤 저자들은 이 사랑이라는 말을 인간들 사이의 기독교적인 사랑뿐 아니라 인간을 향한 하나님의 사랑과 하나님을 향한 인간의 사랑을 묘사하는 데에도 사용합니다. 그런데 사람들은 인간이 이렇게 하나님을 사랑해야 한다는

데 종종 난색을 표합니다. 자기 마음속에서는 그런 감정을 찾을 수 없기 때문입니다. 그러면 어떻게 해야 합니까? 답은 똑같습니다. 하나님을 사랑한다 치고 행동하십시오. 가만히 앉아 억지로 사랑의 감정을 만들어 내려고 애쓰지 마십시오. "만일 내가 하나님을 진정으로 사랑한다면 무엇을 할까?"라고 스스로에게 물어 보십시오. 그래서 떠오르는 일을 가서 하십시오.

《순전한 기독교》 3장 그리스도인의 행동

3월 23일

믿음일까? 선한 행위일까?

그리스도인들은 자신들을 천국으로 인도하는 것이 선한 행위냐, 그리스도를 믿는 믿음이냐를 두고 자주 논쟁을 벌여 왔습니다. 저는 이 어려운 문제에 대해 무어라고 말할 권한이 없습니다만, 그래도 제가 보기에는 이런 논쟁이 가위의 양날 중 어느 것이 더 필요한가를 따지려는 일과 마찬가지가 아닌가 싶습니다. 이미 말했듯이 사람은 도덕적인 노력을 진지하게 기울여 봐야만 항복할 수 있습니다. 그리고 그리스도를 믿어야만 그 절망에서 구원받을 수 있습니다. 그러면 바로 그 믿음으로부터 반드시 선한 행동이 나오게 되어 있습니다.

과거에 입장이 다른 그리스도인들은 두 가지 패러디를 만들어 서로를 비난했습니다. 이 두 패러디는 진리를 더욱 분명히 드러내 주지요. 그 중 한 편의 그리스도인은 다음과 같이 주장한다는 비난을 받았습니다. "오로지 중요한 건 선한 행위다. 최고로 선한 행위는 사랑이다. 최고의 사랑은 돈을 바치는 것이다. 돈을 바치기에 최고로 좋은 곳은 교회다. 그러니 우리에게 1만 파운드를 내라. 그러면 우리가 당신의 뒤를 봐주겠다." 물론 이 헛소리에 대한 응답은 "그런 동기로 베푸는 선행, 천국을 돈으로 살 수 있다는 생각으로 베푸는 선행은 선행이 아니라 장삿속 투기일 뿐"이라는 것입니다.

반면 또 다른 한편의 그리스도인들은 이렇게 주장한다는 비난을 받았지요. "오로지 중요한 건 믿음이다. 따라서 믿음만 있다면 무슨 짓을 하든 상관 없다. 친구여, 마음껏 죄를 짓고 즐겨라. 그래도 그리스도께서는 전혀 문제 삼지 않으실 것이다." 이 헛소리에 대한 응답은 "당신이 믿음이라고 부르는 것이 그리스도의 말씀에 조금이라도 주목하는 일과 아무 상관이 없다면, 그것은 믿음이 아니라—그리스도를 믿거나 신뢰하는 것이 아니라—그에 대한 몇몇 이론을 머리로만 받아들인 것일 뿐"이라는 것입니다. 《순전한 기독교》 3장 그리스도인의 행동

3월 24일

믿음과 선한 행위는 불가분의 관계다

성경은 한 놀라운 구절 안에 이 두 가지를 통합함으로써 문제를 마무리짓습니다. 그 구절의 전반부는 "두렵고 떨림으로 너희 구원을 이루라"[9]고 되어 있습니다. 이것만 보면 마치 모든 것이 우리와 우리의 선행에 달려 있는 것 같습니다. 그런데 후반부는 이렇게 이어집니다. "너희 안에서 행하시는 이는 하나님이시니." 이 구절은 마치 하나님이 모든 것을 하시므로 우리는 아무 할 일이 없다고 말하는 것 같습니다. 이렇게 모순되게 보이는 구절들이야말로 기독교에 거부감을 느끼게 하는 부분이 아닌가 싶습니다.

그러나 저는 이 사실이 당황스럽긴 해도 전혀 의외로 느껴지지 않습니다. 여러분도 알다시피 우리는 지금 하나님과 인간이 함께 일할 때 정확히 어디까지가 하나님의 일이고 어디까지가 인간의 일인지 칼로 자르듯 철저하게 구분하려 듭니다. 물론 처음에는 두 사람이 함께 일할 때처럼 "그는 이 일을 하고 나는 저 일을 한다"고 할 수 있을 것 같은 생각도 들지요. 그러나 이런 생각은 금방 무너지고 맙니다. 하나님은 그런 분이 아닙니다. 그는 여러분 밖에 계실 뿐 아니라 여러분 안에도 계시는 분입니다. 설사 하나님의 몫과 인간의 몫이 무엇인지 이해할 수 있다 해도, 그 내용을 인간의 언어로 적절하게 표현할 수 있다고는 생각지 않습니다. 그런데도 그것을 억지로 표현하려다 보니 교파마다 제각기 다른 주장을 하게 된 것이지요. 그러나 여러분은 선행의 중요성을 크게 강조하는 교회도 믿음의 필요성을 이야기하며, 믿음을 크게 강조하는 교회 또한 선행을 권면한다는 사실을 발견할 수 있을 것입니다. 제가 할 수 있는 이야기는 여기까지입니다. 《순전한 기독교》 3장 그리스도인의 행동

그 어머니에 그 아들

　　'마리아의 찬가'[10]와 히브리 전통시의 유사성은 …… 문학적으로만 흥미로운 주제가 아닙니다. 물론 차이점도 있습니다. 마리아 찬가에는 저주도, 증오도, 자기의도 등장하지 않습니다. 담담한 진술이 있을 뿐입니다. 주께서 교만한 자들을 흩으셨고 권세 있는 자들을 왕좌에서 끌어내리셨으며 부자는 빈손으로 보내셨다고 말합니다. 앞서 저는 시편 기자들의 거친 목소리와 성가대 소년가수의 고음 사이에 아이러니한 차이점이 있다고 했습니다. 여기서 그 차이점은 더 높은 단계로 올라갑니다. 다시 한 번 고음의 목소리가 들려옵니다. 한 소녀의 목소리입니다. 조상들의 흠투성이 기도들을 하나님이 완전히 외면하신 것은 아니라고 흠 없이 선언하고 있습니다. 그 가운데 고약한 환희는 찾아볼 수 없습니다. 잔잔하고 큰 기쁨만이 있습니다. 그 두 가지를 오해할 수는 없습니다.

그리스도인들은 주님의 어머니에게 어떤 명예를 돌려야 하는지를 놓고 나누어져 있습니다. 불행한 일입니다. 하지만 누구나 인정할 수 있는 한 가지 진리가 있습니다. 우리가 동정녀 탄생을 믿고, 우리 주님이 육체적으로뿐 아니라 심리적으로도 인성을 갖고 계심을 믿는다면(주님이 인간의 몸에다가 인간의 영혼이 아니라 삼위일체의 제2위를 가진 분이라고 생각한다면 이단일 것입니다), 그 인성이 인간에게서 물려받은 것이라는 점도 믿어야 합니다. 그 출처는 하나뿐입니다(그 출처에 모든 참된 이스라엘이 압축되어 있기는 합니다만). 예수님 안에 엄한 요소가 있었다면, 그것이 인간적으로 누구에게서 나온 것인지 능히 추측할 수 있고, 그 추측에는 불경한 요소가 전혀 없습니다. 그분의 소년 시절, 이웃 사람들은 "그 엄마에 그 아들이야"라고 말하지 않았겠습니까? 이것을 통해 우리는 그분이 어머니에게, 혹은 어머니에 대해 하신 가혹한 말씀 중 일부가 그렇게까지 가슴 아픈 것은 아니었을 거라고 새롭게 볼 수 있습니다. 우리는 마리아가 그 말을 대단히 잘 이해했을 거라고 짐작할 수 있습니다. 　시편

3월 26일

믿음의 도약과 마더 커크

그가 말했다. "항복하러 왔습니다."

마더 커크Mother Kirk가 말했다. "잘했어요. 참 멀리도 돌아서 여기까지 왔군요. 내게 맡겼더라면 짧은 시간 안에 데려왔을 텐데. 그래도 잘 왔어요."

존이 말했다. "제가 무엇을 해야 합니까?"

그녀가 말했다. "걸치고 있는 누더기를 벗어야 해요. 당신 친구는 벌써 그렇게 했어요. 그리고 이 강물 속으로 뛰어들어야 해요."

그가 말했다. "맙소사. 저는 다이빙을 배우지 못했습니다."

그녀가 말했다. "배울 게 없어요. 다이빙 기술이란 새로운 것을 하는 게 아니라 하던 일을 그만두는 거니까요. 그냥 몸을 던지기만 하면 돼요."

《순례자의 귀향》 9권 4장

3월 27일

순결

　　순결은 기독교 덕목 가운데 가장 인기 없는 덕목입니다. 여기에는 피해 갈 수 있는 여지가 없습니다. 기독교의 규범은 '결혼해서 배우자에게 전적으로 충실하든지, 아니면 독신으로 철저히 금욕하라'는 것입니다. 이것은 너무나 지키기 어렵고 우리의 본능에도 어긋나는 규범이기 때문에, 기독교가 틀렸든지 우리의 성적 본능에 그야말로 문제가 생겼든지 둘 중의 하나가 분명합니다. 물론 저는 그리스도인이므로 우리의 본능에 문제가 생겼다는 쪽에 동의합니다. 그러나 제가 이렇게 생각하는 데는 다른 이유도 있습니다. 음식을 먹는 생물학적 목적이 체력을 키우는 것이듯이, 성관계를 갖는 생물학적 목적은 아이를 낳는 것입니다. 우리가 먹고 싶을 때마다 먹고 싶은 만큼 먹는다면, 대개는 과식을 하게 될 것이 분명합니다. 그래도 턱없이 많이 먹는 경우는 없지요. 한 사람이 2인분까지야 먹을 수 있겠지만 10인분을 먹을 수는 없습니다. 즉 생물학적 목적에 비해 식욕을 약간 더 느낄 수는 있지만, 아주 지나칠 정도로 느끼는 경우는 없다는 것입니다. 그러나 건강한 청년이 성욕을 느낄 때마다 성관계를 맺고 그때마다 아기를 낳는다면 10년 안에 작은 마을 하나 정도의 인구는 너끈히 만들어 낼 것입니다. 이처럼 성욕은 그 기능에 비해 터무니없이 과도하게 넘쳐 나고 있습니다.

다른 식으로 생각해 볼까요? 스트립쇼 공연(무대 위에서 여자가 옷 벗는 것 구경시키기)에는 구경꾼들이 많이 몰려듭니다. 그런데 여러분이 어떤 나라에 가서 보니, 덮개로 가린 접시를 무대에 들고 나타나 모든 사람이 볼 수 있도록 조명을 비추고 천천히 덮개를 들어올리며 양 갈비나 베이컨 조각을 보여 주는 쇼만으로도 극장이 꽉꽉 찬다면, 그 나라 사람들의 식욕에 무언가 문제가 있다고 생각지 않겠습니까? 그처럼 다른 세계에서 자란 누군가가 우리를 보면 우리의 성욕 상태를 이상하게 생각지 않을까요? 《순전한 기독교》 3장 그리스도인의 행동

3월 28일

성도덕

사람들은 성을 쉬쉬해야 할 것으로 여겼기 때문에 골칫거리가 되었다고 말합니다. 그러나 지난 20년 동안 사람들은 성에 대해 쉬쉬하지 않았습니다. 오히려 쉬임없이 떠들었지요. 그럼에도 성은 여전히 골칫거리로 남아 있습니다. 쉬쉬해 온 것이 문제의 원인이었다면, 공개적인 토론을 통해 해결되었어야 합니다. 그러나 문제는 아직도 해결되지 않았습니다. 저는 오히려 그 반대라고 생각합니다. 즉 성에 대해 쉬쉬했기 때문에 성이 골칫거리가 된 것이 아니라, 성이 이런 골칫거리가 되었기 때문에 오히려 인류가 쉬쉬하게 되었다는 것이지요.

현대인들은 "성은 부끄러워할 것이 아니다"라고 늘 말합니다. 여기에는 두 가지 뜻이 있을 수 있습니다. 먼저 그들은 '인류가 성이라는 방법을 통해 번식하고 거기서 쾌락을 얻는다는 사실은 조금도 부끄러워할 것이 아니다'라는 뜻에서 이 말을 했을 수 있습니다. 그렇다면 이것은 옳은 말입니다. 기독교도 이와 똑같이 말합니다. 문제가 되는 것은 성 그 자체나 성이 주는 쾌락이 아닙니다. 기독교의 옛 스승들은 인간이 타락하지 않았다면 성적 쾌락은 지금보다 작아지기는커녕 오히려 더 커졌을 것이라고 말했습니다.

어떤 정신없는 그리스도인들은 마치 기독교가 성이나 육체나 쾌락을 본질적으로 악하게 여기는 양 말한다는 것을 저도 알고 있습니다. 그러나 그들은 틀렸습니다. 기독교는 위대한 종교들 중 육체를 철저히 인정하는 거의 유일한 종교로서, 물질은 선한 것이고 하나님 자신도 인간의 몸을 입으신 적이 있다는 것을 믿으며, 또한 우리는 천국에서 새로운 종류의 몸을 갖게 될 텐데 그 몸은 우리의 행복이나 아름다움이나 활력의 핵심적인 부분이 되리라는 것을 믿는 종교입니다. 기독교는 다른 어떤 종교보다 결혼을 찬양합니다. 세상에 있는 사랑의 시는 거의 모두 그리스도인들이 쓴 것들입니다. 누군가 성을 본질적으로 악한 것이라고 한다면, 기독교는 즉시 그를 반박할 것입니다.

또한 "성은 부끄러워할 것이 아니다"라는 말은 '현재 성적 본능이 도달한 상태는 전혀 부끄러워할 것이 아니다'라는 뜻일 수도 있습니다. 그렇다면 그 말은 틀렸다는 것이 제 의견입니다. 저는 이것이야말로 부끄러워해야 할 일이라고 생각합니다. 음식을 즐기는 것은 전혀 부끄러워할 일이 아닙니다. 그러나 세상 사람들 절반이 음식을 삶의 주된 관심사로 삼고 음식 그림을 보면서 침을 흘리며 입맛을 다시느라 시간을 보낸다면 그것은 정말 부끄러운 일이 아닐 수 없습니다.

물론 이런 현 상태에 대한 책임이 우리 개개인에게 있다는 말은 아닙니다. 조상들은 이 영역에서 애초에 뒤틀려 있는 기관器官을 우리에게 물려주었습니다. 그리고 우리는 순결하지 않은 삶을 옹호하는 선전들에 둘러싸여 자랐습니다. 돈을 긁어 낼 목적으로 우리의 성욕을 자극하려는 사람들도 많지요. 그들이 노리는 것은 자나깨나 성만 생각하는 사람은 구매 저항력이 아주 약하다는 점입니다. 하나님은 이러한 상황을 잘 알고 계십니다. 《순전한 기독교》 3장 그리스도인의 행동

스크루테이프,
쾌락에 대한 지옥의 관점을 설명하다

어떤 쾌락이든 건전하고 정상적이며 충만한 형태로 취급하는 건, 어떤 점에서 원수를 유리하게 하는 짓임을 잊지 말거라. 우리가 쾌락으로 수많은 영혼들을 포획해 왔다는 건 나도 안다만, 아무리 그렇다 해도 쾌락은 원수의 발명품이지 우리 발명품이 아니지 않느냐? 원수는 쾌락을 만들었지만, 우린 지금껏 수없이 많은 연구를 거듭했음에도 단 하나의 쾌락도 만들어 내지 못했다. 우리가 할 수 있는 일이라 해봤자 원수가 만든 쾌락들을 인간들이 즐기게 하되, 단 원수가 금지한 때에, 원수가 금지한 방식과 수준으로 즐기도록 유인하는 게 고작이지.

그래서 우리 악마들은 어떤 쾌락이든 자연스러운 상태에서 멀어지게 함으로써, 지극히 부자연스러울 뿐 아니라 처음에 쾌락을 만든 자의 흔적이라고는 눈꼽만큼도 찾아볼 수 없고, 즐거움 역시 전혀 느낄 수 없게 만들려고 불철주야 애쓰고 있다. 쾌락은 감소시키고 그에 대한 갈망은 증대시키는 게 우리가 쓰는 방식이야. 사실 이 편이 효과도 더 확실하고 스타일도 더 낫지. 인간의 영혼을 손에 넣되 아무 대가도 치르지 않는 것, 이것이야말로 우리 아버지의 마음에 진정한 기쁨을 드리는 일이다. 《스크루테이프의 편지》 9장

3월 30일

성에 관한 교묘한 거짓말

우리의 뒤틀린 본성과 우리를 유혹하는 마귀, 그리고 정욕을 부추기는 현대의 온갖 선전들이 합세하여 '우리가 억누르고 있는 욕망들은 지극히 자연스럽고 지극히 건강하며 지극히 온당한 것이므로 그것을 억누르는 것은 거의 비정상적이고 왜곡된 태도'라고 느끼도록 몰고 있습니다. 수없이 쏟아져 나오는 영화와 포스터와 소설들은 성적 방종을 건강함이나 정상적인 것, 젊음, 솔직함, 좋은 기분과 연관시키고 있습니다. 그러나 이것은 거짓말입니다. 잘 먹혀드는 거짓말이 다 그렇듯이 이 거짓말도 진실—앞서 말했듯이 성 그 자체는(과도하게 집착하거나 지나치게 빠지지만 않는다면) '정상적'이고 '건강한' 것이라는 진실—에 기초를 두고 있습니다.

그러나 여러분이 지금 유혹받고 있는 성적 행위가 전부 건강하고 정상적이라는 말은 거짓말입니다. 기독교와 상관없이 상식적인 눈으로 보아도 이것은 헛소리가 분명합니다. 모든 욕망을 무작정 따르다 보면 결국은 무력해지고 병들며 질투하고 거짓말하고 감추게 되는 등, 건강해지고 기분 좋아지며 솔직해지는 것과는 완전히 거리가 멀어져 버리기 때문입니다. 이 세상에서도 행복해지려면 상당히 많은 자제가 필요한 법입니다. 따라서 강하게 발동되는 욕구들은 전부 건강하고 온당하다는 주장은 말도 안 되는 소리입니다.

사리를 분별할 줄 아는 사람이라면 누구나 어떤 욕망은 허용하고 어떤 욕망은 거부해야 하는지에 관한 일련의 원칙들이 있게 마련입니다. 어떤 이들은 기독교적 원칙에 따라, 어떤 이들은 위생학적 원칙에 따라, 또 어떤 이들은 사회학적 원칙에 따라 이렇게 합니다. 즉 진정한 갈등은 기독교냐 '본성'이냐에 있는 것이 아니라, '본성'을 제어하는 일에서 기독교적 원칙을 따르느냐 다른 원칙을 따르느냐에 있습니다. 인생을 망치기로 작정한 사람이 아니라면 어떤 식으로든 '본성'(자연스러운 욕구라는 뜻에서 '본성')을 제어할 것이기 때문입니다. 《순전한 기독교》 3장 그리스도인의 행동

동물적 자아와 악마적 자아

심리학에서 말하는 '억압'을 사람들이 오해하는 경우가 많습니다. 심리학은 억압된 성적 욕망repressed sexuality은 위험하다고 가르칩니다. 그러나 여기서 '억압된'이라는 것은 전문 용어로, '거부하다', '참다'라는 뜻의 '억제된'suppressed과 구별됩니다. 심리학에 나오는 억압된 욕망이나 생각이란, 과거에 잠재의식 속에 파고들어 왔다가(대개는 아주 어렸을 때) 알아 볼 수 없는 형태로 위장해서 현재의 의식에 나타나는 것을 일컫는 말입니다.

그러므로 억압된 성적 욕망은 결코 성적 욕망 그 자체로 나타나지 않습니다. 청소년이나 성인이 의식되는 욕망을 거부하려고 노력하는 것은 과거의 억압 때문이 아니며, 이렇게 한다고 해서 새로운 억압을 만들어 낼 위험이 생기는 것도 결코 아닙니다. 오히려 진지하게 순결을 추구하는 사람일수록 더 의식적이 되기 때문에 자신의 성욕에 대해 누구보다 월등히 많이 알게 되는 법입니다. 그들은 웰링턴 장군이 나폴레옹을 알듯이, 셜록 홈즈가 모리아티를 알듯이 자신의 욕망에 대해 잘 압니다. 고양이가 쥐를 알듯이, 배관공이 파이프 누수에 대해 알듯이 자신의 욕망에 대해 잘 압니다. 덕은—아니 덕을 추구하기만 해도—빛을 주지만, 방탕은 우리를 안개 속에 빠뜨립니다.

제가 성에 대해 꽤 길게 이야기했음에도 여기에 기독교 도덕의 중심이 있는 것은 아니라는 점을 분명히 밝히고 싶습니다. 그리스도인들은 순결하지 않은 것을 가장 큰 악으로 여긴다고 생각한다면 착각입니다. 육체의 죄는 악하지만, 다른 죄에 비하면 가장 미미하다고 할 수 있습니다. 쾌락 중에서 가장 나쁜 것은 전적으로 영적인 쾌락입니다. 즉 잘못을 남에게 미루고 즐거워하는 것, 남을 자기 마음대로 휘두르거나 선심 쓰는 척하면서 남의 흥을 깨뜨려 놓고 좋아하는 것, 험담을 즐기는 것, 권력을 즐기는 것, 증오를 즐기는 것이야말로 악한 죄입니다. 제 안에는 제가 정말 추구해야 할 인간적 자아와 싸우는 두 가지 적이 있습니다. 하나는 동물적 자아이고, 다른 하나는 악마적 자아입니다. 둘 중에 더 나쁜 것은 악마적 자아입니다. 교회에 꼬박꼬박 출석하는 냉정하고 독선적인 도덕가가 거리의 매춘부보다 훨씬 더 지옥에 가까울 수 있는 이유가 여기 있습니다. 물론 우리는 둘 중 어느 쪽도 되지 않는 것이 좋겠지요.

《순전한 기독교》 3장 그리스도인의 행동

4월 1일

교만

　　기독교 스승들의 가르침에 따르면 가장 핵심적인 악, 가장 궁극적인 악은 교만입니다. 성적 부정, 분노, 탐욕, 술 취함 같은 것들도 이 악에 비하면 새발의 피에 불과합니다. 악마는 바로 이 교만 때문에 악마가 되었습니다. 교만은 온갖 다른 악으로 이어집니다. 이것은 하나님께 전적으로 맞서는 마음 상태입니다. 제 말이 과장처럼 들립니까? 그렇다면 한번 잘 생각해 보십시오. 조금 전에 저는 교만한 사람일수록 다른 사람의 교만을 더 싫어한다고 했습니다. 실제로 여러분이 얼마나 교만한지 알 수 있는 가장 손쉬운 방법은 스스로에게 이렇게 묻는 것입니다. "사람들이 나를 무시하거나 알아주지 않거나 쓸데없이 내 일에 참견하거나 은인 행세를 할 때 얼마만큼이나 싫은 마음이 드는가?"

　요점은, 각 사람의 교만은 다른 이들의 교만과 경쟁 관계에 있다는 것입니다. 연회장에서 거물급 인사처럼 행세하는 사람을 볼 때 불쾌감을 느끼는 것은 바로 내가 그런 거물급 인사가 되고 싶기 때문입니다. 같은 장사를 하는 사람들끼리는 화합이 잘 안 되는 법입니다. 여러분이 분명히 알아야 할 사실은 다른 악들은 이를테면 다만 우연히 경쟁적이 되는 반면, 교만은 본질적으로 경쟁적이라는 것—본성상 원래 경쟁적이라는 것—입니다. 교만은 단순히 무언가를 가지는 것에 만족하지 못하고, 옆사람보다 더 가져야만 만족합니다. 우리는 사람들이 돈 많고 똑똑하고 잘생긴 것을 뽐낸다고 하지만, 실은 그렇지 않습니다. 그들은 남보다 더 돈 많고 더 똑똑하고 더 잘생긴 것을 뽐내는 것입니다. 모든 사람이 똑같이 돈 많고 똑똑하고 잘생겼다면 교만할 거리가 없습니다. 여러분을 교만하게 만드는 것은 남과의 비교입니다. 즉 남들보다 우월하다는 데서 오는 즐거움이 사람을 교만하게 만드는 것입니다. 경쟁이라는 요소가 없으면 교만도 없습니다. 그래서 제가 교만은 다른 악들과 달리 본질적으로 경쟁적이라고 말한 것입니다.

《순전한 기독교》 3장 그리스도인의 행동

4월 2일

불행의 주된 원인

세상이 시작된 이래 모든 나라와 가정을 불행하게 만든 주된 원인은 바로 교만입니다. 다른 악들은 그래도 사람들을 맺어 주는 경우가 간혹 있습니다. 여러분은 술 취한 사람들이나 방종한 사람들끼리 사이좋게 지내거나 농담을 주고받거나 우정을 나누는 모습을 본 적이 있을 것입니다. 그러나 교만은 언제나 적대감을 일으킵니다. 사실은 교만 그 자체가 적대감입니다. 그것은 사람과 사람 사이의 적대감일 뿐 아니라, 하나님에 대한 적대감이기도 합니다.

여러분은 어떤 면에서든 여러분과 비교할 수 없을 정도로 뛰어난 것이 하나님께 있다는 사실을 발견합니다. 이것을 모르는 사람—따라서 자신은 하나님에 비할 때 아무것도 아니라는 사실을 모르는 사람—은 하나님을 전혀 모르는 사람입니다. 교만한 사람은 하나님을 알 수 없습니다. 교만한 사람은 항상 눈을 내리깔고 사물과 사람을 봅니다. 그렇게 내리깔고 보는 한 자기보다 높이 있는 존재는 결코 볼 수 없습니다.

여기서 한 가지 두려운 질문이 생깁니다. 분명히 교만하기 짝이 없는 사람인데, 자기는 하나님을 믿는다면서 아주 신앙적으로 행세하는 사람을 우리는 어떻게 생각해야 합니까? 감히 말하지만 그들은 상상 속의 하나님을 섬기고 있습니다. 이론적으로는 자기들이 하나님 앞에서 아무것도 아닌 존재임을 인정하지만, 실제로는 이 허깨비 하나님이 자신들을 다른 모든 사람들보다 훨씬 낫게 여기며 인정해 준다고 늘상 생각합니다. 즉 하나님께 상상 속의 겸손을 1페니 어치 지불하고는 동료 인간을 향한 교만은 1파운드 어치나 얻어 내는 것이지요. 저는 그리스도께서 말씀하신 바, 그를 전파하고 그의 이름으로 귀신까지 쫓아냈으면서도 마지막 날에 결국 "나는 너희를 도무지 알지 못한다"는 말을 듣게 될 자들'이 바로 이런 사람들이 아닐까 생각합니다.

우리도 언제든지 이런 죽음의 덫에 걸려들 수 있습니다. 그러나 다행히 우리 자신을 시험해 볼 방법이 하나 있습니다. 자신이 신앙생활을 한다는 사실 때문에 스스로 선한 사람으로 느껴질 때는—특히나 자기가 다른 사람보다 낫게 느껴질 때는—확실히 하나님이 아니라 악마를 따르고 있다고 보면 됩니다. 우리가 하나님 앞에 있다는 것을 알아볼 수 있는 진짜 시금석은 '내가 나 자신에 대해 완전히 잊고 있느냐', 또는 '나 자신을 하찮고 더러운 존재로 여기느냐' 하는 것입니다. 물론 이 중에서도 더 좋은 쪽은 자신에 대해 완전히 잊는 것이지요.

《순전한 기독교》 3장 그리스도인의 행동

4월 3일

지옥에서 곧장 오는 것

　　모든 악 중에서도 가장 나쁜 악이 우리 신앙생활의 중심부까지 침투할 수 있다는 것은 무서운 일입니다. 그러나 그 이유를 이해하기는 어렵지 않습니다. 덜 나쁜 다른 악들은 사탄이 우리의 동물적 본성을 이용하기 때문에 생기는 것들입니다. 그러나 교만은 동물적 본성을 통해 오는 것이 아닙니다. 그것은 지옥에서 곧장 나옵니다. 교만은 순전히 영적인 악입니다. 그렇기 때문에 다른 악들에 비해 훨씬 교묘하고 치명적입니다.

간혹 교만이 비교적 단순한 다른 악들을 저지하는 데 동원될 수 있는 것도 같은 이유 때문입니다. 실제로 선생님들은 바른 행실을 가르치기 위해 아이의 교만, 그들의 표현대로라면 '자존감'에 호소하는 경우가 많습니다. 또 비겁하게 행동하거나 정욕에 휩쓸리거나 성급하게 구는 것은 자기 체면을 깎는 일이라고 생각함으로써, 즉 교만을 통해 그런 유혹을 극복하는 사람들도 많습니다. 악마는 이런 모습을 보면서 비웃습니다. 그는 여러분 안에 교만이라는 독재정권을 세울 수만 있다면, 순결하고 절제하며 용감하게 사는 것쯤은 얼마든지 봐줄 수 있습니다. 암을 유발시킬 수만 있다면 동상이 치료되는 것쯤은 얼마든지 봐줄 수 있듯이 말이지요. 교만은 영적인 암입니다. 그것은 사랑이나 자족하는 마음, 심지어 상식까지 갉아먹습니다. 《순전한 기독교》 3장 그리스도인의 행동

4월 4일

교만과 허영심의 차이

칭찬받고 즐거워하는 것은 교만이 아닙니다. 선생님이 공부 잘했다고 아이의 등을 두드려 줄 때, 사랑하는 남자가 여자에게 아름답다고 말할 때, 그리스도께서 구원받은 영혼에게 "잘했다"고 말씀하실 때 즐거워하는 것은 당연한 일입니다. 이것은 자기가 원래 칭찬받을 만한 사람이라고 생각해서 즐거워하는 것이 아니라, 자기가 즐겁게 해주고 싶은(그런 마음을 갖는 것이 당연한) 대상을 즐겁게 해주었다는 사실 때문에 즐거워하는 것이기 때문입니다. 문제는 '그가 즐거워하니까 됐어'라는 생각이 '이런 일을 하다니 나도 참 대단해'라는 생각으로 바뀔 때 생깁니다. 자기 자신에게서 오는 기쁨이 커지고 칭찬에서 오는 기쁨은 줄어들수록 여러분의 상태는 악화됩니다. 그러다가 결국 칭찬은 전혀 개의치 않은 채 오로지 자기 자신만 바라보며 기뻐하는 지경에 이르면, 그야말로 최악의 상태에 빠진 것입니다.

허영심이 교만 중에서도 가장 표면에 드러나는 것임에도 실상 가장 미미하며 용서받기 쉬운 죄인 이유가 여기에 있습니다. 허영심 많은 사람들은 칭찬과 박수갈채와 경탄을 지나치게 좋아한 나머지 늘 거기 매달려 있습니다. 그것도 잘못이긴 하지만, 그래도 천진하며 겸손하다고까지 봐 줄 수 있는(좀 이상한 겸손이긴 하지만) 잘못입니다. 이것은 그가 아직 자화자찬에 완전히 만족하는 사람은 아니라는 사실을 보여 줍니다. 그는 다른 사람들의 가치를 인정하기 때문에 그들이 자기를 봐 주길 바랍니다. 즉 그는 아직 인간적인 것입니다. 정말 흉악하고 악마적인 교만은 다른 사람들을 얕본 나머지 그들이 자신에 대해 무슨 말을 하든 전혀 신경 쓰지 않을 때 찾아옵니다. 《순전한 기독교》 3장 그리스도인의 행동

4월 5일

그리스도의 수난에 동참함

어떤 사람들은 자신들이 걱정하는 것에 죄책감을 느끼고 믿음이 부족한 탓이라 여기는데 나는 전혀 동의할 수 없네. 그건 고통거리지 죄가 아닐세. 모든 고통거리가 그렇듯, 우리가 잘 감당하기만 하면 걱정도 그리스도의 수난에 동참하는 일이 된다네. 그리스도의 수난의 시작, 그 첫걸음은 겟세마네에서 일어났잖은가. 겟세마네에서 아주 이상하고 중요한 일이 벌어졌네.

우리 주님이 하신 여러 말씀을 통해 볼 때, 그분은 오래전부터 자신의 죽음을 예견했음이 분명하네. 주님은 인간들이 만들어 놓은 세상에서 자신처럼 행동하면 어떤 결과가 나타날지 아셨어. 그러나 주님이 겟세마네에서 기도하시기 전, 어쩌된 영문인지 모르지만 이 지식이 그분을 떠난 것이 분명하네. 아무리 하나님의 뜻이 이루어지게 해달라는 단서를 달았다고는 해도, 잔을 지나가게 해달라고 기도하면서 동시에 그렇게 되지 않을 것임을 아셨을 수는 없어. 그것은 논리적으로도 심리적으로도 불가능한 일이야. 이게 무슨 상황인지 알겠나? 인류가 당하는 어떤 시련도 놓쳐서는 안 되기 때문이었을까? 십자가를 앞둔 마지막 순간, 주님께 긴장과 염려가 찾아왔네. 희망을 품을 때 찾아오는 고통들이지. 주님은 그 극한의 공포를, 어쩌면 혹시라도 면할 수 있을지 모른다는 가능성을 품게 되신 거야. 선례先例가 있었거든. 바로 이삭이네. 가능성이 전혀 없어 보이는 상황에서, 그것도 마지막 순간에 이삭은 목숨을 건졌네. 그런 일이 전혀 불가능한 것은 아니란 말이겠지…… . 그리고 주님은 틀림없이 다른 사람들이 십자가에 못박히는 장면을 보셨을 거야…… . 대부분의 종교화나 이미지가 표현한 것과는 전혀 다른 끔찍한 장면이었겠지.

이 최후의 (그리고 틀린) 실낱 같은 희망과 그에 뒤따른 영혼의 동요, 핏방울 같은 땀이 없었다면, 주님은 참사람이 아니었을지도 모르네. 완전히 예측 가능한 세상에서 사는 것은 인간의 삶이 아니니까.

마침내 천사가 주님께 나타나 "힘을 더하더라comforting"²는 말씀이 있네. 16세기에 쓰인 컴포팅comforting이라는 영어 단어나 그리스어 엔니슈쿠온 ἐννισχύων은 '위로consoling'라는 의미가 아니네. '강화強化, strengthening'가 더 적절한 의미라고 볼 수 있지. 여기서 강화함이란 다가올 상황을 감당해야 한다는 필연성과 감당할 수 있다는 확신을 갖게 했다는 뜻 아닐까? 《애인기도》 8장

4월 6일

자기 나라를 위해 고통당하신 그리스도

수난 중에 그리스도가 겪으신 모든 일은 인류가 당하는 공통적인 고통의 요소를 그대로 보여 주지 않나? 먼저 고뇌의 기도를 드렸네. 그 기도는 받아들여지지 않았지. 그다음 주님은 친구들을 바라보셨지. 그들은 잠들어 있었네. 우리 친구들이나 우리 자신 역시 그들처럼 바쁘거나 자리를 비우거나 다른 일에 정신이 팔려 있을 때가 많지 않은가. 그다음 주님은 교회를 바라보셨네. 그런데 주님이 만드신 바로 그 교회가 주님에게 유죄판결을 내렸지. 이것도 전형적인 모습이네. 모든 교회, 모든 기관에는 얼마 안 가서 그 조직의 존재 목적 자체를 역행하는 뭔가가 생겨나거든. 주님은 또 다른 가능성을 보셨네. 국가였지. 이 경우에는 로마제국이야. 로마제국은 하나님의 정의를 대변한다는 거창한 주장을 내걸지는 않았지만, 그렇기 때문에 적어도 편협한 열광에는 빠지지 않았거든. 로마제국은 대체로 세속적인 차원의 정의를 부르짖었네. 물론 정치적 편의나 국가적 목적과 일치하는 범위에서만 의미 있는 주장이었지. 그런데 주님은 복잡한 정치 상황 속에서 국가의 적이 되셨네. 하지만 희망이 완전히 사라져 버린 건 아니었네. 민중에게 호소할 수 있었으니까. 주님이 축복하셨던 가난하고 소박한 사람들, 주님이 치유하시고 먹이시고 가르치시고, 친히 그 가운데 속하셨던 민중 말일세. 그러나 그들은 하룻밤 새 살기등등하게 그분의 피를 요구하며 소리치는 폭도로 변했네(이건 드문 일이 아니야). 이제 주님이 기댈 데라곤 하나님밖에 없네. 그런데 하나님이신 분이 하나님께 했던 최후의 말은 이것이었네. "어찌하여 나를 버리셨나이까?"[3]

이 모두가 얼마나 전형적이고 대표적인 상황인지 자네도 알 걸세. 인간이 처하는 상황이 커다랗게 적혀 있는 거지. 이런 것들이 바로 인간의 실존일세. 붙잡는 순간 모든 밧줄이 끊어지고, 다가가는 순간 모든 문이 쾅 닫히고, 사냥꾼에게 쫓기다가 더 이상 달아날 곳이 없어 궁지에 몰린 여우 신세. 《애인기도》 8장

4월 7일

하나님의 '숨기움'

끝내 모든 것에서 버림받는 상황을 어떻게 이해하고 참아낼 수 있을까? 가장 필요한 순간에 하나님이 사라져 버리는 듯한 상황을 겪지 않고선 하나님도 인간이 되실 수 없는 걸까? 만약 그렇다면, 그 이유는 뭘까? 나는 가끔 우리가 창조라는 개념에 연관된 요소들을 전혀 이해하지 못하는 것은 아닌지 의심스러워진다네. 하나님이 창조하신다는 것은 하나님이 아닌 다른 존재를 만드신다는 뜻일 거네. 피조물의 입장으로선 하나님으로부터 쫓겨나거나 분리된다는 의미도 담고 있지. 완벽에 가까운 피조물일수록, 어느 시점에서 이 분리가 더욱 분명하게, 멀리까지 이루어져야 하는 것은 아닐까? [영혼의] 어둔 밤'을 경험하는 것은 범인凡人들이 아니라 성인聖人들일세. 하나님께 반역하는 존재는 짐승들이 아니라 인간과 천사들이야. 무생물은 성부의 품에 안겨 잠잔다네. 하나님의 '숨기움hiddenness'을 가장 고통스럽게 경험하는 이들은 어떤 면에서 그분과 가장 가까운 사람들일 거야. 그러니 인간이 되신 하나님이 모든 인간 중에서도 가장 크게 하나님께 버림받지 않으시겠는가?

17세기의 어느 신학자가 이렇게 말했네. "하나님이 보이는 존재인 척하시는 것은 속임수일 뿐이다." 그분은 '감각적 위로'가 필요한 단순한 영혼들에게 잠시 그런 척하시는지도 모르네. 그들을 속인다기보다 털이 막 깎인 어린양에게 모진 바람을 보내지 않으시는 거겠지. 물론 나는 니버Reinhold Niebuhr처럼 악이 유한성의 일부라고 말하는 게 아닐세. 그의 생각은 창조와 타락을 동일시하고 하나님을 악의 창조자로 만드네. 창조 행위 안에는 고뇌와 소외, 십자가에 못박힘이 있었지만 모든 것을 판단하실 수 있는 유일한 분께서 아득히 먼 목적을 위해 그것을 감수할 가치가 있다고 판단하셨네. 《개인기도》 8장

4월 8일

기적

　　지금껏 저는 유령을 본 적이 있다는 사람을 단 한 명 만나 봤습니다. 여자 분입니다. 그런데 재미있게도, 그 사람은 유령을 보기 전에도 영혼의 불멸성을 믿지 않았고, 본 후에도 여전히 믿지 않았습니다. 그 사람은 자신이 환영을 본 거라고 생각합니다. 본다고 믿는 게 아니라는 걸 알 수 있지요. 기적에 대해 말할 때는 우선 이 점을 분명히 해둬야 합니다. 처음부터 초자연적인 현상을 배제하는 철학을 견지하고 있다면 어떤 경험을 하더라도 그 일을 기적으로 여기지 않을 것입니다. 기적이라고 주장되는 모든 사건은 결국 우리 감각에 와 닿는 경험이며, 우리의 감각은 때로 오류를 범하기도 합니다. 언제라도 우리는 자신이 본 것이 환각이라고 말할 수 있습니다. 초자연적인 현상을 믿지 않는다면 언제나 그렇게 말할 것입니다. 따라서 기적이 정말 그쳤건 그렇지 않건 간에, 유물론이 득세한다면 서유럽에서는 기적이 정말 그친 것으로 보일 것입니다.

묵시록[5]의 말씀대로 세상의 종말이 온다고 해봅시다. 현대의 유물론자가 하늘이 말려 올라가고[6] 크고 흰 보좌가 나타나는[7] 광경을 직접 본다고 해봅시다. 그가 자신이 불못[8]에 던져지는 것을 느낀다고 합시다. 그래도 그는 그 불못 속에서조차 자신의 경험을 환각으로 여길 것이고 심리 분석이나 뇌 병리학으로 그 현상을 설명할 것입니다. 경험 자체는 아무것도 입증하지 않습니다. 누군가가 자신이 꿈꾸는 것인지 깨어 있는 것인지 의심한다면, 어떤 실험도 그의 의심을 풀어 줄 수 없습니다. 모든 실험이 꿈의 일부일 수 있기 때문입니다. 경험은 우리의 선입견에 따라 이것저것을 입증할 수도 있고, 아무것도 입증하지 못할 수도 있습니다. 《피고석의 하나님》 1부 기적

4월 9일

유물론의 결정적 난점

태양계가 우연한 충돌로 생겨났다면, 지구상에 존재하는 유기체의 출현도 우연이고, 인간의 진화 과정 전체도 우연이었을 것입니다. 만약 그렇다면, 현재 우리의 모든 생각도 우연에 불과할 것입니다. 원자들의 움직임에 따른 우연한 부산물에 불과하겠지요. 이것은 다른 모든 사람은 물론 유물론자들과 천문학자들에게도 해당하는 사실입니다. 만약 그들의 생각, 즉 유물론과 천문학이 그저 우연의 부산물에 불과하다면, 우리가 왜 그것들이 옳다고 믿어야 합니까? 저는 한 가지 우연이 다른 모든 우연들을 제대로 설명할 수 있다고 믿어야 할 근거를 찾을 수 없습니다. 그것은 마치 우유 단지를 엎어 우연히 생겨난 모양이 그 단지가 어떻게 만들어졌고 왜 엎어졌는지 제대로 설명해 주기를 기대하는 것과 같습니다. 《피고석의 하나님》 1부 기독교에 대한 질문과 답변

4월 10일
자연적인 것과 초자연적인 것

기적을 체험하기 위해서는 두 가지 조건이 갖춰져야 합니다. 첫째, 자연의 통상적 안정성을 믿어야 합니다. 우리의 오감이 받아들이는 데이터가 규칙적인 패턴으로 되풀이됨을 인식해야 한다는 뜻입니다. 둘째, 자연 너머의 어떤 실재를 믿어야 합니다. 이 두 가지 믿음이 다 있어야만 비로소 초자연적인 또는 자연 외적인extra-natural 실재가 우리의 '자연'계를 이루는 시공간의 감각적인 것들에 침입하고 그것을 교란시켰다고 하는 다양한 보고를 열린 마음으로 대할 수 있습니다. 초자연적인 실재에 대한 믿음은 경험으로 입증되거나 반증될 수 없습니다. 그 존재를 뒷받침하는 논증들은 형이상학적인 것이며 제가 볼 때는 결정적입니다. 그 논증들의 근거는, 우리가 자연계 안에서 생각하고 행동하기 위해서는 자연계를 넘어서는 그 무엇을 가정해야 하고 심지어 부분적으로는 우리가 그 무엇에 속한다고 가정해야 한다는 것입니다. 우리의 생각이 의미 있는 것이 되려면 우리의 추론에 타당성이 있다고 주장해야 하는데, 만약 우리의 사고가 뇌의 작용에 불과하고 뇌는 비이성적인 물리적 과정의 부산물에 불과하다면 우리의 추론에 대해 그런 타당성을 전혀 인정할 수 없습니다. 우리의 행동이 단순한 반응 수준을 넘어서는 것이 되려면 우리의 선악 판단에 대해 비슷한 타당성을 주장할 수 있어야 합니다. 두 경우 모두 우리에겐 거북한 결론이 아닐 수 없습니다. '자연'이라는 개념도 우리가 자신에 대해 모종의 초자연적 지위를 주장하고 암묵적으로 도달한 개념입니다. 《피고석의 하나님》 1부 기적

4월 11일

우리 주님의 기적

아타나시우스는 그의 작은 책 《화육론*On the Incarnation*》에서 이렇게 썼습니다. "우리 주님이 우리와 같은 몸을 취하시고 인간으로 사신 것은 그분이 친히 감독하고 다스리시는 전 우주에서 그분을 인정하기를 거부하는 사람들이 이곳 지상에서 주님이 몸을 입고 행하신 일들을 보며 그 몸 안에 거하셨던 분이 하나님의 말씀이셨음을 인정하게 하려 하심이었다." 이것은 그리스도께서 자신의 기적에 대해 친히 하신 말씀과 정확히 일치합니다. "아들이 아버지께서 하시는 일을 보지 않고는 아무것도 스스로 할 수 없나니."[9] 저는 이 교리를 다음과 같이 이해하고 있습니다.

피조 세계 전체에 드러난 하나님의 활동이 있습니다. 인간들이 인정하기를 거부하는 대대적 활동이라 할 수 있습니다. 성육하신 하나님이 팔레스타인에서 한 인간으로 사시며 행하신 기적들은 이 대대적 활동과 똑같은 일들을 다른 속도로, 작은 규모로 이룹니다. 그 주된 목적 중 하나는 한 인간이 능력을 발휘해 소규모로 이루는 일을 본 자들이 같은 일이 대규모로 이루어지는 것을 볼 때 그 배후의 능력 또한 인격적 존재임을, 참으로 2천 년 전에 우리 가운데 사셨던 바로 그분이심을 인정하게 하기 위함입니다.

사실 기적이란 전 세계에 너무나 큰 글씨로 적혀 있어 일부 사람들은 보지 못하는 이야기를 작은 글씨로 다시 들려주는 일입니다. 큰 글씨로 적힌 이야기 중에는 우리 눈에 보이는 것도 있고, 아직 나타나지 않은 것도 있습니다. 다시 말하면, 일부 기적들은 하나님이 이미 보편적으로 행하신 일을 국지적으로 행하는 것입니다. 또 어떤 기적들은 하나님이 아직 행하지 않으셨으나 앞으로 행하실 일들을 국지적으로 보여 줍니다. 인간의 관점에서 볼 때는 지난 일을 상기시켜 주는 기적도 있고, 이루어질 일을 예언하는 기적도 있는 셈이지요.

《피고석의 하나님》 1부 기적

4월 12일

가나에서 일어난 기적

첫 번째 부류인 다산多産의 기적부터 살펴봅시다. 이 부류에 속하면서 가장 먼저 나오는 것은 가나의 혼인잔치에서 물이 포도주로 변한 사건입니다. 이 기적은 포도주의 하나님이 여기 계시다는 선포입니다. 포도주는 야훼 하나님이 주시는 복 중의 하나입니다. 하나님은 거짓 신 바커스 배후의 참 실재이십니다. 매년 자연 질서의 일부로서, 하나님은 포도주를 만드십니다. 그분은 물과 토양과 햇빛을 주스로 바꾸어 놓을 수 있는 식물 유기체를 창조하시며, 그렇게 만들어진 주스는 적절한 조건이 맞춰지면 포도주가 됩니다. 어떤 의미에서 그분은 이렇게 늘 물을 포도주로 바꾸고 계신 것입니다. 모든 음료가 다 그렇듯 포도주 역시 결국 물이 변해서 된 것이기 때문입니다.

그런데 하나님께서 한 번은, 어느 해 한 번은, 성육신하신 분으로서 그 과정을 단축시켜 보이셨습니다. 순식간에 포도주를 만드셨습니다. 물을 담는 그릇으로 식물 섬유조직 대신 어떤 토기 항아리들을 사용하셔서 말입니다. 그러나 그것들을 사용하셔서 그분이 하신 일은 그분이 늘 하고 계신 그 일입니다. 기적이란 말하자면 지름길로 가는 것입니다. 그러나 기적이 만들어 내는 그 일 자체는 평범한 것입니다. 기적이 일어날 때, 자연 속으로 들어온 것은 전혀 반反자연적인 영이 아니라는 것, 비극이나 눈물이나 금식 등을 그것 자체로 사랑하는 하나님이 아니라, (물론 특별한 목적을 위해 그런 것을 허용하거나 요구하실 때도 있지만) 사람의 마음을 즐겁게 해주시려고 태고로부터 포도주를 베풀고 계신 바로 그 이스라엘의 하나님이라는 것을 우리는 알게 됩니다. 《기적》 15장 옛 창조의 기적

먹을 것을 마련해 주신 기적

첫 번째 부류에 속하는 다른 기적으로, 기적을 통해 사람들에게 먹을 것을 마련해 주셨던 두 번의 사건이 있습니다. 작은 빵 하나와 작은 물고기 하나가 다량의 빵과 물고기로 증식된 일이 있었습니다. 전에 사단이 사막에서 그분에게 돌로 빵을 만들라고 유혹했던 일이 있습니다. 그때 그분은 그 제안을 거절하셨습니다. "아들은 오직 아버지가 하고 계신 일을 본 대로만 행할 뿐이다."[10] 아마 성자께서는 돌덩이를 빵으로 바꾸는 것은 성부에게 물려받은 자신의 스타일에 맞지 않는다고 여기셨던 것이라 말해도 그리 외람되지 않을 것입니다. 몇 개의 빵을 다량의 빵으로 바꾸는 것은 전혀 다른 일입니다. 매년 하나님은 몇 개의 밀알로 다량의 밀을 만들어 내고 계십니다. 씨가 뿌려지면 증식이 일어납니다. 이걸 보며 사람들은 여러 방식으로 말합니다. "이는 자연의 법칙이다"라고 말하는 이들이 있는가 하면, "이는 케레스 신이다, 아도니스, 곡물 왕 신이다"라고 말하는 이들도 있습니다. 그러나 '자연법칙들'이란 그저 어떤 유형을 가리키는 말에 불과합니다. 즉 그 법칙 자체로는 아무것도 만들어질 수 없습니다. 그것들이, 말하자면 이 우주를 계속기업going concern[11]으로서 떠맡을 수 있는 것이 아니라면 말입니다. 그리고 아도니스도 그가 어디서 죽었는지, 언제 다시 부활했는지 누구도 말해 줄 수 없습니다. 그러나 여기, 오천 명이 먹을 것을 얻은 이 사건에는 바로 우리가 무지한 중에 경배해 온 바로 그분이 계십니다. 본디오 빌라도가 유대 총독으로 있던 당시 정말 죽으셨다가 정말 부활하신 진짜 그 곡물 왕이 말입니다.

같은 날, 그분은 물고기도 증식시키셨습니다. 지금 아무 만濔이나 강으로 가서 물속을 한번 들여다보십시오. 물결치며 떼 지어 다니는 수많은 물고기들은 그분이 지금도 '무수한 알로 바다를 가득 채우며'[12] 일하고 계시다는 것을 보여 줍니다. 고대인들에게는 '게니우스Genius'라고 부르는 신이 있었습니다. 동물과 인간의 다산을 관장하는 신으로, 부인과 의학gynaecology, 태생학embryology, 부부 동침marriage bed(그 신의 이름을 따 '생식' 동침genial bed이라고 부르기도 하지요)의 수호신입니다. 그러나 실상 게니우스는 이스라엘 하나님의 또 다른 가면일 뿐입니다. 왜냐하면 태초부터 모든 종種들에게 "생육하고 번성하며 땅에 충만하라"고 명령하셨던 이는 바로 그분이기 때문입니다. 그리고 이날 수천 명을 먹이셨을 때 성육신하신 하나님은 바로 그 일을 하셨던 것입니다. 다시 말해, 그분은 바다와 호수와 시내에서 자신이 늘 해 오던 일을, 자신의 인간 손, 노동자 손을 가지고 바로 가까이서 작게 행하셨던 것입니다. 《기적》 15장 옛 창조의 기적

4 월 14 일
치유의 기적

그 치유 중 구체적으로 어떤 것들이 기적인지를 판단(이는 기독교 신앙의
수용 여부와 무관한 일입니다)하지 않은 상황에서라도, 그 기적이 어떤 성격의 것인지
에 대해서는 말할 수 있습니다. 평범한 의학적 치유에 대해 여전히 많은 사람들
이 다분히 마법적인 생각을 품고 있으며 그들은 이 기적의 성격을 놓치기 십상
입니다. 어떤 의미에서 보자면, 지금껏 어떤 의사도 치유를 행했던 바가 없습니
다. 이는 누구보다도 의사들 자신이 먼저 인정할 사실입니다. 그 마법은 의술에
있는 것이 아니라 환자의 몸에 있는 것입니다. 자연의 치유력*vis medicatrix natu-
rae*, 자연의 회복 에너지, 자기 교정 에너지에 말입니다. 의학적 치료가 하는 일
이란 다만 자연적 기능을 북돋아 주거나, 그 기능을 방해하는 것들을 제거해
주는 정도일 뿐입니다. 우리는 그저 말의 편의를 위해 의사가, 약이 상처를 치유
한다고 하는 것입니다. 그러나 어떤 의미에서, 실상 모든 상처는 다 자신이 자신
을 치유하는 것입니다. 어떤 의사도 시체에 난 상처를 치유할 수는 없습니다. 어
떤 신비한 힘, 그것이 행성을 움직일 때는 중력이라 부르고, 살아 있는 몸을 치
유할 때는 생화학적 작용이라 부르는 그 신비한 힘이 모든 회복의 동인efficient
cause인 것입니다. 그리고 그 에너지는 바로 하나님에게서 나오는 것입니다. 치
유받는 모든 이들은 다 그분에게서 치유받는 것입니다. 단순히 그분의 섭리가
그들에게 의학적 도움과 위생적 환경을 마련해 준다는 의미에서가 아니라, 그
들 몸의 세포조직이 그분에게서 흘러나와 자연의 체계 전체에 에너지를 부여
하는, 그 멀리서부터 내려오는 에너지에 의해 고침 받는다는 그런 의미에서 말
입니다.

그러나 한 번은 그분이 이런 일을 팔레스타인에서 병자들에게 가시적으로 행
하셨습니다. 사람으로서 사람들을 만나시면서 말입니다. 우리가 흔히 자연법칙
이 하는 일이라고, 또 과거에는 아폴로Apollo[13]나 아스클레피오스Aesculapius[14]가

하는 일이라고 말하곤 했던 그 일을 실제로 하는 존재가 자신을 드러낸 것입니다. 늘 모든 치유 배후에 계셨던 그 능력이 어떤 얼굴, 어떤 두 손을 취해 나타나신 것입니다. 물론, 그래서 그 기적들에 우연성이 보이는 것도 사실입니다. 그러나 그분이 우연히 만나게 된 사람들만 고치셨을 뿐, 만나지 못한 이들은 고치지 않으셨다고 불평하는 것은 무익한 소리에 불과합니다. 인간이 된다는 것은 한 번에 오직 한 장소에만 있는 존재가 된다는 것입니다. 그분은 한 장소에 스스로를 국한becoming local시킴으로써 세상을 구원하셨습니다. 세상이 그분을 모든 곳에 현존하는 분으로 알게 하시기 위해서 말입니다. 《기적》 15장 옛 창조의 기적

4월 15일

파괴의 기적

그리스도께서 행하신 단 한 번의 '파괴의 기적'인, 무화과나무를 시들게 만드신 일을 두고 어떤 이들은 골머리를 앓기도 하지만, 제가 보기에는 그 기적의 의의 역시 아주 분명합니다. 말하자면 그 기적은 행동으로 표현된 비유acted parable로, 모든 '열매 없는' 것에 대한, 특히 당시의 제도적 유대교에 대한 하나님의 선고의 상징입니다. 이는 이 기적의 도덕적 의의입니다. 하나의 기적으로서는, 이 기적 역시 하나님이 자연을 통해 늘 하고 계신 일을 우리가 분명히 볼 수 있도록, 작게 또 가까이서 행해 보여 주신 일입니다.

하나님은 사단의 손에서 그의 주력 무기를 비틀어 잡아 뺏으셨고, 그래서 타락 이후 인간 죽음의 하나님도 되셨습니다. 그렇다면 더더욱 분명히 하나님은 유기체들의 죽음의 하나님이시기도 합니다. 아마 창조 때부터 그러셨을 것입니다. 두 경우 모두, 물론 방식은 조금 다르지만, 하나님은 바로 생명의 하나님이시기에 그렇게 죽음의 하나님이신 것입니다. 그분이 인간 죽음의 하나님이신 것은 죽음을 통해 생명의 증가가 오기 때문이며, 또 그분이 유기체들의 죽음의 하나님이신 것은, 죽음은 유기체 생명이 시간 속에 자신을 펼치면서도 늘 새로움을 유지하는 양식의 일부이기 때문입니다. 천년 된 어떤 숲이 여전히 숲으로서 살아 있을 수 있는 것은, 거기서 어떤 나무들은 죽어 가고, 어떤 나무들은 자라고 있기 때문입니다.

그분의 인간 얼굴이 그때 부정negation의 눈으로 그 무화과나무를 바라보신 것은 그분이 성육신 전부터 모든 나무에게 늘 해 오셨던 일을 하신 것입니다. 그해 팔레스타인의 어떤 나무도, 아니 어느 해 어느 곳에 있는 나무든지, 하나님이 나무에 무슨 일을 하셨거나 혹은 무슨 일을 그만두셨기 때문에 죽은 것이 아닌 나무는 없습니다. 《기적》 15장 옛 창조의 기적

사도들이 말하는 부활

현대인이 말하는 부활은 대개 특정한 순간을 뜻합니다. 무덤이 비어 있었다는 것, 그리고 그 무덤에서 몇 미터 떨어진 곳에서 예수님이 나타난 것 등 말입니다. 현대의 기독교 변증가들이 주로 입증해 내려 하고, 회의론자들이 주로 논박하려는 것도 바로 그 잠깐 동안의 일입니다. 그러나 우리가 이처럼 부활의 최초 5분여에 전적으로 매달리고 있는 것을 본다면 초기 기독교 스승들은 아마 깜짝 놀랄 것입니다. 왜냐하면 부활을 보았다고 주장했을 때 그들은 꼭 그런 것을 보았다고 주장한 것은 아니었기 때문입니다. 그들 중 어떤 이들은 그런 것을 보았지만, 다른 이들은 그렇지 않았습니다. 그 최초 5분여의 일이, 부활하신 예수님이 나타나신 다른 경우보다 특별히 더 중요한 것은 전혀 아닙니다. 어떤 것의 첫 시작 부분에 늘 붙기 마련인 시적, 극적 중요성을 제외한다면 말입니다.

그들의 주장은 예수님이 죽으시고 6주나 7주 되는 동안 자신들이 한 번이나 혹은 여러 번 그분을 만났다는 것이었습니다. 혼자 있을 때 그분을 만난 이들도 있지만, 어떤 경우에는 열두 사람이 함께 그분을 본 적도 있고, 어떤 경우에는 대략 5백 명이나 되는 사람들이 한꺼번에 그랬던 적도 있습니다. 주후 55년경 바울 사도가 고린도 교인들에게 보낸 첫 번째 편지에 따르면, 그 5백 명 중 대부분이 그때까지 여전히 살아 있었습니다.[15]

그들이 증언한 '부활'은, 죽은 자들 가운데서 다시 살아난 그 (순간적) 행위를 말하는 것이 아니라, 다시 살아나 있는 상태를 말하는 것이었습니다. (바울 사도에게 허락된 특별하고 다소 다른 방식의 만남은 예외적이지만) 한정된 기간 동안 일어난 간헐적 만남으로 입증되는 어떤 상태 말입니다. 그 기간이 한정적이었다는 사실이 중요합니다. 왜냐하면 곧 살펴보겠지만 부활에 대한 교리와 승천에 대한 교리는 결코 서로 분리될 수 없기 때문입니다. 《기적》 16장 새 창조의 기적

4월 17일

죽음을 이기신 그리스도

주목해야 할 또 다른 사실은 그 증언자들이 부활을 단순히, 혹은 주로 인간 영혼의 불멸성the immortality of the soul에 대한 증거로 여긴 것이 아니라는 사실입니다. 그런 식으로 생각하는 이들이 지금 적지 않지만 말입니다. "부활의 중요성은 인간들이 사후에도 생존한다는 것을 증명한 것이다"라고 주장하는 어떤 사람의 말을 들은 적이 있습니다. 이런 견해는 신약성경이 말하는 바와 어떤 식으로도 조화될 수 없습니다. 이 견해에 따르자면, 그리스도가 하신 일은 그저 모든 죽는 사람이 하는 일을 하신 것에 불과하게 됩니다. 유일하게 새로운 점이 있다면, 그분의 경우엔 그 일이 일어난 것을 우리가 볼 수 있었다는 사실 정도입니다. 그러나 성경에서는 부활이 사실상 늘 일어나고 있는 어떤 일에 대한 새로운 증거라는 식으로 말하는 곳을 눈 씻고도 찾아볼 수 없습니다. 신약성경은 그리스도께서 죽은 자들 가운데서 일어나심으로써 이뤄 내신 일은 우주의 역사상 유례없는 최초의 사건이라는 식으로 말하고 있습니다. 그분은 '첫 열매'[16]이시고, '생명의 창시자pioneer of life'[17]이십니다. 그분은 최초 인간의 죽음 이래로 계속 잠겨 있던 어떤 문을 열어젖히신 분입니다. 그분은 죽음의 왕을 만나셨고, 싸우셨고, 이기셨습니다. 그분이 그렇게 하셨기에 모든 것이 달라졌습니다. 새 창조가 시작되었습니다. 우주 역사의 새로운 장章이 열렸습니다.

《기적》 16장 새 창조의 기적

4월 18일

부활과 사후생존

물론 제 말은 신약성경의 저자들이 '[사후] 생존'을 믿지 않았다는 뜻은 아닙니다. 오히려 그들은 그것을 얼마나 당연하게 받아들이고 있었던지, 예수님은 두어 번에 걸쳐 그들에게 자신이 유령이 아니라고 확인시켜 주셔야 했을 정도였습니다. 다른 많은 나라들도 그러했듯이, 초창기 때부터 유대인들은 인간에게는 몸으로부터 분리될 수 있는 어떤 '영혼soul', 혹은 네페쉬Nephesh가 있으며, 사람이 죽으면 그 영혼, 네페쉬는 스올Sheol이라 부르는 그림자 세계로 들어가게 된다고 믿어 왔습니다. 망각과 무능의 나라, 누구도 더 이상 야훼의 이름을 부르지 않는 곳, 그리스인들의 하데스Hades나 옛 스칸디나비아인들의 니플하임Niflheim 같은 어떤 희미하고 우울한 곳으로 말입니다. 가끔 망령들이 그곳에서 나와 산 자들에게 나타날 수도 있었습니다. 엔돌의 마술사의 명령에 사무엘의 망령이 그랬듯이 말입니다.[18]

그보다 훨씬 최근에 와서는, 의인은 죽으면 '천국'이라는 곳으로 간다는 좀더 기분 좋은 믿음이 생겨났습니다. 두 교리 모두, 그리스인이나 현대 영국인이 이해하는 바로서의 '영혼 불멸' 교리라고 할 수 있는데, 부활 이야기와는 전혀 무관합니다. 신약성경의 기자들은 부활 사건이 절대적으로 새로운 사건이라고 봅니다. 분명한 것은 그들이 자신들의 경험을 스올에서 나온 유령이 자신들 앞에 나타난 것이라든지, '천국'에 있는 '영혼'을 환상 중에 보게 된 것이라는 식으로 생각하지 않았다는 점입니다. 우리가 분명히 이해해야 할 것은, 만일 심령학 연구자들이 '[인간의 사후] 생존'을 증명해 내는 데 성공하고 부활은 그러한 생존의 한 경우임을 입증해 보인다고 한다면, 이는 기독교 신앙을 뒷받침하는 일이 아니라 오히려 허물어뜨리는 일이라는 사실입니다. 그런 것이 부활의 전부라면, 이는 기독교의 근본 '복음'이 거짓이라는 말이 됩니다. 《기적》 16장 새 창조의 기적

심령주의와 심령 연구

심령 연구로 보장되는 불멸과 미지의 신에 대한 믿음이 어떻게 우리에게 선조들의 미덕과 에너지를 되찾아 줄 수 있습니까? 제가 볼 때 다른 근원에서 힘을 얻지 못하면 이 두 믿음 모두 현대인에게 아주 공허한 느낌만 전해 줄 뿐 아무 효력도 내지 못할 것입니다. 하나님이 의로우시고, 우리를 위한 목적을 갖고 계시고, 그분이 우주적 전쟁의 대장이시며, 우리의 행동이 전쟁 상황에 실질적인 영향을 미침을 알고 믿는다면, 그 믿음은 의미가 있을 것입니다. 아니, 다른 세계에서 나온 발언이라는 것들이 정말 그 세계를 암시하는 억양을 지녀서 우리 죽을 본성이 그 음성을 한번이라도 듣고 그 앞에서 경외심이나 기쁨으로 떨게 된다면(열등한 실제 종교들에서도 그렇듯이), 그 믿음은 의미가 있을 것입니다. 그러나 최소유신론minimal Theism의 신은 두려움도 사랑도 불러일으킬 힘이 없습니다. ……영매靈媒들의 발언에 대해서는……저는 다른 사람의 마음을 상하게 할 생각은 없습니다만 아무리 확신에 찬 심령주의자라 해도 자신이 심령 메시지로 받은 어떤 문장이 인류의 빛나는 가르침 가운데 자리 잡을 만하다거나, 고양시키거나 힘을 주거나 교정하는 능력에서 그보다 못한 가르침들에 (맞먹기는커녕) 근접한 적이라도 있다고 주장할 수 있겠습니까? 절대다수의 심령 메시지는 세상 사람들이 생각하고 말한 최고의 내용과 비교해도 처량할 만큼 수준이 떨어진다는 사실을 누가 부인할 수 있겠습니까? 《피고석의 하나님》 1부 교리 없는 종교?

4월 20일

부활하신 그리스도께서
사람들에게 나타나신 장면들

물론 부활하신 그리스도와 통속 전설들에 나오는 '유령' 사이에 유사성이 보이는 것도 사실입니다. 유령처럼 그분도 '나타나셨다'가 '사라지셨다'가 하십니다. 잠긴 문도 그분께는 아무 문제가 되지 않습니다. 그러나 다른 한편으로 그분은 [유령과 달리] 자신에게는 몸이 있음을 힘주어 강조하시며(눅 24:39-40), 구운 생선을 드시기도 합니다. 이 대목에서 현대의 독자들은 마음이 거북해지기 시작합니다. 그런데 마음을 더 거북하게 만드는 것은 "내게 손을 대지 말아라 내가 아직 아버지께로 올라가지 않았다"(요 20:17 표준새번역) 같은 구절입니다. 음성이 들리고 환영이 보이는 것 등에 대해서는 우리도 어느 정도 마음의 준비가 되어 있습니다. 그러나 손 대면 안 된다는 말, 아버지께 '올라갈' 것이라는 말은 대체 무슨 소리란 말입니까? 그분은 진정한 의미에서 이미 '아버지와 함께' 계신 것이 아닙니까? '올라간다'는 말은 다만 그런 것을 두고 이르는 은유적 표현 아닙니까? 그런데 그분이 '아직' 올라가지 않았다는 말은 대체 무슨 소리란 말입니까? 이런 거북함이 생기는 것은, 바로 이 지점에서부터 '사도들'의 이야기가 우리가 기대하고 지레 짐작했던 바와 어긋나기 시작하기 때문입니다.

우리가 사도들이 들려줄 것으로 기대하는 부활의 삶은 순전히 '영적인' 삶입니다. 우리는 '영적'이라는 말을 소극적인 의미로 사용합니다. 그것이 어떤 것인지를 말하기 위해서가 아니라, 그것이 어떤 것이 아닌지를 말하기 위해 '영적'이라는 말을 사용합니다. 그래서 우리가 말하는 '영적인' 삶이란 공간이 없는, 역사가 없는, 환경이 없는, 감각적 요소가 전혀 없는 그런 삶을 말합니다. 또 우리는 가장 깊은 심중에서, 예수님이 인간으로서 부활하셨다는the risen manhood of Jesus 사실을 그저 얼버무리는 경향이 있습니다. 죽음 후에는 그분이 다시 신격Diety으로 되돌아가셨다는 식으로 생각하는 것입니다. 마치 부활이 성육신을 뒤집거나 무효화하는 것인 양 말입니다. 부활한 몸에 대한 언급들이 우리를 거북하게 하는 것은 바로 그래서입니다. 그런 언급들은 온갖 거북스런 질문을 일으킵니다. 《기적》 16장 새 창조의 기억

4월 21일

부활하신 그리스도는 환영이 아니다

소극적 의미의 영적 관점을 견지하는 한, 우리는 사실 부활한 몸을 전혀 믿는 것이 아닙니다. (겉으로 인정하든 안 하든) 실은 그 부활한 몸은 객관적 실체가 아니라고, 다른 방법으로는 알릴 수 없는 어떤 진리들을 제자들에게 확신시키기 위해 하나님이 보내신 외양appearance에 불과하다고 생각하는 것입니다. 그러나 그 진리란 대체 무엇입니까? 만일 그 진리란 것이, 사후 인간은 소극적 의미의 영적 삶을 살게 된다는 것, 영원토록 신비적 체험을 하게 된다는 것이라면, 구운 생선을 먹는 인간 모양을 보여 주는 것보다 이 진리를 알리기에 더 부적절한 방법이 또 뭐가 있겠습니까? 다시 말하지만 그런 관점에서는, 부활하신 예수님의 몸은 환영에 불과하다는 말이 됩니다. 그러나 별개의 세 경우에서(눅 24:13-31, 요 20:15, 21:4) 제자들이 그 환영을 예수님으로 즉각 알아보지 못했다는 사실(만약 이것이 사실이 아니고 꾸며 낸 이야기라면, 이는 사람이 지어낸 허구 중 가장 특이한 허구일 것입니다) 앞에서 그러한 환각 이론은 다 무너지고 맙니다. 설령 사람들에게 (그들이 이미 보편적으로 믿고 있는) 어떤 진리를 가르칠 목적으로 하나님이 (다른 방법을 통해 훨씬 쉽게 가르칠 수 있고, 또 이 방법은 도리어 혼란만 일으킬 것이 확실함에도) 거룩한 환영을 보내신 것이라 하더라도, 아니 그렇다면 적어도 하나님은 그 환영의 얼굴만큼은 제대로 만드셨어야 하지 않겠습니까? 모든 인간의 얼굴을 만들어 내신 분이, 자기 자신이기도 했던 그 사람의 모습을 닮은 환영 하나도 제대로 못 만들 만큼 그렇게 일에 서투르신 분이란 말입니까? 《기적》 16장 새 창조의 기적

4 월 22 일

부활하신 그리스도는 불멸의 몸을 입으셨다

기록들은 그리스도께서 죽음 후 순전히—소극적 의미에서의—'영적
인' 존재 양식 속으로나 현재 우리가 아는 이 '자연적' 삶 속으로가 아니라, (유
례를 찾아볼 수 없는 일로서) 어떤 고유한, 새로운 '자연Nature(성질)'의 삶 속으로 들어
가신 것으로 그립니다. 또 그 기록들은 6주 후 그분이 또 다른 존재 양식 속으
로 돌아가신 것으로 그립니다. 그 기록들—그분—에 따르면 그분이 가신 것은 '
우리가 있을 곳을 마련해 주기 위한' 것입니다.[19] 이 말은, 그분께서는 그분 자신
의 영화된 인성glorified humanity이 거할, 또 그분 안에서 우리가 거할 환경(혹은
조건들)이 될 새로운 '자연'을 창조하신다는 의미일 것입니다. 이런 그림은 우리가
전혀 생각하지 못했던 무엇입니다. 물론 그렇다고 해서 개연성이나 철학성이 높
아지는 것인지 낮아지는 것인지는 별개의 문제이지만, 아무튼 그렇습니다. 이는
모든 자연을 벗어나 어떤 무조건적인, 전적으로 초월적인 삶으로 도피해 들어
가는 그런 그림이 아닙니다. 이는 새로운 인간성human nature이, 새로운 '자연' 일
반이 창조되는 그런 그림입니다. 물론 그 부활한 몸은 우리가 지금 아는 이런 필
멸의 몸과 극도로 다른 것이라고 믿어야 합니다. 그러나 어쨌거나 '몸'이라는 말
로 묘사될 수 있는 것이라면, 그것의 실존은 모종의 공간적 관계를, 더 나아가
결국 어떤 새로운 우주 전체를 수반하는 실존일 수밖에 없습니다. 이는 무언가
를 폐기하는unmaking 그림이 아니라, 무언가를 새롭게 다시 만드는remaking 그
림입니다. 공간, 시간, 물질, 감각 등으로 이루어진 옛 밭에, 잡초도 뽑고 일구고
씨 뿌려 새로운 농사를 짓는 것입니다. 우리는 이 옛 밭을 지겨워할지 모르지만,
하나님은 그렇지 않습니다. 《기적》 16장 새 창조의 기적

동화를 위한 변명

동화가 아동문학으로 적절하지 않다고 진지하게 공격하는 사람들이 있습니다. 어린이들에게 겁을 주지 않기를 바라는 사람들입니다. …… 어린이들에게 겁을 줘서는 안 된다는 말은 두 가지 중 하나를 의미할 수 있습니다. 첫째, 뇌리에서 맴돌아 아무 것도 못하게 만드는 병리적인 두려움을 줄 수 있는 일을 아이에게 해선 안 된다는 뜻일 수 있습니다. 이런 두려움, 다시 말해 공포증 phobias에는 평범한 용기가 맥을 추지 못합니다.

……둘째, 아이가 자신이 태어난 곳이 죽음, 폭력, 상처, 모험, 영웅주의와 비겁함, 선과 악이 있는 세상이라는 것을 알지 못하게 해야 한다는 뜻일 수 있습니다. 첫 번째 의미라면 저는 동의합니다만, 두 번째 의미라면 동의할 수 없습니다. 두 번째 의미는 어린이들에게 잘못된 인상을 심어주고 나쁜 의미에서 도피주의를 조장하는 게 됩니다. 소련 비밀경찰 게페우가 활개를 치고 원자폭탄의 위험이 있는 세상에 태어난 아이들을 그렇게 교육하겠다는 생각에는 우스꽝스러운 구석이 있습니다. 그들은 잔인한 적들을 만날 가능성이 너무나 높기 때문에, 적어도 용감한 기사와 영웅적인 용기에 대해서는 들려줘야 합니다.

……어떤 위험한 일도 벌어지지 않는 흠 없는 이야기만 들려준다면, 온갖 두려운 일들이 엄연히 존재하는 상황에서 아이들은 고결한 모습을 보고 배울 기회도, 두려움을 견뎌야 한다는 교훈도 얻지 못할 것입니다. 동화에는 끔찍한 존재들과 더불어 오래된 위로자들과 보호자들, 용감한 자들도 등장합니다. 그리고 끔찍한 존재들은 끔찍할 뿐만 아니라 숭고하기도 합니다. 잠자리에 든 어린 소년이 어떤 소리를 듣거나 들었다고 생각하고 겁을 내는 일이 없다면 좋겠지요.

하지만 아이가 그런 상황을 만나 겁을 먹게 된다면, 강도만 떠올리기보다는 거인과 용을 생각하는 것이 더 낫다는 게 제 생각입니다. 그리고 경찰보다는 성

조지나 갑옷을 입은 멋진 용사를 생각하는 것이 더 좋은 위안책이라고 생각합니다. '아동문학을 쓰는 세 가지 방식'

4월 24일

우리도 부활할 것입니다

물론 이미 벌어진 기적들은 성경이 자주 말하는 것처럼 곧 다가올 우주적 여름의 첫 열매들입니다.[20] 그리스도께서 부활하셨으니 우리도 부활할 것입니다. 베드로 사도는 몇 초 동안 물 위를 걸었지만,[21] 어느 날엔가는 우주가 다시 만들어질 것입니다. 그날이 오면, 영화롭게 되어 하나님께 순종하는 사람들의 뜻에 우주가 무한히 순종할 것이며, 우리는 모든 일을 할 수 있게 되고, 성경에서 말하는 것처럼 신과 같은 자들이 될 것입니다. 확실히, 아직은 상당히 겨울처럼 느껴집니다. 하지만 이른 봄에 그렇게 느껴지는 경우는 많습니다. 이런 척도로 보면 2천 년은 하루이틀에 불과합니다. "부활이 2천 년 전에 이루어졌다"는 말은 "어제 크로커스를 봤어"라고 말하는 기분으로 말해야 합니다. 크로커스 다음에 무엇이 오는지 알기 때문입니다.

봄은 그렇게 천천히 옵니다. 그러나 멋지게도 봄은 이미 모퉁이를 돌았습니다. 물론 이 두 봄에는 차이가 있습니다. 자연적인 봄에서는 크로커스가 봄에 반응해 피어날지 말지 선택할 수 없습니다. 그러나 우리는 다릅니다. 우리에게는 힘이 있습니다. 봄에 저항하여 우주적 겨울 속으로 다시 가라앉을 수도 있고, 저 '한여름의 화려함' 속으로 들어갈 수도 있습니다. 우리의 지도자이신 인자께서는 벌써 한여름에 거하시면서 우리를 부르고 계십니다. 따라갈지 말지, 이 겨울 속에서 죽을 것인지 나아가 그 봄과 그 여름으로 들어갈 것인지, 선택은 우리의 몫입니다. 《피고석의 하나님》 1부 장엄한 기적

4월 25일

복음서 기록자 마가

우리는 이런 말을 듣게 될 것입니다. "마음껏 말해 보시지. 초대 기독교인들의 종말론적 믿음은 거짓으로 드러났으니까. 신약성경을 보면 그들 모두는 재림이 그들 생전에 있을 거라고 예상했음이 분명해. 그럴 만한 이유가 있었거든. 그 이유를 알게 되면 당신, 몹시 당황할 걸. 설상가상이지. 그들의 주인이 그렇게 말한 거야. 그들의 망상을 그도 갖고 있었어. 아니, 그 망상을 만들어낸 사람이 바로 그였어. 그는 많은 말로 '이 세대가 지나가기 전에 이 일이 다 일어나리라'[22]고 말했거든. 그리고 그는 틀렸어. 세상의 종말에 대해 모르기는 그도 남들과 다를 바 없었던 거야."

그것은 분명 성경에서 가장 당혹스러운 구절입니다. 하지만 그로부터 열 단어도 지나가기 전에 이런 말이 나오니, 이 또한 얼마나 성가신 일입니까. "그러나 그 날과 그 때는 아무도 모르나니 하늘에 있는 천사들도, 아들도 모르고 아버지만 아시느니라"(막 13:32). 한 가지 오류 사례와 한 차례 무지의 고백이 나란히 나타나고 있습니다. 두 말씀 모두 예수님의 입에서 나왔으며 보고자가 임의로 적어 넣은 것이 아님은 의심할 필요가 없을 것입니다. 보고자가 완전히 정직하지 않았다면 무지를 고백하는 예수님의 말을 기록하지 않았을 것입니다. 온전한 진실을 말하겠다는 마음 외에는 다른 동기가 있을 수 없었을 것입니다. 그리고 이후의 필사자들 역시 똑같이 정직하지 않았다면, 시간이 흘러 (외견상) 오류가 드러난 상황에서 "이 세대"에 대한 (외견상) 잘못된 예언을 그대로 남겨두지는 않았을 것입니다. 이 구절(막 13:30-32)과 "어찌하여 나를 버리셨나이까?"(막 15:34)라는 부르짖음을 나란히 놓으면 신약성경이 역사적으로 신뢰할 만함을 보여주는 가장 강력한 증거가 갖춰집니다. 복음서 기록자들은 정직한 증인의 가장 중요한 특성을 지니고 있습니다. 첫눈에 볼 때 자신들의 핵심 주장을 훼손하는 듯 보이는 사실들을 언급한다는 점입니다. '세상의 마지막 밤'

4 월 26일

오래된 병을 완전히 치유하기

모르긴 몰라도, 아마 현시대를 사는 그리스도인이라면 누구나 '천국'
에 대해 듣는 두 가지 말을 조화시키는 데 어려움을 느낄 것입니다. 한편으로
천국의 삶은 그리스도 안에 거하는 것, 하나님을 뵙는 것, 끝없는 찬미를 뜻한
다는 말을 듣습니다. 그러나 또 한편으로 천국의 삶 역시 몸으로 향유하는 삶
bodily life이라는 말을 듣습니다. 우리가 현세에서 지복직관至福直觀[23]에 가장 가
까이 다가간 것처럼 느껴질 때를 보면, 그 순간 우리 몸은 그런 일과 거의 무관
한 것으로 느껴집니다. 또 영생을 (어떤 종류의 몸이든 하여간) 몸으로 향유하는 삶
으로 생각해 보려 하면, 우리가 더 중요한 것이라고 느끼는—응당 그렇게 느껴
야 합니다—신비적 접근과는 거리가 먼, 플라톤적 파라다이스나 헤스페리데스
Hesperides[24]의 정원 같은 것을 막연히 떠올리기 십상입니다. 그러나 이러한 불일
치성이 궁극적인 것이라 한다면, 하나님이 우리 영들을 자연계 질서 속에 들여
놓으신 것 자체가 하나님의 실수라는 말이 되고, 이는 터무니없습니다. 우리는
그 불일치성이 실은 '새 창조'가 치유하게 될 무질서 중 하나라고 결론지어야 합
니다. 몸이, 또 장소성locality이나 이동성locomotion이나 시간 같은 것이 지금 우
리에게, 최고 경지의 영적 삶과는 무관한 것으로 느껴진다는 사실은 어떤 증상
symptom입니다. 영과 자연이 우리 안에서 다투고 있는 것입니다. 우리가 앓고 있
는 병은 바로 이것입니다. 《기적》 16장 새 창조의 기적

4월 27일

천국과 성

　　성경의, 또 기독교의 문자와 영the letter and spirit은 우리가 '새 창조'에서
의 삶에 성생활이 포함된 것으로 생각하는 것을 금합니다. 그래서 우리의 상상력
을 좁은 양자택일로 몰아넣어, '새 창조에서의 우리 몸을, 거의 인간의 몸이 아닌
다른 몸으로 상상하거나, 아니면 영원히 성에 주리는 몸으로 우리가 상상하게 됩
니다. 주림fast에 대해 말하자면, 우리의 사고방식은 마치 성행위가 최고의 육체적
쾌락이었다는 말을 듣고선 "그럼 그때 초콜릿을 먹었단 말이야"라고 묻는 꼬마아
이의 사고방식과 같다고 할 수 있습니다. "아니"라는 대답을 들으면 꼬마아이는 초
콜릿이 없는 것을 성sexuality의 주된 특징으로 여길 것입니다. 성적인 황홀경에 빠
진 연인들이 초콜릿 따위는 전혀 안중에도 없는 것은 그들이 초콜릿보다 더 좋은
것을 하고 있기 때문이라고 아무리 그 아이에게 설명해 줘 본들 소용없습니다. 그
아이는 초콜릿은 알고 있습니다. 그러나 초콜릿을 무색케 하는 다른 무엇은 모르
기 때문입니다.

지금 우리의 상황도 이와 같습니다. 성생활은 우리가 알고 있습니다. 그러나 희
미한 암시 때를 제외하고는, 그것을 무색케 하는 천국의 다른 무엇은 모르고 있
습니다. 그래서 충만fullness이 우리를 기다리고 있음에도 주림을 예상하는 것입
니다. 물론 지금 우리가 아는 성적인 삶이 지복의 삶의 일부가 되지 않을 것이라
고 해서, 이것이 꼭 성의 구별 자체도 사라지게 된다는 말은 아닙니다. 생물학적
목적을 위해서는 더 이상 필요치 않은 것이라도, 영광splendor을 위해 계속 존재
하게 될 수도 있습니다.

성은 동정virginity과 부부간 정절을 위한 도구이기도 합니다. 따라서 남자도 여
자도, 그들이 승리를 거두는 데 사용했던 무기를 버리라는 요구는 받지 않게 될
것입니다. 패배자와 도망자들은 그들의 칼을 버릴 것입니다. 그러나 정복자들은
자신의 칼을 칼집에 넣고선 계속 차고 다니게 될 것입니다. 이렇게 볼 때, '초 성

적인trans-sexual'이란 말이 '무 성적sexless'이라는 말보다 천국의 삶을 묘사하기
에 더 낫습니다. 《기적》 16장 새 창조의 기적

천국은 따분한 곳일까?

우리가 가진 천국 개념 속엔 먹을 것도 마실 것도 없고, 섹스도 없고, 움직임도 법석도 없고, 웃음도 없고, 사건도 없고, 시간도 없고, 예술도 없을 거라는 부정적인 진술이 끝없이 이어집니다.

이 모든 '없는 것들'과 더불어, 우리는 천국에 한 가지가 있다고 말합니다. 천국에서 우리는 하나님을 뵙고 누릴 수 있습니다. 그 사실이 무한한 행복이기 때문에 우리는 그것이 다른 모든 것보다 가치 있다고 주장합니다. 맞는 말입니다. 즉, 부정적 진술들이 담아 낸 실체보다 지복직관이 무한히 더 가치 있을 것입니다. 하지만 하나님을 뵙는 일에 대해 우리가 현재 가지고 있는 개념이 우리가 현재 부정한 것들에 대한 개념보다 더 비중이 클까요? 이것은 전혀 다른 질문입니다. 대부분의 경우, 우리는 아니라고 대답할 것입니다. 위대한 성인들과 신비가들은 어떠했는지 모르겠습니다. 하지만 그 외의 사람들에게 지복직관의 개념은 지상 경험의 몇 안 되는 모호한 순간들로부터 이끌어 낸 어렵고, 근거 없고, 부질없는 억측으로 보이는 반면, 천국에 없다고 부정해 버린 자연적 대상들은 우리에게 평생의 추억들을 담고 있으며 우리의 신경과 근육, 그리고 상상력에 깊이 새겨져 생생하고 끈질기게 남아 있습니다.

따라서 천국에 '없는 것들'이 '있는 것'과 경쟁할 때는 모든 면에서 유리할 수밖에 없습니다. 더욱이, 우리가 억누르고 무시하려고 단호하게 노력할수록 더욱 생생하게 모습을 드러내는 그것들의 존재는 그나마 남아 있는 '있는 것'에 대한 더없이 막연하고 공허한 개념마저 흔들어 버립니다. 열등한 행복들을 배제하는 것이 고등한 행복의 본질적 특징으로 보이기 시작합니다. 말로 표현하지는 않더라도, 하나님을 뵙는 일이 우리의 본성을 온전히 실현하는 것이 아니라 오히려 파괴할 거라고 느낍니다. 이런 음울한 공상은 우리가 '거룩한', '순결한', '영적' 같은 단어들을 사용할 때도 종종 밑바닥에 깔려 있습니다.

할 수만 있다면 우리는 음울한 공상에 빠지는 일을 막아야 합니다. 모든 부정否定은 한 가지 실현을 뒤집어 표현한 것임을 믿어야 합니다. 그리고 어느 정도 그렇게 상상해야 합니다. 여기서의 실현이란 우리가 천사처럼 변하거나 신성에 흡수되는 것이 아니라 우리의 인간성이 온전히 실현된다는 뜻이어야 합니다. 우리는 '천사처럼' 될 것이고 우리 주님을 '닮아 갈' 것이지만, 저는 이것이 다양한 악기가 같은 공기를 고유한 방식으로 울려 연주하듯 '인간에게 적절한 방식으로 닮은' 상태를 뜻한다고 생각합니다. 부활한 사람의 생명이 어느 정도의 감각이 있는지는 모르지만, 저는 그것이 우리가 세상에서 느끼는 감각과는 다를 거라 생각합니다. 그것도 진공상태가 물과 다르거나 물이 포도주와 다른 방식이 아니라, 꽃이 구근球根과 다르고, 대성당이 설계자의 그림과 다른 것처럼 다를 것입니다. 《영광의 무게》 변환

4 월 29 일

어떤 지하 감옥의 우화

가령 어떤 여성이 지하 감옥에 갇혔다고 합시다. 그곳에서 그녀는 아들을 낳아 기릅니다. 아이는 지하 감옥의 벽, 바닥의 지푸라기, 그리고 창살을 통해 보이는 작은 하늘만 보고 자라납니다. 창이 너무 높아서 하늘 외에는 아무것도 보이지 않습니다. 이 불행한 여인은 미술가였고, 투옥되었을 때 간신히 그림판과 연필 세트를 가져올 수 있었습니다. 그녀는 구출될 희망을 절대 버리지 않기에, 아들에게 한 번도 보지 못한 바깥 세상에 대해 끊임없이 가르칩니다. 교육 방법은 주로 그림을 그려 주는 것입니다. 그녀는 연필로 그림을 그려 들판, 강, 산, 도시, 해변의 파도가 어떤 것인지 아들에게 보여 주려 합니다. 말 잘 듣는 아이는 바깥세상이 지하 감옥 안의 어떤 것보다 훨씬 흥미롭고 영광스럽다는 어머니의 말씀을 믿으려고 애씁니다. 때때로 아이는 정말 그럴 것 같은 생각이 들기도 합니다. 그렇게 그럭저럭 잘 지내던 어느 날, 아이의 입에서 나온 말에 어머니는 깜짝 놀랍니다. 잠시 두 사람은 동문서답을 합니다. 그리고 마침내 어머니는 아들이 그 오랜 세월 동안 오해를 하고 살았음을 깨닫습니다. 그리고 묻습니다. "하지만 진짜 세상에 연필로 그려진 선들이 가득하다고 생각한 건 아니겠지?" 소년이 대답합니다. "예? 거기엔 연필 자국이 없다고요?" 갑자기 바깥세상에 대한 그의 생각 전체가 멍해집니다. 그와 바깥세상을 연결해 준 유일한 매개물이었던 선들이 방금 부정되었기 때문입니다.

아이는 선들을 배제하고 난 뒤 남는 것, 그저 변화의 매개체에 불과한 선들이 나타내는 실체를 전혀 모릅니다. 바람에 흔들리는 우듬지, 수면 위에 춤추는 햇빛, 선에 갇혀 있지 않고 어떤 그림도 흉내낼 수 없는 섬세하고 다양한 모양으로 매순간 나타나는 총천연색 삼차원의 실체들 말입니다. 아이는 진짜 세계가 어머니의 그림들보다 선명하지 않을 거라고 생각할 것입니다. 그러나 실제로는 정반대입니다. 진짜 세상에 선들이 없는 것은 진짜 세상이 비할 바 없이 선명하기 때문입니다.

우리도 마찬가지입니다. "장차 우리가 어떻게 될지는 아직 모릅니다."[25] 그러나 우리는 이 땅에서보다 더 훌륭하게 될 거라고 확신할 수 있습니다. 우리의 자연적(감각, 감정, 상상을 통한) 경험들은 그림에 불과합니다. 종이에 연필로 그린 선들과 같습니다. 부활한 삶에서 우리의 자연적 경험들이 사라진다면, 그것은 연필 선이 사라지고 진짜 경치가 드러나는 일이 될 것입니다. 촛불이 꺼진 것이 아니라 누군가가 차양을 걷고 덧문을 열어 환한 햇빛이 들어왔기 때문에 촛불이 보이지 않게 된 것입니다. 《영광의 무게》 변환

4월 30일

왕과 함께하는 질주

　　이러한 소극적 영성negative spirituality 배후에 자리 잡고 있는 사고는 정말이지 그리스도인들에게는 금지된 사고입니다. 영적인 기쁨이나 가치 같은 것을, 시간이나 장소나 물질이나 감각 같은 것에서 구출될 필요가 있는 것으로, 혹은 그런 것으로부터 조심스럽게 보호받을 필요가 있는 것으로 결코 인식하지 말아야 할 사람들이 있다면 바로 그리스도인들입니다. 그들의 하나님은 옥수수와 기름과 포도주의 하나님입니다. 그분은 유쾌한 창조자이십니다. 그분은 성육신하신 분입니다. 성례들이 제정되었습니다. 어떤 영적 은사들은 우리가 특정한 육체적 행위를 행한다는 조건하에 주어지기도 합니다. 이런 것을 볼 때, 그분의 의도가 무엇인지는 의심의 여지가 없습니다. 자연으로 불릴 만한 것이면 무엇이든 다 피해 소극적 영성 속으로 움츠러드는 것은 마치 말 타기를 배우는 대신 말에게서 도망치는 것과 같습니다. 물론 우리가 현재 걷는 이 순례 길에는 여건 상, (우리 대부분이 원하는 정도 이상으로) 자연적 욕구들에 대해 절제, 금욕, 단념 등을 행해야 할 여지가 많은 것이 사실입니다. 그러나 우리가 행하는 모든 금욕주의 배후에 자리해야 하는 생각은 이것입니다. "[주인이] 썩어 없어질 재물도 믿고 맡길 수 없는 우리라면, 누가 우리에게 참된 재물을 맡길 것인가?"[26] 이 지상의 earthly 몸도 제대로 다스리지 못한다면, 누가 내게 영적인 몸을 맡기겠는가? 현재 우리에게 이 작은 필멸의 몸이 추어진 것은, 마치 학생들에게 조랑말이 주어진 것과 같습니다. 우리는 다루는 법을 배워야 합니다. 언젠가 말로부터 완전히 자유로워지기 위해서가 아니라, 언젠가는 더 큰 말들, 날개 달린, 빛나는, 지축을 뒤흔드는 말들을 안장도 없이 자유자재로 타고 즐길 수 있기 위해서입니다. 아마 그 말들은 지금 이 순간에도 그 왕의 마구간에서 앞발을 구르며 콧김을 내뿜으며, 어서 빨리 우리를 태우고 달리고 싶어 안달하고 있을 것입니다. 이 질주가 값진 것은 왕과 함께 달리는 질주이기에 그런 것인데, 그 왕이 자신의 군마를 보유하고 계시다 할 때, 달리 어떻게 우리가 그분을 수행할 수 있겠습니까? 《기적》 16장 새 창조의 기적

좋은 작품에 대하여

현대 기독교 세계에 'Good Works'(선행)는 'good work'(좋은 일, 또는 그렇게 생겨난 작품)보다 훨씬 친숙한 표현입니다. 선행은 주로 자선이나 교구 '봉사'를 가리킵니다. 이 두 가지 의미 모두 'work'(일이나 그 결과물)와 상당히 구분됩니다. 선행good works이 좋은 작품good work으로 이어지지 않을 수도 있다는 점은 자선바자회에서 팔려고 만든 물건들을 살펴보면 누구든 대번에 알 수 있습니다. 이것은 주님의 본을 따른 모습이 아닙니다. 우리 주님은 위기에 처한 혼인잔치에 포도주를 제공하셨습니다. 선행을 베푸신 것이지요. 하지만 그 결과물은 훌륭한 작품이기도 했습니다. 정말 마실 만한 고급 포도주였거든요. 성경의 가르침에 따르면 우리의 '일work', 우리의 일자리job에서도 좋음goodness이 꼭 있어야 됩니다. 사도는 모두가 일해야 하되 '유익한good' 것을 만들어낼 수 있도록 일해야 한다고 말합니다.

좋은 작품이라는 개념이 우리 가운데 완전히 사라지지는 않았지만, 종교를 가진 사람들만의 유별난 특징은 아닌 것 같습니다. 나는 캐비닛 제작자들, 구두장이, 선원들에게서 이것을 보았습니다. 라이너liner(정기선)가 가장 크고 비싼 배라고 떠벌리며 선원들의 감탄을 자아내려 해봐야 소용없습니다. 선원들은 배의 '라인'이 잘 나오는지만 봅니다. 그것을 통해 대양에서 배가 잘 다닐지 예측합니다. 예술가들도 좋은 작품을 말하는 빈도가 줄고 있습니다. 그들은 '의미 있는', '중요한', '현대적인', '과감한' 같은 단어들을 선호하기 시작했습니다. 제가 볼 때 이것은 좋은 징후가 아닙니다. '선행과 좋은 작품'

아타나시우스

아타나시우스의 묘비명은 '세상과 맞선 아타나시우스Athanasius con-tra mundum'입니다. 우리는 우리나라가 세상과 맞선 것이 한 번만이 아님을 자랑스럽게 생각합니다. 아타나시우스도 똑같은 일을 했습니다. 그가 삼위일체 교리를 지지하고 나선 시기는 문명 세계 전체가 기독교에서 벗어나 아리우스'의 종교로 넘어가는 것처럼 보이는 때였습니다. 아리우스의 종교는 합리적인 종합적 종교로서 오늘날 적극 추천되고 있고 지금처럼 그때도 대단히 교양 있는 성직자들의 많은 지지를 받았습니다. 아타나시우스는 시대와 함께 움직이지 않았고 그것이 그의 영광입니다. 그리고 모든 시대가 으레 그렇듯 그 시대가 흘러가버린 후에도 그는 여전히 남아 있는 것이 그가 받은 보상입니다.

저는 그의 《화육론》을 처음 펼쳤을 때……제가 걸작을 보고 있음을 금세 발견했습니다. ……오늘날의 우리가 이 책의 모든 확신을 그대로 다 누릴 수는 없음을 저도 인정합니다. 아타나시우스는 기독교 교리들이 옳다는 증거로 그리스도인의 삶의 높은 덕목과 순교자들의 쾌활함과 박해자들을 비웃는 용기를 자신 있게 내세웁니다. 우리는 그런 자신감을 당연한 것으로 받아들일 수 없습니다. 그러나 그 원인이 누구에게 있건, 적어도 아타나시우스의 잘못은 아닙니다.

《피고석의 하나님》 2부 옛날 책의 독서에 대하여

하나님의 말씀을 담는 그릇으로
들어 올려진 문학

왜냐하면 우리는 성육신 자체도 '신성이 육신으로 전환됨으로써 일어난 것이 아니라 (그) 인성을 하나님 속으로 들어 올림으로써'² 일어난 것이라고 배웠기 때문입니다. 따라서 하나님의 말씀이 어떤 문학으로 전환됨으로써 성경이 이루어진 것이 아니라 어떤 문학을 하나님의 말씀을 담는 그릇이 되도록 들어 올림으로써 이루어진 것이라면, 이 역시 변칙이 아닙니다.…… 이렇게 구약성경이 인간적 차원 이상의 것을 전해 주는 매개물이 되도록 '들어 올려진' 문학이라면, 그 위에 올려질 수 있는 의미들의 무게나 다양성에 한계가 있을 수 없음은 물론입니다.…… 다름 아니라 우리 주님께서 그런 원칙을 주셨습니다. '엠마오로 가는 두 제자'에 관한 유명한 이야기에서 주님은 제자들에게 왜 선지자들의 말을 믿지 않느냐고 나무라셨습니다. 그들은 마땅히 성경에서 기름부음 받은 자, 곧 메시아는 고난을 통해 자신의 영광에 들어갈 것이라는 사실을 읽고 알고 있어야 했습니다. 주님은 그들에게 '모세'(즉, 모세오경)로부터 시작해서 구약성경에 나오는 '자신에 관한 모든 기록들'을 설명해 주셨습니다.…… 그 구절들이 전부 어떤 것들이었는지 우리는—혹은 저는—알지 못합니다. 그러나 매우 확신할 수 있는 한 구절이 있습니다. 빌립을 만났던 에디오피아 내관內官은 이사야 53장을 읽고 있었습니다(행 8:27-38). 그는 이사야서에 기록된 말씀이 예언자에 대한 것인지, 누군가 다른 사람에 대한 것인지 궁금해하고 있었습니다. 빌립은 에디오피아 내관의 질문에 답하며 그에게 '예수를 가르쳐' 주었습니다. 즉, "지금 이사야는 예수님에 대해 말하고 있는 것입니다"라고 대답했던 것입니다. 빌립의 이런 식의 해석 뒤에는 분명 주님의 가르침이 있었던 것으로 보입니다. 《시편사색》 11장 성경

5월 4일

우리 몸의 부활

나사로가 다시 살아난 일은 그리스도께서 부활하신 일과는 다른 일입니다. 왜냐하면 우리가 아는 한 나사로는 새롭고 더 영광스러운 실존 양식으로 끌어올림 받은 것이 아니라, 그가 전에 살았던 같은 종류의 삶으로 돌아간 것에 불과하기 때문입니다. 그 기적의 적합성은 일반 부활general resurrection 때 모든 사람을 다시 살리실 그분께서 여기서는 그 일을 바로 가까이서 작게 그리고 열등한—예기anticipation에 불과한—방식으로 행하고 계시다는 사실에 있습니다. 나사로의 단순한 회복은 새 인류New Humanity의 영광스러운 부활에 비하면, 마치 돌 항아리가 싱싱하고 푸른 포도나무에 비해 그렇듯이, 보리떡 다섯 덩어리가 추수를 기다리며 황금빛 곡물로 넘실대는 비옥한 들판에 비해 그렇듯이, 영광의 광채에 있어서 열등한 것입니다.

나사로의 소생은 우리가 볼 수 있는 한 단순한 역전逆轉 사건에 불과합니다. 즉 우리가 늘 경험해 온 바와 정반대되는 방향으로 일련의 변화가 일어난 것입니다. 죽음이 오면, 지금껏 유기물 상태였던 물질은 비유기물 상태로 해체되기 시작하고, 마침내 뿔뿔이 흩어져서 다른 유기물들에게 (그 일부가) 사용되기에 이릅니다. 나사로의 소생은 그 정반대되는 과정이 일어난 일이었습니다. 일반 부활 때는 그러한 과정이 전 우주적으로 일어날 것입니다. 즉 영들의 부름에 물질이 순식간에 몰려와 조직화되는 일이 일어날 것입니다. 이 일을, 각각의 영이 자신이 전에 지배했던 특정 물질 단위들을 되찾게 되는 거라고 생각하는 것은 (그렇게 말하는 성경구절도 없거니와) 어리석은 공상입니다. 무엇보다 그 물질 단위들은 모두에게 골고루 돌아갈 수 없습니다. 우리는 지금 다 재고품을 입고 사는 것으로, 내 턱을 이루는 원자 중에도 틀림없이 전에 여러 다른 사람이나 강아지나 뱀장어나 혹은 공룡의 몸을 이루었던 원자들이 있을 것이기 때문입니다. 지금 현세에서도 우리 몸의 통일성은 어떤 동일한 분자들을 계속 보유하는 것으로 이루어지지 않습니다. 형태는 같은 모습으로 유지되고 있다 하더라도, 실은 내 몸을 이루는 물질들은 끊임없이 변하고 있기 때문입니다. 그런 점에서, 나는 폭포의 떨어지는 물이 이루는 만곡부curve와 같다고 할 수 있겠습니다.

《기적》 16장 새 창조의 기적

5월 5일
감각의 부활

 몸의 부활에 대해 말해 보세. 영혼이—가루로 뿌려졌거나 자연 곳곳에 흩어진 지 오래된—시체를 다시 취한다는, 부활에 대한 전통적인 그림이 불합리하다는 데는 동의하네. 그것은 사도 바울의 말씀이 함축하는 바도 아닐세. 그러면 그 그림을 무엇으로 대체하겠느냐고 자네가 묻는다면 역시 추측밖에 내놓을 게 없을 걸세.

이 추측 배후의 원리는 이런 걸세. 몸의 부활이라는 교리를 대하는 우리의 관심사는 물질 그 자체, 즉 파동이니 원자니 하는 것들이 아닐세. 영혼이 간절히 요구하는 것은 감각의 부활이네. 이생에서도 물질이 감각의 원천이 아니라면 그것은 우리에게 아무 의미도 없을 걸세.

우리에게는 나약하고 간헐적이긴 하나 죽은 감각들을 무덤에서 일으키는 힘이 이미 있네. 물론 기억을 말하는 걸세.

자네는 내 생각이 어떻게 전개될지 알 거야. 그러나 내가 말하는 몸의 부활이 단지 천국 성도들이 지상에서 겪은 감각 경험을 탁월하게 기억한다는 뜻 정도일 거라고 지레짐작하진 말게. 내 말은 정반대의 의미니까. 그러니까 지금 우리가 가진 기억은 영혼이, 혹은 영혼 안에 계신 그리스도(그분은 우리를 위한 "거처를 예비하러 가"[3]셨네)가 내세에 행사할 힘에 대한 흐릿한 전조 또는 신기루라는 걸세. 그러나 천국에서는 더 이상 간헐적인 기억은 필요가 없을 걸세. 무엇보다 더 이상 개별 영혼만의 사적인 것일 필요가 없을 거야. 지금 나는 자네에게 어린 시절에 놀던 사라진 들판들—오늘날에는 주택지가 되었지—에 대해 말로써 불완전하게 전해 줄 수 있을 따름이네. 그러나 먼 훗날 어쩌면 내가 자네를 데리고 그 들판을 누비며 산책할 수 있는 날이 올 걸세.

우리는 영혼이 어떻게든 몸 '안에' 있다고 생각하는 경향이 있네. 그러나 내가 상상하는 부활의 영광스러운 몸—죽음에서 부활한 감각적 생명—은 영혼 안에 있을 걸세. 하나님이 공간 안에 계신 것이 아니라 공간이 하나님 안에 있는 것처럼 말이지.

⋯⋯이 몸의 부활이 단번에 일어날 거라는 말은 아닐세. 우리 몸은 죽음 가운데 잠자고 지적 영혼은 음울한 땅Lenten lands으로 보내져 그곳에서 몸을 입지 않은 영혼의 상태로—유령 비슷한 불완전한 인간의 상태로—금식하며 지낼 것 같네. 천사가 유령이라는 뜻은 아닐세. 그러나 몸을 입지 않은 영혼의 상태는 천사의 본성과는 일치하지만 우리의 본성과는 일치하지 않는다고 봐. (두 발 달린 말은 불구이지만 두 발 달린 사람은 다르거든.) 그러나 우리는 그러한 금식 과정을 거친 후 돌아와 우리가 놓고 떠났던 부유함을 되찾게 될 걸세.

그러면 우리가 그리스도 안에서 다시 살아난 것처럼, 이 하늘, 이 땅과 같으면서도 전혀 다른 새 하늘과 새 땅이 우리 안에서 다시 살아날 걸세. 그리고 얼마나 될지 아무도 모르는 오랜 침묵과 어둠이 지난 후, 다시 한 번 새들이 노래하고 물이 흐르고 빛과 그림자가 언덕을 가로질러 지나가는 풍경과 우리를 알아보고 웃는 친구들의 얼굴을 보며 놀라게 될 걸세.

물론 다 추측일 뿐이네. 내 추측이 틀렸다면, 사실은 그보다 더 좋을 걸세. 그리스도가 나타나실 때 우리도 그분처럼 되며, 그의 참모습 그대로를 볼 것을 알기 때문일세.⁴ 《애인기도》 22장

음울한 땅: 연옥

우리 영혼은 연옥을 필요로 하네. 그렇지 않은가? 하나님이 이렇게 말씀하신다면 우리 영혼이 어찌 상심하지 않겠는가? "아들아, 네 입에서는 악취가 나고 네 누더기에서는 진흙과 찌꺼기가 뚝뚝 떨어지지만 여기 있는 우리는 관대하여 그런 것들로 너를 나무라거나 멀리하지 않는다. 기쁨 속으로 들어오너라." 그러면 우리는 이렇게 대답하지 않겠는가? "주님, 공손히 아뢰오니, 괜찮으시다면 저는 오히려 먼저 깨끗함을 받고 싶습니다." "그 과정은 너도 알다시피 아플 것이다." "그래도 허락해 주십시오, 주님."

나는 정화의 과정에 고통이 따를 거라고 생각하네. 기독교 전통에서 그렇게 가르치고 있기도 하거니와, 이생에서 내게 이루어진 대부분의 참된 선에 고통이 따라왔기 때문일세. 그러나 나는 고통이 정화의 목적이라고 생각하지는 않네. 나는 나보다 훨씬 악하거나 훨씬 나은 사람들이 나에 비해 받는 고통이 많지도 적지도 않을 거라고 충분히 믿을 수 있네. "잘잘못을 따지자는 게 아니니까." 많이 아프건 적게 아프건, 필요한 치료를 받게 될 걸세.

이 문제를 생각할 때 내가 좋아하는 이미지는 치과의자일세. 인생의 이가 뽑히고 내가 '돌아갈 때' "이것으로 네 입을 헹구라"는 음성이 들려오길 바라네. 이것이 연옥일 걸세. 《개인기도》 20장

5 월 7 일

재림

　　현대 그리스도인들은 물론 신학자들조차도 신앙의 선조들만큼 그리스도의 재림 교리를 강조하기를 주저합니다. 여기에는 많은 이유가 있습니다. 하지만 그리스도께서는 다시 오겠다고 약속하셨고, 어찌 보면 으름장을 놓으셨다고 할 수도 있습니다. 그렇다면 우리가 재림에 대한 가르침을 완전히 내버리거나 지속적으로 무시하면서 그리스도의 신성과 기독교 계시의 진리성에 대한 믿음을 알아볼 수 있는 형태로 간직하기는 불가능할 듯합니다. 사도신경은 그리스도께서 "저리로서 산 자와 죽은 자를 심판하러 오시리라"고 말합니다. 사도행전에서 천사들은 이렇게 말했습니다. "이 예수는, 하늘로 올라가시는 것을 너희가 본 그대로 다시 오실 것이다"(1:11, 표준새번역). 우리 주님은 친히 이렇게 말씀(하시고 십자가 처형을 자초)하셨습니다. "인자가 …… 하늘 구름을 타고 오는 것을 너희가 보리라"(막 14:62). 이것이 성도들에게 단번에 주신 신앙의 주요 부분이 아니라면 무엇이겠습니까.

…… 많은 사람들이 이 교리를 조심스러워하는 이유는 알베르트 슈바이처 박사라는 위대한 이름과 관련이 있는 학파에 대한 반발 때문입니다. 그 학파에 따르면, 그리스도의 재림과 세상의 끝에 관한 그분의 가르침(이것을 신학자들은 그분의 '종말론적' 가르침이라 부릅니다)이 그분의 메시지의 핵심이었습니다. …… 따라서 이런 극단적인 입장을 우려한 나머지 슈바이처 학파가 지나치게 강조한 내용을 누그러뜨리려는 경향이 생겨났습니다.

저는 종교뿐 아니라 무슨 일에서건 반발에서 나온 행동들을 싫어하고 불신합니다. 루터는 인류가 말 타고 가는 주정뱅이와 같다면서 말의 오른쪽으로 떨어진 다음에는 꼭 말의 왼쪽으로 떨어진다고 했습니다. 참으로 타당한 말입니다. 저는 그리스도의 종말론적 말씀이 그분의 메시지의 전부라는 생각은 잘못되었다고 확신합니다. 그러나 누군가가 어떤 대상을 과장해서 말했다고 해서 그것이 사라지는 것은 아니며, 잘못된 것으로 드러나지도 않습니다. 원래 있던 자리에 그대로 있을 뿐입니다. 달라진 점이 있다면 최근에 과장되었던 것을 무시하지 않도록 특별히 주의해야 한다는 것입니다. 이제 주정뱅이가 바로 그쪽으로 떨어질 가능성이 아주 높기 때문입니다. '세상의 마지막 밤'

현대의 진보 개념

진보를 선호하는 선입견 없이 세계사를 바라보는 사람이라면 그 안에서 꾸준히 이어지는 상승곡선을 발견하지 못할 것입니다. 일정한 기간 동안 한정된 한 분야에서 생각해 본다면 진보는 종종 있습니다. 도자기를 빚거나 그림을 그리는 어떤 유파, 특정 방향으로의 도덕적 노력, 하수 설비나 조선造船 같은 실용적 기술은 오랜 시간에 걸쳐 꾸준히 향상될 수도 있습니다. 이런 진보가 삶의 모든 부분으로 확장되고 끝없이 이어진다면, 우리 선조들이 믿었던 그런 '진보'가 이루어질 겁니다.

하지만 세상 일은 그렇게 돌아가지 않습니다. 그 '진보'는 중단되거나(야만족의 침략이나, 더욱 저항하기 어려운 현대 산업주의의 침투 등으로) 아니면 신비하게도 저절로 쇠퇴해버립니다. 우리 머리에서 재림을 몰아내고 있는 이 생각, 세계가 서서히 무르익어 완전함에 이른다는 생각은 경험에서 끌어낸 일반화가 아니라 신화입니다. 이것은 우리의 진정한 의무와 진짜 관심을 가져야 할 문제에 집중하지 못하게 만드는 신화입니다. 이것은 우리가 등장인물로 출연하고 있는 연극의 줄거리를 알아맞히려는 시도입니다. 하지만 연극 속 등장인물이 그 줄거리를 어떻게 알아맞힐 수 있겠습니까? 우리는 극작가가 아니고, 제작자도 아니며, 심지어 청중도 아닙니다. 우리는 무대에 서 있습니다. 다음 장면이 어떻게 될지 추측하는 것보다는 우리가 '등장하는' 장면에서 연기를 잘하는 것이 우리에게 훨씬 중요한 일입니다. '세상의 마지막 밤'

5월 9일

세상이라는 연극이 막을 내릴 때

《리어왕》(3막 4장)에 보면 너무 단역이라서 셰익스피어가 이름도 붙이지 않은 남자가 나옵니다. 그저 '시종 1'로만 되어 있습니다. 리건, 콘월, 에드먼드 등 주위의 등장인물들은 다들 근사한 장기계획을 갖고 있습니다. 그들은 자신들이 이야기가 어떻게 끝날지 알고 있다고 생각합니다. 하지만 그들의 생각은 완전히 틀렸습니다. 시종 1은 그런 망상이 없습니다. 그는 연극이 어떻게 진행될지 개념이 없습니다. 그러나 현 장면의 상황은 파악하고 있습니다. 그는 끔찍한 광경(나이 든 글로스터의 눈을 뽑는 모습)을 봅니다. 그리고 그것을 참을 수가 없습니다. 그는 칼을 뽑아들고 주인의 가슴을 겨눕니다. 그러다 리건이 그를 뒤에서 찔러 죽입니다. 그가 맡은 역할은 그게 다입니다. 전부 여덟 줄입니다. 그러나 그 이야기가 실제상황이고 연극이 아니라면 그것이야말로 최고의 역할이었을 겁니다. 재림의 교리는 세상이라는 연극이 언제 끝날지 모르고, 알 수도 없다고 가르쳐줍니다. 막은 언제라도 내려올 수 있습니다. 당신이 이 단락을 다 읽기도 전에 그 순간이 올 수도 있습니다. 어떤 사람들은 그런 상황이 참을 수 없을 만큼 속상할 것입니다. 너무나 많은 일들이 중단되고 말 테니까요. 다음 달에 결혼할 예정일 수도 있습니다. 다음 주 승진을 앞두고 있을 수도 있습니다. 엄청난 과학적 발견을 목전에 두고 있을 지도 모릅니다. 위대한 사회적·정치적 개혁을 완성시킬 참일 수도 있습니다. 그래서 이렇게 말합니다. '선하고 지혜로운 하나님이라면 이 모든 일을 중단시킬 만큼 불합리할 수는 없어, 안 그래? 다른 때라면 몰라도, 지금은 아니야!' 세상의 마지막 밤

5월 10일

하나님이 쓰신 연극

우리가 이렇게 생각하는 것은 연극의 내용을 안다고 자꾸만 가정하기 때문입니다. 우리는 연극의 내용을 모릅니다. 우리가 1막에 있는지 5막에 있는지 알지 못합니다. 우리는 누가 주요인물이고 누가 단역인지 모릅니다. 그러나 저자는 아십니다. 청중이 있다면(천사들과 천사장들과 하늘의 모든 무리가 일반석과 특별석을 채우고 있다면) 그들은 어렴풋이 감을 잡을지 모릅니다. 그러나 외부에서 연극을 바라본 적이 없고, 우리와 같은 장면에 '등장'하는 극소수를 제외하고는 다른 등장인물을 본 적도 없으며, 미래에 대해 전혀 모르고 과거에 대해서도 극히 불완전한 지식밖에 없는 우리는 어느 순간에 끝이 찾아올지 전혀 알 수 없습니다. 적당한 때가 되면 끝이 날 거라는 사실은 확신할 수 있지만, 그때가 언제가 될지 추측하는 건 시간낭비입니다. 그것에 의미가 있는 것은 분명하지만, 어떤 의미인지는 알 수 없습니다. 연극이 끝날 때 우리는 듣게 될 겁니다. 성경의 가르침에 따라, 우리는 저자께서 우리 각자가 연기한 역할에 대해 각자에게 하실 말씀이 있을 거라 생각합니다. 그 역할을 잘해내는 것은 한없이 중요한 문제입니다.

그렇다면 우리가 좋아하는 현대의 신화와 맞지 않는다는 이유로 재림 교리를 거부해서는 안 됩니다. 오히려 그렇기 때문에 그것을 더욱 가치 있게 여기고 더욱 자주 묵상의 주제로 삼아야 합니다. 재림 교리는 지금 우리에게 꼭 필요한 약입니다. '세상의 마지막 밤'

5 월 11 일

재림에 대한 예언들

　　많은 사람들이 이 위대한 사건을 믿는 것에서 멈추지 않고 그 날짜를 알아맞히려 들거나, 사기꾼이나 히스테리 환자가 제시하는 날짜를 확실한 것으로 받아들입니다. 거짓으로 드러난 그 모든 예언의 역사를 다 적자면 책 한 권 분량은 족히 될 것입니다. 슬프고 칙칙하고 희비극적인 책이 되겠지요. 사도 바울이 데살로니가후서를 쓰고 있을 때도 그런 예언 하나가 돌고 있었습니다. 누군가가 그들에게 '그 날'이 '다가왔다'고 했습니다. 이런 예언이 낳는 결과는 어디나 비슷한 모양입니다. 사람들이 게으름을 부리고 남의 일에나 참견하고 다녔으니까요. 그런 예언 중 유명한 사례로 1843년의 가엾은 윌리엄 밀러의 예언이 있습니다. 밀러(제가 볼 때 그는 정직한 광신자였습니다)는 재림의 시기를 연도와 날짜는 물론, 분 단위까지 추정했습니다. 때마침 찾아온 혜성이 부추긴 망상이었습니다. 수천 명의 사람들이 3월 21일 자정에 주님을 기다렸고, 다음날 아침 한 주정뱅이의 조롱을 받고서야 집으로 돌아가 늦은 아침식사를 했습니다.

그런 집단 히스테리를 다시금 불러일으킬 말을 하고 싶은 사람은 없을 것입니다. 단순하고 쉬 흥분하는 사람들에게 '그 날'에 대해 말할 때는 그 시기를 결코 예측할 수 없음을 거듭거듭 강조해야 합니다. 정확한 시기의 예측불가능성이 재림 교리의 핵심 부분이라는 점을 보여줘야 합니다. 우리 주님의 말씀을 믿지 않는다면 그분의 재림은 왜 믿는 겁니까? 그분의 말씀을 믿는다면 그분이 오실 날을 알아맞히려는 희망을 말끔하게 영원히 없애버려야 하지 않겠습니까? 재림에 대한 주님의 가르침은 세 가지 명제로 분명하게 이루어져 있습니다. (1) 그분은 분명히 돌아오실 것입니다. (2) 우리는 그때가 언제인지 결코 알 수 없습니다. (3) 그러므로 항상 그분을 맞을 준비를 해야 합니다. '세상의 마지막 밤'

5월 12일
항상 준비하고 있어야 한다

재림의 순간이 언제일지 알 수 없으므로 우리는 늘 준비하고 있어야 합니다. 우리 주님은 이 실제적인 결론을 거듭거듭 되풀이하셨습니다. 마치 오직 이 결론을 위해 재림의 약속을 하신 것처럼 보일 정도입니다. 깨어 경계하라, 이것이 주님의 조언의 요지입니다. '나는 도둑처럼 올 것이다. 엄중히 말하노니 너희는 내가 다가오는 것을 보지 못할 것이다. 집에 도둑이 언제 들지 알았더라면 집주인은 도둑이 집에 들어오지 못하게 대비했을 것이다. 집을 떠난 주인이 언제 돌아올지 종이 알았다면 부엌에서 술 취한 모습으로 발견되지 않았을 것이다. 그러나 그들은 몰랐다. 너희도 알지 못할 것이다. 그러므로 언제나 준비하고 있어야 한다.'[5]

학생은 그리스어 수업시간에 베르길리우스의 책 어느 부분을 번역해보라는 말을 들을지 모릅니다. 그러므로 어느 대목이든 번역할 수 있게 준비해야 합니다. 보초는 언제 적이 경계구역을 침범할지, 언제 장교가 순찰을 돌지 모릅니다. 그러니 항상 깨어 있어야 합니다. 재림의 시기는 전혀 예측할 수 없습니다. 언제나 그랬듯이 전쟁이 터지고 전쟁의 소문이 돌 것이고 온갖 재난이 있을 겁니다. 하늘이 두루마리처럼 말리기 직전에도 세상은 그런 의미에서 보통 때와 다를 바 없을 겁니다. 우리는 그날을 알아맞힐 수 없습니다. 그럴 수 있다면 재림이 언제인지 알 수 없다는 말씀의 주된 목적이 수포로 돌아가고 말 것입니다. 하나님의 뜻은 그렇게 쉽사리 수포로 돌아가지 않습니다. 앞으로 윌리엄 밀러와 같은 사람이 나타나면 그가 누구이건 미리부터 귀를 닫고 있어야 합니다. 그의 말에 귀 기울이는 것은 그의 말을 믿는 것과 다를 바 없이 어리석은 일입니다. 그는 자신이 말하는 내용을 아는 척했거나 정말 안다고 생각했지만, 그가 그것을 알 도리는 없었습니다. '세상의 마지막 밤'

5월 13일

사랑과 두려움

재림의 교리를 접하고 나서도 매년 매순간 던Donne처럼 "이 순간이 세상의 마지막 밤이라면 어떻게 하지?"라고 물으며 살아야 함을 깨닫지 못한다면, 적어도 우리에게는 재림의 교리가 실패했다고 할 수밖에 없을 것입니다.

때로 이 질문은 우리 마음속에 두려움을 불러일으키려고 사용되었습니다. 저는 그것이 이 질문의 올바른 용도라고 생각하지 않습니다. 하지만 모든 종교적 두려움이 야만적이고 명예롭지 못한 것이라 생각하여 신앙생활에서 내쫓아버려야 한다고 하는 사람들에게 동의하는 건 절대 아닙니다. 온전한 사랑이 두려움을 내어 쫓는다는 걸 우리는 압니다. 하지만 무지, 술취함, 격정, 자아도취, 어리석음 등도 같은 역할을 합니다. 더 이상 두려움이 없는 온전한 사랑으로 나아가는 것은 무척 바람직한 일입니다. 그러나 그 단계에 이르기 전에 열등한 도구의 힘을 빌어 두려움을 쫓아내는 것은 전혀 바람직하지 않습니다.

재림에 대해 지속적인 두려움을 심어 주려는 온갖 시도에 제가 반대하는 이유는 따로 있습니다. 성공할 수 없는 일이기 때문입니다. 두려움은 하나의 감정입니다. 그리고 감정은 어떤 것이든 오랫동안 유지되기가 불가능합니다. 그것은 물리적으로 불가능한 일입니다. 재림에 대한 소망으로 계속 흥분 상태에 있는 것도 같은 이유로 불가능합니다. 이런 류의 비상한 감정은 본질적으로 일시적입니다. 감정은 왔다가 가는 것이고, 감정이 왔을 때 잘 활용할 수는 있지만 그것이 우리 영혼의 주식이 될 수는 없습니다.   '세상의 마지막 밤'

5 월 14 일

사도 맛디아

초기 기독교에서 '사도'는 무엇보다 자신이 부활의 증인이라고 주장하는 사람이었습니다. 십자가 처형 사건 얼마 후, 배신자 유다의 자리를 대신할 제자로 두 후보자가 거론되었을 때, 그들의 자격은 예수님을 십자가 죽음 전뿐 아니라 후에도 개인적으로 알았고, 그래서 바깥세상에 부활에 대해 직접적 증인이 될 수 있느냐는 것이었습니다(행 1:22). 며칠 후 베드로 사도가 최초로 설교를 전했을 때, 그의 주장 역시 동일했습니다. "이 예수를 하나님이 살리신지라 우리가 (우리 그리스도인들은) 다 이 일에 증인이로다"(행 2:32). 바울 사도도 고린도 교회 교우들에게 보낸 첫 번째 서신에서, 자신의 사도됨을 동일한 근거에서 주장했습니다. "내가 사도가 아니냐 예수 우리 주를 보지 못하였느냐"(고전 9:1).

이러한 사실들이 보여 주듯, 기독교를 전파한다는 것은 본래 부활을 전파한다는 것을 의미했습니다. ……부활과 부활이 낳는 결과들이 바로 그리스도인들이 전한 '복음' 즉 좋은 소식이었습니다. 우리가 지금 '복음서'라고 부르는, 주님의 삶과 죽음에 대한 이야기들은 이미 복음을 받아들인 사람들의 유익을 위해 나중에 쓰인 것입니다. 그 이야기들이 기독교의 기초였던 것이 결코 아닙니다. 그 이야기들은 이미 기독교로 회심한 사람들을 위해 나중에 쓰인 것입니다. ……따라서 복음서에서 뽑은 몇몇 그리스도의 말씀을 기준으로 신약성경 전체가 서 있는 토대로 여기는 것만큼 비역사적인 접근법도 없습니다. 기독교 역사에서 최초의 사실은 부활을 보았다고 주장하는 사람들입니다. 만약 그들이 다른 사람들에게 이 '복음'을 믿게 하지 못하고 죽었더라면, 그 후 어떤 복음서도 쓰이지 못했을 것입니다. 《기적》 16장 새 창조의 기적

이 순간이 세상의
마지막 밤이라면 어떻게 하지?

정말 중요한 일은 종말을 언제나 두려워하(거나 소망하)는 게 아니라 그
것을 언제나 기억하고 염두에 두며 살아가는 것입니다. 도움이 될 만한 예를 하
나 들어보겠습니다. 칠순의 노인이 있습니다. 그는 다가올 죽음을 언제나 느끼
고 (이야기하는 것은 물론이고) 살 필요가 없습니다. 그러나 지혜로운 칠순 노인이라
면 죽음을 언제나 염두에 두고 살 것입니다. 20년이 넘게 걸릴 일을 시작한다면
어리석은 일이겠지요. 유언장을 작성하지 않는 것은, 아니 진작 작성하지 않았
다면 그것은 범죄행위라 할 만큼 어리석은 일이 될 것입니다. 죽음이 각 사람에
게 갖는 의미는 재림이 인류 전체에게 갖는 의미와 같습니다. 사람은 자신의 개
인생활에 '매이지 말아야' 하고, 그것이 얼마나 짧고 불안정하며 일시적이고 잠
정적인 것인지 기억해야 하며, 인생이 끝날 때 같이 끝나버릴 것에 마음을 다 바
쳐서는 안 된다는 믿음은 다들 갖고 있는 것 같습니다. 현대의 그리스도인들이
잘 기억하지 못하는 것은 이 세상 속 인류의 삶 전체도 불안정하고 일시적이고
잠정적이라는 사실입니다. '세상의 마지막 밤'

5월 16일

나사로의 죽음

　　세상 사람들은 우리의 진정한 관심사가 죽음 너머에 있음을 알기 때문에 소위 '고차원의 사상'에만 골몰하여 '죽음은 중요하지 않다'고 말하는 사람들보다 우리가 죽음에 관심을 기울이지 않을 거라고 생각할 수 있습니다. 그러나 우리는 "마음이 교만하지 아니"[7]합니다. 우리는 나사로의 무덤 앞에 서서 우셨던 분을 따르는 자들입니다. 그분이 우셨던 이유는 마리아와 마르다의 우는 모습이 마음 아프거나 그들의 불신앙을 슬퍼하셨기 때문이 아니라(이렇게 해석하는 사람들이 없는 건 아닙니다), 그분의 눈에 죽음과 죄의 형벌의 끔찍함이 더욱 잘 보였기 때문입니다. 그분이 하나님으로서 창조하신 자연, 그분이 인간으로서 취하신 자연이 그곳에, 그분 앞에 치욕스럽게 누워 있었습니다. 고약한 냄새를 풍기며, 벌레들의 밥이 되어. 그분은 잠시 후 그것을 되살리실 것이었지만, 그 부끄러운 모습에 우셨습니다.

여기서 제가 공감하는 작가의 글을 인용할까 합니다. "나는 죽음이 두려운 것이 아니라 부끄럽다."[8] 여기까지 오고 보니 다시 예의 그 역설로 돌아가게 됩니다. 우리는 누구보다도 죽음을 소망하는 사람들입니다. 하지만 우리는 그 무엇으로도 죽음의 부자연스러움과 화해할 수 없을 것입니다. 우리는 자신이 죽도록 만들어진 존재가 아님을 압니다. 침입자인 죽음이 우리 운명에 몰래 껴어들었음을 압니다. 우리는 죽음을 이기신 분을 압니다. 주님이 부활하셨기 때문에 어떤 차원에서는 죽음이 이미 무장 해제된 적이라는 것을 압니다. 그러나 우리는 자연적 차원 또한 하나님의 피조물임을 알기에 그것을 훼손하는 죽음, 그것을 더럽히는 다른 모든 오점과 고통, 가난, 야만성, 무지와 싸우는 일을 멈출 수 없습니다. 우리는 이 세상보다 다른 것을 더 사랑하기 때문에, 다른 세상을 알지 못하는 사람들보다 이 세상도 더 사랑합니다. 《피고석의 하나님》 1부 몇 가지 생각

5월 17일

죽음

　　자살이 스토아 정신의 전형적인 표현이고 전투가 전사戰士 정신의 전형적인 표현이듯이, 순교는 변함없는 기독교 정신 최고의 실현이자 완덕完德입니다. 갈보리의 그리스도는 우리를 위해, 우리 대신 이 위대한 행위를 먼저 행하셨으며, 우리가 본받아야 할 모범으로 보여 주셨고, 인지를 초월한 방식으로 모든 믿는 자들에게 그 행위를 전해 주셨습니다. 그리스도가 갈보리에서 받아들이신 죽음은 우리가 상상할 수 있는 최고 단계의 죽음, 아니 그 이상의 죽음이었습니다. 이 희생자는 하나님께 '버림받았음에도', 자연의 지원 하나 없었을 뿐 아니라 자신이 희생을 바치고 있는 당사자인 성부조차 나타나시지 않는 상황에서도 조금도 흔들리지 않고 자신을 그분께 양도했습니다.

……기독교가 가르치는 바는 그 혹독한 과업이 어떤 의미에서 우리를 위해 이미 완수되었다는 것—어려운 글씨를 쓰려 하는 우리의 손을 선생님이 잡고 계시므로 우리는 독자적으로 글씨를 쓰려고 애쓸 필요 없이 그저 그가 움직이는 대로 '따라' 쓰기만 하면 된다는 것—입니다.

다른 사상 체계들은 우리의 본성 전체를 죽음에 노출시키지만(불교의 금욕처럼), 기독교는 본성의 잘못된 방향을 바로잡으라고만 요구할 뿐, 플라톤처럼 인간의 몸 자체를 문제 삼거나 우리를 구성하고 있는 물질적인 요소들 자체를 문제 삼지 않습니다. 또한 자신을 희생함으로써 이 교리를 최고로 실현할 것을 모든 사람에게 억지로 요구하지도 않습니다. 순교자만 구원받는 것이 아니라 목숨을 유지하면서 끝까지 믿음을 지킨 이들도 구원받습니다. 은혜를 입은 것이 분명한데도 칠십 평생을 의외로 평탄하게 살아온 듯 보이는 노인들도 가끔 만날 수 있습니다. 그리스도의 희생은, 얼핏 보기에 절제와 '유쾌한 분별력'이 빚어내는 평범한 결과들과 전혀 구별되지 않는 자기 복종에서부터 잔인하기 짝이 없는 순교에 이르기까지, 아주 다양한 수준에서 그를 따르는 자들 가운데 반복되거나 메아리칩니다.

어떤 원인에 의해 이런 분배가 일어나는지는 모르겠습니다. 그러나 현재의 관점에서 볼 때 분명한 것은, '왜 겸손하고 경건한 신앙인들이 고난을 겪느냐'가 아니라 '왜 어떤 이들은 고난을 겪지 않느냐' 하는 데 진정한 문제가 있다는 점입니다. 우리는 이 세상에서 행운을 누리는 자들의 구원 문제에 관해, 주님 또한 하나님의 혜아릴 길 없는 전능하심을 언급하는 것으로 설명을 끝내셨다는 사실을 기억해야 할 것입니다.[9] 《고통의 문제》 6장 인간의 고통 I

5월 18일
하나님의 평결

　　일부 현대인들은 후손에 대한 의무가 우리 의무의 전부인 것처럼 말합니다. 세상의 종말을 바라볼 때 가장 두려움에 떨 사람은 미래의 세대들에게 돌아갈 혜택들을 명분 삼아 수백만 명의 동시대 사람들에게 온갖 잔혹행위와 불의들을 강요했던 진심어린 혁명가가 아닐까요? 그러나 어느 끔찍한 한순간에 이르면 그가 생각한 미래 세대는 존재하지 않을 것임이 드러납니다. 그러면 그는 대량학살, 허위재판, 국외 추방이야말로 지워지지 않는 현실이고 방금 막을 내린 연극에서 자신이 맡았던 역할, 핵심역할인 반면, 미래의 유토피아는 결국 환상에 불과했음을 알게 될 것입니다.

'이 순간'이 '세상의 마지막 밤'일지도 모른다고 생각하면 세상에 대한 만병통치식 정책을 미친 듯이 집행할 마음은 싹 가시지만, 건전한 도덕과 분별력 안에서 미래를 위해 펼치는 진지한 일은 별다른 영향을 받지 않습니다. 심판이 다가오기 때문입니다. 나가서 돼지를 먹이는 일이건 100년 후에 닥칠 거대한 악에서 인류를 구해낼 훌륭한 계획을 세우는 일이건, 자신의 소명을 열심히 감당하다가 심판을 맞는 사람은 복됩니다. 참으로 막이 내리고 나면 돼지를 먹일 일은 더 이상 없을 것이고, 노예무역이나 정부의 독재에 맞선 위대한 반대운동이 진전을 이루어 승리를 거둘 일도 없을 겁니다. 중요한 것은 따로 있습니다. 순찰관이 왔을 때 경계구역을 지키고 있었다는 사실입니다. 우리 선조들은 이런 문맥에서 '심판 judgement'을 단순한 '처벌'의 뜻으로만 사용하는 습관이 있었습니다. 이로부터 "그가 천벌을 받았다It's a judgement on him"라는 유명한 표현이 생겨났습니다. 그러나 저는 이 심판을 보다 엄밀한 의미로 받아들이면 상황을 보다 생생하게 전달할 수 있다고 믿습니다. 선고나 보상이 아니라 평결로 보는 겁니다. 언젠가(그리고 "이 순간이 세상의 마지막 밤이라면 어떻게 될까요?") 우리 각 사람에 대해 절대적으로 정확한 평결이 내려질 것입니다. 완전한 비평이라고도 할 수 있겠지요.　'세상의 마지막 밤'

5월 19일

최후의 심판

그것은 오류 없는 심판일 것입니다. 나한테 유리한 내용인데 혹시 잘못된 것이면 어쩌나 겁낼 일도 없을 테고, 불리한 내용인데 행여 잘못된 것은 아닐까 바랄 일도 없을 것입니다. 우리는 심판자의 말씀이 우리 모습을 더도 말고 덜도 말고 꼭 그대로 보여주고 있음을 믿고 알게 될 것입니다. 공포에 질리거나 기쁨에 사로잡힌 채 전 존재로 의심의 여지없이 알게 될 것입니다. 심판 내용이 전혀 뜻밖의 것은 아니었음을 그때 가서 깨닫게 될지도 모릅니다. 우리도 알 것이고 모든 피조세계도 알게 될 것입니다. 우리의 선조들, 부모님, 아내나 남편, 자녀들도 알 것입니다. 각 사람에 대한 결정적이고 (그때 무렵에는) 자명한 진리가 모두에게 알려질 것입니다.

저에게는 구름 속 표적, 두루마리처럼 말린 하늘과 같은 물리적 재난의 그림들이 문자 그대로의 심판 개념만큼 도움이 되지 않습니다. 우리는 언제나 흥분상태로 있을 수 없습니다. 그래도 우리 위에 저항할 수 없는 빛이 쏟아질 때 매순간 우리 입에서 나오는 말이나 우리가 하는 (혹은 하지 않는) 행동들이 어떻게 보일지 더 자주 돌아보는 훈련은 가능할 것입니다. 그 빛은 이 세상의 빛과 너무나 다르겠지만, 지금도 우리는 그것을 염두에 두고 살 만큼은 충분히 알고 있습니다. 여자들은 가끔 전깃불 아래서 옷매무새를 살피며 햇빛 아래서 옷이 어떻게 보일까 생각하는데, 우리 모두는 이와 비슷한 상황에 있습니다. 다들 현세의 전깃불 아래에 있지만 내세의 햇빛에 대비하여 영혼의 옷을 입습니다. 좋은 옷은 그 빛을 감당할 수 있는 옷입니다. 그 빛은 매우 오랫동안 지속될 것이기 때문입니다. '세상의 마지막 밤'

5월 20일

천국과 지옥의 이혼

윌리엄 블레이크는 《천국과 지옥의 결혼*The Marriage of Heaven and Hell*》을 썼다. 내가 천국과 지옥의 '이혼'에 대해 쓴 것은 스스로 그런 천재의 적수가 될 만하다고 자부해서도 아니고, 그 작품의 의미를 확실히 파악했다고 확신해서도 아니다. 그러나 사람들은 끊임없이 이런저런 의미에서 천국과 지옥의 결혼을 성사시키려 해 왔다. 이런 시도는 현실에서 반드시 '흑 아니면 백'이 되는 경우는 절대 없다는 믿음에서 나온 것이다. 숙련된 기술과 참을성과 충분한 시간(뭐니뭐니 해도)만 있다면 양자를 다 포용할 수 있는 길을 언제든 찾아낼 수 있다는 믿음, 갖고 싶은 것을 철저하고 단호하게 거부할 필요 없이 그저 악을 약간만 발전시키고 조정하고 다듬기만 하면 선으로 바꿀 수 있다는 믿음 말이다.

그러나 이런 믿음은 파국으로 치닫는 실수라고 나는 생각한다. 어떤 여행이든 떠날 때 짐을 다 싸들고 가는 사람은 없다. 그런데 짐만 놓고 가는 것이 아니라 오른 눈과 오른손까지 놓고 가야 하는 여행이 있다.[10] 우리가 사는 세상에서 원의 반지름처럼 중심을 향해 가는 길은 하나도 없으며, 따라서 아무리 오래 걸어도 길이 서로 가까워져 중심에서 만나는 경우는 찾아볼 수 없다. 오히려 어떤 길이든 몇 마일만 지나면 두 갈래로 갈라지고, 그 두 갈래 길은 또 각기 두 갈래로 갈라지기 때문에 매번 선택의 기로에 서야 한다. 생물학적 차원에서 볼 때도 삶은 강보다 나무에 가깝다. 삶은 통합을 향해 흘러가는 대신 서로 갈라져 뻗어나가며, 피조물들은 원숙해질수록 서로 달라진다. 선善은 농익을수록 악과 구별될 뿐 아니라 다른 선과도 구별된다. 《천국과 지옥의 이혼》 머리말

5월 21일

악을 발전시켜 선으로 만들 수 없다

나는 잘못된 길을 택했다고 해서 무조건 다 멸망한다고 생각지 않는다. 잘못된 길을 택했을 때에는 올바른 길로 돌아와야만 구원받을 수 있다고 생각할 뿐이다. 산수 문제를 잘못 풀었을 때에도 답을 바로잡을 수는 있는 법이다. 그러나 그렇게 하려면 계산한 과정을 되짚어서 실수한 지점을 찾아낸 다음 새로 계산을 시작해야지, 무조건 계산을 계속해서는 안 된다. 악을 무위로 돌릴 수는 있어도, '발전시켜' 선으로 만들 수는 없다. 시간이 지난다고 해서 저절로 좋아지는 경우는 없다. 저주는 '저주를 푸는 힘을 가진 역주문'으로 조금씩 풀어 나갈 수밖에 없다. 역시 '흑 아니면 백'의 문제인 것이다. 지옥을 붙들고 있는 한(지상earth을 붙들고 있어도 마찬가지다) 천국은 볼 수 없다. 천국을 받아들이려면 지옥이 남긴 아주 작고 소중한 기념품까지 미련 없이 내버려야 한다. 물론 나는 천국에 간 사람이 자기가 포기한 것들을(오른 눈까지 뽑아 버렸다 해도) 아주 잃지 않았음을 발견하게 되리라고 굳게 믿는다. 그뿐 아니라 가장 저급한 소원의 형태로 추구했던 것의 진짜 알맹이가 뜻밖에도 '저 높은 곳'에서 그를 기다리고 있으리라 믿는다. 이런 의미에서, 여행을 마친 이들은(오직 그들만이) "선이 모든 것이며 천국은 어디에나 있다"고 진심으로 말하게 될 것이다. 그러나 길의 이쪽 끝에 서 있는 우리가 종착지에 도착한 사람만이 뒤를 돌아보며 할 수 있는 생각을 미리 하려 드는 것은 잘못이다. 그러다 보면 자칫 "모든 것이 선하며 어디나 천국이다"라는 잘못된 명제, 파국을 부르는 역명제를 용인하게 되기 쉬운 탓이다. 그렇다면 지상은 무엇이냐는 질문이 나올 수 있다. 지상은 결국 별개의 장소가 아님을 깨닫게 되리라는 것이 내 생각이다. 천국 대신 지상을 선택한 사람은 지상이 처음부터 지옥의 한 구역이었음을 알게 될 것이다. 또 지상을 천국 다음 자리에 놓은 사람은 지상이 애초부터 천국의 일부였음을 알게 될 것이다.

《천국과 지옥의 이혼》 머리말

지옥에서 온 주교가
천국에서 온 친구를 만나다

나는 바로 곁에서 또 다른 빛나는 영이 어떤 유령과 이야기하는 모습을 보았다. ……교양 있는 목소리의 뚱뚱한 유령이었는데, 다리에 각반을 차고 있는 것처럼 보였다.

"이보게, 자넬 만나게 되어 얼마나 기쁜지 모르겠네."

유령이 영에게 말했다. 그 영은 벗고 있었는데 어쩌나 하얀지 눈이 다 멀 지경이었다.

"전날 불쌍한 자네 부친과 이야기를 나누다가, 자네가 어디 있을까 궁금했거든."

"모시고 오지 않았는가?"

상대방이 물었다.

"아니, 못 모시고 왔어. 정류장에서 너무 먼 곳에 사셔서 말이야. 게다가 솔직히 말해서 자네 아버지가 요즘 들어 좀 괴팍해지셨다네. 좀 까다로워지셨어. 통제력을 잃으시는 것 같아. 자네도 알다시피, 무언가 애써서 노력한 적이 한 번도 없는 양반 아닌가. 기억나는지 모르겠네만, 자네와 내가 심각한 대화를 나누고 있을 때에도 주무시러 가곤 하셨지. 아, 딕, 그때 나누던 몇몇 대화는 정말 잊지 못할 거야. 그 후 자네 견해도 좀 바뀌었겠지? 자넨 말년으로 가면서 좀 편협해졌지 않나. 하지만 이제는 폭넓은 견해를 갖게 되었으리라 믿어 의심치 않네."

"무슨 뜻인가?"

"글쎄, 이젠 명백하지 않나? 자네 생각이 꼭 옳다고 할 수는 없다는 점 말이야. 이보게, 자넨 천국과 지옥을 문자 그대로 믿으려 했지!"

"하지만 내가 옳지 않던가?"

"아, 영적인 의미에서는 확실히 옳았지. 나도 여전히 그렇게 믿고 있어. 이보게, 나도 여전히 하나님의 나라를 찾고 있다고. 하지만 미신이나 신화적인 생각은 전혀……."

"잠깐! 지금까지 자네가 있었던 곳이 어디라고 생각하나?"

"아, 무슨 말인지 알겠네. 아침이 오리라는 끝없는 희망(우린 희망 없이는 못 사니까, 안 그런가?)이 있는 회색 도시, 무한정한 발전의 여지가 있는 그 회색 도시야말로 제대로 된 눈으로 보기만 한다면 어떤 의미에서 천국이라는 뜻 아닌가? 그건 정말 아름다운 생각이야."

"아니, 그런 뜻이 아닐세. 자네 정말 지금까지 어디 있었는지 모르겠나? 어떻게 그럴 수가 있지?"

"그러고 보니 우리끼리 어떤 이름을 붙여 불렀던 기억은 전혀 없군 그래. 자네들은 거길 뭐라고 부르나?"

"지옥이라고 부르지."

"이런, 그렇게까지 모독할 필요는 없을 텐데. 자네 식대로 말하자면 나 역시 정통 신앙을 가졌다고 할 수 없지만, 이런 문제일수록 소박하고도 진지하게, 경건하게 논해야 한다고 생각하네."

"지옥을 경건하게 논한다고? ……자넨 지옥에 있었던 거야. 만약 자네가 다시 그곳으로 돌아가지 않는다면 '연옥'이라고 부를 수도 있겠지만."

《천국과 지옥의 이혼》 5장

5월 23일
주교가 친구에게 물어보다

　　"이보게, 계속 해 보게, 계속 해 봐. 정말 자네다운 말이로군. 물론 내가 왜 지옥으로 보내졌는지, 자네 견해를 말해 줄 수 있겠지. 화내지 않을 테니 말해 보게."

"정말 모르겠나? 자넨 배교했기 때문에 지옥에 간 걸세."

……"딕, 그런 비열한 말을 하다니! 도대체 하고 싶은 말이 뭔가?"

"친구, 하고 싶은 말은 없네. 난 이제 알아. 그러니 솔직해지자고. 우리는 정직하게 우리 견해를 갖게 된 게 아닐세. 어쩌다 보니 특정한 사상의 흐름에 접하게 되었고, 그 흐름이 현대적이고 성공적으로 보이니까 거기 뛰어든 거야. ……우리 평생에 언제 정직하고도 고독하게, 결국은 누구나 묻게 되는 한 가지 질문, 곧 '초자연적인 일이 참으로 일어날 것인가, 일어나지 않을 것인가?' 하는 질문을 던져 본 적이 있는가? 믿음을 잃지 않으려고 참으로 저항해 본 적이 한순간이라도 있는가?"

"자유주의 신학의 발원에 대해 사람들이 일반적으로 말하는 바를 이야기하는 거라면, 난 그게 단순한 중상모략에 불과하다고 대답하겠네. 자넨 그런 사람들이……"

"아니, 사람들이 일반적으로 말하는 바와는 상관이 없네. 이건 자네와 내 문제일 뿐 다른 사람은 상관이 없어. 오, 자네는 자네 영혼을 사랑하니 기억해 보게. 우리가 불공정한 게임을 하던 때 말일세. 우리는 상대방이 진실을 말해 주길 바라지 않았지. 우리는 조잡한 구원지상주의salvationism에 빠지게 될까 봐 두려워하고, 시대 정신에서 소외될까 봐 두려워하고, 웃음거리가 될까 봐 두려워하고, 진정한 영적 두려움과 소망을 품게 될까 봐 (무엇보다) 두려워했지."

"젊었을 때 실수하기 쉽다는 걸 부인하는 건 아닐세. 젊은이들은 사상의 시류에 영향을 받기 쉽지. 하지만 그건 '견해가 어떻게 형성되는가' 하는 것과는 전혀 다른 문제야. 중요한 건 내가 '정직한 견해'를 가지고 있었고, 그것을 진지하게 표현했다는 걸세."

"물론 그랬지. 우리는 그 유혹들이 우리 욕망에서 비롯된 것임을 반쯤은 의식하고 있었으면서도 아무 저항도, 기도도 하지 않은 채 전부 받아들임으로써, 더이상 '신앙'이라는 것을 믿지 않는 지점에 이르게 되었지. 질투에 눈먼 남자가 아무 저항 없이 감정에 휩쓸려 가다가 결국 가장 절친한 친구에 대한 거짓말을 믿는 지점에 이르게 되듯이, 주정뱅이가 한 잔쯤 더 들이킨다 한들 아무 해가 없으리라고 (그 순간만큼은) 실제로 믿는 지점에 이르게 되듯이. 그런 믿음은 인간의 마음속에서 일어나는 심리학적인 사건이라는 점에서 진지한 것일세. 자네가 그런 뜻에서 자네 견해들이 진지했다고 말하는 것이라면, 우리는 정말 진지했다고 할 수 있지. 하지만 그런 뜻에서 진지한 오류라고 해서 죄가 없는 건 아니라네." 《천국과 지옥의 이혼》 5장

5월 24일

천국으로 가도록 주교를 설득하다

　　"흠, 그것도 한 가지 방안이겠군. 기꺼이 그 방안을 고려해 보겠네. 물론 확신할 만한 증거들이 좀 따라 주어야 하겠지만⋯⋯. 자네가 데려가겠다는 그곳에 가면 내가 지금보다 더 넓은 영역에서 쓸모 있게 사용되고, 하나님이 주신 재능도 더 폭넓게 사용하며, 자유로운 탐구 분위기를 누릴 수 있다는 보장이 필요해. 한마디로 말해서, 문명과, 음⋯⋯영적인 삶이 의미하는 모든 것이 있어야 한단 말이지."

"아니, 그런 건 약속할 수 없네. 자네가 쓸모 있게 사용될 영역이란 없어. 자넨 그곳에서 전혀 필요 없는 존재라네. 자네의 재능이 폭넓게 사용되는 일도 없을 걸세. 재능을 왜곡하고 오용한 데 대한 용서가 있을 뿐이지. 자유로운 탐구 분위기라는 것도 없네. 내가 자넬 데려가는 곳은 질문의 땅이 아니라 해답의 땅이니까. 그리고 그곳에서 자넨 하나님의 얼굴을 보게 될 테니까."

"아, 하지만 우린 그 아름다운 말들을 전부 우리 나름대로 해석해 내야 해! 내게 최종적인 해답이란 없네. 사람의 정신에는 언제나 자유로운 탐구의 바람이 불고 있어야 하는 게 아닌가? '만물을 증명하라⋯⋯.' 소망을 품고 여행하는 쪽이 목적지에 도착하는 쪽보다 낫지."

"자네 말이 옳다면, 사람들이 최종적인 해답이란 없다는 말을 옳게 여긴다면, 어떻게 소망을 품고 여행을 할 수 있겠나? 소망할 대상 자체가 없는데 말이야."

⋯⋯"단순한 사실에 호기심을 느끼던 소년 시절로 돌아가란 이야기는 정말 황당무계하게 들리는군. 어쨌든 '질문과 해답'이라는 사고 개념은 오직 사실의 영역에만 해당하는 것일세. 종교적이고 사색적인 질문은 그와 전혀 다른 차원에 속한 것이 분명해."

"그분이 존재한다는 사실을 믿지 않는 건가?"

"존재한다고? '존재'의 의미가 뭔데? 자네는 정말 끈질기게 일종의 고정된 기성품 같은 실재가 있다는 암시, 이를테면 우리의 정신이 무조건 따라가야 하는 '그곳'이 있다는 암시를 주려 하는군. 그러나 이렇게 크고 신비한 교리에 그런 식으로 접근하면 안 되는 법이야. 행여 그런 것이 존재한다 해도(이보게, 그렇다고 말을 끊을 필요는 없지 않나) 솔직히 말해 난 전혀 관심이 없네. 그것에 종교적인 의미는 없을 테니까. 내게 하나님은 순전히 영적인 존재라네. 감미로움과 빛과 관용의 영……그리고 봉사의 영, 그래, 딕, 하나님은 봉사의 영이야. 자네도 알겠지만 우린 그 점을 잊으면 안 되네." 《천국과 지옥의 이혼》 5장

5월 25일

주교가 마음을 정하다

　　"행복이라. 친애하는 딕, 이 친구야!"

유령이 차분하게 말했다.

"자네도 더 나이가 들면 알겠지만, 행복이란 의무의 길에서 발견할 수 있는 걸세. 그리고 보니 생각나는군……. 맙소사, 잊어버릴 뻔했어. 난 자네와 갈 수 없네. 다음 주 금요일까지 돌아가서 논문을 하나 읽어야 하거든. 우리는 저 아래에서 작은 신학 학회를 만들었다네. 그래! 거기서는 지적인 삶을 풍성히 누릴 수 있지. 뭐, 그렇다고 수준이 아주 높은 건 아니지만. 뭔가 파악력이 부족해. 혼동도 좀 있고. 그러니까 거기서는 내가 좀 쓸모가 있을 수 있다네. 개탄을 금치 못할 시기심들을 표출할 때도 있긴 한데……. 이유는 모르겠지만 다들 옛날보다 자제력이 부족해진 것 같아. 하긴 인간 본성에 너무 많은 걸 기대하면 안 되겠지. 어쨌든 그들 틈에 있으면 위대한 업적을 이루어 낼 수 있을 것 같네.

그리고 보니 자넨 내 논문 주제가 뭔지 묻지도 않았잖나! 나는 그리스도의 장성한 분량이 충만한 데까지 이르는 일에 관한 본문을 택해서" 한 가지 개념을 도출하는 중인데, 자네도 들으면 흥미를 느낄 걸세. 사실 예수는(이 부분에서 유령은 절을 했다) 상대적으로 젊은 나이에 세상을 떠났는데, 사람들은 늘 그 점을 망각한다는 사실을 지적할 생각이야. 더 오래 살았다면 초기의 견해보다 더 성숙한 견해를 내놓을 수 있었을 텐데. 예수가 조금만 더 요령 있게, 인내심을 가지고 행동했다면 어떻게 되었을까. 나는 독자들에게 '예수가 성숙한 견해를 갖게 되었다면 그것이 과연 어떤 것이었을까' 생각해 보라고 할 거야. 그야말로 흥미로운 질문 아닌가? 창설자가 장성한 분량에 이르기만 했다면 기독교는 지금과 딴판이 되었을 걸세! 결론 부분에서 이 점이 십자가 사건의 의미를 얼마나 더 심화시키는지 지적함으로써 논문을 마무리할 생각이야. 사람들은 십자가 사건이 얼마나 큰 재앙이었는지, 얼마나 비극적인 낭비였는지…… 얼마나 전도유망

한 인물을 무참히 요절시킨 일이었는지 비로소 깨닫게 되겠지. 오, 가 봐야 하는가? 음, 나도 가 봐야 한다네. 잘 가게, 친구. 만나서 정말 반가웠네. 그야말로 자극적이고 도발적인 대화였어. 그럼 잘 가게, 잘 가, 잘 가."

유령은 고개를 끄덕이면서 성직자답게 환한 웃음, 아니 거의 형체가 없는 입술로 최선을 다해 웃음 비슷한 것을 지어 보이더니, 뒤로 돌아서며 '하나님의 도성, 얼마나 넓고 아득한지'라는 찬송을 나직하게 흥얼거렸다. 《천국과 지옥의 이혼》 5장

5월 26일

선과 악에 대한 루이스의 설명

"이보게, 지금 자네 상태로는 영원을 이해할 수 없다네. ……하지만 '천국과 지옥뿐 아니라 악惡도 완전히 성숙하고 나면 소급력을 갖게 된다'는 관점에서 보면, 영원을 엇비슷이 이해할 수 있을 걸세. 구원받은 자들에게는 이 골짜기뿐 아니라 지상에서 살았던 과거도 모두 천국이 되는 거라네. 저주받은 자들에게는 회색 도시의 황혼뿐 아니라 지상에서 살았던 삶 전부가 지옥이 되는 거고. 인간들이 오해하는 게 바로 이 부분이야. 그들은 잠깐 고통을 겪으면서도 '어떤 축복도 이 고통을 보상해 줄 순 없어'라고 말하거든. 천국을 일단 얻고 나면, 그것이 과거의 괴로움에 소급적으로 작용해서 그 괴로움을 영광으로 변화시킨다는 사실을 모르는 게지. 또 인간들은 죄스러운 쾌락을 누릴 때 '이번만 즐기고 대가는 나중에 치르자'고 하지만, 나중에 받은 저주가 과거로 거슬러 올라가 그 죄의 쾌락을 얼룩지게 만든다는 사실 또한 꿈에도 모른다네. 이 두 과정은 우리가 죽기 훨씬 전부터 시작되지. 선한 사람의 과거는 용서받은 죄와 기억 속의 슬픔마저 천국의 특질을 띠도록 변화되는 반면, 악한 사람의 과거는 이미 자기 악의 틀에 맞추어져서 결국은 음울함으로 가득 차 버리는 걸세. 그래서 이 위에서는 태양이 뜨고 저 아래에서는 황혼이 지면서 어둠이 시작되는 종말의 날 축복받은 자들은 '우린 천국 아닌 곳에서 살았던 적이 없어'라고 말하게 되며, 버림받은 자들은 '우린 늘 지옥에 있었어'라고 말하게 되는 거라네. 양쪽 모두 진실을 말하게 될 걸세." 《천국과 지옥의 이혼》 9장

5월 27일

불평

　　지옥을 이해하기 어려운 이유는 이해되는 일이 거의 '없다'는 데 있다
네. 하지만 자네도 곧 경험하게 될 걸세……. 처음엔 불평하고 싶은 기분만 느끼
지. 자네 자신은 그 기분과 거리를 두고 떨어져 있는 채로 말일세. 심지어 그런
기분을 비판할 수도 있네. 그러다가 어둠의 때가 오면 자네 자신이 적극적으로
그런 기분을 만들어 내게 되고 포용하게 된다네. 물론 뉘우치고 그 기분을 떨쳐
버릴 수도 있지. 그러나 더 이상 그렇게 할 수 없는 날이 온다네. 그때는 이미 그
런 기분을 비판할 '자기 자신', 아니 그런 불평을 즐기는 '자기 자신'이라는 게 없
어져 버리지. 그저 기계처럼 불평 그 자체가 계속 쏟아져 나올 뿐일세.

《천국과 지옥의 이혼》 9장

'예민한 성격'이 폭군이 될 수 있다

시기심, 채워지지 않는 허영심, 뒤틀린 아집이 진짜 문제인데도, 마치 섬세하고 예민한 성격이라 쉽게 마음에 '상처를 입은' 것처럼 행동하지는 않았습니까?

그러한 전략은 성공할 때가 많습니다. 상대편은 주장을 그만둡니다. 우리의 속사정을 몰라서가 아니라 그간의 경험을 통해 너무 잘 알고 있기 때문입니다. 공연히 긁어 부스럼을 만들었다가는, 치부를 들추어냈다가는 우리와 관계가 완전히 끝장날 수도 있음을 잘 알기 때문입니다. 그들은, 우리의 문제는 수술이 필요하지만 우리가 절대 그 수술을 받으려 하지 않는다는 사실을 잘 알고 있습니다. 그래서 부정한 방법을 통해 우리가 이기는 것입니다. 그러나 이는 당하는 쪽에서는 몹시 부당한 상황입니다. 소위 '예민한 성격'은 가정에서는 가장 강력한 무기입니다. 때로는 평생 폭군이 되게 할 수도 있습니다. 그러한 무기를 갖고 있는 사람을 어떻게 다루어야 하는지 저는 잘 모릅니다. 하지만 우리 자신 안에서 그것이 발견될 때는 처음부터 가차 없이 다루어야 합니다.

《시편사색》 2장 시편이 말하는 '심판'

5 월 29일

차라리 구원받지 않는 편을 택하겠다?

"지상의 사람들 중에는, 한 영혼이라도 멸망당하는 사람이 있다면 어떻게 구원받은 사람들이 온전히 기뻐할 수 있겠느냐고 말하는 이들이 있거든요."

"그렇지 않다는 걸 알 텐데."

"하지만 어떤 면에서는 그래야 하는 게 아닌가 하는 생각이 듭니다."

"그 말은 아주 자비롭게 들리네만, 그 배후에 무엇이 도사리고 있는지 봐야 해."

"뭐가 도사리고 있지요?"

"사랑 없이 자아에 갇혀 있는 사람들의 요구, 자기네가 우주를 협박할 수 있게 해달라는 요구, 자기네가 행복해지는 데(자기네가 제시하는 조건대로) 동의할 때까지는 세상 어느 누구도 기쁨을 맛보아서는 안 된다는 요구, 자기네가 최종권력을 휘둘러야 한다는 요구, 지옥이 천국에 거부권을 행사할 수 있게 해달라는 요구."

"제가 뭘 바라는지 모르겠습니다, 선생님."

"이보게, 둘 중 하나라네. 기쁨이 온 세상에 충만해져서 불행을 만드는 자들이 더 이상 기쁨을 더럽히지 못하는 날을 바라거나, 불행을 만드는 자들이 스스로 차낸 행복을 남들도 누릴 수 없도록 영원히 파괴하게 되기를 바라거나 둘 중 하나야. '한 피조물이라도 어두운 바깥에 버려진다면, 나는 차라리 구원받지 않는 편을 택하겠다'는 말이 얼마나 거창하고 근사하게 들리는지 나도 아네. 하지만 그런 궤변을 조심하지 않으면, 못 먹는 밥에 재나 뿌리는 우주의 폭군을 만들어 내게 될 걸세." 《천국과 지옥의 이혼》 13장

5월 30일

동정심

"그러면 언젠가는 동정심이—말하기도 무섭지만—사라져 버린다는 겁니까?"

"구분을 해야지. 행동으로서의 동정심은 영원히 남는다네. 하지만 열정으로서의 동정심은 사라져야 해. 열정으로서의 동정심, 즉 단순히 마음을 괴롭히는 동정심, 양보하면 안 될 것을 양보하게 하고 참말을 해야 할 때 아부하게 하는 아픈 마음, 수많은 여자들을 속여 순결을 잃게 하고 수많은 정치가들을 속여 정직을 잃게 하는 감정은 사라져 마땅하네. 악인들은 그런 동정심을 무기 삼아 의인들을 공격했지. 그런 무기는 부러뜨려야 해."

"그럼 다른 것은요? 행동으로서의 동정심 말입니다."

"그것은 거꾸로 의인들의 무기가 되지. 행동으로서의 동정심이 있는 사람은 가장 높은 곳에서 가장 낮은 곳까지 빛보다 빨리 내려가 치유와 기쁨을 선사한다네. 어떤 대가라도 기꺼이 감수하면서. 그는 어둠을 빛으로, 악을 선으로 바꾼다네. 하지만 지옥의 간사한 눈물에 속아 의인들에게 악의 폭압을 견디라고 강요하지 않지. 순순히 약을 먹으면 질병은 치료되게 마련일세. 그러나 낫기 싫다고 우기는 황달 환자의 마음을 위로하려고 노란 얼굴을 파랗다고 하거나, 장미 향기를 싫어하는 몇 사람을 위해 세상 정원을 전부 퇴비더미로 만들어 버릴 수는 없는 법이지." 《천국과 지옥의 이혼》 13장

5월 31일
세상에는 두 종류의 인간밖에 없다

"세상에는 딱 두 종류의 인간밖에 없어. 하나님께 '당신의 뜻이 이루어지이다'라고 말하는 인간들과, 하나님의 입에서 끝내 '그래, 네 뜻대로 되게 해주마'라는 말을 듣고야 마는 인간들. 지옥에 있는 자들은 전부 자기가 선택해서 거기 있게 된 걸세. 자발적인 선택이라는 게 없다면 지옥도 없을 게야. 진지하고도 끈질기게 기쁨을 갈망하는 영혼은 반드시 기쁨을 얻게 되어 있네. 찾는 이가 찾을 것이요, 두드리는 이에게 열릴 것이니라."[12] 《천국과 지옥의 이혼》 9장

선택

그는 그곳에 그대로 누워 있었다. 아직 일어날 힘이 없었다. 어쩌면 일어날 마음도 없었을지 모른다. 그때, 악마를 보는 일 자체가 지옥의 가장 큰 고문 중 하나일 거라 했던 옛 철학자들과 시인들의 글이 생각났다. 이제까지 그는 그런 말이 근거 없는 추측에 불과하다고 생각했다. 하지만 어린아이들도 그보다는 잘 알고 있었다(는 것을 그는 이제야 깨달았다). 한번 쳐다보는 것만으로도 더없는 재난이 될 얼굴이 있다는 것을 어떤 아이라도 어렵지 않게 이해할 것이다. 어린아이, 시인, 철학자들이 옳았다. 그 모습을 한번 보는 것만으로도 변하지 않는 기쁨을 느낄 수 있는 한 분의 얼굴이 온 세상 위에 있는 것처럼, 온 세상의 밑바닥에는 그 모습을 한번 본 자를 결코 회복할 수 없는 비참함으로 빠뜨리는 얼굴이 있다. 사람이 세상을 걸어가는 길은 천 가지는 되는 듯하다. 실제로 그렇다. 하지만 그 모든 길은 조만간 지복의 직관Beatific Vision이나 비참의 직관 Miserific Vision, 둘 중 하나에 이르게 된다. 《페렐란드라》 9장

6월 2일
영광의 무게

우주의 궁극적 기쁨 혹은 궁극적 두려움의 대상이신 하나님은 결국 둘 중 한 가지 표정으로 우리 각자를 대하셔서 말로 표현할 수 없는 영광을 주시거나 치료할 수도 숨길 수도 없는 수치를 당하게 하실 것입니다. 지난 번 한 잡지에서 하나님에 대한 우리의 생각이 가장 중요하다는 내용의 글을 읽었습니다. 그러나 하나님이 보실 때는 전혀 그렇지 않습니다! 우리에 대한 하나님의 생각이 그보다 무한히 더 중요합니다. 하나님에 대한 우리의 생각은, 우리에 대한 하나님의 생각과 관련이 없다면, 전혀 중요하지 않습니다. 성경에는 우리가 그분 "앞에 서게"[1] 될 거라고 적혀 있습니다. 그분 앞에 출두해서 검사를 받을 거라는 말입니다. 그런데 우리에게 믿기 어려울 만큼 영광스러운, 그리스도의 사역으로만 가능한 약속이 주어졌습니다. 우리 중 누구든 그 약속을 받아들이는 사람은 그 검사를 통과하고 인정받아 하나님을 기쁘게 해드릴 거라는 약속입니다. 하나님을 기쁘시게 하고, 하나님의 행복에 실제로 기여하고, 하나님의 사랑을 받는다니……. 그저 불쌍히 여김을 받는 정도가 아니라 예술가가 자기 작품을 기뻐하듯, 아버지가 아들을 기뻐하듯 하나님의 기뻐하심을 받는다니……. 이 모든 것은 불가능해 보이는 일이며, 그 영광의 무게나 부담은 생각하기조차 벅찰 정도입니다. 하지만 이것은 사실입니다. 《영광의 무게》 영광의 무게

6월 3일

천국

　　우리는 하나님을 사랑하도록 지음 받은 존재입니다. 지상에서 우리가
어떤 이들에게 사랑을 느꼈던 것은, 다름 아니라 그들에게서 그분을 닮은 어떤
면을 보았기 때문입니다. 그들에게서 그분의 어떤 아름다움이나 사랑이나 지혜
나 선을 보았기 때문입니다. 우리는 그들을 너무 많이 사랑하고 있는 것이 아니
라, 우리가 대체 무엇을 사랑하는가를 제대로 이해하지 못하고 있는 것입니다.
우리는 사랑했던 이들에게서 등을 돌려 어떤 낯선 존재에게 가는 게 아닙니다.
하나님의 얼굴을 뵙는 날, 결코 그 얼굴이 낯설지 않을 것입니다. 왜냐하면 그분
은 우리가 지상에서 만났던 모든 순수한 사랑의 경험 속에 이미 함께 계셨고,
그 경험을 만들어 내고 뒷받침해 주셨으며, 그 속에서 매순간 움직이셨기 때문
입니다. 그 속에 있던 참된 사랑은, 지상에서조차도 우리 것이라기보다는 단연
코 그분의 것이었으며, 그분의 것이었기에 비로소 우리 것일 수 있었습니다. 천
국에는 지상에서 사랑했던 이들에게 등을 돌려야 하는 고통이나 의무가 없을
것입니다. 왜냐하면 첫째, 우리는 이미 '돌아섰을' 것이기 때문입니다. 초상화로
부터 실물로, 개울로부터 샘으로, 그분이 만드신 사랑스러운 피조물로부터 사
랑 자체이신 그분 자신께로 말입니다. 둘째, 그분 안에서 그 모두를 발견할 것이
기 때문입니다. 그들보다 하나님을 더 사랑함으로써 우리는 그들을 지금보다 더
욱 사랑하게 될 것이기 때문입니다. 《네 가지 사랑》 6장 자비

6월 4일

지옥에 관한 교리

　　제 마음대로 할 수만 있다면 이보다 더 없애 버리고 싶은 기독교 교리도 없습니다. 그러나 이것은 성경뿐 아니라 특히 우리 주님 자신의 말씀으로부터 전폭적인 지지를 받고 있는 교리입니다. 기독교 세계는 늘 이 교리를 견지해 왔습니다.

또한 이것은 이성의 지지를 받는 교리이기도 합니다. 경기를 하려면 질 수도 있어야 합니다. 피조물의 행복이 자기 포기에 있다고 할 때, 그처럼 자기를 포기할 수 있는 주체는 오직 그 피조물 자신으로서(물론 많은 것들의 도움을 받을 수는 있지만) 그는 그 일을 거부할 수 있습니다. 저는 진실로 "모든 사람이 구원받을 것"이라고 말할 수만 있다면 어떤 대가라도 치를 용의가 있습니다. 그러나 저의 이성은 이렇게 응수합니다. "그들의 의지와 상관없이? 아니면 그들의 의지로?" "그들의 의지와 상관없이"라고 할 때, 저는 즉시 모순을 느낍니다. 자기 포기라는 지극히 자발적인 행위를 어떻게 비자발적으로 할 수 있단 말입니까? 또 "그들의 의지로"라고 할 때, 저의 이성은 "그들에게 자기를 포기할 뜻이 없다면 어떻게 되는 것인가?"라고 대꾸합니다.

지옥에 대한 주님의 말씀은 다른 말씀이 다 그렇듯이 우리의 지적 호기심을 채워 주기 위해서가 아니라 우리의 양심과 의지를 일깨우기 위해 주어진 것입니다. 무시무시한 가능성이 있다는 사실을 확신시킴으로써 우리를 행동으로 이끌 수 있다면, 이 말씀은 원래의 의도를 다 이루었다고 할 수 있을 것입니다. 세상 사람 모두가 이 같은 확신을 가진 그리스도인들이라면 이 주제에 대해 더 말할 필요도 없겠지요. 그러나 현재 이 교리는 기독교를 야만적이라고 공격하며 하나님의 선함에 이의를 제기하는 이들의 주된 근거 중 하나가 되어 있는 실정입니다. 사람들은 이 교리가 혐오감을 준다고 하며—사실 저도 마음 밑바닥에서는 이 교리에 혐오감을 느끼고 있습니다—, 이 교리를 믿을 때 어떤 비극이 인간의 삶에 찾아오는지를 상기시킵니다. 반면 이 교리를 믿지 않을 때 찾아오는 다른 비극들에 대해서는 말을 아끼지요. 《고통의 문제》 8장 지옥

6월 5일

하나님보다 더 자비로울 수는 없다

　　정직하게 생각해 봅시다. 배신과 잔인한 짓을 거듭한 끝에 부와 권력의 자리에 오른 사람이 있다고 상상해 보십시오. 그는 순전히 이기적인 목적을 위해 희생자들의 숭고한 동기를 악용했으며, 그들의 순진함을 비웃었습니다. 또 그렇게 거둔 성공을 자기 정욕과 증오심을 해소하는 데 이용했고, 도둑들 간에도 지켜야 할 일말의 도의마저 저버린 채 공범자들을 배신한 후 뒤통수를 맞고 환멸감 속에 죽어 가는 그들을 조롱했습니다. 더 나아가 이런 짓들을 저지르면서도 양심의 가책이나 불안을 느끼기는커녕(우리가 상상하고 싶어 하는 바와는 달리) 한창 때의 아이처럼 잘 먹고 건강한 어린이처럼 잘 잤다고─자기만이 삶의 비결을 터득한 자로서, 자신은 바보 같은 하나님이나 인간들보다 한 수 높은 인간일 뿐 아니라 자기 삶의 방식이야말로 지극히 성공적이고 만족스러우며 확고한 것임을 추호의 의심 없이 확신하는 가운데 세상에 걱정할 것 하나 없이 살고 있는 유쾌하며 혈색 좋은 인간이라고─가정해 보십시오.

여기에서 주의해야 할 점이 하나 있습니다. 복수의 열정에 조금이라도 빠져드는 것은 아주 치명적인 죄입니다. 기독교적인 사랑은 그런 원수를 회심시키기 위해 모든 노력을 기울이라고, 우리 목숨이나 영혼이 위험에 처하는 한이 있더라도 그가 벌을 받는 편보다는 회심하는 편을 더 바라라고, 그렇게 되기를 한없이 더 바라라고 권면합니다. 그러나 그것은 지금 우리가 다루고자 하는 질문이 아닙니다. 만약 그에게 끝끝내 회심할 뜻이 없다면, 영원한 세상에서 어떤 운명에 처해지는 것이 알맞다고 생각합니까? 그런 사람이 현재 모습을 그대로 유지한 채 (자유의지가 있다면 분명히 가능한 일입니다) 지금의 행복을 영원히 확고하게 누리게 되기를─자신이 승자임을 더없이 확신하는 상태가 영원히 계속되기를─정말로 바랍니까? 《고통의 문제》 8장 지옥

6월 6일

지옥

그런 인간을 지금 모습 그대로 용서하시라고 하나님께 요구하는 것은 묵과와 용서를 혼동하는 데서 나온 태도입니다. 악을 묵과하는 것은 악을 무시하는 것이며 악을 선처럼 취급하는 것입니다. 용서가 이루어지려면 용서를 베푸는 쪽뿐 아니라 받아들이는 쪽도 있어야 합니다. 자기 죄를 인정하지 않는 사람은 어떤 용서도 받아들일 수 없습니다.

……저는 저주받은 자들이야말로 어떤 의미에서 최후까지 반역에 성공한 자들이라는 것, 지옥의 문은 안쪽에서 잠겨 있다는 것을 기꺼이 믿습니다. 이것은 그 혼들에게 지옥 밖으로 나오고 싶어 하는 바람, 시기심 많은 사람이 행복을 '바랄' 때와 같은 그 막연한 바람조차 없으리라는 말은 아닙니다. 그러나 그들은 영혼이 선에 이를 수 있는 유일한 길인 자기 포기의 영역에서는 그 첫 단계조차 밟으려 하지 않을 것이 분명합니다. 그들은 스스로 요구한 무서운 자유를 영원히 누린 결과 자아의 노예가 됩니다. 그러나 축복받은 자들은 영원히 순종에 무릎을 꿇음으로써 영원무궁토록 자유롭고 더 자유로운 존재가 됩니다.

결론적으로 저는 지옥의 교리에 반대하는 모든 사람들에게 주는 대답으로 다음과 같은 질문을 던지겠습니다. "당신이 정말 하나님께 요구하는 바가 무엇입니까?" 그들이 과거에 지은 죄를 씻어 주고 모든 장애를 제거하며 모든 기적적인 도움을 제공함으로써 어떻게 해서든 그들이 새롭게 출발할 수 있게 해주는 것입니까? 하나님은 갈보리에서 이미 그 일을 하셨습니다. 그들을 용서해 주는 것입니까? 그들에게는 용서받을 마음이 없습니다. 그들을 내버려 두는 것입니까? 아, 유감스럽게도 하나님은 지금 그렇게 하고 계십니다. 《고통의 문제》 8장 지옥

6월 7일

평범한 사람은 없다

신이나 여신이 될 수 있는 사람들[2]과 어울려 산다는 것은 보통 일이 아닙니다. 아무리 미련하고 답답한 사람이라도 언젠가 둘 중 하나가 될 것입니다. 미래의 그 모습을 우리가 볼 수 있다면 당장에라도 무릎 꿇고 경배하고 싶어질 존재가 되거나, 악몽에서나 만날 만한 소름끼치고 타락한 존재가 되거나. 이 사실을 꼭 기억하고 살아야 합니다. 하루 종일 우리는 서로가 둘 중 한 목적지로 다가가도록 어느 정도 돕고 있습니다. 우리는 이 두 가지 엄청난 가능성을 염두에 두고 모든 사람을 대해야 합니다. 서로에게 합당한 경외심과 신중함을 갖고 모든 우정, 사랑, 놀이, 정치 행위에 임해야 합니다. 평범한 사람은 없습니다. 우리가 대화를 나누는 이들은 그저 죽어서 사라질 존재가 아닙니다. 국가, 문화, 예술, 문명과 같은 것들은 언젠가 사라질 것이며 그것들의 수명은 우리 개개인에 비하면 모기 목숨과 다를 바 없습니다. 그러나 우리가 농담을 주고받고, 같이 일하고, 결혼하고, 무시하고, 약점을 이용하는 사람들은 불멸의 존재들입니다. 불멸의 소름끼치는 존재가 되거나 영원한 광채가 될 이들입니다.

그렇다고 우리가 언제나 엄숙해야 한다는 뜻은 아닙니다. 우리는 놀 줄 알아야 합니다. 하지만 우리의 유쾌함은 처음부터 서로를 진지하게 받아들이는 사람들이 나누는 유쾌함이어야 합니다(사실 그래야 가장 유쾌합니다). 경박하거나 우월감을 갖거나 주제넘은 생각을 해서는 안 됩니다. 그리고 우리는 죄인은 사랑하되 죄는 더없이 미워하는 실질적이고 희생적인 사랑을 해야 합니다. 유쾌함을 흉내 낸 경박함이나 사랑을 흉내 낸 묵인이나 방치는 안 됩니다. 우리의 오감이 경험할 수 있는 가장 거룩한 대상은 성찬의 빵과 포도주이고, 그다음은 우리의 이웃입니다. 그 이웃이 그리스도인이라면 거의 성찬만큼이나 거룩합니다. 그 안에 참으로 숨어 내주시는 *vere latitat* 그리스도가 계시기 때문입니다. 그의 안에는 영광스럽게 하시는 분이자 영광을 받으시는 분, 영광 자체께서 참으로 숨어 계십니다. 《영광의 무게》 영광의 무게

6월 8일

선물의 사랑과 필요의 사랑

"하나님은 사랑이시다"[3]라고 사도 요한은 말합니다. 처음 《네 가지 사랑》을 쓰려 했을 때만 해도, 이 구절이 사랑이라는 주제 전체를 관통하는 시원한 대로가 되어 줄 것이라 기대했습니다.

저는 인간의 사랑이란 사랑 자체이신 분의 사랑을 닮은 한에서만 비로소 사랑이라 불릴 자격이 있다고 말할 생각이었습니다. 따라서 제가 처음 했던 일은 '선물의 사랑Gift-love'과 '필요의 사랑Need-love'을 구별하는 것이었습니다. 선물의 사랑에서 전형적인 예는, 한 가정의 가장이 정작 자신은 함께 누리거나 보지 못하고 죽을 수도 있지만 가족의 미래 행복을 위해 일하고 계획하고 저축하는 사랑일 것입니다. 반면, 외롭고 겁먹은 아이가 엄마 품속으로 파고드는 모습은 필요의 사랑이 보여 주는 전형적인 예입니다.

이 둘 중에 어느 것이 사랑 자체이신 분의 사랑과 더 유사한지는 너무도 분명합니다. 하나님의 사랑은 선물의 사랑입니다. 성부는 성자에게 자신의 전 존재와 소유를 내어 주십니다. 성자는 자신을 성부에게 돌려드리며, 자신을 세상에 내어 주고 세상을 위해 성부에게 드림으로써 결국 세상도 (성자 자신 안에서) 성부에게 돌려드립니다.

이에 반해, 필요의 사랑만큼 우리가 믿고 있는 하나님의 생명과 닮지 않은 것이 또 있을까요? 하나님은 부족함이 전혀 없는 분입니다. 반면 우리가 구하는 필요의 사랑은, 플라톤이 말한 바대로 '빈곤의 산물'입니다. 이 사랑은 우리가 우리의 처지를 정확히 인식하고 있음을 보여 줍니다. 실상 우리는 무력한 존재로 태어납니다. 그리고 지각이 온전해지는 즉시, 자신이 외로운 존재임을 알아차립니다. 우리는 신체적으로나 정서적으로, 지적으로 타인을 필요로 합니다. 무엇을 알기 위해선, 또 자기 자신을 알고자 할 때조차 다른 이들이 필요합니다. 《네 가지 사랑》 1장 들어가는 말

6월 9일

하나님, 유일하며 참된 수여자

사람의 영적 건강은 그가 하나님을 사랑하는 정도에 비례한다는 점에 모든 그리스도인이 동의할 것입니다. 그런데 하나님을 향한 인간의 사랑은 본질적으로 필요의 사랑일 수밖에 없습니다. 대체로 늘 그런 편이고, 때로는 전적으로 그렇습니다. 이는 우리가 죄에 대해 용서를 구할 때나 시련 중에 도움을 구할 때 분명해집니다. 그러나 궁극적으로 우리 자신의 전 존재가 본질상 하나의 거대한 필요 덩어리에 불과하여 불완전하고 준비 단계이며 공허하면서도 혼란한 존재여서, 얽힌 것을 풀어 주고 흐트러진 것을 묶어 줄 분을 절실히 필요로 한다는 사실을 점점 깊이 인식해 갈 때—이런 인식은 마땅히 깊어져야 합니다—훨씬 명백해집니다. 저는 지금, 인간은 하나님께 필요의 사랑 외에는 아무것도 드릴 것이 없다고 말하는 것은 아닙니다. 영적으로 높은 수준에 있는 분들은 그 이상의 경지를 말해 줄 수도 있습니다. 그러나 그들은 먼저 이렇게 말할 수 있어야 합니다. 즉, 사람이 감히 자신은 늘 그런 높은 경지에서만 살므로 이제 필요의 사랑 같은 것은 완전히 졸업했다고 생각하는 순간, 그 높은 경지는 참된 은총의 상태이기를 멈추고 신플라톤적Neo-Platonic[4]이 되며, 마침내 악마적인 환상이 된다고 말입니다. 《그리스도를 본받아》의 저자는 "최하층 없이는 최상층이 설 수 없다"고 말합니다. "저는 거지가 아닙니다. 아무런 사심 없이 당신을 사랑하는 것이지요"라고 뻐기며 창조자 앞으로 나오는 피조물은 뻔뻔하고도 어리석은 존재입니다. 하나님을 향한 선물의 사랑에 가장 근접해 본 사람이라면, 다음 순간, 아니 바로 그 순간 성경에 나오는 세리처럼 가슴을 치며, 유일하며 참된 수여자Giver께 자신의 곤궁을 아뢸 것입니다.[5] 그것이 하나님의 뜻입니다. 그분은 우리의 필요의 사랑을 향해 말씀하십니다. "수고하고 무거운 짐 진 자들아 다 내게로 오라."[6] 구약성경에서는 또 이렇게 말씀하십니다. "네 입을 넓게 열라. 내가 채우리라."[7]

《네 가지 사랑》 1장 들어가는 말

하나님과 가까움

'하나님과 가까움nearness to God'에는 서로 다른 두 종류가 있음을 구별해야 합니다. 하나는 '하나님과 유사하다likeness to God'는 의미에서의 가까움입니다. 하나님은 그분이 만드신 모든 만물 속에 그분과의 유사성을 새겨 넣으셨습니다. 공간과 시간은 나름의 방식으로 그분의 크심을 반영합니다. 모든 생명은 그분의 생산력을, 동물의 생명은 그분의 활동력을 반영합니다. 이성을 소유한 인간은, 이런 것보다 훨씬 중요한 유사성을 갖습니다. 천사들은 인간에게 없는 어떤 유사성, 즉 불멸성과 직관력을 지녔다고 믿습니다. 이런 식으로 선인이든 악인이든 모든 사람들과, 타락한 천사를 포함해 모든 천사들은 동물들보다 하나님과 더 유사합니다. 이런 의미에서 그들의 본질은 하나님의 본질에 '더 가까운nearer' 것입니다.

그러나 두 번째로는, '하나님께 접근하다nearness of approach'는 의미의 가까움입니다. 이 말에서 하나님께 '가장 가까운' 상태라는 의미는, 궁극적으로 하나님과 연합하여 그분의 얼굴을 뵙고 그분을 누리는 상태에 확실하고 신속하게 접근해 가고 있다는 뜻입니다. 이렇게 유사성으로서의 가까움과 접근으로서의 가까움을 구별하게 되면, 그 둘이 반드시 일치하지는 않음을 깨닫게 됩니다. 그 둘은 서로 일치할 수도 있지만 그렇지 않을 수도 있습니다.

아마도 이런 비유가 도움이 될 것 같습니다. 우리가 고향 마을로 가는 어떤 산길을 따라 걷고 있다고 가정합시다. 정오쯤 우리는 공간적으로는 고향 마을과 매우 가까운 곳, 바로 아래 그 마을이 내려다보이는 어떤 절벽에 다다릅니다. 돌을 던지면 바로 그 마을로 떨어질 만큼 가까운 위치입니다. 그러나 암벽등반가가 아닌 이상 밑으로 직접 내려갈 수는 없습니다. 먼 길을 돌아가야 합니다. 어쩌면 8킬로미터는 더 가야 할지도 모릅니다. 그렇게 우회로를 걸어가며 지나는 많은 지점들은, 아까 그 절벽에 잠시 멈춰 앉았을 때보다는 그 마을과 더 멀어질 수도 있습니다. 그러나 이는 다만 정지 상태에서만 그렇습니다. 진행 상태에서 보면, 우리는 고향집 욕조와 차茶에 훨씬 '더 가까이' 다가간 셈입니다.

《네 가지 사랑》 1장 들어가는 말

6 월 11 일 〈바나바 축일〉

죽을병에 걸렸음을 아는 사람들

우리 인간은 왜 그렇게 많이 바뀌어야 하는 것일까요? 이 질문에 대한 기독교의 대답—우리가 자유의지를 잘못 사용함으로써 아주 악해졌기 때문이라는 대답—은 워낙 잘 알려진 바이므로 다시 언급할 필요가 없을 것입니다. 그러나 이 교리를 현대인, 심지어 현대의 그리스도인에게조차 생생하게 실감시키기는 아주 어렵습니다. 사도들이 복음을 전하던 시대에는, 아무리 이교도 청중이라 해도 스스로 신의 진노를 받아 마땅한 존재로 의식하고 있다고 가정할 수 있었습니다. 이교의 신비적 제의들은 이런 의식을 달래 주기 위한 것이었고, 에피쿠로스 철학이 주장한 바도 영원한 형벌의 두려움에서 구해 주겠다는 것이었습니다. 이 같은 배경이 있었기에 당시 복음이 좋은 소식으로 등장할 수 있었던 것입니다. 복음은 스스로 죽을 병에 걸렸다는 것을 아는 사람들에게 치료받을 수 있다는 소식을 전해 주었습니다. 그러나 이제는 모든 상황이 변해 버렸습니다. 요즘 사람들은 기독교가 진단한 내용—이것 자체만 놓고 보면 매우 나쁜 소식이지요—을 접하기 전에는 그 치료법에 귀를 기울이지 않게 되었습니다.

《고통의 문제》 4장 인간의 악함

6월 12일

애정

저는 사랑 중에서도 가장 수수하고 가장 널리 퍼져 있는 사랑, 사람에게서나 동물에게서나 별반 차이가 없어 보이는 사랑에서부터 논의를 시작하려고 합니다. 그러나 그런 이유로 제가 이 사랑을 낮게 여기는 않는다는 점도 덧붙여 말씀드립니다. 단순히 동물과 공유한다고 해서, 인간의 어떤 점이 나쁘다거나 좋다고 말할 것은 못 됩니다. 어떤 사람에게 "완전히 동물이구만"이라 욕할 때, 이는 그가 동물적 특성을 지녔다는 의미가 아니라(우리들 모두 그런 특성을 가졌기에) 인간적인 특성을 보여야 할 상황에서도 동물적인 특성을 (혹은 그런 특성만) 보인다는 뜻입니다. (우리는 잔인한 짓을 저지르는 사람을 '짐승 같다'고 하지만, 사실 진짜 짐승들은 대부분 그런 짓을 저지를 줄 모릅니다. 그런 짓을 저지를 만큼 영특하지 않기 때문입니다.)

그리스인들은 이 사랑을 스토르게storge라고 불렀습니다. 여기서는 그저 애정 Affection이라고 부르겠습니다. 헬라어 사전에는 스토르게를 '애정, 특히 자식에 대한 부모의 애정'이라고 정의합니다. 물론 부모에 대한 자식의 애정도 포함됩니다. 그리고 분명 이런 애정이 그 단어의 중심 의미일 뿐 아니라 원형이었을 것입니다. 따라서 우리가 출발점으로 삼아야 하는 이미지는, 아기를 보살피는 어머니 모습입니다. 보금자리에서 새끼들을 품고 있는 암캐나 어미 고양이 모습, 서로 비벼대고 쩍쩍거리고 그르렁거리고 핥고 옹알대는 새끼들의 모습, 젖이나 따스한 어미 품이나 젖비린내 같은 것들 말입니다.

이러한 이미지의 중요성은 그것이 처음부터 우리에게 어떤 역설을 보여 준다는 데 있습니다. 자식의 사랑이 필요의 사랑이라는 점은 분명합니다. 어머니의 사랑이 선물의 사랑이라는 점도 그렇습니다. 어머니는 자식에게 출생을 부여하며, 젖을 물리고, 보호해 줍니다. 그러나 또 한편, 태아를 출산하지 않으면 자신이 죽게 됩니다. 아이에게 젖을 물리지 않으면 자신이 고통받게 됩니다. 이렇게 보면 어머니의 애정 역시 필요의 사랑입니다. 여기에 역설이 있습니다. 어머니의 사랑은 필요의 사랑이지만, 그 필요는 무언가를 주어야 하는 필요입니다. 그것은 선물의 사랑이지만, 그 대상의 필요를 필요로 하는 사랑입니다.

《네 가지 사랑》 3장 애정

6월 13일

가장 수수한 사랑

애정은 가장 수수한 사랑입니다. 애정은 전혀 으스대지 않습니다. 사람들은 '사랑에 빠진' 상태나 우정에 대해 자랑할 수 있습니다. 그러나 애정은 겸손하여 슬쩍 숨기도 하고 수줍은 얼굴을 하기도 합니다.

한번은 친구에게 고양이와 개 사이에도 애정이 생기는 경우가 꽤 있다고 하자, 그는 이렇게 대답했습니다. "맞아. 하지만 확신하건대, 다른 개들에게 그걸 고백하는 개는 없을걸." 이는 인간의 애정에 대한 좋은 풍자입니다. "수수한homely 얼굴은 그대로 집home에 있게 하라"고 코머스Comus⁸는 말합니다. 정말이지, 애정은 매우 수수한 얼굴을 하고 있습니다. 우리가 애정을 갖는 많은 이들도 그렇습니다. 우리가 그들을 사랑하는 것이 우리의 고상함이나 안목을 밝혀 주는 것은 아닙니다. 그들이 우리를 사랑하는 것도 마찬가지입니다. 앞서 설명했던 감상의 사랑이 애정에서는 기본 요소가 아닙니다. 애정으로 맺어진 관계에서 상대방에 대한 칭찬은, 대개 그 사람이 자리에 없을 때나 그의 사후 이루어집니다. 우리는 그들을 특별하지 않은 사람으로 여깁니다. 이렇게 상대를 특별하지 않게 여기는 태도는 에로스의 경우에는 모욕이 되겠지만, 애정의 경우에는 어느 정도 옳고 타당합니다. 이는 편안하고도 조용한 그 감정의 성격에 걸맞기 때문입니다. 만일 애정을 요란스럽고 빈번하게 표현한다면, 이는 애정이 아닐 것입니다.

애정을 공중 앞에서 표현하는 것은 마치 이사할 때 가구들을 바깥에 내놓는 것과 같습니다. 집안에 있을 때는 보기 좋았던 가구들도, 햇볕에 내놓으면 왠지 볼품없고 싸구려처럼 보이거나 우스꽝스러워 보입니다. 애정은 우리 삶에 살금살금 기어들어와 서서히 퍼집니다. 그러고는 수수하고 편한 옷들, 온갖 개인적인 것들과 더불어 삽니다. 부드러운 실내화, 낡은 옷가지, 오래된 농담, 부엌 바닥에서 졸고 있던 개의 꼬리를 밟는 일, 재봉틀 소리, 잔디밭에 뒹굴고 있는 도깨비 인형 따위와 말입니다. 《네 가지 사랑》 3장 애정

다른 사랑의 맛을 살려 주는 애정

지금까지의 언급은 애정이 다른 사랑과는 별개로 존재할 때에 관한 것입니다. 애정이 그처럼 별개로 존재할 때도 많지만, 그렇지 않을 때도 많습니다. 진이 그 자체로도 술이지만 다른 많은 혼합주의 기초가 되기도 하듯이, 애정은 그 자체로도 사랑이지만 다른 사랑 속에 들어가 그 사랑을 속속들이 물들여서 일상에서도 그 사랑이 작용하도록 돕는 매개체가 됩니다. 다른 사랑은 애정과 섞일 때 비로소 제 맛이 온전히 보존되는 것 같습니다.

우정과 애정은 서로 다릅니다. 하지만 친구가 아주 오랜 사이가 되다 보면, 본래 우정과는 별 상관없었던 그의 여러 면들까지 친근하고 더없이 소중해집니다. 에로스도 마찬가지입니다. 저는, 아무리 짧은 순간이라 해도, 애정이라는 수수한 옷 없이 에로스를 경험하는 것보다 더 거북한 일이 세상에 또 있을까 싶습니다. 그것은 너무 천사적이거나 심히 동물적이어서, 혹은 번갈아 가며 그 둘 모두여서 불편한 상태일 것입니다. 사람에게는 너무 숭고하거나, 아니면 너무 하찮을 것입니다. 때론 감상의 사랑이 잠들고, 주위는 그저 편안하고도 일상적인 (혼자가 아닌데도 혼자 있을 때처럼 자유로운) 분위기가 감싸는 그런 독특한 매력의 순간이 있습니다. 그런 순간에는 말이 필요 없습니다. 사랑을 표현할 필요도 없습니다. 이따금씩 화로를 휘저어 주는 일 말고는 아무것도 필요치 않을 것입니다.

《네 가지 사랑》 3장 애정

6월 15일

애정의 탁월성

애정은 전혀 안 맞을 것 같은 사람들도 '서로 잘 지내게' 해줍니다. 그런데 신기하게도, 이는 결국 애정이 원래는 불가능했던 감상을 가능하게 해준다는 의미입니다.

흔히 우리는 친구나 연인을 어떤 탁월성—아름다움, 솔직함, 선한 마음씨, 위트, 지성 등—때문에 선택했다고 말합니다. 일리가 없는 말은 아닙니다. 그러나 사실상 우리는 어떤 특별한 위트나 아름다움이나 선을 좋아했던 것이고, 이는 다분히 개인적 취향의 문제입니다. 이것이 바로 친구들과 연인들이 서로 '잘 맞는다'고 느끼는 이유입니다.

그런데 애정이 가진 탁월성은 정말 심하게, 심지어는 코믹할 정도로 서로 맞지 않는 사람들까지도 어우러지게 한다는 데 있습니다. 운명에 의해 하는 수 없이 가족이나 이웃으로 묶이지 않았다면 전혀 관계 맺지 않았을 그런 사람들까지 말입니다. 그들 사이에 애정이 자라날 경우(물론 그렇지 않을 수도 있습니다만) 이제 그들의 눈은 열리기 시작합니다. 처음엔 그저 '정이 들어old so-and-so' 좋아하게 되지만, 어느 순간 마침내 '그이 속에 있는 무언가'를 알아보기 시작합니다. 처음으로 어떤 사람에 대해 "그가 '내 스타일'은 아니지만 그래도 '나름으로' 좋은 사람이야"라고 진심으로 말하게 되는 그때는 실로 해방의 순간입니다. 그걸 해방의 순간이라고는 느끼지 못하겠지만 말입니다. 그저 마음 한번 넓게 먹었을 뿐이라고 느낄 것입니다. 그러나 실제로는 어떤 경계를 건넌 것입니다. 그 '나름으로'라는 말은, 지금 자신의 취향을 넘어서고 있음을, 선이나 지성 등이 내 입맛에 맞게 요리되고 차려지지 않았더라도 그 자체로서 감상하기(진가를 알아보기)를 배우고 있음을 뜻합니다.

"개와 고양이는 함께 길러야 한다"고 말한 사람이 있습니다. "그러면 그들의 마음이 넓어진다"는 것입니다. 이러한 취향과 안목을 생기게 해주는 것이 바로 애정입니다. 애정은 '본의 아니게' 알고 지내게 된 사람들을 주목하고 참아 주고 그들을 향해 미소 짓고 좋아하게 합니다. 그리하여 결국 그들의 진가를 알아보게 해줍니다. 그들이 우리와 잘 맞느냐고요? 감사하게도, 그렇지 않습니다. 그들은 다만 그들 자신—우리가 생각하는 것 이상으로 독특하고, 짐작했던 것 훨씬 이상으로 훌륭한—일 뿐입니다. 《네 가지 사랑》 3장 애정

6월 16일

우정

애정이나 에로스가 주제일 때는 관심을 보이는 청중이 많습니다. 이 두 사랑의 경우, 그 중요성과 아름다움이 거듭 강조되어 왔고 또 과장되기까지 했습니다. 애정이나 에로스를 깎아내리려는 폭로꾼들의 시도도 이러한 찬양 전통에 대한 의식적인 반작용이라는 점에서, 그 전통의 영향 아래 있다고 할 수 있습니다. 그러나 현대인 중에 우정을 이 두 사랑에 필적할 만큼 가치 있는 사랑으로 치는 사람은 거의 없습니다. 아니, 아예 사랑이 아니라고 생각하는 경우가 대부분입니다. 제 기억이 맞다면, 《인 메모리엄*In Memoriam*》[9] 이후로는 우정을 찬양하는 시나 소설이 쓰여진 바가 없습니다. 트리스탄Tristan과 이졸데Isolde[10], 안토니우스와 클레오파트라, 로미오와 줄리엣의 닮은 꼴은 현대 문학에도 끊임없이 계속됩니다. 그러나 다윗과 요나단, 필라데스Pylades와 오레스테스Orestes[11], 롤란드Roland와 올리버Oliver[12], 아미스Amis와 아밀레Amile[13]의 경우는 그렇지 않습니다. 고대인에게 우정이란 그야말로 모든 사랑 가운데 가장 행복하고 가장 인간미 넘치는 사랑이요 생의 면류관이자 덕의 학교였습니다.

그에 반해 현대인들은 우정을 무시합니다. 물론 우리는 남자에게는 아내나 가족 외에도 '친구들'이 필요하다는 사실을 인정합니다. 그러나 그러한 인정의 어투 자체, 또 '우정'을 나눈다는 친구 사이 인간 관계의 질을 볼 때, 현대인이 말하는 우정이란 아리스토텔레스가 덕의 하나로 분류한 필리아*Philia*나, 키케로가 다룬 아미키티아*Amicitia*와는 거의 무관하다는 사실을 분명히 알게 됩니다. 현대인들에게 우정은 다분히 주변적인 것입니다. 생의 향연에서 주 코스가 아니라 하나의 오락거리, 남는 시간을 채워 주는 것에 불과합니다. 《네 가지 사랑》 4장 우정

6월 17일

우정, 알아주는 이 별로 없는 사랑

　　왜 이렇게 되었을까요? 첫째로, 가장 명백한 이유는 우정을 경험한 사람이 거의 없기에 그 가치 평가 역시 없는 것입니다. 그런데 평생을 우정의 경험 없이 사는 일이 가능한 것은, 우정이 다른 두 사랑과는 확연하게 구별되는 어떤 사실에 근거합니다. 즉 우정은 어떤—전혀 나쁘지 않은—의미에서 가장 덜 태생적이라는 사실입니다. 가장 덜 본능적이고, 가장 덜 육적이며, 가장 덜 생물학적이고, 가장 덜 군집 본능적이며, 가장 덜 필수적입니다. 우정은 우리의 신경조직과 가장 덜 연관됩니다. 우정에는 우리 몸이 자극되는 일이 전혀 없습니다. 심장이 뛰거나, 얼굴이 붉어지거나 창백해지지도 않습니다. 또 우정은 본질적으로 개개인 사이의 일입니다. 두 사람이 친구로 맺어지는 순간 그들은 다른 무리로부터 다소 떨어지게 됩니다. 에로스 없이 우리 중 누구도 태어나지 못했을 것이고, 애정 없이 우리 중 누구도 양육받지 못했을 것입니다. 그러나 우정 없이도 우리는 얼마든지 살 수 있고 번식할 수 있습니다. 생물학적으로만 생각한다면, 인류는 우정이 필요하지 않습니다. 아니, 심지어 집단이나 공동체는 우정을 미워하거나 불신할 수도 있습니다. 지도자들은 다반사로 그렇게 합니다. 학교장이나 종교단체의 장, 연대장이나 선장 같은 사람들은 아랫사람들 사이에 생기는 긴밀하고 견고한 우정을 불안해할 수 있습니다.

우정의 이러한 '비태생적인' 성질은, 어째서 우정이 고대와 중세에는 그토록 추앙받다가 우리 시대에 와서 경시되고 있는지를 설명해 줍니다. 그 시대에 가장 깊고도 항구적인 사상은 세상을 부인하는 금욕주의였습니다. 자연이나 감정이나 몸은 인간의 영혼을 위험에 빠뜨리는 것으로 두려움의 대상이거나, 인간의 격을 떨어뜨리는 것으로 멸시의 대상이었습니다. 따라서 이 시대에, 사랑 가운데 자연에 대해 가장 독립적이고 심지어 반항적으로까지 보였던 우정이 가장 높이 칭송받은 것은 필연적이었습니다. 애정이나 에로스는 우리의 신경조직과 관련 있음이 너무 분명했고, 이는 동물과도 분명 공통된 점이었습니다. 애정이나 에로스 때문에 우리는 애가 끓고, 횡격막이 오르내리는 경험을 합니다. 그러나 우정—우리가 자유롭게 선택한 관계로 이루어지는 빛나고 고요하며 이성적인 세계—은 이 모든 것으로부터 벗어납니다. 우정은 이렇게, 모든 사랑 중에서 우리를 신이나 천사의 수준으로 끌어올리는 유일한 사랑으로 보였던 것입니다.

《네 가지 사랑》 4장 우정

6월 18일

본능예찬

그러나 낭만주의와 '눈물 어린 희극tearful comedy'과 "자연으로 돌아가라"는 구호와 감성예찬의 시대가 도래하자, 사람들은 점점 감정에 탐닉하기 시작했고, 이는 자주 비판받으면서도 지금까지 계속되고 있습니다. 급기야 사람들은 본능과 핏속의 암흑 신을 예찬하기에 이르렀는데, 그런 비교秘敎의 사제들 사이에서 우정은 아예 불가능합니다. 이러한 새 시대에는, 이전에 우정을 높여 주던 모든 것이 이제는 우정을 깎아내리는 도구가 되었습니다. 우정에는 현대의 감상주의자들을 만족시킬 만한 눈물 어린 미소나 팬시용 책이나 어리광 부리는 말투가 없습니다. 그 원시주의자들primitivists이 혹할 만한, 피와 애를 끓게 하는 무언가가 없었습니다. 우정은 그저 시시하고 매가리 없는 것으로 보였습니다. 육적인 사랑에 대응되는, 일종의 채식주의자의 대용식으로 보였습니다.

다른 원인도 기여했습니다. 인간을 단순히 동물이 발전하고 복잡화한 형태로 생각하는 사람들—지금도 이들이 다수입니다—에게는, 동물적 기원과 생존가치survival value를 확증해 주지 않는 어떤 형태의 행동도 의심스러울 뿐입니다. 따라서 그들에게 우정은 그다지 눈에 차지 않습니다. 게다가 개인보다 집단을 더 중시하는 관점은 필연적으로 우정을 경시할 수밖에 없습니다. 우정이란 개인의식이 최고 수준에 이른 사람들이 맺는 관계이기 때문입니다. 고독이 그러하듯, 우정 역시 사람들을 집단의 '연대감'에서 이탈시킵니다. 그러나 우정이 고독보다 더 위험한 이유는, 우정은 사람들을 두세 명씩 묶어서 이탈시키기 때문입니다. 자연히 모종의 민주적 정서는 이에 대해 반감을 느낍니다. 우정이란 소수를 따로 선택하는 일이기 때문입니다. "이 사람은 내 친구야"라는 말에는 '저 사람은 아니다'는 의미가 내포되어 있습니다.

이러한 여러 이유를 근거로, 우정에 대한 옛 시대의 평가가 옳다고 생각하는 (

저 같은) 사람은 우정에 관해 논할 때 무엇보다도 우정의 명예 회복부터 시도하지 않을 수 없습니다. 《네 가지 사랑》 4장 우정

보이지 않는 고양이

진지하고 견실한 모든 우정이 실제로는 동성애에 불과하다고 말하는 현대의 이론부터 먼저 논박해야 합니다.

여기서 중요한 것은 실제로는really이라는 위험한 단어입니다. '모든 우정은 의식적이고도 명백하게 동성애'라고 한다면 이는 뻔히 틀린 말일 것입니다. 그래서 우리 시대의 똑똑한 체하는 사람들은 우정이 (무의식적이고 비밀스럽고 무언가 특별한 의미에서) 실제로는 동성애라는, 모호한 주장 속으로 도피합니다. 물론 이런 식의 주장은 증명할 수도 없지만 반박할 수도 없습니다. 우정을 나누는 두 친구의 행위를 아무리 관찰해 보아도 동성애의 명확한 증거를 전혀 발견할 수 없다는 사실을 제시해도, 그 똑똑한 체하는 사람들은 전혀 당황하지 않습니다. 그들은 오히려 진지한 태도로 "그야, 당연하지요"라고 말할 뿐입니다. 증거 부족 자체를 증거로 취급하는 것입니다. 연기가 나지 않는다는 사실을, 불이 아주 조심스럽게 감춰져 있는 증거로 보는 것입니다. 물론 그럴 수도 있습니다. 만일 불이 있다면 말입니다. 그러나 우선 불이 있다는 사실부터 증명해야 합니다. 그렇지 않으면 위 주장은 이런 식이 되고 맙니다. "만일 의자 위에 보이지 않는 고양이가 있다면, 그 의자는 비어 보일 것이다. 그런데 지금 의자가 비어 보인다. 즉, 지금 그 의자에는 보이지 않는 고양이가 있는 것이다."

보이지 않는 고양이에 대한 믿음은, 어쩌면 논리적으로는 논박할 수 없을 것입니다. 그러나 그렇게 믿는 사람들에 대해서는 많은 것을 말해 줍니다. 우정을 사랑의 실체로 보지 못하고 에로스가 위장되거나 정교화된 상태로 여기는 것은, 한 번도 진정한 친구를 사귄 적이 없음을 시사합니다. 우리가 비록 한 사람을 에로스와 우정 모두로 사랑할 수는 있지만, 이 둘만큼 서로 닮지 않은 것도 없다는 사실을 잘 알고 있습니다. 연인들은 늘 자기들의 사랑에 대해 이야기를 나누는 반면, 친구들은 자기들의 우정에 대해 좀처럼 이야기하지 않습니다. 연인들은 대개 얼굴을 마주 보며 서로에게 빠져 있는 반면, 친구들은 나란히 앉아 공통된 관심사에 빠져 있습니다. 《네 가지 사랑》 4장 우정

가장 질투가 적은 사랑

어느 글에선가 램Charles Lamb은, 만일 세 친구(A와 B와 C) 중에서 A가 죽는다면 B는 단순히 A만 잃을 뿐 아니라, 'C 안에 있던 A의 일부'까지 잃는 것이며, 또 C도 A만 잃을 뿐 아니라 'B 안에 있던 A의 일부'까지 잃는 것이라고 말한 적이 있습니다. 친구들 각자에게는, 나 말고 어떤 다른 친구만이 완전히 끌어내 줄 수 있는 무언가가 있습니다. 나는 친구의 전인全人을 불러내어 활동시킬 만큼 큰 사람이 못됩니다. 그래서 나는 나 아닌 다른 빛을 통해 내 친구의 모든 측면이 다 드러나기를 원하는 것입니다. 찰스가 죽었으므로, 이제 저는 찰스 특유의 농담에 로날드가 했던 반응을 다시는 볼 수 없게 되었습니다. 찰스가 사라지면, 저는 로날드를 '독차지'함으로써 로날드를 더 많이 얻게 되는 것이 아니라 오히려 그를 덜 갖게 되는 것입니다. 이렇게 참된 우정은 사랑 중에서 가장 질투가 적은 사랑입니다. 두 친구는 친구가 늘어나 셋이 되는 것을 즐거워하고, 셋은 넷이 되는 것을 즐거워합니다. 물론 그 새 사람이 진정한 친구가 될 만한 자격이 있는 사람이라면 말입니다.

그들은, 단테의 《신곡》에 나오는 그 복된 영혼들처럼, "우리의 사랑을 풍성하게 해줄 사람이 저기 오는도다"라고 말할 수 있습니다. 왜냐하면 이 사랑은 '나눈다고 줄어드는 것이 아니기' 때문입니다. 물론 마음이 통할 수 있는 사람이 적다는 현실—모임 장소의 크기나 말소리의 전달 여부 등 실제적인 문제는 말할 것도 없고—로 인해, 친구가 늘어나는 데는 한계가 있습니다. 그러나 그런 한계 내에서는, 친구를 공유하는 사람들이 늘면 늘수록 덜이 아니라 더 많이 소유하게 됩니다. 이런 점에서 우정은 영광스럽게도 천국 자체에 대해 '유사성으로서의 가까움'을 보입니다. 천국은 (도저히 셀 수 없을 만큼) 허다한 축복받은 이들이 저마다 하나님을 누리며 맺는 열매들fruition을 증가시키는 곳입니다. 왜냐하면 각기 고유의 방식대로 하나님을 뵈옵는 그 영혼들은 분명 나머지 사람들에게 자신이 본 그 고유한 비전을 전해 줄 것이기 때문입니다. 이것이 바로, 과거에 어떤 분이 말했듯이, 이사야가 본 비전에서 세라핌 천사들Seraphim이 서로에게 "거룩하다, 거룩하다, 거룩하다"라고 외쳤던 이유입니다(사 6:3). 이처럼 천상의 양식은 나누는 사람이 많으면 많을수록, 각 사람은 더 풍성히 얻게 됩니다.

《네 가지 사랑》 4장 우정

6월 21일
우정의 시작

　　단순한 동료 의식에서 우정이 싹트기 시작하는 것은, 동료 중 어떤 두 사람(혹은 그 이상)이 다른 동료에게는 없는 어떤 공통된 본능이나 관심사나 취향—그 순간 전까지만 해도 각자 자기에게만 있는 고유한 보물(또는 짐)이라고 생각했던 것—이 있다는 사실을 발견할 때입니다. 우정이 시작되고 있음을 알려 주는 전형적인 표현은 이런 것입니다. "뭐, 너도? 나는 나만 그런 줄 알았는데!"

우리는 그 원시 사냥꾼이나 전사 중에서 어떤 개인이 (백 년에 한 번이나 천 년에 한 번 정도) 다른 이들은 보지 못했던 무언가를 보게 되는 다음과 같은 순간을 상상해 볼 수 있습니다. 가령, 사슴이 단순히 먹을거리일 뿐 아니라 아름답기도 하다는 사실을 깨닫는 순간, 사냥이 그저 하는 수 없이 해야 하는 생업일 뿐 아니라 재미있는 일이기도 하다는 사실을 깨닫는 순간, 혹은 자신의 신이 힘 있는 존재일 뿐 아니라 거룩한 존재일지도 모른다는 생각이 드는 순간 등. 그러나 한 개인이 이러한 깨달음을 갖게 되었을지라도, 자신과 통하는 다른 영혼을 발견하지 못한 채 죽는 한은 (제가 생각하기에) 어떤 일도 생기지 않습니다. 예술도, 스포츠도, 영적인 종교도 태어나지 못합니다. 이런 것이 태어나는 때는, 그러한 사람 둘이 (커다란 난관과 암중모색을 거쳐 겨우겨우, 혹은 놀라울 정도로 빠르고 쉽게) 서로를 발견하거나 서로 자신의 비전을 나누게 될 때입니다. 우정이 태어나는 것은 바로 그런 때입니다. 그리고 즉시 그들은 함께 거대한 고독 속에 처하게 됩니다.

연인은 일부러 프라이버시를 추구합니다. 반면, 친구는 원하든 원치 않든 그들을 둘러싸고 있는 이러한 고독, 그들과 군중 사이에 쳐진 장벽을 만나게 됩니다. 그러한 고독이나 장벽이 줄어든다면 그들은 기뻐할 것입니다. 처음 두 친구는 세 번째 친구를 발견한다면 기뻐할 것입니다.

오늘날도 우정은 같은 방식으로 생겨납니다. 물론 오늘 우리에게 우정을 불러일으키는 공동 활동이나 동료 의식은 사냥이나 싸움 같은 신체적인 것이 아닐 때가 많습니다. 어떤 공동의 종교, 공동의 연구, 공동의 직업, 심지어는 공동의 여가 활동일 수 있습니다. 그런 것을 함께 나누는 사람은 누구나 우리의 동료입니다. 그러나 친구는 동료 중에서도 자신과 그 이상의 무언가를 더 나누고 있는 사람—한 사람이나 두세 사람—일 것입니다. 이런 종류의 사랑에서는, 에머슨Ralph Waldo Emerson이 말했듯이 당신은 나를 사랑합니까라는 말은, 당신도 같은 진리를 보고 있습니까—혹은 적어도, 당신도 이 진리에 관심이 있습니까—라는 의미입니다. 다른 사람들은 대수롭지 않게 여기는 어떤 문제를 실은 매우 중요한 문제라고 자신과 더불어 생각하는 사람은 친구가 될 수 있습니다. 그 문제에 대한 해답까지 생각이 꼭 같을 필요는 없지만 말입니다.

《네 가지 사랑》 4장 우정

6월 22일

벌거벗은 인격

이 사랑은 (본질적으로) 우리의 육체뿐 아니라, 가족이나 직업이나 과거나 연고, 하여간 우리에게 붙어 있는 모든 것을 다 무시합니다. 집에서는 우리가 피터나 제인이라는 사실 외에도 잡다한 신분이 따라옵니다. 우리는 남편이거나 아내이며 형제이거나 자매이며 우두머리이거나 동료이거나 부하입니다. 그러나 친구 사이에서는 그렇지 않습니다. 우정은 그런 것에서 해방된, 모두 다 벗어던진 영혼 사이의 일입니다. 에로스에서는 벌거벗은 몸이 만나지만, 우정에서는 벌거벗은 인격이 만납니다.

이렇듯 이 사랑에는 절묘한 독단성과 무책임성이 있습니다(오해 없이 들어 주시기를 바랍니다). 즉, 저는 누군가의 친구가 될 의무가 없고, 세상의 누구도 저의 친구가 될 의무는 없습니다. 여기에는 어떠한 권리 주장도, 어떠한 필연성도 있을 수 없습니다. 우정은, 철학이나 예술이나 이 우주처럼 (하나님이 창조하실 필요가 있었던 것은 아니므로) 불필요한 것입니다. 우정은 우리의 생존에 직접 도움을 주는 가치가 전혀 없습니다. 오히려 우정은, 우리의 생존을 가치 있게 만드는 요소의 하나입니다.

……완벽한 우정 관계에서는, 우정을 나누는 친구들 각자의 마음에 이런 감상의 사랑이 강하고 확고하게 자리 잡고 있어서, 흔히 저마다 자신이 나머지 친구들에 비해 부족하다고 느낍니다. 나보다 훨씬 나은 사람들 사이에 껴서 지금 내가 뭐하는 건가 하는 생각이 들기도 합니다. 그런 사람들과 친구가 된 것을 행운으로 여깁니다. 특히 모두가 함께 모여 서로가 서로에게서 가장 좋고, 가장 지혜롭고, 가장 재미있는 면들을 이끌어 내는 시간엔 더욱 그렇습니다. 그런 때는 정말 황금과도 같은 시간입니다. 하루의 고된 일과를 마치고 네댓 명이 방에 모일 때, 실내화를 신고 벽난로 불꽃을 향해 다리를 뻗은 채, 마실 것을 팔꿈치에 놓아 두고 있을 때, 이야기를 나누는 중에, 전 세계와 세계 너머에 있는 그 무엇이

우리 마음에 밝히 드러날 때, 서로에 대해 아무런 권리도 책임도 없이, 마치 한 시간 전에 처음 만난 사람들마냥 서로 동등한 자유인으로서 만나는 시간, 그러면서 동시에 오랜 세월 동안 익어 온 애정이 우리를 감싸는 그런 시간 말입니다. 삶—자연적 삶—에서 이 이상 좋은 선물은 없습니다. 과연 어느 누가 자격이 있어서 이런 선물을 받는다고 할 수 있겠습니까? 《네 가지 사랑》 4장 우정

우정은 하늘의 보호가 필요하다

우정은 다른 자연적 사랑과 마찬가지로 자기를 구원할 능력이 없는 사랑입니다. 영적인 사랑으로서 적으로부터 받는 공격도 좀더 교묘하기에, 우정이 좋은 상태로 유지되려면 다른 사랑들보다 훨씬 더 전심으로 하늘의 보호를 구해야 합니다. 우정의 길이 얼마나 좁은가 한번 생각해 보십시오. 우정은 이른바 "서로 치켜 세워 주는 모임"이 되어서는 안 됩니다. 그러나 우정이 서로에 대한 찬탄, 감상의 사랑으로 가득하지 않다면 그것은 전혀 우정일 수 없습니다.

……엄밀히 말해 그리스도인에게 우연이란 없습니다. 인생이라는 예식의 주재자 Master of the Ceremonies께서 보이지 않게 일하고 계셨던 것입니다. 제자들에게 "너희가 나를 택한 것이 아니라 내가 너희를 택했다"고 말씀하신 그리스도는 모든 그리스도인들의 친구 모임을 향해 이렇게 말씀하실 것입니다. "너희가 서로를 선택한 것이 아니라, 내가 너희를 선택하여 서로 친구가 되게 했다."

우정은 서로를 알아본 우리 자신의 뛰어난 분별력이나 안목에 주어지는 보상이 아닙니다. 우정은 우리가 서로의 아름다움을 알아볼 수 있게 하려고 하나님께서 사용하시는 수단입니다. 친구의 아름다움이라고 해서 다른 수많은 사람들의 아름다움보다 더 뛰어난 것은 아닙니다. 다만 우정을 통해 하나님이 우리의 눈을 열어 주셔서 그 아름다움을 알아보게 해주신 것뿐입니다. 그 아름다움이란 다른 모든 아름다움이 그렇듯 그분으로부터 파생된 것이며, 참된 우정 안에서 주님은 그 아름다움이 더욱 자라게 해주십니다. 이렇게 우정은 그분께서 아름다움을 계시하시는 데 쓰이는 도구일 뿐 아니라, 아름다움을 창조하시는 데 쓰이는 도구이기도 합니다. 이 축제에서는 식탁을 마련하신 분도 그분이시며 손님을 초대하신 분도 그분이십니다. 우리는 그 자리를 때로 주님이 친히 주재하신다고 감히 믿으며, 또 언제나 그렇게 해주실 것을 감히 바랍니다. 우리는 결코 우리 모임의 주인이신 분을 간과하지 말아야 합니다. 《네 가지 사랑》 4장 우정

6월 24일

에로스

제가 말하는 에로스란 이른바 '사랑에 빠진' 상태를 의미합니다. 연인들이 '빠져 드는' 그런 종류의 사랑 말입니다. 앞서 애정은 인간이 경험하는 사랑과 동물이 경험하는 사랑 중에서 서로 가장 근접한 형태라고 설명했을 때 놀라는 독자도 있었을 것입니다. 그리고 아무래도 인간의 성적 기능이야말로 인간과 동물이 가장 가까운 점 아니냐고 반문하고 싶었을 것입니다. 인간의 성sexuality 자체를 생각하면 그 말이 옳습니다. 그러나 여기서는 인간의 성 자체가 저의 관심은 아닙니다. 성은 '사랑에 빠진' 복잡한 상태의 한 구성 요소로서만 이 장의 주제 일부가 될 뿐입니다. 성적 경험 자체는 에로스, 즉 '사랑에 빠지는' 일 없이도 일어날 수 있으며, 에로스에는 성적 활동 외의 다른 요소도 있다는 것이 저의 기본적인 전제입니다.

다시 말해 제가 탐구하고자 하는 것은, 인간과 동물 혹은 모든 인간이 공유하는 것으로서의 성이 아니라, 에로스 사랑 안에서 드러나는 독특한 인간적 변이형으로서의 성입니다. 에로스에 내재한 육적이고 동물적인 성적 요소를 (옛 사람들의 어법을 좇아) 비너스Venus라고 부르고자 합니다. 그리고 그 비너스란 어떤 애매하고 회귀한 의미—심층 심리학자들이 탐구하는 그런 의미—가 아닌, 누구나 알 수 있는 분명한 의미에서의 성을 말합니다. 경험하는 당사자가 성으로서 분명히 인식할 수 있는, 단순한 관찰자의 눈에도 명백하게 성적이라고 증명될 그런 것 말입니다. 《네 가지 사랑》 5장 에로스

6월 25일

에로스의 유무가 아니라
하나님께 대한 순종 여부가 핵심이다

성은 에로스와 상관없이 따로 작동될 수도 있고 에로스의 일부로서 작동될 수도 있습니다. 덧붙여 말하건대, 제가 이런 구별을 하는 것은 우리 탐구의 한계를 설정하는 것일 뿐, 여기에는 어떠한 도덕적 함의도 들어 있지 않습니다. 즉 저는 어떤 성적 행위에 에로스가 있는지 아닌지 여부에 따라 그 행위가 '불순한'지 '순수한'지, 추한지 아름다운지, 불법적인지 합법적인지를 결정한다고 생각하는 통속적인 견해에 전혀 동조하지 않습니다. 만일 에로스 상태에 있지 않은 두 사람의 동침이 혐오스런 것이라고 한다면, 우리 모두는 다 더러운 가계 출신일 것입니다. 결혼이 에로스 유무에 좌우되던 시대와 장소는 그다지 많지 않았기 때문입니다.

우리의 선조 대부분은 에로스와 전혀 상관없는 근거에서 어렸을 때 부모님이 선택해 주신 동반자와 결혼했습니다. 그들은 순수한 동물적 욕망 외에 다른 '특별한 감정' 없이 성행위를 했습니다. 그러나 그들은 올곧게 살았습니다. 즉 정직한 그리스도인 남편과 아내로서 부모에게 순종하면서, 서로에게 '배우자로서의 의무'를 이행하면서, 주님을 경외하는 마음으로 자녀를 양육했습니다.

반대로, 감각의 역할은 극히 미미하게만 작용한, 지고지순한 에로스로 행한 성행위라도 명백히 간음 행위가 될 수 있습니다. 아내의 가슴을 찢어놓고, 남편을 속이고, 친구를 배신하고, 친절을 모독하고, 자식을 버리는 일을 포함해서 말입니다. 죄인지 의무인지를 좋은 느낌의 여부에 따라 판단하는 것은 하나님의 뜻이 아닙니다. 성행위는, 다른 모든 행위가 그렇듯이 느낌보다 훨씬 명시적이고 명확한 척도에 의해 그 정당성 여부가 결정됩니다. 즉, 약속을 지키는 행위인지 깨뜨리는 행위인지, 정의인지 불의인지, 자비인지 이기심인지, 순종인지 불순종인지 등에 의해 결정됩니다. 《네 가지 사랑》 5장 에로스

6월 26일

에로스는 연인에 대해 감탄한다

　　진화론자들은 에로스(성의 인간적 변이형태)가 비너스로부터 자라 나왔다고 말할 것입니다. 태곳적의 생물학적 충동이 점차 복잡해지고 발전한 것이라고 보는 것입니다. 그러나 개인의 의식 속에서도 꼭 이런 식으로 진행된다고 생각할 필요는 없습니다. 물론 처음에는 어떤 여성에게 단순한 성적 욕망을 느꼈다가 점차 '사랑에 빠지는' 사람도 있을 수 있습니다. 그러나 이런 일이 일반적인 경우라고는 생각지 않습니다. 대부분은 먼저 단순히 그 연인에 대해 그녀 전체에 대해 총체적으로 즐거워하고 몰두합니다. 이런 상태의 남자는 사실 성에 대해 생각할 여유가 없습니다. 그 여인 자체를 생각하느라 정신이 없기 때문입니다. 그녀가 '그녀'라는 사실이 그녀가 '여자'라는 사실보다 훨씬 중요합니다. 그는 갈망으로 가득하나 그 갈망은 성적 갈망이 아닙니다. 만일 그에게 지금 원하는 것이 무엇이냐고 묻는다면, 그의 진실한 대답은 "계속 그녀를 생각하는 것입니다"일 것입니다. 말하자면 그는 사랑의 명상가입니다. 그리고 나중에 성적 욕망이 깨어날 때에도, 그는 (과학적 이론의 영향을 받지 않은 한) 이제껏 그 욕망이 자기 감정 전체의 근원이었다고 느끼진 않을 것입니다. 다만 밀려드는 에로스의 파도가 수많은 모래성을 무너뜨리고 수많은 바위를 섬으로 만들며, 마침내 마지막 승리의 물결이 그의 본성의 그 부분—조류가 밀려오기 전부터 그의 해변에 존재했던 정상적인 성의 작은 웅덩이—에까지 밀려왔다고 느낄 것입니다. 이렇게 에로스는, 정복한 국가의 기관을 하나하나 점령하고 재편성하는 침입자처럼 그의 속으로 밀려들어 옵니다. 《네 가지 사랑》 5장 에로스

6월 27일

비너스는 성적욕망 자체를 원한다

조지 오웰George Orwell[*]은 에로스에 오염되지 않은 자연적 상태의 성을 좋아했습니다. 《1984년》을 보면 그 끔찍한 주인공(그의 탁월한 작품인 《동물농장》에 나오는 네 발 달린 주인공들보다 얼마나 더 비인간적인 인물인지!)이 여주인공과 동침하기 전에 한 가지 확답을 요구하는 장면이 있습니다.

"당신 이거 좋아하지?"

그가 묻습니다.

"그러니까, 나를 좋아하느냔 말이 아니라 이것 자체를 좋아하느냔 말이야."

그녀가 "전 그걸 숭배해요"라고 대답하자 비로소 그는 만족했습니다. 이 짧은 대화는 에로스가 성을 재편성한다는 의미를 보여 줍니다. 에로스 없는 성적 욕망은 그것 자체를 원하지만 에로스는 그 연인 자신을 원합니다.

그것 자체란 감각적 쾌락, 즉 자신의 몸속에서 일어나는 어떤 사건을 말합니다. 흔히 우리는 욕망에 붙들려 밤거리를 배회하는 남자에 대해 "그는 여자를 원한다"고 말하는데, 이는 대단히 부적당한 표현입니다. 엄밀히 말해 그는 여자를 원하는 것이 아니기 때문입니다. 그는 쾌락을 원하는 것이며, 그가 여자를 원하는 것은 다만 공교롭게도 그 여자가 그의 쾌락에 필요한 도구이기 때문입니다. 그가 그 여자 자체에 얼마나 관심이 있는지는 성관계 5분 후 그가 그녀를 대하는 태도만 봐도 알 수 있습니다(담배를 다 꺼내 피운 다음에도 계속 담뱃갑을 가지고 다니는 사람은 없습니다).

그러나 에로스는 한 남자로 하여금 단순히 여자가 아니라 특정한 여자를 원하게 만듭니다. 불가사의하지만 확실히 그는 그 여인 자체를 갈망하는 것이지, 그녀가 줄 쾌락을 갈망하는 것이 아닙니다. 사랑하는 여인을 포용하기 전에 그 포옹이 다른 누구와의 포옹보다 더 큰 쾌락을 줄 것인지, 무의식적으로라도 미리 따져 보는 남자는 세상 어디에도 없습니다. 만약에라도 그런 질문을 떠올렸다면, 추호의 의심 없이 그럴 것이라고 대답할 것입니다. 하지만 그런 질문을 떠올린다는 사실 자체는 이미 그가 에로스의 세계를 벗어났음을 시사합니다.

《네 가지 사랑》 5장 에로스

6월 28일

에로스의 영적인 위험

　　과거에도 널리 그랬고 오늘날에도 여전히 많은 순진한 사람들이 받아들이고 있는 견해로, 에로스의 영적 위험은 전적으로 그 안에 내재하는 육적인 요소에서 생겨난다는 주장이 있습니다. 다시 말해 에로스는 그 안의 비너스가 최소한으로 축소될 때 '가장 고상하고' '가장 순수하다'는 것입니다. 과거의 윤리신학자들은, 결혼생활에서 가장 유의해야 할 위험은 감각적 쾌락에 빠져서 자기 영혼을 파멸시키는 일이라고 생각한 듯합니다. 그러나 이는 성경적 접근이 아닙니다. 사도 바울은 자신이 전도한 이들에게 되도록 결혼하지 말 것을 권유했지만, 부부생활에서 너무 오랫동안 비너스를 끊고 지내서는 안 된다고 말한 것 외에는, 이 측면에 대해서는 아예 아무 언급도 하지 않았습니다(고전 7:5). 그가 염려했던 바는 배우자에 대한 몰두, 항시 남편 또는 아내를 '기쁘게 해주어야'—즉 고려해야—하는 일, 복잡한 가사家事 일로 마음이 분산되는 상황 등이었습니다. 하나님을 향한 중단 없는 섬김의 삶을 방해하는 것은, 결혼생활 자체이지 부부의 침실이 아닙니다. 사도 바울의 생각은 정말 옳지 않습니까?

저 자신의 경험을 근거로 말한다면, 신앙생활에 가장 큰 방해 요소는 (미혼이든 기혼이든) 세세한 현실적 문제에 대한 염려입니다. 사소하고 시시하기 그지없는 것에 대한 염려 말입니다. 당장 해야 할 일에 대한 사소한 염려와 결정으로 마음이 어지러운 상황이, 어떤 격정이나 욕망보다 더 저의 기도생활을 방해했습니다. 결혼생활에 늘 따르는 큰 유혹은 육욕이 아니라 (한 마디로 말해) 탐욕입니다. 저는 중세의 영적 지도자들을 존경해마지 않지만, 그들이 모두 독신이었다는 사실 역시 떠올리게 됩니다. 아마도 그들은 에로스가 우리의 성을 어떻게 변모시키는지 몰랐을 것입니다. 에로스가 어떻게 단순한 욕망의 끈질긴 중독성을 악화시키기는커녕 감소시키는지 말입니다. 또 에로스가 그렇게 하는 것은 단순히 욕망을 만족시켜 줌으로써가 아닙니다. 에로스는 욕망을 감소시키지 않고도 금욕을 더 쉽게 만들어 줍니다. 물론 에로스는 연인에 몰두하는 경향이 있고 그것은 실로 영적 생활에 방해가 될 수 있지만, 어쨌거나 그것이 곧 육욕에 대한 몰두는 아닙니다. 《네 가지 사랑》 5장 에로스

베드로와 바울

베드로는 예수님을 기름 부음을 받은 자라고 고백했습니다. 그 영광의 섬광이 채 지나가기도 전에 어두운 예언이 시작됩니다. 즉 인자가 고난을 받고 죽어야 한다는 것입니다. 이 같은 명암은 계속 반복됩니다. 자신의 신앙고백으로 잠시 칭찬받은 베드로는 발을 헛디디고 맙니다. "사탄아, 내 뒤로 물러가라"는 결정적인 거절이 이어집니다. 그리고 그렇게 베드로가 (종종) 순간적으로 몰락할 때마다 주님의 음성은 군중을 향해 그 교훈을 일반화합니다. "누구든지 나를 따르는 사람은 십자가를 져야 한다." 고난을 피하는 것, 자기를 보존하는 것은 삶의 진정한 목적이 아니라는 것입니다. 그러고서 좀더 결정적으로 순교를 명합니다. "너희를 맞서는 자리에 서야 한다. 지금 이곳에서 그리스도를 부인하면, 나중에 그리스도가 너희를 부인할 것이다."

……

내가 자라난 '저교회파'[15] 환경은 시온을 너무 포근하고 편안하게 여기는 경향이 있었네. 나는 우리 할아버지가 종종 "천국에 가서 사도 바울과 흥미로운 대화를 나누게 되길 손꼽아 기다린다"고 말씀하셨다는 말을 들었다네. 두 성직자가 클럽에서 편안하게 대화를 나누는 장면이라니! 아무리 훌륭한 가문의 복음주의 성직자라 해도 사도 바울과의 만남은 놀라움 그 이상일 텐데, 할아버지는 그런 생각을 전혀 안 하셨는가 보네. 그러나 천국에서 위대한 사도들을 만난 단테는 태산 앞에 선 듯한 왜소함을 느끼지 않았나. 성인들에게 바치는 기도에 반대할 이유는 많이 있지만 그럼에도 그들에 비할 때 우리가 너무나 작다는 사실을 계속 상기시켜 주는 것만은 분명하네. 그렇다면 그들의 주인 되신 분 앞에서 우리의 존재는 어떠하겠나? 《기독교적 숙고》 13장 현대 신학과 성경 비평, 《애인기도》 2장

6 월 30 일

천사, 수코양이, 결혼 침실

우리는 비너스를 너무 진지하게만 대해서는 안 됩니다. 그런 전적인 진지성은, 사실 인간성에 폭력을 가하는 일입니다. 세상의 모든 언어와 문학이 성에 대한 농담으로 가득한 것은 공연한 일이 아닙니다. 그중 대다수는 재미없거나 역겨운 것이며, 또한 오래된 것입니다. 그러나 우리는 그것들에서 나타나는 그런 태도보다는 비너스에 대한 경건하고 엄숙한 태도가 결국에는 기독교적 삶을 훨씬 더 위험에 빠뜨린다는 점을 알아야 합니다.

……여신이라기보다는 장난꾸러기 꼬마 요정에 훨씬 가까운, 장난기 심한 짓궂은 영인 비너스는 인간들을 가지고 놀기 좋아합니다. 모든 외적 환경이 비너스를 섬기기에 최적일 때는 연인 중 한 사람이나 그 둘 모두의 기분을 전혀 내키지 않게 만들어 버리곤 합니다. 반면 모든 공공연한 행동이 불가능하고, 심지어 시선도 서로 주고받기 어려운 그런 때에는—기차나 상점 안, 혹은 지루한 파티 장에서—사력을 다해 그들을 엄습합니다. 그러나 한 시간 후 적합한 시간과 장소가 되면, 비너스는 또 묘하게도 자취를 감춰 버리곤 합니다. 많은 경우 그 둘 중 한 사람에게서만 말입니다. 비너스를 신으로 모시는 이들에게 이는 얼마나 소란스런 야단법석—그 모든 원한, 자기 연민, 의심, 상처 입은 허영심, 또 요즘 유행인 '좌절감' 운운 하는 소리들—을 불러일으키는지! 그러나 양식 있는 연인들은 이런 것을 그저 웃어 넘깁니다.

……에로스처럼 그렇게 원대하고 초월적으로 보이는 열정이 이렇듯 (날씨·건강·음식·혈액순환·소화와 같은 현세적 요소들과 너무 노골적으로 관련을 맺고 있는) 육체적 욕구와 어울리지 않는 공생 관계에 있다는 사실이, 제게는 하나님의 조크로밖에는 보이지 않습니다. 에로스 안에서 가끔 우리는 하늘을 나는 듯합니다. 그러나 비너스는 갑작스럽게 우리를 잡아당겨, 실은 우리가 땅에 묶여 있는 기구氣球에 불과하다는 사실을 상기시켜 줍니다. 이는 우리가 한편으로는 천사들과 유사하고

또 한편으로는 수코양이들과 유사한 합성물, 이성을 가진 동물이라는 사실을 지속적으로 확인시켜 줍니다. 농담을 받아들이지 못하는 것은 나쁩니다. 하나님의 농담을 받아들이지 못하는 것은 더욱 그렇습니다. 왜냐하면 그 농담은 비록 우리를 웃음거리로 삼지만, 동시에 우리에게 영원한 유익이 되기 때문입니다 (누가 이를 의심할 수 있습니까). 《네 가지 사랑》 5장 에로스

The Business of Heaven

7월 1일

그리스도인 남편의 머리 됨

기독교 법은 항구한 결혼 관계 안에서 그에게 왕관을 씌워 줍니다. 즉 그는 '머리 됨'을 수여—혹은 부과라고 할 수 있을까요—받습니다. 그리고 우리는 자연적 신비를 지나치게 진지함으로 대할 때가 많듯이, 이 기독교적 신비를 충분히 진지하지 않게 대할 때가 많습니다. 때로 어떤 기독교 작가들은(특히 밀턴의 경우) 소름 끼칠 정도로 너무 자기만족적인 태도로 남편의 머리 됨을 운운하기도 했습니다.

우리는 성경으로 돌아가야 합니다. 남편이 아내의 머리인 것은, 그리스도가 교회에 하듯 하는 한에서 그렇습니다. 남편은 그리스도가 교회를 사랑하듯 아내를 사랑하고 아내를 위해 자기 목숨을 내어 주어야 합니다(엡 5:25). 이러한 머리 됨은 흔히 우리 모두가 바라는 그런 남편의 모습이 아니라, 십자가 고난 같은 결혼생활을 하는 남편의 모습에서 비로소 온전히 구현됩니다. 받기만 하고 주는 것은 없으며 격이 맞지 않을 뿐 아니라 (그녀 자체로서도) 전혀 사랑스럽지 않은 아내를 둔 남편이 이에 해당됩니다. 교회 역시 신랑이신 주님이 부여하는 아름다움 외에는 어떠한 아름다움도 갖고 있지 못합니다. 주님은 그 아름다움을 발견하는 것이 아니라 만들어 냅니다.

이렇듯 끔찍한 대관식의 성유聖油는, 결혼생활의 기쁨이 아니라 슬픔, 착한 아내의 병이나 고통 혹은 나쁜 아내의 결함 속에서 그런 아내에 대한 남편의 한결같은(그러나 과시하지 않는) 돌봄 혹은 끝없는 용서(묵인이 아닌 진짜 용서)로 나타납니다. 마치 그리스도가 지상에 있는 결점 많고 교만하며 광신적이거나 미지근한 교회를 통해 언젠가 흠이나 주름 없는 모습이 될 신부를 보고 또 그런 신부를 낳기 위해 수고하듯이, 그리스도와 같은 머리 됨(이와 다른 머리 됨은 허락되지 않았습니다)을 행사하는 남편은 결코 절망하는 법이 없습니다.

제 말은 이런 불행이 포함된 결혼생활이 덕스럽거나 지혜롭다는 뜻은 아닙니다.

불필요한 순교를 일부러 자청하거나 의도적으로 박해를 불러들이는 것은 지혜도, 덕도 아닙니다. 그렇지만 어쨌거나 주님의 모습을 가장 분명하게 본받는 이들이 있다면 박해와 순교를 당하는 그리스도인들입니다. 그러므로 본의 아니게 이런 불행한 결혼에 처하게 된 남편이 '머리 됨'을 감당하는 모습이야말로 가장 그리스도를 닮은 모습입니다.

단호한 페미니스트들도 이교적 신비나 기독교적 신비에서 남성에게 수여되는 그 왕관을 못마땅하게 여길 필요는 없습니다. 왜냐하면 전자의 경우는 종이 왕관이며, 후자의 경우는 가시 왕관이기 때문입니다. 진짜 위험은 남편이 그 가시 왕관을 움켜쥐고 놓지 않으려는 데 있는 것이 아니라, 그 왕관을 아내가 가로채도록 허락하거나 강요할 수 있다는 데 있습니다. 《네 가지 사랑》 5장 에로스

7월 2일

에로스가 하나님처럼 말할 때

에로스가 무제한적·무조건적으로 높임을 받을 때는 악마가 되고 맙니다. 그런데 에로스는 늘 이런 식으로 자기를 높이고 자기에게 순종할 것을 요구합니다. 에로스는 우리의 이기심에 대해서는 신적인 무관심을 보이는 반면, 자기 주장에 반反하는 하나님과 사람의 요구에 대해서는 악마적인 반발을 보입니다. ……비난받을 만한 행동을 저질렀을 때 연인들은 흔히 "사랑이 우리를 그렇게 만들었다"고 하는데, 이때 말의 어조에 주목해 보십시오. 이는 "너무 무서워서 그랬어"랄지 "너무 화가 나서 그랬어"라고 말할 때의 어조와는 전혀 다릅니다. 이 두 경우는 변명이 필요한 일에 대해 변명을 하는 것입니다. 그러나 연인들의 태도는 거의 그렇지 않습니다. 그들이 얼마나 떨리는 목소리로, 또 얼마나 헌신적인 태도로 사랑이라는 단어를 말하는지 주목하십시오. 이는 "정상참작을 해 달라"는 태도가 아니라, 어떤 권위에 호소하는 태도입니다. 그 고백은 거의 자랑이 될 수도 있습니다. 거기에는 도전적인 태도도 담길 수 있습니다. 그들은 스스로를 '순교자로 느낍니다.' 극단적인 경우, 그 말은 사랑의 신에 대한 그들의 확고부동한 충성심을 점잖게 표현해 주는 말에 지나지 않습니다.

"사랑의 법 안에서 이러한 동기는 선으로 간주되지요"라고 밀턴의 댈릴라Dalila는 말합니다. '사랑의 법 안에서.' 이것이 요지입니다. ……전에는 감히 생각지도 못했을 온갖 종류의 행위도 이제 다 그 영이 허용해 주는 듯합니다. 그 행위란 단순히 순결을 범하는 행위만 말하는 것이 아닙니다. 외부 세계를 향한 불공정하고 무자비한 행위도 의미합니다. 그들은 그런 행위를 에로스를 향한 경건과 열정의 증거로 여깁니다. 그들은 서로를 위한 희생자인 양 서로에게 말합니다. "내가 부모님마저 무시하고, 내 아이들을 버리고, 배우자를 속이고, 어려움에 처한 친구를 저버린 것은 다 사랑을 위해서야." 이러한 동기는 사랑의 법 안에서 선으로 간주됩니다. 독실한 헌신자는 그러한 희생을 자신이 이룩한 자랑할 만한 공로로 느끼기도 합니다. 사랑의 제단에 바쳐질 제물로서 사람의 양심보다 더 값비싼 것이 뭐가 있겠습니까? 《네 가지 사랑》 5장 에로스

7월 3일 〈도마 축일〉

의심 많은 도마

"보지 못하고 믿는 자들은 복되도다"[1]라는 말씀은 기독교의 가르침
에 동의하는 문제와는 아무런 상관이 없습니다. 이 말씀을 받은 사람은 하나
님이 과연 존재하시는가를 묻는 철학자가 아니었습니다. 특정 인물을 오랫동안
알고 지냈으며 그 인물이 아주 이상한 일들을 할 수 있다는 증거를 갖고 있었던
사람이었습니다. 그러면서도 그 인물이 자주 예언했던 일, 그와 가장 가까운 친
구들이 모두 보증한 한 가지 이상한 일만은 믿지 않겠다고 버틴 사람이지요.
이 말씀이 꾸짖는 바는 철학적 의미에서의 회의론이 아니라 '의심하는' 상태라
는 심리적 특성입니다. 사실상 이렇게 말한 셈이지요. "나를 더 잘 알 때도 되지
않았느냐." 방식만 다를 뿐 사람 사이에서도 보지 않고 믿어준 사람들을 복되
게 여기는 경우들이 있습니다. 법정에서 무죄판결을 받은 후에야 우리를 믿어준
사람의 관계가 줄곧 우리를 믿어준 사람과의 관계와 같을 수는 없습니다.

'믿음을 굳게 지킴에 대하여'

7월 4일

우리는 에로스가 할 수 없는 것을 해야 한다

결혼생활이 위험에 빠지고 어쩌면 파멸에 이를 수도 있는 부부는, 에로스를 우상숭배했던 이들입니다. 그들은 에로스에게 신으로서의 힘과 진실성이 있으리라고 믿었던 것입니다. 그들은 감정만으로 충분하며 그것만이 평생토록 필요한 전부일 것이라고 기대했던 것입니다. 그러나 결국 이러한 기대가 실망으로 변하면 그들은 그 책임을 에로스에게 돌리거나, 더 흔하게는 그들의 배우자에게 돌립니다. 그러나 사실 거창한 약속을 하고 그 약속의 성취가 어떤 것인지를 우리에게 어렴풋이 보여 준 에로스는 이미 '자기 할 일을 다 한' 것입니다. 그는 대부代父 대모代母처럼 우리를 대신하여 서약했을 뿐입니다. 그 서약을 지켜야 하는 사람은 다름 아닌 우리 자신입니다. 그 어렴풋한 계시를 매일의 삶에서 이루도록 노력해야 할 사람은 우리 자신입니다. 우리는 에로스가 없을 때에도 에로스의 일을 해야 합니다.

사실 이는 모든 좋은 연인들이 이미 알고 있는 바입니다. 반성이나 표현에 어눌한 이들은 그저 "같이 살다 보면 좋을 때도 있지만 그렇지 않을 때도 있는 법"이랄지, "너무 많은 것을 기대하진 말라"랄지, "약간의 양식良識만 있어도 다 잘 풀릴 수 있다"는 식의 관습적인 말로 표현하겠지만 말입니다. 그리고 모든 좋은 그리스도인 연인들은, 이러한 일이 듣기에는 쉬워 보여도 실은 겸손과 자비와 신의 은총 없이는 실행될 수 없는 일임을 알고 있습니다. 사실 이는 특정한 각도에서 바라본 그리스도인 삶의 전부라는 사실을 그들은 알고 있습니다.

《네 가지 사랑》 5장 에로스

7월 5일

자비

　　윌리엄 모리스William Morris[2]는 〈사랑으로 충분하다〉라는 시를 쓴 일이 있는데, 누군가가 그 시에 대해 "그렇지 않다"는 말로 간단히 논평한 적이 있다고 합니다. ……자연적 사랑은 결코 스스로 충족될 수 없습니다. 그 감정이 계속 달콤한 감정으로 지속될 수 있으려면 다른 무언가의 도움을 받아야 합니다. 그 다른 무엇이란, 처음에는 '건전한 양식'으로 막연히 묘사되다가 나중에는 선善으로, 마침내는 한 특정한 관계에서 본 그리스도인의 삶 전부로 밝혀진 바 있습니다.

이는 자연적 사랑을 깎아내리는 말이 아니라 그들의 진짜 영광이 어디 있는지를 가리켜 줄 따름입니다. 어떤 정원이 저 스스로 울타리를 치거나 잡초를 제거하지 못하며 과일 나무의 가지치기도 못하고 잔디밭을 고르거나 깎지 못한다고 말하는 것이, 그 정원을 깎아내리려는 의도는 아닙니다. 정원은 좋은 것이지만, 다만 이런 종류의 좋은 점은 갖고 있지 않을 뿐입니다. 누군가가 정원에 그 일을 해줄 때 비로소 정원은 황무지와는 확연히 구별되는 하나의 정원으로 유지될 수 있습니다. 정원의 참된 영광은 전혀 다른 종류의 것입니다. 지속적인 잡초 제거와 가지치기가 필요하다는 사실 자체가 그 영광을 증거해 줍니다. 정원은 생명으로 충만합니다. 천국과도 같은 색깔과 냄새를 발하며, 여름날이면 매시간 사람이 도저히 만들어 낼 수 없고 상상도 못했던 온갖 아름다움을 발산합니다.

만일 여러분이 정원의 공헌과 정원사의 공헌을 비교해 보고자 한다면, 그 정원이 길러내는 가장 흔한 잡초와 함께 정원사의 괭이·갈퀴·원예용 가위·잡초 제거 도구들을 한번 나란히 놓아 보시기 바랍니다. 여러분은 아름다움과 에너지와 생명력 넘치는 것들 옆에 생명 없고 흉측한 것들이 나란히 놓여진 모습을 볼 것입니다. 마찬가지로 우리의 '예의범절과 건전한 양식'을 사랑의 온화함과 나란히 놓고 비교해 보면 우중충하고 죽어 있는 것처럼 보입니다. 《네 가지 사랑》 6장 자비

7월 6일

자신의 수준을 과대평가하지 말라

우리 대부분에게 진짜 라이벌 관계는 자기 자신과 다른 인간 사이에 있지, 다른 인간과 하나님 사이에 있지 않습니다. 지상적인 사랑의 수준에도 못 미치는 사람에게 지상의 사랑을 넘어서라는 의무를 지우는 것은 위험한 일입니다. 또한 같은 피조물을 덜 사랑하는 이유를, 하나님을 더 사랑하기 때문이라고 상상하기란 정말 대단히 쉽습니다. 진짜 이유는 전혀 다른 데 있는데도 말입니다. 우리는 '자연의 쇠퇴를 은총의 증대로 착각'하기 쉽습니다. 많은 사람들의 경우 자기 아내나 어머니를 미워하는 것이 그다지 어렵지 않습니다. 모리악François Mauriac의 소설을 보면, 〔부모와 아내를 미워하라는 주님의〕 이 이상한 명령에 다른 제자들은 모두 너무 놀라 어쩔 줄 몰라 하는 반면, 오직 유다만 너무 태연하게 그것을 받아들이는 장면이 나옵니다. 《네 가지 사랑》 6장 자비

7월 7일

자연적인 사랑이 신성을 내세울 때

자연적 사랑은 하나님의 도움 없이는 스스로를 유지할 수도 없고 자신들의 약속을 지킬 수도 없다는 사실을 통해, 이미 하나님을 대신할 만한 것이 못 된다는 사실이 증명됩니다. 황제의 지원 없이는 자신의 종속적인 지배권도 유지할 수 없고 자신의 작은 영지의 평화도 반 년을 지킬 수 없는 어린 왕자에 대해, 그가 합법적 황제가 아니라는 사실을 구태여 증명할 필요가 무엇이겠습니까?

자연적 사랑은 자신이 원하는 상태로 유지되고자 한다면, 자신을 위해서라도 제2인자로서의 위치를 받아들여야 합니다. 이 멍에에 참 자유가 있기 때문입니다. 그들은 '엎드릴 때 더 커집니다.' 왜냐하면 하나님이 인간의 마음을 다스리실 때 가끔은 거기 있던 토착 세력을 완전히 제거하실 때도 있지만, 많은 경우 계속 그 자리에 그대로 놔두시며, 그들의 권위를 하나님 자신의 권위에 종속시킴으로써 비로소 그들의 권위가 확고한 기초를 가질 수 있게 해주실 때가 많기 때문입니다. 에머슨은 "어중간한 신들half-gods이 사라질 때 진짜 신들gods이 온다"고 말한 적이 있습니다만, 이는 대단히 미심쩍은 격언입니다. 그보다는 "하나님이 오실 때 (비로소) 어중간한 신들은 존속할 수 있다"고 말하는 편이 낫습니다. 그 어중간한 신들은 저 혼자서는 사멸하거나 악마가 될 뿐입니다. 오직 그분의 이름으로만 그들은 아름다움과 안정성을 갖고 '그들의 작은 삼지창을 휘두를' 수 있습니다. '사랑이 전부'라는 반항적 슬로건은, 사실상 사랑에 대한 (처형 날짜만 잠시 비워 둔) 사형집행 영장과 같습니다. 《네 가지 사랑》 6장 자비

7월 8일

안전한 투자와 유한 책임

여전히 심금을 울리는 표현 중에, 성 아우구스티누스가 친구 네브리디우스Nebridius의 죽음이 안겨 준 슬픔에 대해 묘사한 부분이 있습니다(《고백록》 IV, 10). 그리고 나서 그는 교훈을 하나 이끌어 냅니다. 이런 슬픔은 하나님이 아닌 다른 무엇에 자기 마음을 줘 버린 결과라는 것입니다. 인간은 모두 죽게 마련입니다. 따라서 결국은 잃게 될 무언가에 우리의 행복이 좌지우지되게 해서는 안 된다는 것입니다. 사랑이 불행이 아니라 축복이 되게 하려면, 우리는 결코 죽지 않는 유일한 연인이신 하나님께만 우리의 사랑을 드려야 한다는 것입니다.

물론 대단히 일리 있는 말입니다. "새는 그릇에 음식을 담지 말라." "언젠가 떠나야 할 집이라면 거기에 너무 많은 돈을 쓰지 말라." 이렇게 신중한 격언들에 본성적으로 저보다 더 끌리는 사람은 없을 것입니다. 저는 그야말로 안전제일주의자입니다. 사랑을 반대하는 모든 주장 중에서 제 본성에 가장 크게 호소하는 것이 있다면, 그것은 "조심하라! 그것이 너를 고통에 빠뜨릴지도 모른다"는 말입니다.

이 말은 제 본성과 기질에는 호소합니다. 그러나 제 양심에는 그렇지 않습니다. 그러한 호소에 응할 때면, 저는 저 자신이 그리스도와 수천 마일 떨어진 느낌이 듭니다. 제가 확신하는 한 가지는, 그분의 가르침이 안전한 투자와 유한책임에 대한 저의 선천적 선호를 결코 인정해 주지 않는다는 것입니다. 제 모습 중에서 그분을 이보다 덜 기쁘시게 해드리는 점이 또 있을까 싶습니다. 그리고 대체 그러한 이해타산적 동기—더 안전하다는 이유로—에서 하나님을 사랑하기 시작하는 사람이 어디 있겠습니까? 그런 것을 사랑의 동기의 하나로 끼워넣을 사람이 어디 있겠습니까? 여러분은 이런 동기로 아내나 친구—혹은 강아지—를 고르십니까? 그런 계산을 하는 사람은 분명 이미 모든 사랑의 세계 바깥에 있는 사람임에 틀림없습니다. 그보다는 에로스, 행복보다는 연인을 택하는 무법적 에로스가 사랑 자체이신 분의 사랑에 더 가까울 것입니다. 《네 가지 사랑》 6장 자비

7월 9일

마음이 부서지지 않고
사랑할 수 있는 방법은 없다

마음이 부서지는 일이 없도록 하는 것이 우리의 최고 지혜라고 한다면, 일단 그렇다고 가정한다면, 하나님은 우리에게 그런 지혜를 제공하시는 분일까요? 그렇지 않음이 분명합니다. 그리스도께서도 결국 "어찌하여 나를 버리셨나이까?"라고 외치시는 자리까지 가셨습니다.

……사랑한다는 것은 상처받을 수 있는 위험에 자신을 노출시키는 행위입니다. 무엇이든 사랑해 보십시오. 여러분의 마음은 분명 아픔을 느낄 것이며, 어쩌면 부서져 버릴 수도 있습니다. 마음을 아무 손상 없이 고스란히 간직하고 싶다면, 누구에게도—심지어 동물에게도—마음을 주어서는 안 됩니다. 그것을 취미와 작은 사치로 조심스럽게 감싸 두십시오. 또 모든 얽히는 관계를 피하십시오. 마음을 당신의 이기심이라는 작은 상자 안에만 넣어 안전하게 잠가 두십시오. 그러나 (안전하고 어두우며, 움직임도 공기도 없는) 그 작은 상자 안에서도 그것은 변하고 말 것입니다. 부서지지는 않을 것입니다. 깨뜨릴 수 없고 뚫고 들어갈 수도 없을 것입니다. 그러나 구원받을 수 없는 상태가 되고 말 것입니다. 비극—혹은 비극을 무릅쓰는 일—을 피할 유일한 길은 영혼의 멸망입니다. 천국을 제외하고, 여러분이 사랑의 모든 위험과 동요로부터 완벽하게 안전할 수 있는 유일한 장소는 지옥뿐입니다.

아무리 무법적이고 무질서한 사랑이라도, 스스로 선택한 자기 방어 차원에서 사랑하지 않음으로 하나님의 뜻을 거스르는 것보다는 훨씬 낫다고 봅니다. 그런 사랑 없음은 마치 "저는 당신을 엄한 사람이라고 생각했습니다"라는 이유로 자신이 받은 달란트를 수건에 싸서 숨겨 놓는 행위와 같습니다.[3] 그리스도께서는 우리 자신의 행복과 심지어 자연적 사랑에조차 더 신중해지라고 가르치시고 고통 받으신 것이 아닙니다. 만일 사람이 눈에 보이는 지상의 연인을 향해서도 계산적이라면, 보이지 않는 하나님을 향해서는 틀림없이 더 계산적일 것입니다.

우리는 모든 사랑에 내재해 있는 고통을 피하려고 애씀으로써가 아니라, 그것을 받아들이고 그분께 바침으로써 하나님께 더 가까이 다가가게 됩니다. 자신의 모든 방어 무기를 내어 던짐으로써 말입니다. 만일 우리 마음이 부서질 필요가 있다면, 만일 그것이 그분이 선택하신 방법이라면, 우리는 기꺼이 그 길을 감수해야 합니다. 《네 가지 사랑》 6장 자비

7월 10일

사랑하는 이를 '미워해야' 할 때

흔히 그렇듯이, 주님의 말씀은 신학자들의 말보다 훨씬 격하면서 동시에 훨씬 받아들이기 쉽습니다. 그분은 상처 입을지 모르니 지상의 사랑을 경계하라는 식의 말씀은 전혀 하지 않으십니다. 그러나 그 사랑이 우리가 그분을 따르는 것을 막는 순간에는 가차 없이 모두 밟아 뭉개라는, 가혹한 채찍과도 같은 말씀을 하십니다. "무릇 내게 오는 자가 자기 부모나 처자와 형제와 자매와 및 자기 목숨까지 미워하지 아니하면 능히 내 제자가 되지 못하고"(눅 14:26).

위 구절에서 미워하다hate라는 말을 어떻게 이해해야 할까요? 사랑 자체이신 분께서 일반적 의미의 미움─분을 품고, 상대의 불행을 기뻐하고 그를 해롭게 하기를 즐기는 것─을 명령하신다는 것은 어불성설입니다. 저는 주님이 베드로에게 "내 뒤로 물러가라"[4]고 말씀하셨을 때, 위의 의미로 그를 '미워'하신 것이라고 생각합니다. 즉 미워한다는 것은, 연인이 악마의 제안을 해올 때는 아무리 달콤하고 애처롭다 해도 거절하고 물리치며 용납하지 않는 것을 의미합니다. 예수님은, 두 주인을 섬기려 하는 자는 둘 중 하나는 '미워'하고 다른 하나는 '사랑'할수밖에 없다고 말씀하셨습니다.[5] 단순히 싫어하거나 좋아하는 감정 차원의 문제가 아닙니다. ……아무리 가깝고 친밀한 사람이라도 우리가 하나님께 순종하는 일을 방해할 때에는 가차 없이 그들을 거부하고 부적격 판정을 내려야 합니다. 분명 그것은 미움처럼 비춰질 것입니다. 그러나 동정심에 좌우되어서는 안됩니다. 그들의 눈물에 눈을 감아야 하고, 그들의 탄원에 귀를 닫아야 합니다.

이러한 의무가 어렵다는 말은 하지 않겠습니다. 어떤 이들에게는 너무 쉬운 일이기 때문입니다. 물론 어떤 이들에게는 거의 참을 수 없을 만치 어려운 일이기도 합니다. 모두에게 어려운 점은 그렇게 '미워해야' 하는 경우가 언제인지를 아는 것입니다. 우리의 기질은 우리를 속입니다. 온유하고 온화한 사람─공처가, 순종적인 아내, 자식을 지나치게 사랑하는 부모, 말 잘 듣는 자녀─은 그 시점이 왔다는 사실을 쉽사리 믿지 않습니다. 반면 다소 사납고 자기 주장이 강한 사람은 너무 빨리 믿습니다. 바로 그렇기 때문에 평소 우리의 사랑에 질서를 잘 부여하여, 그런 때가 아예 오지 않도록 하는 것이 그토록 중요한 것입니다.

《네 가지 사랑》 6장 자비

7월 11일

모든 사람이 높이 올려짐

우리는, 몸의 부활이 우리의 '확장된 몸', 즉 우리의 지상적 삶의 일반
적 구조—거기서의 애정과 관계를 포함하는—의 부활도 의미하는 것이기를 희망
합니다. 그러나 그렇게 되기 위해서는 한 가지 필수 조건이 있습니다. 이는 하나님
이 자의적으로 설정하신 조건이 아니라 천국의 특성 자체에 필연적으로 내재되
어야 할 조건으로, 바로 천국적인 것이 되지 않고서는 그 무엇도 천국에 들어갈
수 없다는 사실입니다. '혈과 육', 즉 단순한 자연은 하나님 나라를 상속받을 수
없습니다.⁶ 인간은 오직, 죽으시고 천국으로 올라가신 '그리스도의 형상이 그 안
에 이루어질' 때 비로소 천국에 들어갈 수 있습니다.⁷ 우리의 사랑도 마찬가지가
아닐까요? 오직 사랑 자체이신 분이 그 속에 들어와 있는 사랑만이 그분을 향해
올라갈 것입니다. 인간의 사랑은, 어떻게든 그분의 죽음에 동참할 때 비로소 그분
과 더불어 높이 올려질 수 있습니다. 그 사랑 안에 있는 자연적인 요소가 변화에
굴복—해마다 점차적으로든, 어떤 갑작스런 고뇌를 통해서든—할 때 말입니다.
이 세상 모습은 결국 사라지고 맙니다. 자연이라는 말 자체가 이미 무상無常하다
는 뜻을 내포하고 있습니다. 자연적 사랑은 자비의 영원 속으로 자신이 들어 올
려지게 했을 때에만 비로소 영원을 희망할 수 있습니다. 더 이상 아무도 일할 수
없는 때가 오기 전, 적어도 이곳 지상에서 그런 [들어 올려지는] 과정이 시작이라도
되게 했어야 합니다. 그리고 그 과정에는 언제나 일종의 죽음이 내포되어 있습니
다. 다른 길은 없습니다. 아내나 친구를 향한 사랑에서, 유일하게 영원한 요소는
사랑 자체이신 분의 변화된 현존뿐입니다. 우리 육체가 바라듯이 다른 요소들도
그 현존에 의해, 죽은 것들로부터 일으켜짐 받기를 희망할 수 있을 뿐입니다. 그
현존만이 그들 안에 있는 거룩함이요 그것만이 주님이시기 때문입니다.

《네 가지 사랑》 6장 자비

7월 12일

필라우티아, 자기애

　　자기부인self-renunciation은 기독교 윤리의 핵심에 아주 가깝다고 여겨집니다. 그리고 실제로 그렇습니다. 아리스토텔레스는 특정한 종류의 자기애 self-love를 칭송했는데, 정당한 필라우티아(자기애)와 부당한 필라우티아를 주의 깊게 구분하고 있긴 하지만,[8] 우리는 그의 글을 보면서 특히 기독교에 못 미치는 요소가 있다고 느낍니다. 프랑소아 드 살의 책에 등장하는 '자신을 향한 온유함에 대하여'[9]의 내용은 어떻게 생각해야 할지 판단하기가 더 어렵습니다. 그 부분에서 저자는 우리 자신에 대해서도 분개하지 말라고 말하고, 자신이 잘못했을 때도 격정이 아니라 동정을 느끼며 '부드럽고 차분한 충고로'[10] 타이르라고 합니다. 노리치의 줄리안도 이와 비슷하게 우리의 '동료 그리스도인들'에게뿐 아니라 '우리 자신'에게도 '정답고 평온하게' 대하라고 말합니다.[11] 신약성경조차도 내 이웃을 "나 자신과 같이"[12] 사랑하라고 명합니다. 자아가 단순히 미워해야 할 대상이라면 이것은 끔찍한 명령일 것입니다. 하지만 우리 주님은 참된 제자는 "자기 목숨까지 미워"[13]해야 한다고도 말씀하십니다.

《피고석의 하나님》 2부 자아를 다루는 두 가지 방법

7월 13일

두 종류의 자기혐오

이렇게 모순적으로 보이는 말씀을 대하면서, 자기애는 어느 지점까지는 옳고 그 지점을 넘어가면 틀렸다는 식으로 설명해서는 안 됩니다. 이것은 정도의 문제가 아닙니다. 자기혐오에는 두 종류가 있는데, 초기 단계에는 그 둘이 상당히 비슷해 보이지만 하나는 처음부터 틀렸고 또 하나는 끝까지 옳습니다. 셸리는 자기 경멸을 잔인함의 근원이라고 말했고, 이후의 한 시인은 '자기 이웃을 자신처럼 질색하는' 사람은 마음에 들지 않는다고 말했습니다. 그들이 가리킨 것은 대단히 실질적이고 대단히 비기독교적 자기혐오입니다. 흔한 이기심에 따라 살았다면 그저 동물적인 수준에 (적어도 한동안) 머물렀을 사람이 이런 자기혐오에 빠지면 악마적이 될 수 있습니다. 오늘날의 냉철한 경제학자나 심리학자가 자신의 모습에서 '이데올로기적 잔재'나 무의식적인 동기를 발견한다고 해도 반드시 기독교적 겸손을 배우는 건 아닙니다. 그들은 결국 자기 영혼을 포함한 모든 영혼을 '낮추어 보는 견해'를 갖게 될 수 있습니다. 그런 견해는 냉소나 잔인함, 또는 둘 모두로 나타납니다. 그리스도인들조차도 어떤 형태의 전적 타락의 교리를 받아들이게 되면 이런 위험에서 자유롭지 못합니다. 이런 과정의 논리적 결론은 고통의 숭배입니다. 제가 바르게 읽었다면, 데이빗 린지David Lindsay의 《아르크투르스로의 항해*Voyage to Arcturus*》, 그리고 셰익스피어가 《리처드 3세》의 끝 부분에서 묘사한 그 비상하게 멍한 상태에서 자아뿐 아니라 다른 사람에 대한 고통의 숭배를 읽을 수 있습니다. 리처드는 자기애의 도움을 받아 괴로움을 덜어 보려 합니다. 그러나 그는 너무나 오랫동안 모든 감정을 '꿰뚫어 보고' 있었던 터라 이 감정조차 '꿰뚫어 보고' 맙니다. 자기애가 그저 동어 반복이 되어 버리는 것이지요. "리처드는 리처드를 사랑해. 그건, 나는 나라는 말이지."[14] 《피고석의 하나님》 2부 자아를 다루는 두 가지 방법

7월 14일

자아를 대하는 두 가지 방식

자아는 두 가지 방식으로 볼 수 있습니다. 우선 그것은 하나님의 피조물로, 사랑하고 기뻐해야 할 대상입니다. 현재 혐오스러운 상태에 있기는 하지만 가엾게 여기고 치료해야 할 존재입니다. 또 한 가지는 다른 모든 사람들에 대해 '나', '나'를 내세우고, 그것을 근거로 불합리한 우선권을 주장하는 주체입니다. 이런 주장은 미워해야 할 뿐 아니라 그냥 죽여야 합니다.

조지 맥도널드는 이렇게 말합니다. "영원한 죽음에서 잠깐의 유예도 허락해서는 안 된다." 그리스도인은 자아ego가 벌이는 아우성에 맞서 끝없는 전쟁을 벌여야 합니다. 그러나 그는 자아의 죄는 미워하고 거부하되, 자아 그 자체는 사랑하고 인정합니다. 그가 거절해야 하는 자기애는 모든 자아에 대해 어떻게 느껴야 하는지 보여 주는 표본입니다. 그가 자기 이웃을 자신처럼 사랑하기를 참으로 배울 때(이생에서는 기대하기 힘든 일이지요), 그때 비로소 자신을 이웃처럼, 즉 편애가 아니라 박애로 사랑할 수 있을 것입니다. 그러나 또 다른 종류의 자기혐오는 자아 자체를 미워합니다. 그것은 '나'라는 특수한 자아의 특별한 가치를 인정하는 데서 출발합니다. 그리고 그렇게 소중한 대상이 얼마나 실망스러운지 발견하고 자존심에 큰 상처를 입어 처음에는 자신의 자아에게, 다음엔 모두에게 복수를 꾀합니다. 이런 자기혐오는 여전히 매우 자기중심적이되 이제는 뒤집힌 자기중심주의에 사로잡혀 "나는 나를 아끼지 않아"라고 주장하고는 타키투스의 백부장처럼 "자신이 (친히 그것을) 감내했기 때문에 더욱 가치 없게"[15] 됩니다.

잘못된 금욕주의는 자아를 고문하지만, 올바른 금욕주의는 자아성을 죽입니다. 우리는 매일 죽어야 합니다. 그러나 아무것도 사랑하지 않느니 자아라도 사랑하는 편이 낫고, 아무도 불쌍히 여기지 않느니 자아라도 불쌍히 여기는 편이 낫습니다. 《피고석의 하나님》 2부 자아를 다루는 두 가지 방법

자기 너머를 바라보자

우리 자신에게 관심을 갖게 하는 마음 상태를 믿어서는 안 됩니다. 우리의 죄도 마찬가지입니다. 그것을 직시하여 깨닫고 회개하면 되는 것이지 필요 이상으로 바라보고 있어서는 안 됩니다. 자신의 미덕이나 진보(가 있다면 그것) 역시 계속 바라보고 있으면 위험합니다. 태양이 머리 위에 떠있을 때는 그림자가 생기지 않습니다. 마찬가지로, 하나님의 자오선子傲線에 이르면 우리의 영적 그림자(즉 우리의 자의식)가 사라질 것입니다. 이렇게 되면 어떤 의미에서 우리는 거의 아무 것도 남지 않을 것이고, 그 빈 공간은 하나님과 우리의 복된 동료들로 채워질 것입니다. 그들 안의 빈자리는 우리의 도움을 받아 채워질 것입니다.

월터 후퍼에게 보낸 편지 [1954년 11월 30일]

7월 16일

엉망진창이 되어버린 미적 생활

상당히 최근까지, 그러니까 제 생각엔 낭만주의 시대 이전까지는, 문학과 예술 그 자체가 목적이라고 말하는 사람은 아무도 없었습니다. 문학과 예술은 '삶의 장식적인 부분에 속했고', '무해한 기분 전환거리'였습니다. 아니면 '풍속을 세련되게 하거나' '미덕을 고취'하거나 신들에게 영광을 돌리는 도구였습니다. 사람들은 미사용으로 위대한 음악들을 작곡했고, 귀족 후원자의 식당 벽 빈 공간을 채우거나 교회에서 신앙심을 돋우기 위해 위대한 그림들을 그렸습니다. 그리고 디오니소스를 기리는 종교 시인들, 반휴일half-holidays에 런던 시민들을 흥겹게 해 주는 상업 시인들이 위대한 비극들을 썼습니다.

우리가 예술의 온전한 장중함을 인식하게 된 것은 19세기가 되어서의 일입니다. 우리는 나치가 신화를 진지하게 여기는 것처럼 예술을 '진지하게 여기기' 시작했습니다. 그러나 그 결과, 우리의 미적 생활은 엉망진창이 되어 버린 듯합니다. 우리에게 남은 거라곤 읽거나 듣거나 보고 싶어 하는 사람들이 점점 더 줄어들고 있는 고상한 작품들과, 만드는 사람이나 즐기는 사람 모두 반쯤은 부끄럽게 여기는 '대중적' 작품들뿐입니다. 나치처럼 우리도, 진짜이지만 부차적인 선을 너무 높이 평가하다 자칫 그 선마저 잃어버릴 지경에 이르렀습니다.

《피고석의 하나님》 3부 우선적인 것들과 부차적인 것들

7월 17일

우선적인 것들과 부차적인 것들

저는 이 문제를 들여다보면 볼수록 보편적인 법칙 하나를 발견한 게 아닌가 생각하게 됩니다. "우리 대화합시다"라고 말하지 않을 때 더 대화가 잘 됩니다.[16] 개를 삶의 중심으로 삼는 여인은 결국 인간으로서의 유용성과 위엄뿐 아니라 개를 기르는 일에 따르는 합당한 즐거움까지 잃어버리게 됩니다. 알코올을 주식으로 삼는 사람은 일자리뿐 아니라 미각과 취기를 즐기던 이전의 재미까지 잃게 됩니다. 한 여성 안에 온 우주의 의미가 집약된다고 잠시 느끼는 것은 멋진 일입니다. 다른 의무와 즐거움들 때문에 그녀와 자꾸만 떨어지게 되는 동안만 그렇습니다. 주변을 모두 정리하고 그녀를 바라보는 것 외에는 아무 할 일이 없게 삶을 꾸며 보십시오(가끔은 가능합니다). 그럼 어떤 일이 벌어질까요? 물론이 법칙은 예전에 발견된 것이지만, 재발견될 필요가 있습니다. 우리는 이것을 다음과 같이 정리할 수 있습니다. '큰 선을 버리고 작은 선을 택하고 전체적인 선을 버리고 부분적인 선을 택하면, 희생을 감수하며 손에 쥔 작고 부분적인 선마저 잃어버리게 된다.'

세상은 그런 식이 되도록 만들어진 듯합니다. 에서가 장자권을 주고 팥죽 한 그릇을 얻었다면,[17] 그는 정말 운 좋은 예외라고 할 수 있습니다. 부차적인 것을 우선시해서는 그것들조차 얻지 못합니다. 우선적인 것을 우선시할 때만 부차적인 것들을 얻을 수 있습니다. 이러한 사실로부터 우리는 '어떤 것들이 우선적인가?'라는 질문이 철학자들뿐 아니라 모든 사람에게 중요한 관심사라는 결론을 이끌어 낼 수 있습니다. 《피고석의 하나님》 3부 우선적인 것들과 부차적인 것들

7월 18일

세계 평화가 구원보다 중요한가?

우리의 문명이 지난 삼십 년 동안 무엇을 우선시했는지 묻지 않을 수 없습니다. 정답은 간단합니다. 우리 문명은 문명 자체를 우선시했습니다. 문명의 보존이 가장 큰 목표였고, 문명의 몰락이 커다란 걱정거리였습니다. 평화, 높은 생활 수준, 위생, 운송, 과학과 오락 등 우리가 흔히 문명이라는 말로 뜻하는 모든 것이 우리의 목적이 되었습니다. 문명이 커다란 위험에 처한 시기에 문명에 대해 우려하는 것은 대단히 자연스럽고 필요한 일이라는 답변이 나올 수 있습니다. 그러나 만약 신발이 엉뚱한 발에 신겨진 것이면 어떻게 하겠습니까? 문명이 위기에 처하게 된 이유가 바로 우리 모두가 문명을 최고선最高善으로 만들었기 때문이라면 어떻게 하겠습니까? 문명은 그런 식으로 보존될 수 없을지 모릅니다. 어쩌면 문명은 우리가 다른 무엇을 그보다 더 아끼기 전까지는 결코 안전하지 못할지도 모릅니다.

이 가설을 뒷받침하는 몇 가지 사실들이 있습니다. 이제 평화(우리의 문명 개념의 한 가지 구성 요소입니다)에 관한 한, 평화를 향한 갈망에 사로잡힌 외교 정책이 오히려 전쟁으로 이끄는 많은 길 중 하나라는 사실에 많은 사람들이 동의할 것입니다. 문명이 인간 행위의 유일한 목적이 되기 전까지 문명이 심각한 위기에 처한 적이 있습니까? 지나간 시대를 성급하게 이상화하는 경우는 많고, 저는 그런 오류를 더 부추길 마음이 없습니다. 우리 조상들은 우리와 마찬가지로 잔인하고 음란하고, 탐욕스럽고 어리석었습니다. 하지만 그래도 그들은 각 시대마다 하나님의 뜻, 영광, 개인적인 명예, 교리적 순수성, 정의 등 온갖 것들을 문명보다 더 아꼈습니다. 이렇게 사람들이 문명보다 다른 것들을 더 아꼈던 시기에 문명이 심각한 위험에 처한 경우가 자주 있었습니까?

이 제안은 적어도 한 번은 생각해 볼 가치가 있습니다. 만약 우리가 문명을 부차적인 것으로 여기기 전까지 문명이 결코 안전하지 못하리라는 말이 사실이라면,

당장 떠오르는 질문이 있습니다. "무엇에 비해 부차적이라는 말일까?" "우선적
인 것은 무엇일까?" 제가 여기서 내놓을 수 있는 대답은 단 하나입니다. 우선적
인 것이 무엇인지 모르겠다면 일차적으로 해야 할 일, 참으로 실질적인 일은 하
나뿐입니다. 그것이 무엇인지 찾아 나서는 일입니다.

《피고석의 하나님》 3부 우선적인 것들과 부차적인 것들

7월 19일
수소 폭탄

진보는 바람직한 방향으로 나아가는 움직임을 뜻합니다. 하지만 우리가 인류에 대해 바라는 바가 모두 동일하지는 않습니다. 홀데인 교수는 '가능 세계들'[18]에서, 지구에서 더 이상 살 수 없게 될 날이 멀지 않았음을 내다본 인류가 몸의 생리 구조를 완전히 바꾸고 정의, 연민, 행복을 포기함으로써 금성 이주를 위한 적응에 나서는 미래를 그렸습니다. 여기서 인류가 바라는 바는 단순한 생존입니다. 그러나 저는 인류가 얼마나 오래 사는지가 아니라 어떻게 사는지에 관심이 있습니다. 제게 진보는 개인의 삶에서 선과 행복의 증진을 뜻합니다. 인류 전체에 대해서도 각 사람의 경우처럼 단지 오래 살기만 바란다면 그것은 경멸스러운 이상입니다.

그러므로 저는 수소 폭탄을 세상에서 가장 중요한 문제로 생각해선 안 된다는 스노우의 주장에 동의하면서도 그보다 더 멀리 내다봅니다. 저 역시 수소 폭탄으로 정말 인류의 삼분의 일이 죽을지(저를 포함해서 말입니다), 이것이 남은 사람들에게 나쁜 일이 될지 확신이 서지 않습니다. 저도 우리 모두가 수소 폭탄에 죽게 될 거라고 생각하진 않습니다. 그러나 만약 그런 일이 벌어진다면 어떻게 될까요? 그리스도인으로서 저는 인류 역사가 언젠가는 끝날 거라는 사실을 당연하게 여기고 있습니다. 하지만 전능자께 그 마지막 날로 언제가 가장 좋을지 조언하지는 않겠습니다. 저는 그보다는 그 폭탄 때문에 이미 벌어지는 일들에 관심이 있습니다.

수소 폭탄의 위협을 핑계로 아무런 즐거움을 누리지 못하고 모든 의무를 회피하는 젊은이들이 있습니다. 그들은 수소 폭탄 때문이건 아니건 모든 사람은 결국 죽는다(그중 많은 사람은 끔찍하게 죽는다)는 사실을 모를까요? 《피고석의 하나님》 3부 진보는 가능한가?

7월 20일

평등

인간의 가치가 평등하다고 말하는 것은 사려깊지 못한 일입니다. 그 가치를 세상적인 의미로 받아들인다면, 즉 모든 인간이 똑같이 유용하거나 아름답거나 선하거나 재미있다는 뜻이라면, 그 말은 허튼소리입니다. 만약 그것이 우리 모두가 불멸의 영혼으로서 가치가 평등하다는 뜻이라면, 역시 위험한 오류를 담고 있습니다. 각 인간 영혼의 가치가 무한하다는 주장은 기독교 교리가 아닙니다. 하나님은 인간에게서 어떤 가치를 발견하셨기 때문에 인간을 위해 죽으신 게 아닙니다. 하나님과 관계없이 각 인간 영혼 자체만 놓고 볼 때 그 가치는 무無입니다. 사도 바울이 지적한 바 있듯, 가치 있는 사람들을 위해 죽는 것은 신적인 행위가 아니라 영웅적인 행위에 불과했을 것입니다. 하지만 하나님은 죄인들을 위해 죽으셨습니다. 하나님이 우리를 사랑하신 것은 우리가 사랑받을 만하기 때문이 아니라 하나님이 사랑이시기 때문입니다. 하나님이 모두를 똑같이 사랑하신다고 말할 수 있겠지만—하나님이 모든 사람을 죽기까지 사랑하신 것은 분명합니다—저는 그 표현의 의미를 단정하기가 어렵습니다. 평등이 있다면, 그것은 그분의 사랑 안에 있지 우리 안에 있지 않습니다. 《영광의 무게》 멤버십

7월 21일
민주주의

제가 민주주의를 지지하는 것은 인간의 타락을 믿기 때문입니다. 제가 볼 때 대부분의 사람들은 이와 정반대의 이유로 민주주의를 지지합니다. 민주주의에 대한 열정은 상당 부분 루소 같은 사람들의 사상에 뿌리를 두고 있습니다. 그들은 인류가 너무나 지혜롭고 선하기 때문에 모두가 통치에 한몫을 해야 한다고 생각했습니다. 하지만 그런 근거로 민주주의를 옹호하는 것은 위험한 일입니다. 사실이 아니기 때문입니다. 그런 주장의 약점이 드러날 때마다 독재를 선호하는 사람들의 목소리에 힘이 실립니다. 저 자신만 돌아보아도 그런 주장이 옳지 않다는 걸 알 수 있습니다. 저는 한 나라는커녕 닭장을 다스리는 데 낄 자격도 없습니다. 대부분의 사람들도 마찬가지입니다. 광고를 덥석 믿어버리고 슬로건에 쉬이 넘어가고 소문을 퍼뜨리는 사람들 모두가 그렇습니다. 민주주의를 지지해야 하는 진짜 이유는 정반대입니다. 인류는 너무나 타락했기에 어느 누구에게도 동료들을 통치하는 무제한의 권력을 믿고 맡길 수가 없습니다.

……이런 입장에 따르면 우리가 익숙하게 배워온 평등관과 상당히 다른 평등관을 받아들이게 됩니다. 저는 평등이 (지혜나 행복처럼) 다른 용도 없이 그 자체로 선한 것이라고 생각하지 않습니다. 평등은 병이 들었기 때문에 유용한 약, 더 이상 순수하지 않기 때문에 필요한 옷과 같은 것입니다. ……평등을 약이나 안전장치가 아니라 이상理想으로 대하게 되면, 발육부진에 시달리고 질투에 사로잡힌 정신, 그래서 모든 우월성을 미워하는 정신이 생겨나게 됩니다. '평등'

막달라 마리아가 깨뜨린 옥합

성 막달라 마리아의 가호 아래 (계속) 머무는 것은 좋은 일이지요.
……그녀가 한 고귀한 행동의 알레고리적 의미 하나가 요 근래 떠올랐답니다.
우리가 그 거룩한 발 앞에 깨뜨려야 하는 값비싼 옥합alabaster box이란 다름 아
니라 우리의 마음입니다. 말은 쉽지만 행동은 어려운 일이지요. 그리고 내용물
은 오직 옥합을 깨뜨릴 때에야 비로소 향유가 됩니다. 옥합에 가만 들어 있을
때는 오물에 가깝지요. 경고로 삼지 않을 수 없습니다. 《루이스가 메리에게》 1부

군주제, 우리를 에덴과 이어주는 뿌리

영국인들은 의례상의 군주제를 잃지 않고 법적 민주주의(경제적 민주주의는 여전히 더 많이 필요한 상황입니다만)에 그나마 상당히 도달할 수 있었던 것을 기뻐해야 합니다. 그로 인해 우러러볼 대상을 바라는 우리의 갈망을 채워 주고 평등은 약일 뿐 음식이 아니라는 사실을 계속 상기시켜 주는 제도가 우리 삶의 한복판에 버티고 있게 되었기 때문입니다. 따라서 군주제에 대한 반응은 그 사실을 진짜로 알고 있는지 확인해 주는 일종의 시금석이 됩니다. 군주제의 '실체를 폭로'하는 일은 어렵지 않습니다. 그러나 그렇게 폭로하는 사람들의 표정과 어투를 주목해 보십시오. 에덴과 그들을 이어주던 뿌리가 잘려나갔음을 알 수 있습니다. 그들은 다성음악과 춤에 대한 소문이 전혀 가 닿을 수 없는 사람들, 죽 늘어선 자갈들을 아치보다 더 아름답게 보는 사람들입니다. 하지만 그들이 원하는 바가 평등뿐이라 해도 거기에는 이를 수가 없습니다. 왕에게 경의를 표하는 일이 금지된 곳에서는 사람들이 백만장자, 운동선수, 영화배우들에게 경의를 표합니다. 심지어 유명한 매춘부나 갱들까지도 존경합니다. 사람은 몸의 욕구뿐 아니라 영혼의 욕구도 채워야 하기 때문입니다. 필요한 음식을 주지 않으면 독이라도 허겁지겁 먹어댈 것입니다. '평등'

군주제와 국가 경영

코리니우스는 현대 기독교를 현대 영국의 군주제와 비교했습니다. 왕정 제도의 형태는 유지하고 있지만 그 실체는 버렸다는 것이지요. …… 그는 이렇게 묻습니다. "왜 탯줄을 자르지 않는가? 그 신화의 잔재에서 벗어나면 만사가 훨씬 편할 텐데." 물론입니다. 훨씬 편할 것입니다. 병약한 아이를 둔 어머니가 아이를 기관에 맡기고 다른 사람의 건강한 아기를 대신 입양한다면 사는 게 훨씬 편할 것입니다. 한 여자를 진짜 사랑한 남자가 그녀를 버리고 자신에게 어울리는 다른 여자와 결혼한다면 사는 게 훨씬 쉬울 것입니다. 여기서 건강한 아기, 어울리는 여인의 유일한 단점이 딱 하나 있습니다. 그들을 택하면 문제의 장본인이 애초에 아이나 아내에게 관심을 갖게 되었던 유일한 이유가 사라져 버린다는 점입니다. "춤보다는 대화가 훨씬 합리적이지 않겠어요?" 제인 오스틴의《오만과 편견》에서 미스 빙리는 이렇게 말했습니다. 미스터 빙리는 이렇게 대답했지요. "훨씬 합리적이겠지만, 무도회답지는 않겠지."[19]
이와 마찬가지로, 영국의 군주제를 폐지하는 것이 훨씬 합리적인 일일 것입니다. 그러나 그렇게 함으로써 우리 국가에서 가장 중요한 한 가지 요소가 사라져 버린다면 어떻게 하겠습니까? 군주제라는 수로를 통해 충성심, 세속 생활의 정화, 서열 원리, 화려함, 의식, 연속성 같은 시민 의식의 모든 핵심 요소들이 흘러나와 현대의 경제적 국가 경영이라는 모래 지대에 물을 대 준다면 어떻게 하겠습니까? 《피고석의 하나님》 1부 신화가 사실이 되었다

7월 25일

사도 야고보

신약성경에는 믿음으로 구한 것은 받게 될 거라는 당황스러운 약속이 담겨 있네. 그중에서도 가장 놀라운 말씀은 마가복음 11장 24절이지. "무엇이든지 기도하며 구하는 것은 받을 줄로 믿으라 그리하면 그대로 되리라"(커버데일 역)……이 놀라운 약속에는 모순되는 두 가지 문제가 있네. 첫째, 이제껏 경험하고 보아 온 사실들과 맞지 않는다는 것. 둘째, 겟세마네 동산에서의 기도와 (그 기도의 결과로 생겨난) 기도관, 즉 모든 것에 ("만일 아버지의 뜻이거든"이라는) 유보조항을 달고 기도해야 한다는 보편적인 기도관과는 다르다는 것.

첫 번째 문제는 빠져나갈 길이 없네. 모든 전쟁과 기근과 역병, 거의 모든 임종의 자리가 응답되지 않은 청원기도의 기념비 아닌가. 바로 이 순간에도 이 섬나라에서만 수천 명의 사람들이 한때 영혼을 쏟아내며 밤낮으로 면하게 해달라고 기도했던 일들을 기정사실*fait accompli*로 직면하고 있네. 그들은 믿음으로 기도한다고 생각했을 걸세. 그러나 구했으나 찾지 못했네. 문을 두드렸지만 열리지 않아. "그렇게도 무서워하던 일이 다가오고야 말았다."[20]

……두 번째 문제도 첫 번째보다 자주 논의되지는 않지만 어렵기는 마찬가지일세. 구한 것을 받을 거라는 완전한 믿음—사도 야고보가 말한바,[21] 의심하지 않고 주저 없는 믿음—을 가지면서 동시에 거절당할 경우 순순히 받아들일 수 있도록 미리 대비하는 것이 어떻게 가능한가? 거절당할 수 있다고 생각하는데, 어떻게 구한 것이 거절당하지 않을 거라는 완전한 확신을 동시에 가질 수 있는가? 그런 확신이 있다면 거절당할 가능성을 어떻게 염두에 둘 수 있단 말인가?

……첫 번째 문제를 거론할 때, 나는 우리의 청이 그렇게 자주 거절당하는 이유를 물으려는 게 아니었네. 그럴 수밖에 없는 일반적인 이유는 누구나 알지. 무지한 우리는 우리 자신이나 다른 사람들에게 유익하지 않은 것, 심지어 본질적으로 불가능한 것을 구한다네. 그런가 하면 한 사람의 기도를 들어주기 위해선

다른 사람의 기도를 거절해야 하는 상황도 있지 않나. 여기에는 우리 의지로 받아들이기 어려운 요소가 많지만 우리 지성이 이해하기에 어려운 요소는 없다고 보네. 진짜 문제는 다른 데 있어. 우리가 이해할 수 없는 건 기도를 들어주지 않을 때가 많기 때문이 아니라, 기도만 하면 다 들어준다고 아낌없이 약속하고 있기 때문일세.

그렇다면 비들러의 원칙에 따라서 당혹스러운 약속들을 "벗어 버려야" 할 "소중한 옛 표현" 정도로 여기고 폐기해야 할까? 폐기에 반대할 뾰족한 이유가 없다 해도, 그건 너무 손쉬운 방법 아닌가. 거북한 자료들을 우리 마음대로 모두 삭제해 버린다면 신학적 난제들이 하나도 남지 않게 될 것이 분명하네. 그렇게 되면 해결책도 진보도 없을 걸세. 과학자들은 물론 추리소설 작가들도 그 정도는 알고 있어. 골치 아픈 사실, 현재까지 종합해 낸 어떤 체계에도 들어맞지 않아 불합리해 보이는 문제야말로 무시해선 안 되는 바로 그것일세. 미결 문제를 시야에서 놓치지 않는 한 언제나 희망은 있네. 그러나 그런 문제가 없는 척하면 희망도 함께 날아가 버릴 걸세. 《애인기도》 11장

7월 26일

스크루테이프, 민주주의를 말하다

여러분은 '민주주의'라는 단어로 인간들의 코를 꿰어 마음대로 다루어야 합니다. 우리의 언어학 전문가들이 인간의 언어를 변형시키는 일을 너무나 잘 해냈기 때문에, 인간들이 그 단어에다 명확하고 정의할 수 있는 의미를 부여하게 해선 안 된다고 여러분에게 경고할 필요도 없어졌습니다. 인간들이 민주주의란 단어에 그런 의미를 부여할 일은 없을 겁니다. 민주주의란 하나의 정치체제, 아니 투표제도의 이름이며, 이것은 우리가 그 단어를 사용해 인간들에게 주입하려는 생각과 별 관련이 없다는 사실을 인간들은 전혀 깨닫지 못할 것입니다. 물론 그들이 아리스토텔레스처럼 이렇게 물어보는 일은 없도록 해야 합니다. "'민주적 행동'은 일반 민중democracies이 좋아하는 행동을 뜻할까, 아니면 민주주의 보존에 보탬이 되는 행동을 뜻할까?" 이런 질문을 하게 된다면, 두 가지가 다를 수도 있다는 생각이 들 수밖에 없을 것이기 때문입니다.

여러분은 민주주의라는 단어를 주문呪文으로만 사용해야 합니다. 순전히 그 선동력 때문에 써먹어야 한다고 할 수도 있겠습니다. 인간들은 민주주의라는 이름을 존경합니다. 물론 민주주의는 인간들이 평등한 대우를 받아야 한다는 정치적 이상과 관련이 있습니다. 그러나 여러분은 인간들의 마음속에서 이런 정치적 이상이 '모든 인간이 평등하다'는 것을 사실로 믿는 믿음으로 몰래 넘어가게 해야 합니다. 여러분이 각자 맡은 인간을 대상으로 이 작업을 꼭 해야 합니다. 그렇게만 하면 여러분은 민주주의라는 단어를 사용해 그가 인간의 모든 감정 중에서도 가장 불명예스러운 (그리고 가장 유쾌하지 못한) 감정을 받아들이게 할 수 있습니다. ……그 감정은 "내가 너보다 못한 게 뭐야"라고 말하게 만듭니다. 진짜 새빨간 거짓말이 그의 삶 한복판에 확고하게 자리 잡게 되는 것입니다. 우리에게 더없이 유리한 상황이 아닐 수 없습니다. '스크루테이프가 축배를 제안하다'

7월 27일

스크루테이프의 질투 예찬

자, 이 유용한 현상 자체가 새로운 것은 결코 아닙니다. 인류는 수천 년 전부터 이것을 '질투'라는 이름으로 알고 있었습니다. 그러나 지금까지 그들은 이것을 가장 불쾌하면서도 가장 익살스러운 악덕으로 여겼습니다. 질투의 느낌을 아는 사람들은 그것을 느끼는 순간을 부끄럽게 여겼고, 그 느낌을 모르는 사람들은 다른 사람들의 질투를 용서하지 않았습니다. 현 상태의 즐겁고 새로운 점은 민주주의라는 단어를 주술적으로 사용하여 질투를 승인하고, 심지어 그것을 존경하고 상찬할 만한 것으로 만들 수 있다는 사실입니다.

이런 주문의 영향 하에서 모든 면에서 열등한 사람들이 다른 모든 사람을 자기 수준으로 끌어내리려고 어느 때보다 전심으로 노력하고, 그런 노력이 상당한 성공을 거둘 수 있게 되었습니다. 하지만 이것이 전부가 아닙니다. 같은 영향력 하에서, 온전한 인간성에 가깝거나 더 가까이 갈 수 있는 사람들이 비민주적이 될까 우려한 나머지 뒤로 물러서고 만다는 것입니다. 저는 다음과 같은 믿을 만한 제보를 받았습니다. 이제 젊은 인간들이 보통 사람들과 달라지게 될까봐 고전음악이나 훌륭한 문학에 대한 초기적 취향을 억누르는 경우가 있다고 합니다. 정말 정직하고 정숙하고 절제하고 싶은 마음까지 있는 사람들, 구하기만 하면 그 힘을 가져다줄 은혜를 받을 수 있는 사람들이 그것을 거부한다고 합니다. 은혜를 받으면 다른 사람들과 달라지고, 생명의 길에서 어긋나고, 연대에서 밀려나고, 전체와의 통합을 해칠까봐 우려하는 겁니다. 개인이 되지 않을까 걱정하는 거지요(그들에겐 무엇보다 두려운 일입니다!). '스크루테이프가 축배를 제안하다'

스크루테이프,
전쟁발발의 불이익을 설명하다

　　물론 전쟁은 재미있는 사건이지. ……하지만 주의하지 않으면 오히려 이런 재난을 통해 수천 명의 인간들이 원수에게 돌아서는 꼴을 보게 될 수도 있고, 혹 그런 지경까지는 이르지 않더라도 이때껏 자기 자신에게만 관심을 두던 수만 명의 인간들이 자아보다 고귀하다고 믿는 가치와 명분에 눈길을 돌릴 수도 있지.

물론 이런 명분 가운데 상당수를 원수가 인정하지 않는다는 건 나도 안다. 바로 이 부분에서 그 작자는 아주 공정치 못해. 자신이 못마땅히 여기는 명분을 위해 살았던 사람들까지도 제 편으로 포섭해 가는 경우가 자주 있으니 말이다. 그것도 그 인간들이 그 명분을 선한 것으로 믿었으며 자신이 아는 한 최선의 길을 따랐다는 극악한 궤변을 근거로 내세우면서.

전쟁통에 얼마나 바람직하지 못한 죽음들이 속출하는지도 한번 생각해 보거라. 인간들은 죽음을 예감할 수 있는 곳에서 죽는다. 그러니 원수 편에 있는 인간들은 그야말로 완전한 채비를 갖추고 죽음을 맞이하는 셈이지. 그보다는 모든 인간이 값비싼 요양원에서 죽는 게 우리한테는 훨씬 좋은 일이야. 거기서는 우리에게 잘 훈련받은 거짓말하는 의사, 거짓말하는 간호사, 거짓말하는 친구들이 죽어가는 환자한테 살 수 있다고 장담하며, 아픈 사람은 멋대로 굴어도 좋다는 믿음을 부채질하고, 더 나아가 우리 일꾼들이 제 역할만 해준다면 성직자가 환자한테 제안하는 것들을 죄다 보류시킴으로써 실제 상황을 은폐할 수도 있지!

전쟁이 계속해서 죽음을 환기시킨다는 점도 우리에겐 크나큰 재앙이다. 우리가 가진 최고의 무기 가운데 하나인 '세속에 만족하는 마음'이 아무짝에도 쓸모없는 무용지물이 되고 마니까. 전쟁통에도 자기가 영원히 살 수 있으리라고 믿을 인간이 한 놈인들 있겠느냐. 《스크루테이프의 편지》 5장

7 월 29일 〈마르다 축일〉

죽음, 하나님의 자비

죄의 결과이자 사단의 승리로서의 인간의 죽음에 대한 이야기는 이 정도로 마치겠습니다. 그러나 죽음은 또한 죄로부터의 구속의 수단이며, 인간을 고치시는 하나님의 약이며, 사단을 물리치는 하나님의 무기이기도 합니다. ……어쩌면 일이 이런 식으로 일어났을 거라 생각해 볼 수도 있습니다. 우리의 원수인 사단은 인간더러 하나님에 대항해 반란을 일으키라고 꼬드깁니다. 인간은 그렇게 했고, 그러자 이제 인간은 그 원수가 인간 (심리적, 물리적) 유기체 안에서 인간의 영에 대항해 일으키는 다른 반란을 제어할 힘을 잃어버리게 됩니다. 그러자 그다음에는, 그 유기체도 비유기체의 반란에 맞서 자신을 유지시킬 힘을 잃어버리고 맙니다. 이런 식으로 사단은 인간의 죽음을 만들어 냈던 것입니다.

그러나 하나님은 인간을 창조하셨을 때 애초부터 인간을 이런 식으로 만드셨습니다. 만약 인간 안의 최상위 부분이 하나님에 맞서 반란을 일으키면, 그것은 자기 밑 하위 부분들에 대한 자신의 제어력을 잃어버릴 수밖에 없도록, 그래서 결국 죽음을 겪을 수밖에 없도록 말입니다. 이런 조치는 형벌로도 볼 수 있지만 ("(그) 나무의 열매는 먹지 말라 네가 먹는 날에는 반드시 죽으리라"),²² 다른 한편으로는 자비로, 하나의 안전장치로 볼 수도 있습니다. 그것을 벌로 볼 수 있는 것은—마르다가 그리스도께 "그러나 …… 선생님 …… 냄새가 나나이다"²³라고 말한—죽음은 끔찍하고 치욕스러운 것이기 때문입니다. 하지만 죽음을 자비로도 볼 수 있는 것은, 기꺼이 또 겸손히 받아들임으로써 인간은 자신의 반란 행위를 무無로 돌리기 때문이며, 또한 인간은 이 부패하고 흉물스런 형태의 죽음을 더 고차원적이고 신비적인—영원히 선하며, 최고 차원의 삶을 이루는 필수적 구성요소인—죽음으로 만들 수 있기 때문입니다. ……이는 또 안전장치이기도 한데, 왜냐하면 타락한 인간에게 자연적 불멸성은 더 할 수 없이 절망적인 운명이기 때문입니다. 죽음이라는 외적 필연성의 도움을 받아 항복할 수 있는 기회 없이, 끝없는 세월 동안 자신의 교만과 욕망의 사슬로, 또 점점 커지고 복잡해지는 그 교만과 욕망이 만들어 내는 끔찍한 문명의 사슬로, 자기 자신을 점점 가속적으로 꽁꽁 묶어 갈 수 있는 자유(이런 걸 자유라고 부를 수 있다면)를 누렸다면, 아마도 그는 단순히 타락한 인간 상태를 넘어서, 어떤 양태의 구속救贖으로도 구속될 수 없는 악마 같은 존재로 계속 변해 갔을 것입니다. 《기적》 14장 장엄한 기적

7월 30일

비유와 진리

옛날 어떤 농부 그리스도인은 그리스도께서 아버지의 우편에 앉으셨다는 말을 실제로 하늘 궁전 안의 어떤 공간에 두 개의 옥좌가 자리 잡고 있다는 뜻으로 생각했을 수도 있습니다. 그러나 만약 그 사람이 나중에 철학 교육을 받아 하나님이 몸도, 부분도, 정념passions도 없고, 따라서 오른손도 궁전도 없다는 것을 알게 된다면, 그는 자신의 믿음의 본질이 바뀌었다고 생각할까요? 그렇지 않을 것입니다. 그가 소박한 생각을 갖고 있던 시절에도 그에게 중요했던 것은 소위 천상의 가구에 대한 세부 내용이 아니라, 한때 십자가에 못 박혔던 주님이 이제 온 우주를 떠받치는, 상상도 못할 능력의 최고 대행자로서 일하고 계신다는 확신이었습니다. 그는 이 부분에서 한 번도 속은 적이 없음을 알게 될 것입니다. 비판자는 여전히 이렇게 물을 지도 모릅니다. 이미지가 틀린 것임을 인정하면서 도대체 왜 이미지를 쓰는 거냐고. 그러나 그가 모르는 사실이 하나 있습니다. 우리가 그것 대신 어떤 언어를 써도 또 다른 이미지가 따라오기에 결국 똑같은 반론을 피할 수 없다는 사실입니다. 하나님이 자연 질서 속으로 '들어오신다'는 말에는 그분이 '내려오신다'는 말만큼이나 많은 공간적 이미지가 들어 있습니다. 그저 수직 운동의 이미지를 수평 내지 막연한 운동의 이미지로 대체했을 뿐입니다. 그분이 본체의 세계로 '재흡수되어' 가셨다는 말은 승천하셨다는 말보다 낫습니까? 어떤 물체가 따뜻한 액체에 녹는 그림, 뭔가가 목구멍으로 빨려 들어가는 그림이 새나 풍선이 올라가는 그림보다 오해의 소지가 적습니까? 감각 대상을 가리키는 언어를 제외하고는 모든 언어가 철저하게 비유적입니다. 하나님을 하나의 '힘'(바람이나 발전기 같은 것)이라 부르는 것은 그분을 아버지와 왕으로 부르는 것만큼이나 비유적입니다. 그런 문제들에 대해 우리는 우리 말을 보다 장황하고 따분하게 만들 수 있을 뿐 더 문자적으로 만들 수는 없습니다.

《피고석의 하나님》 1부 무서운 빨간 약

7월 31일

이그나티우스 로욜라

이그나티우스 로욜라Ignatius Loyola[24]는 묵상할 때 장면 설정compositio loci으로 시작하라고 제자들에게 조언했네. 예수 탄생이나 가나 혼인잔치, 그 외 어떤 주제건 그 장면을 가능한 자세하게 머릿속으로 그려 보라는 거지. 그의 영국인 제자 중 한 명은 훌륭한 작가들의 작품 중에서 '언덕의 높이와 마을의 상황', 즉 예수님 당시의 지형을 제대로 파악할 수 있을 정도로 '성경의 장소를 잘 묘사한 부분'을 찾아보라고 말한다네. 그러나 이 방법이 '내 처지에 맞지 않는' 이유는 두 가지라네.

하나는 내가 고고학이 발달한 시대에 살고 있기 때문이지. 로욜라와 달리 우리는 더 이상 우리 시대의 옷, 가구, 도구들을 고대 팔레스타인 지방에 자신 있게 대입할 수 없네. 내가 그것들을 제대로 파악할 수 없음을 알기 때문일세. 그 지방의 하늘과 햇빛마저도 북쪽 지방의 내가 상상하는 것과는 다르네. 그렇다고 짐짓 아무것도 모르는 체할 수는 없지 않은가. 그렇게 했다가는 시각화라는 시도 전체가 부질없는 일이 돼 버릴 걸세. 두 번째 이유는 더 중요하네. 로욜라는 위대한 스승이었으니 제자들에게 무엇이 필요한지 분명히 알았을 걸세. 그들은 분명 시각적 상상력이 부족해서 그 부분에 자극이 필요했던 사람들일 걸세. 그러나 자네와 나 같은 이들에게는 정반대의 문제가 있네. 우리가 이런 얘기를 나눌 수 있는 건, 자네와 나 사이에서 이것은 잘난 척이 아니라 솔직한 고백이기 때문이지. 시각화하는 능력—또는 시각화하지 않고는 못 견디는 충동—은 진정한 의미의 '상상력'도 아니며, 위대한 작가나 감수성이 뛰어난 독자의 상상력과도 다르다는 것을 알지 않는가. 이 시각화 능력을 제대로 활용하면 진정한 상상력에 도움이 되는 경우도 있지만, 오히려 방해되는 경우가 훨씬 많다네. 내가 장면 설정을 출발점으로 삼는다면 결코 묵상에 이르지 못할 걸세. 머릿속에선 그림이 한없이 자세히 그려질 것이고 시간이 갈수록 점점 엉뚱하게 변해 갈 것이네. 《애인기도》 16장

8월 1일

'더불어' 보는 것과 '바라'보는 것

저는 오늘 어두운 공구실에 서 있었습니다. 바깥에선 해가 비치고 있었고 문 위쪽에 난 틈으로 햇살이 들어왔습니다. 제가 선 자리에서 그 햇살은 공구실 안에 떠도는 먼지 조각들과 함께 단연 눈에 띄었습니다. 다른 모든 것은 거의 칠흑처럼 깜깜했습니다. 저는 햇살을 보고 있었을 뿐, 햇살로 사물을 보지 못하고 있었습니다.

그리고 저는 햇살 쪽으로 걸어가 그 햇살에 눈을 갖다 댔습니다. 그러자 그전까지 보이던 광경이 모두 사라졌습니다. 공구실도, (무엇보다) 햇살도 보이지 않았습니다. 대신 문 위쪽의 고르지 않게 벌어진 틈 사이로 어떤 나무의 가지들에서 움직이는 푸른 나뭇잎들과 그 너머 1억 5천만 킬로미터쯤 떨어진 태양이 보였습니다. 햇살과 더불어 보는 것과 햇살을 바라보는 것은 아주 다른 경험입니다.

그러나 이것은 무엇을 바라보는 것과 더불어 보는 것의 차이를 보여 주는 아주 간단한 사례일 뿐입니다. 한 젊은이가 어떤 여자를 만납니다. 그녀를 보자 온 세상이 다르게 보입니다. 그녀의 음성은 그가 평생 기억해 내려 애쓰던 그 무엇을 떠올리게 하고, 그녀와 10분간 나누는 가벼운 잡담이 세상의 다른 모든 여자들이 줄 수 있는 어떤 것보다 더 소중합니다. 그는 흔히 하는 말로 '사랑에 빠졌습니다.' 이제 어떤 과학자가 와서 청년의 모습을 외부에서 관찰하며 그의 경험을 기술합니다. 과학자에게 청년의 경험은 젊은이의 유전자와 생물학적 자극의 문제입니다. 이것이 성적 충동과 더불어 보는 것과, 성적 충동을 바라보는 것의 차이입니다. 《피고석의 하나님》 2부 공구실에서 한 생각

8월 2일

어떤 시각이 더 많은 것을 보여 주는가?

이 구분을 하는 습관을 들이면 하루 종일 그 사례를 발견할 겁니다. 수학자가 생각하며 앉아 있습니다. 그는 자신이 양量에 대한 시공간을 초월한 진리를 생각한다고 여깁니다. 그러나 뇌생리학자가 수학자의 머리를 들여다볼 수 있다면, 그는 거기서 시간과 공간을 초월한 그 무엇도 발견하지 못할 것이고 그저 회색 물질 안에서 이루어지는 미세한 움직임만을 볼 것입니다. 한 미개인이 있습니다. 자정이 되자 그는 황홀경에 빠져 춤을 추면서 자신의 춤이 새로운 푸른 작물과 봄비와 아기들을 불러오는 데 도움을 주고 있다고 온몸으로 느낍니다. 인류학자는 그 야만인을 관찰하면서 그가 모종의 다산多産 기원 의식을 행하고 있다고 기록합니다. 어린 소녀는 부서진 인형을 앞에 놓고 울면서 진짜 친구를 잃었다고 느낍니다. 심리학자는 아이가 특정한 모양과 색깔로 만들어진 밀랍 조각을 향해 일시적으로 미성숙한 모성 본능을 발휘했다고 말합니다.

이 간단한 구분을 파악하고 나면, 곧바로 한 가지 질문이 떠오릅니다. 어떤 것과 더불어 바라볼 때와 그것을 바라볼 때 우리는 다른 경험을 하게 됩니다. 어느 쪽이 '참되'거나 '타당'한 경험입니까? 어느 쪽이 그 대상에 대해 많은 것을 알려 줍니까? 이 질문을 하게 되면 지난 50년 동안 모두가 그 질문의 답을 당연하게 여겨 왔음을 깨닫게 됩니다. 종교에 대한 참된 설명을 듣기 위해서는 종교인들이 아니라 인류학자들에게 가야 하고, 성애性愛에 대한 참된 설명을 원한다면 연인들이 아니라 심리학자에게 가야 하며, 어떤 '이데올로기'(중세의 기사도나 19세기의 '신사' 관념)를 이해하고 싶으면 그 안에서 살던 사람들이 아니라 사회학자들의 말을 들어야 한다는 것이 논의의 여지조차 없이 당연하게 받아들여져 왔습니다.

《피고석의 하나님》 2부 공구실에서 한 생각

'현대적인' 사고방식

사물을 바라보는 사람들은 지금까지 모두 자기들 뜻대로 해왔습니다. 사물과 '더불어' 바라보는 사람들은 그냥 눌려 지냈습니다. 무엇인가에 대한 외적인 설명은 내부에서 주어지는 설명을 어떤 식으로건 반박하거나 그 실체를 폭로한다는 것이 거의 상식이 되어 버렸습니다. 잘난 체하는 그들은 이렇게 말합니다. "내부에서는 그토록 초월적이고 아름답게 보이는 이 모든 도덕적 이상들이 실제로는 생물학적 본능과 전해 내려온 금기禁忌 덩어리에 불과하다." 그런데 누구도 똑같은 논리를 그대로 뒤집어 다음과 같이 대답하지 않습니다. "내부로 '걸어 들어오기만' 하면 지금 본능과 금기로 보이는 것들이 갑자기 그 진정하고 초월적인 본질을 드러낼 것입니다."

실제로 그것이 특별히 '현대적인' 사고방식의 근거입니다. 그것은 매우 분별 있는 근거가 아닌가 하고 물으시겠지요. 따지고 보면 우리는 내부에서 본 시각에 속는 경우가 종종 있으니까요. 예를 들어, 우리가 사랑에 빠져 있는 동안에는 더없이 아름다워 보이는 소녀가 실제로는 아주 수수하고 우둔하고 까다로운 사람일 수도 있습니다. 야만인의 춤은 실제로 곡물이 자라게 해주지 않습니다. 더불어 보는 것에 너무 자주 속았으니 바라보는 것만 믿으라, 이 모든 내부의 경험을 무시하라는 충고가 적절하지 않을까요?

그렇지 않습니다. 내부의 경험을 모두 무시하면 안 되는 중요한 이유가 두 가지 있습니다. 첫째는 이것입니다. 내부 경험을 무시하는 이유는 더 정확히 생각하기 위해서입니다. 그러나 생각할 대상이 없다면, 올바로 생각할 수 없음은 물론 생각 자체를 할 수 없습니다. 예를 들어, 생리학자는 고통을 연구한 뒤 그것이 그러그러한 신경적인 사건"이다"('이다'가 무슨 뜻이건)라는 사실을 발견할 수 있습니다. 그러나 그가 실제로 고통을 겪음으로 "속에 들어가 본" 경험이 없다면 고통이란 단어는 그에게 아무 의미가 없었을 것입니다. 그가 고통과 '더불어' 바라본 적이 없다면 그는 자신이 무엇을 바라보는지도 알 수 없었을 것입니다. 그가 외부에서 연구하는 대상이 그에게 존재할 수 있는 것은 그가 적어도 한 번은 그 안에 들어가 보았기 때문입니다. 《피고석의 하나님》 2부 공구실에서 한 생각

8월 4일

진공상태에서 바쁘게 돌아가는 생각

고통의 경우는 내부적 경험을 무시할 가능성이 낮습니다. 모든 사람이 고통을 겪어 봤기 때문입니다. 그러나 종교, 사랑, 도덕, 명예 등의 경우, 그 안에 들어가 본 경험 없이 그것들을 설명하면서 평생을 보내기가 매우 쉽습니다. 그리고 그렇게 살아가는 것은 그냥 모조 지폐를 가지고 장난을 치는 꼴이 될 것입니다. 대상이 무엇인지도 모른 채 그것을 계속 설명하기 때문입니다. 그래서 수많은 현대 사상은 엄격히 말해 내용 없는 사상이고, 진공상태에서 바쁘게 작동하는 사고 장치에 불과합니다.

또 다른 반대 이유는 이렇습니다. 공구실로 되돌아가 봅시다. 저는 햇살과 더불어 볼 때 봤던 것(즉, 움직이는 나뭇잎들과 태양)이 "어두운 공구실에 있는 먼지투성이 빛 조각에 불과"하다는 근거로 무시할 수도 있었을 겁니다. 다시 말해, 제가 햇살을 '옆에서 본 광경'이 '진짜'라고 주장할 수도 있었을 겁니다. 그러나 옆에서 본 그 광경 역시 '보는' 행위의 한 가지 사례입니다. 그리고 이 새로운 사례도 바깥에서 바라보는 대상이 될 수 있습니다. 원한다면 저는 과학자를 찾아가 공구실의 햇살로 보였던 것이 "실제로는 내 시신경이 자극을 받은 것뿐"이라는 대답을 얻을 수도 있습니다. 이것 또한 이전 것 못지않게 괜찮은(또는 몹쓸) 정체 폭로가 될 것입니다. 앞서 나무와 태양의 영상을 무시하는 일이 정당했다면, 공구실 안에 있는 햇살의 영상도 무시해야 할 것입니다. 그렇게 해서 우리가 이르는 곳은 어디입니까?

다시 말하면, 하나의 경험 밖으로 나오기 위해서는 또 다른 경험 속으로 들어갈 수밖에 없습니다. 그러므로 모든 내부의 경험이 우리를 현혹시키는 것이라면, 우리는 언제나 현혹된 채 살아갈 수밖에 없을 것입니다. 뇌생리학자는 얼마든지 수학자의 사고가 회색 물질의 미세한 물리적 움직임들에 '불과하다'고 말할 수 있습니다. 그렇다면, 바로 그 순간 뇌생리학자 자신의 사고는 어떻게 되는 걸까요? 두 번째 생리학자가 와서 그것 역시 첫 번째 생리학자의 두개골에서 나타나는 미세한 물리적 움직임들에 불과하다는 판정을 내릴 수 있습니다. 이런 허튼 소리는 어디서 끝나게 될까요? 《피고석의 하나님》 2부 공구실에서 한 생각

8월 5일

모든 것을 '더불어' 보기도 하고
'바라' 보기도 해야 한다

우리는 그런 허튼소리가 시작되게 해서는 안 됩니다. 바보라는 소리를 든더라도 처음부터, '바라'보는 것은 본질상 '더불어' 보는 것보다 옳다거나 더 낫다는 생각을 거부해야 합니다. 우리는 모든 것을 '더불어' 보기도 하고 '바라'보기도 해야 합니다. 구체적인 사례들을 통해 우리는 어느 쪽을 선택해야 할지 판단할 수 있을 것입니다. 이성적 사고에 대해서는 내면에서 보는 시각이 회색 물질의 움직임들만 보는 외부의 시각보다 분명 더 옳을 것입니다. 외부의 시각이 옳다면 모든 사고(이 사고 자체도 포함해)가 무가치할 것인데, 이것은 자기모순이 되기 때문입니다. 어떤 증명도 중요하지 않다는 증명은 있을 수 없습니다. 반면, 야만인의 춤에 대한 내면적 시각은 믿을 수 없는 것임이 드러납니다. 춤은 곡물과 아기에게 아무런 영향을 주지 않는다고 믿을 만한 근거가 있기 때문입니다. 사실, 우리는 각각의 경우를 그 자체의 가치에 따라 판단해야 합니다. 그러나 둘 중 어느 방식에 대해서도 찬성이나 반대의 선입견이 없이 출발해야 합니다. 연인과 심리학자 중 어느 쪽이 사랑을 더 정확하게 설명하는지, 아니면 두 설명 모두 다른 방식으로 정확한지, 아니면 둘 다 틀렸는지 미리 알 수는 없습니다. 우리가 알아내야 합니다. 그러나 우격다짐의 시기는 끝나야 합니다.

《피고석의 하나님》 2부 공부실에서 한 생각

8월 6일

그리스도의 변모

예수님의 변모 혹은 '변형Metamorphosis' 사건은 의심할 여지없이 앞으로 다가올 무언가를 예기적으로 잠깐 보여 준 사건이었습니다. 그 사건에서 그분은 오래전에 죽은 두 사람과 대화를 나누셨습니다. 또 그분의 인간 모습이 변모되었는데, 광채 나는, '빛나도록 새하얀' 모습으로 변모되었다고 묘사되고 있습니다. 계시록 서두도 마찬가지로 그분의 현현 모습을 새하얗다고 묘사합니다. 한 가지 다소 기이한 세부 묘사가 등장하는데, 그분의 이러한 광채 혹은 순백이 그분의 몸뿐 아니라 옷에도 영향을 주었다는 묘사입니다. 마가는 예수님의 얼굴보다 오히려 예수님의 옷에 대해 자세히 언급하고 있으며, 또 마가 특유의 천진난만한 표현법으로, '어떤 빨래꾼이라도 그렇게 희게 할 수 없을 만큼 새하얗게 빛났다'는 말을 덧붙이고 있습니다.' 이 사건은 그 자체로만 보자면 '환상'—신적 기원이 있고 어떤 중대한 진리를 계시해 주는 경험일 수는 있지만, 어쨌든 객관적으로 말하자면 그 외양과 실재가 다른 경험—의 특징을 모두 지니고 있습니다. 그러나 '환상'(혹은 거룩한 환각) 이론이 앞서 예수님의 부활 현현 사건을 설명해 주지 못했던 것처럼, 여기서도 그 이론을 도입하는 것은 가설만 배가시킬 뿐입니다. 우리는 이 사건이 새 창조의 어떤 국면이나 특징을 가리키는 것인지 알지 못합니다. 이 사건은 그리스도의 인성이 그 역사(그리스도의 인성도 인성으로서 분명 역사가 있을 것이므로)의 어떤 국면에서 받게 될 특별한 영광을 계시해 주는 것일 수도 있고, 혹은 그 인성이 새 창조 안에서 늘 가지고 있는 영광을 계시해 주는 것일 수도 있습니다. 아니, 어쩌면 부활하는 모든 사람이 얻게 될 영광을 계시해 주는 것일 수도 있습니다. 《기적》 16장 새 창조의 기적

8월 7일

십자고상十字苦像의 사용

특정한 장난감이나 특정한 성상聖像은 그 자체로 예술작품이 될 수도 있지만 그 예술성은 논리적으로 필연적인 것이 아닙니다. 그 안에 담긴 예술적 가치가 높다 해도 더 나은 장난감이나 성상이 되는 것은 아닙니다. 오히려 그 때문에 장난감이나 성상으로서의 가치가 떨어질 수 있습니다. 이 물건들의 존재 목적은 자기가 관심을 받는 것이 아니라 아이나 예배자 안에 있는 무엇을 자극하거나 끄집어내는 것이기 때문입니다. 곰 인형의 존재 이유는 아이가 인형에게 가상의 생명과 인격을 부여하고 대인관계 비슷한 것을 맺게 하는 데 있습니다. '곰 인형을 갖고 논다'는 말은 바로 그런 의미입니다. 이 활동이 잘 이루어지면 질수록 인형의 실제 모습은 중요하지 않게 됩니다. 표정 변화가 없는 그 얼굴을 너무 가까이에서 혹은 너무 오랫동안 들여다보고 있으면 오히려 놀이에 방해가 됩니다. 십자고상의 존재목적은 예배자의 생각과 애정이 그리스도의 수난으로 향하게 하는 것입니다. 십자고상 자체에 관심을 갖게 만드는 탁월하고 섬세하고 독창적인 요소는 없는 게 낫습니다. 그래서 경건한 사람들은 가장 조악하고 특징이 없는 성상을 선호합니다. 특징이 없을수록 투과하기가 더 쉬운 법인데, 그들이 원하는 건, 말하자면 물리적인 형상을 통과하여 그 너머로 가는 것이니까요. 《문학비평에서의 실험》 3장

십자가 처형의 심상

　　부질없이 꼬리를 물고 이어지는 그림들로 나를 이끌지 않는 심상이
딱 하나 있네. 그것은 예수님의 십자가 처형일세. 온갖 그림들과 십자가상들이
보여 주고자 했을, 원래 역사상의 처형 장면 말이네. 그러나 이것조차도 생각만
큼 영적 가치가 크진 않네. 가책, 연민, 감사 등 모든 유익한 감정이 억압당하거
든. 순수한 물리적 공포는 다른 감정을 느낄 여지를 남겨 주지 않네. 악몽인 거
지. 우리는 십자가 처형의 심상을 정기적으로 마주해야 하지만 누구도 그것과
더불어 살 수는 없어. 그것이 기독교 예술에서 자주 등장하는 모티프가 된 것은
십자가 처형 장면을 실제로 목격했던 세대가 모두 죽은 뒤의 일이지. 그 주제에
대한 수많은 찬양과―정말 중요한 것은 그것뿐이라는 듯 피에 대해 끊임없이
되풀이하는―설교에 대해서라면, 그 작사가들과 설교자들은 내가 도무지 이를
수 없는 높은 수준의 사람들이거나 아니면 상상력이 전혀 없는 사람들인 게 분
명하네. (두 가지 특성을 다 갖춘 사람들도 있겠지.)

그러나 어쨌든 심상들은 내 기도에서 중요한 역할을 하네. 그것들이 없다면 내
안에 어떤 의지의 행동이나 생각, 감정이 일어날지 알 수 없거든. 심상이 일시적
이고 단편적일수록 더욱 도움이 되지. 샴페인 거품처럼 생겼다 터지고, 바람 부
는 하늘의 까마귀 떼처럼 금세 날아가고, 재치 있는 시인의 작품에 등장하는 수
많은 비유처럼 (논리적으로) 서로 모순을 이룰 때 말일세. 어느 하나만 따로 떼어
내면 생명력을 잃어버리니. 블레이크가 작별키스로 기쁨을 보낸 것처럼,[2] 우리
도 심상들을 그렇게 놓아 주어야 하네. 그러면 그 심상들 전체가 하나로 어우러
져 아주 중요한 그 무엇과 나를 이어 준다네. 《해인기도》 16장

8월 9일
거룩한 의무

처음 그리스도인이 되었을 때, 저는 제 방에 들어앉아 신학 서적을 읽는 식으로 혼자 신앙생활을 할 수 있을 거라고 생각했습니다. 저는 국교회 예배당이건 비국교회 복음관이건 가지 않을 생각이었습니다. 그러다 나중에 가서는 그렇게 참여하는 일이 깃발을 내걸고 소속을 밝히는 유일한 방법임을 알게 되었습니다. 물론 그것은 표적이 된다는 뜻이기도 했습니다. 교회에 가려고 일찍 일어나는 것이 가족들에게 얼마나 불편한 일인지 모릅니다. 다른 일을 위해 일찍 일어나는 것은 별 문제가 되지 않지만, 교회에 가려고 일찍 일어나면 대단히 이기적인 사람, 집안을 어지럽히는 사람 취급을 받습니다. 신약성경의 가르침 중에서 명령이라 할 만한 것이 있다면 그것은 성찬을 받아야 한다는 말씀입니다.[3] 그런데 교회에 가지 않으면 성찬에 참여할 수 없습니다.

《피고석의 하나님》 1부 기독교에 대한 질문과 답변

8월 10일
정해진 기도문의 장점

예배시간에 정해진 기도문을 사용하는 경우, 무슨 말이 나올지 미리 알 수 있다는 이점이 있습니다. 즉흥적인 대표기도의 경우는 다릅니다. 기도를 다 듣기 전까지는 그 기도에 마음으로 동의할 수 있을지 알 수 없습니다. 엉터리나 이단적인 내용이 나올 수도 있으니까요. 그렇게 되면 우리는 비판적 활동과 경건한 활동을 동시에 해야 하는 처지가 됩니다. 그러나 이 둘이 동시에 이루어지기란 거의 불가능합니다. 미리 정해진 기도문이 있다면 여러 번의 개인기도 시간을 통해 '몸에 익었을' 것입니다. 형식이 분명하게 정해진 기도문을 활용하면 우리의 기도가 오히려 자유로워집니다. 형식이 정해진 기도문으로 기도할수록 기도에 집중하기가 더 쉽습니다. 우리의 기도가 당장의 중대관심사(전쟁, 선거 등등)에 함몰되는 일도 생기지 않습니다. 기독교의 불변하는 본질이 비로소 모습을 드러냅니다. 루이스의 편지 [1952년 4월 1일]

8월 11일

의식儀式이 주는 합당한 즐거움

중세 영어 단어 'solempne'의 의미를 제대로 이해하는 사람이라면 누구나 알 것입니다. 그 의미는 현대 영어 단어 solemn과 다르지만 완전히 다르지는 않습니다. solemn과 마찬가지로 '친숙하고 자유롭고 편한 것 또는 평범한 것과 반대의 상황'을 뜻하지만 우울함, 억압, 금욕의 느낌은 없습니다. 《로미오와 줄리엣》 1막에 나오는 무도회는 'solemnity(격식을 갖춘 의식)'였습니다. 《가웨인 경과 녹색기사》의 초반에 등장하는 잔치도 solemnity의 요소가 많습니다. 모차르트나 베토벤의 위대한 미사곡은 즐거운 영광송gloria이나 가슴 아픈 십자가송 *crucifixus est* 못지않게 solemnity에 해당합니다. 이런 의미에서 보면 잔치가 금식fast보다 더 solemn합니다. 부활절은 *solempne*이고, 성 금요일은 그렇지 않습니다. *solempne*는 의식을 갖춘 위엄 있는 잔치요, pomp(화려한 행렬)를 열기에 적합합니다. 이제는 pompous가 〔젠체하는, 건방진 등의〕 나쁜 의미로만 쓰인다는 사실을 보면 우리가 'solemnity'의 옛 개념을 얼마나 잃어버렸는지 잘 알 수 있습니다. 그것을 회복하기 위해서는 궁정무도회나 대관식, 혹은 개선행진이 그것을 '즐긴' 사람들의 눈에 어떻게 보였을지 생각해보아야 합니다.

행복한 날 다들 가장 칙칙한 옷을 입는 우리 현대인들은 기쁠 때면 금색과 진홍색 옷을 입던 시절의 소박한 마음을 다시 일깨워야 합니다. 무엇보다, 널리 퍼진 열등 콤플렉스의 산물로 생겨난 섬뜩한 생각, 즉 적절한 경우에 벌어지는 pomp마저도 허영심이나 자만심과 관련이 있다는 생각을 걷어내야 합니다. 제단으로 나아가는 사제, 왕의 손을 잡고 미뉴에트를 추러 가는 공주, 승전 행진에 참여한 장교, 성탄 축제에서 돼지머리에 앞서 가는 집사장, 이들 모두가 유별난 의상을 입고 의도적으로 품위 있게 움직입니다. 이것은 그들에게 허영심이 있다는 뜻이 아니라 순종하고 있음을 보여 줍니다. 그들은 주어진 solemnity를 관장하는 각각의 규칙에 순종하고 있습니다. 의식을 갖춰서 해야 할 일들을 의식 없이 진행하는 현대인의 습관은 겸손의 증거가 아닙니다. 오히려 의식에 몰입하여 자신을 망각할 줄 모르는 무능력과 남을 핑계 삼아 의식이 주는 합당한 즐거움을 기꺼이 망쳐놓는 자세를 보여줄 따름입니다. 《실낙원의 서문》 3장

8월 12일

완벽한 예배 형식

평신도인 우리의 임무는 주어진 바를 최대한 잘 활용하는 것 아니겠나. 주어진 것이 언제 어디서나 늘 동일하다면 그렇게 하기가 훨씬 쉬워질 걸세. 그런데 영국 성공회 성직자들을 보면, 대부분 다른 생각을 하는 것 같더군. 그들은 끊임없이 예배 분위기를 유쾌하게 하거나 밝게 바꾸고, 예배 시간을 늘이거나 줄이고, 예배 형식을 간소화하거나 복잡하게 하는 것으로 사람들을 교회로 불러모을 수 있다고 믿는 것 같아. 열의가 많은 신임 목사라면 자신의 개혁에 찬성하는 몇몇 교인을 확보할 수도 있겠지. 그러나 대다수는 동의하지 않을 걸세. 많은 사람들이 교회에 나가지 않게 될 테고 그나마 남은 사람들도 좋아서가 아니라 그냥 견디는 정도일 거야.

이것을 단지 대다수 교인들이 완고하기 때문이라고 봐야 할까? 그렇게 생각하지 않네. 그들의 보수적인 태도에는 정당한 이유가 있어. 새로움 그 자체는 오락적 가치밖에 없네. 그런데 대다수 교인들은 오락을 목적으로 교회에 가는 게 아니거든. 그들은 예배를 활용하기 위해, 다시 말해 예배에 참여하기 위해 교회에 가지. 행위와 언어로 구성된 예배라는 틀 속에서 우리는 성찬을 받고 회개하고 간구하며 찬양을 드리지. 그리고 이 일을 가장 잘 하도록 해주는 예배란 오랜 시간 동안 친숙해서 별다른 생각 없이도 몰입할 수 있는 예배일세. 스텝에 신경 쓰느라 몇 걸음인지 일일이 세어야 한다면 그건 춤추는 게 아니라 춤을 배우는 거라고 해야겠지. 편한 신발이란 신고 있다는 사실을 의식하지 못하는 신발이야. 눈이나 조명, 인쇄나 철자에 신경 쓸 필요가 없어야 제대로 된 독서가 가능하지. 완벽한 교회 예배는 그 형식을 거의 의식하지 못하는 예배, 그래서 우리의 관심이 하나님께로만 향하는 예배일 거야. 《개인기도》 1장

8월 13일

예배 형식을 자꾸 바꾸는 것에 대하여

새로운 요소 때문에 예배 자체도 아니고 예배 인도자에게만 온통 신경이 쓰일 수도 있단 말일세. 아무리 생각을 안 하려고 해도, '도대체 저 사람이 뭘 하려는 거지?'라는 질문이 떠오르거든. 우리 마음이 허튼 데 허비되는 거야. "앞에 선 저 양반들이 베드로에게 주신 주님의 명령을 제대로 기억하면 좋겠네요. 주님께서는 '내 양을 먹이라' 하셨지, '내 쥐들로 실험하라' 혹은 '공연하는 개들에게 기술을 가르치라'고 말씀하신 게 아니라는 것을요." 이렇게 말하는 사람으로선 이유 있는 항변인 거지.

그러니까 예배에 대한 내 의견은 이거야. 자꾸 형식을 바꾸거나 변화를 꾀하지 말아 달라는 것. 일정하게 유지만 된다면 나는 거의 모든 예배 형식을 받아들일 수 있네. 그러나 익숙해질 만할 때마다 예배 형식이 바뀐다면 나는 예배를 드리는 데 조금도 나아질 수 없을 걸세. 훈련된 습관*habito dell'arte*을 얻을 기회가 없기 때문이지.

내가 봤을 땐 단순히 취향 문제인 듯한 차이점 중에도 중요한 교리적 차이를 담고 있는 것이 있겠지. 하지만 다 그렇지는 않을 것 아닌가? 심각한 교리적 차이점이 예배 형식의 차이만큼이나 많다면, 하나의 교파로서의 영국성공회 같은 건 존재할 수 없다는 결론을 내려야 할 걸세. 어쨌거나 예배 형식을 그냥 놔두지 못하는 것은 성공회만의 특수한 현상이 아닌 듯해. 로마가톨릭 신자들도 똑같은 불평을 하더라고. 《애인기도》 1장

8월 14일
그리스도의 몸을 이루는 멤버십

종교를 "사람이 혼자 있을 때 하는 일"로 정의하는 경구는 그리스도인은 물론 역사가들도 결코 받아들이지 못합니다. 누군지 정확히 기억나진 않지만, 찰스나 존 웨슬리 중 한 사람이 신약성경은 고독한 종교를 알지 못한다고 말했습니다. 우리는 함께 모이는 일을 소홀히 하지 말라는 명령을 받았습니다.[4]

기독교는 최초의 문서에서 이미 조직을 이룬 모습을 보여 줍니다. 교회는 그리스도의 신부입니다. 우리는 한 몸을 이루는 멤버입니다.

종교가 사생활에 속하는 영역, 즉 개인이 한가한 시간에 하는 일이라는 개념은 우리 시대에 역설적이고 위험하지만 자연스러운 것이기도 합니다. 이 개념이 역설적인 이유는 지금은 모든 분야에서 집단주의가 개인을 가차 없이 몰아내고 있는 시대이기 때문입니다.……지금은 혼자 있는 사람의 고독을 기필코 깨려 드는 참견쟁이들과 자칭 오락 담당자들이 많습니다. 그들은 그 행태를 일컬어 "젊은이들을 자기 바깥으로 끌어낸다", "그들을 일깨운다", "그들의 무관심을 이겨 낸다"고 말합니다. 만약 아우구스티누스 같은 사상가나 본Henry Vaughan,[5] 트러헌Thomas Traherne,[6] 워즈워스 같은 시인이 현대에 태어난다면, 청년 조직의 지도자들이 이내 그들의 내성적인 면모를 치료해 버릴 것입니다. 《오디세이아》의 알키노스[7]와 아레테[8] 부부나 《전쟁과 평화》의 로스토프 부부, 샬로트 영Charlotte M. Yonge[9]의 소설들에 등장하는 가정들처럼 정말 훌륭한 가정이 오늘날 존재한다면, 부르주아라 비난하며 그것을 파괴하기 위해 온갖 무기가 총동원될 것입니다. 그런 시도들이 모두 실패하고 누군가 물리적으로 혼자 남은 경우에도, 라디오가 있기 때문에 진짜 혼자 있다고 하기는 어렵습니다. 이것은 혼자 있을 때도 고독한 적이 없었다는 스키피오Publius Cornelius Scipio[10]의 말과는 전혀 상관이 없습니다. 우리가 사는 세상은 고독, 침묵, 사생활에 굶주렸고, 명상과 참된 우정에 굶주렸습니다. 《영광의 무게》 멤버십

8월 15일
집단주의의 침투

　　이런 시대에 종교가 혼자 있을 때 하는 일로 분류되다니 참으로 역설적인 일입니다. 그리고 이 개념은 두 가지 이유에서 위험하기도 합니다. 우선, 현대 세계가 큰 소리로 "혼자 있을 때는 종교를 가져도 좋다"고 말할 때는 나지막이 이렇게 덧붙이고 있음을 알아야 합니다. "절대 혼자 있게 하지 않을 테니." 사생활을 모두 추방하면서 기독교를 사적인 일로 만드는 것은 기독교를 허깨비나 환상으로 치부하는 일입니다. 이것이 원수의 첫 번째 전략입니다. 둘째, 기독교가 사적인 문제가 아님을 아는 진짜 그리스도인들은 그 오류에 대한 반작용으로 이미 세속 생활을 정복해 버린 집단주의를 우리의 신앙생활에 옮겨 올 위험이 있습니다. 이것이 원수의 또 다른 전략입니다. 뛰어난 체스 선수처럼 그자는 성을 지키려면 주교主教를 잃을 수밖에 없는 상황으로 언제나 우리를 몰아가려 합니다. 그 덫을 피하려면 우리는 기독교를 사적인 일로 규정하는 개념이 오류이긴 하지만 서툴게나마 위대한 진리를 지키려는 시도로서 극히 자연스러운 오류라고 주장해야 합니다. 사적 기독교관의 배후에는 현대의 집단주의가 인간성을 침해하고 있으며, 다른 모든 악의 경우처럼 하나님이 이 악으로부터 우리를 막아 주실 방패와 방어물이 되신다는 분명한 생각이 깔려 있습니다.

《영광의 무게》 멤버십

8월 16일

세속 공동체의 목적

개인의 사생활이 그리스도의 몸에 참여하는 삶보다 격이 낮은 것처럼, 집단생활은 개인의 사생활보다 낮고 이에 봉사할 때만 존재 가치가 있습니다. 세속 공동체는 초자연적인 유익이 아니라 자연적 유익을 위해 존재하기 때문에, 가정과 우정과 고독을 원활하게 하고 지켜 주는 일이 세속 공동체의 가장 높은 목표입니다. "가정에서 행복을 누리는 것은 모든 인간이 추구하는 목표이다"라고 존슨은 말했습니다. 자연적 가치만 놓고 본다면, 태양이 가장 따뜻한 미소를 보내는 대상은 웃으며 식사하는 가족, 맥주 한 잔을 들며 대화하는 두 친구, 관심 가는 책을 혼자 읽는 한 사람입니다. 이런 장면들을 연장시키고 늘여 주지 못한다면 모든 경제 활동, 정치, 법률, 군대와 제도들은 모래사장을 쟁기질하고 바다에 씨를 뿌리는 일이요, 공연히 마음만 들뜨게 하거나 애태우는 무의미한 일에 불과합니다. 집단적 활동들은 이런 목적을 이루는 수단으로서만 필요합니다. 가정, 우정, 고독의 사적 행복을 누리는 사람들은 그 행복을 더욱 많은 사람들과 나누기 위해 때로 그것을 크게 희생해야 할 수도 있습니다. 굶주리는 이가 없게 하기 위해 모두가 약간 배고픈 채로 살아야 할 수도 있는 것이지요.

그러나 필요악을 선과 혼동해서는 안 됩니다. 저지르기 쉬운 실수이기 때문에 드리는 말씀입니다. 과일을 먼 데까지 보내려면 영양분과 신선도가 떨어지더라도 통조림으로 만들 수밖에 없습니다. 그런데 신선한 과일보다 과일 통조림을 더 좋아하게 되어 버린 사람들이 있습니다. 병든 사람은 자신의 소화 상태에 대해 많이 생각해야 하고, 병든 사회는 정치에 대해 많이 생각해야 합니다. 이를 무시하는 것은 비겁한 처사요 돌이킬 수 없는 결과를 낳게 됩니다. 그러나 종일 정치나 소화 상태만을 생각하며 그렇게 사는 것이 정상이라고 여긴다면, 그런 것들을 고려하는 이유가 그 외의 다른 것을 생각하기 위해서임을 잊는다면, 건강을 위한 일이 오히려 새로운 죽을병으로 뒤바뀌게 됩니다. 《영광의 무게》 멤버십

8월 17일

집단주의에 대한 유일한 방어책

모든 인간 활동에는 수단이 본래 취지를 배반하고 목적을 훼손하는 위험한 경향이 있습니다. 그래서 돈이 물자 교환을 가로막고, 예술의 규칙들이 천재성을 방해하고, 시험이 젊은이들의 학식다운 학식을 갖추지 못하게 하는 일이 벌어집니다. 그러나 불행히도, 그런 주제넘은 수단들이 없어도 된다는 결론은 나오지 않습니다. 집단주의는 우리 생활에 필요하고 앞으로 점점 늘어날 것입니다. 저는 집단주의의 치명적 특성에 대한 방어책이 그리스도인의 삶에만 있다고 생각합니다. 우리는 뱀을 집어 올리며 무슨 독을 마실지라도 해를 받지 않을 거라는 약속을 받았기 때문입니다." 그것이 우리가 논의의 출발점으로 삼았던 사적 종교관에 담긴 진리입니다. 그럼 사적 종교관의 어느 부분이 잘못된 것일까요? 집단적 대중에 혼자 맞선다는 점입니다. 그리스도인은 개인주의가 아니라 신비한 몸의 멤버십[12]으로 부름 받은 사람입니다. 우리는 기독교가 개인주의적이 되지 않으면서 집단주의에 맞설 수 있는 방법을 이해해야 하고, 그러기 위해서는 먼저 세속 집단주의와 신비한 몸의 차이를 살펴봐야 합니다.

《영광의 무게》 멤버십

8월 18일

'멤버'의 성경적 의미

처음부터 우리는 용어의 어려움에 부딪칩니다. 멤버십이라는 단어는 원래 기독교에서 나왔지만 세상이 가로채 그 안의 모든 의미를 없애 버렸습니다. 논리학 서적을 보면 '한 부류의 멤버들members of a class'이라는 표현이 나옵니다. 그러나 동질의 부류에 포함된 낱개나 항목들은 사도 바울이 말한 멤버들과 전혀 다릅니다. 이 둘은 오히려 정반대에 가깝습니다. 이 사실은 매우 중요합니다. 바울이 멤버μέλη라는 말로 전하고자 했던 바를 분명히 보여 주는 영어 단어를 고르자면 장기臟器, organs가 적당합니다. 본질적으로는 서로 다르면서도 상호보완적이고, 구조와 기능, 위계가 다른 어떤 것을 가리키기 때문입니다. 따라서 클럽의 위원회나 사무원 전체를 각각 '멤버'로 볼 수 있습니다. 하지만 지금 흔히 말하는 클럽의 멤버는 개별 단위들에 불과합니다. 똑같은 옷을 입고 똑같은 훈련을 받고 나란히 줄 서 있는 군인들, 지역구의 선거인 명부에 올라 있는 많은 시민들은 바울이 말하는 의미에서는 그 무엇의 멤버도 아닙니다. 우리가 누군가를 '교회의 멤버'라고 부를 때의 그 명칭은 대개 바울이 말하는 의미에서의 멤버와 상관이 없습니다. 그저 그 사람이 개별 구성원이라는 뜻일 뿐입니다. X와 Y와 Z 같은 동종 집합체의 표본 중 하나라는 뜻입니다.

몸을 이루는 진정한 멤버십과 단순히 집합체에 포함되는 상태가 얼마나 다른지는 가족 조직에서 볼 수 있습니다. 할아버지, 부모, 장성한 아들, 아이, 개와 고양이는 동질적인 부류의 멤버나 개별 단위들이 아니기 때문에 (유기체적 의미에서) 참된 멤버가 됩니다. 그들은 다른 것으로 교체될 수 없습니다. 각 사람은 고유의 종種이라 할 만합니다. 어머니는 딸과 그냥 다른 사람이 아니라, 다른 종류의 사람입니다. 장성한 아들은 자녀들이라는 부류의 한 개별 단위에 불과한 것이 아니라 별도의 부류입니다. 아버지와 할아버지는 개와 고양이가 다른 것만큼이나 다릅니다. 가족에서 한 멤버를 빼면 가족의 수만 줄어드는 것이 아니라

가족 조직 자체가 손상을 입습니다. 가족의 연합은 다른 것들, 도대체 어울리지 않는 것들이 한데 모여 이루는 연합입니다. 《영광의 무게》 멤버십

8월 19일

본질적인 차이점

우리가 《버드나무에 부는 바람》 같은 책을 좋아하는 것도 이런 식의 통일성에 깃든 다양성을 희미하게나마 감지하기 때문입니다. 물쥐, 두더지, 오소리 삼총사는 조화로운 연합을 이루는 전혀 다른 사람들을 상징합니다. 우리는 이 연합이 고독과 집단주의 모두로부터 벗어날 수 있는 유일한 피난처임을 직관적으로 아는 것입니다. 딕 스위블러와 후작 부인[13]이나 피크위크 씨와 샘 웰러[14]처럼 묘하게 잘 어울리는 이들의 애정도 같은 즐거움을 줍니다. 아이들이 부모를 세례명으로 불러야 한다는 현대적 발상이 도대체 틀려먹은 것은 이 같은 이유 때문입니다. 그것은 진정한 유기적 연합을 이루게 하는 본질적인 차이점을 무시하는 시도입니다. 어머니가 다른 사람과 똑같은 동료 시민에 불과하다는 터무니없는 생각을 아이에게 주입하고, 모든 사람이 다 아는 사실을 모르게 만들고, 모든 사람이 느끼는 사실을 느끼지 못하게 만들려는 시도입니다. 무미건조한 반복뿐인 집단주의의 특성을 좀더 온전하고 구체적인 세계인 가정 안으로 끌어들이려는 시도입니다.

죄수는 이름 대신 번호로 불립니다. 집단적 사고방식을 극단까지 적용한 예입니다. 《영광의 무게》 멤버십

304

8월 20일

세례: 교회로 들어가는 문

그리스도인이 세례를 받고 부름 받아 들어가는 사회는 단순한 집합체가 아니라 그리스도의 몸입니다. 가정은 그 몸이 어떤 것인지 자연적 수준에서 이미지로 보여 줍니다. 누군가 교회의 멤버십을 현대적 의미의 비하된 멤버십—동전이나 지폐처럼 한데 모여 있는 사람들—으로 오해한 채 그 몸에 들어온다면 금세 생각을 바로잡게 될 것입니다. 그 몸의 머리는 나머지 열등한 멤버들과 너무나 다르고 그 둘은 같은 속성이 전혀 없음을 발견하게 되기 때문입니다. 그 둘의 공통성은 유비類比로서만 존재합니다. 피조물이자 죽을 존재, 구원받은 죄인인 우리는 처음부터 창조주, 불멸의 존재, 죄 없는 구원자와 결합하도록 부름 받습니다. 그분의 임재, 그분과 우리의 상호작용은 그 몸 안에서 영위하는 우리의 삶에서 언제나 가장 중요한 요소가 되어야 합니다. 그분과의 교제가 중심이 되지 않는 기독교적 교제란 있을 수 없습니다. 그리스도와 우리의 연합만 분명히 해둔다면, 성령의 연합을 찾아내기 위해 몸 안에서 이루어지는 다양한 역할들의 근원을 살필 것도 없습니다. 이와 같은 다양성 안에 이미 성령의 연합이 있으니까요.

성직자들은 평신도와 구별되고, 예비 신자는 온전한 교제에 참여하는 신자들과 구별됩니다. 그 안에는 아내에 대한 남편의 권위, 자녀에 대한 부모의 권위가 있습니다. 그리고 너무나 미묘해서 공식화할 수는 없지만 서로 보완하는 섬김의 상호작용이 끊임없이 이루어집니다. 우리 모두는 언제나 서로 가르치고 배우며, 용서하고 용서받습니다. 중보기도를 할 때는 그리스도의 역할을 하고 중보기도 받을 때는 인간의 역할을 합니다. 이기적인 사생활을 희생하라는 요구를 매일 받지만, 그 대신 몸의 지체로서 살아갈 때 매일 얻게 되는 진정한 인격성장으로 백 배의 유익을 얻습니다. 서로 멤버들인 사람들은 손과 귀가 다른 것만큼이나 서로 다르게 됩니다. 그래서 세상 사람들이 너무나 단조롭도록 똑같은 데 비해 성도들은 거의 환상적으로 다양한 것입니다. 순종은 자유로 가는 길이며, 겸손은 즐거움으로, 연합은 개성으로 가는 길입니다. 《영광의 무게》 멤버십

8월 21일

진정한 불평등의 회복

이제부터 여러분이 역설로 느낄 만한 말을 해야겠습니다. 세상에서 우리가 맡은 지위는 다양하지만 하나님이 보실 때는 모두 평등하다는 말을 자주 들으셨을 것입니다. 물론 이 말에는 옳은 부분이 있습니다. 하나님은 겉모습으로 사람을 판단하지 않으십니다. 우리를 향한 그분의 사랑은 우리의 사회적 지위나 지적 재능에 따라 움직이지 않습니다. 그러나 이 격언에는 진리를 뒤집어 놓은 부분이 있습니다. 저는 우리가 국민으로 살아갈 때는 이 인위적 평등이 필요하지만 교회 안에서는 이 가장을 벗어 버리고 우리의 진정한 불평등을 회복하게 되며, 그로 인해 활력을 얻고 소생한다고 감히 말씀드리려 합니다.

……자녀에 대한 부모의 권위, 아내에 대한 남편의 권위, 무지한 자에 대한 배운 자의 권위가 하나님의 원래 계획의 일부였다고 믿습니다. 짐승에 대한 인간의 권위가 그렇듯 말입니다. 인간이 타락하지 않았다면, 필머Robert Filmer[15]의 주장대로 가부장적 절대왕권이 유일하게 합법적인 통치 형태였을 것입니다. 그러나 우리는 죄를 배웠기 때문에, 액턴 경Sir Acton[16]이 말한바 "모든 권력은 부패하고 절대 권력은 절대 부패한다"는 사실을 발견했습니다. 그래서 인류가 찾아낸 유일한 교정책은 권력들을 빼앗고 평등이라는 법적 허구로 대체하는 것이었습니다.

……평등은 수량적 용어이므로 사랑과는 전혀 상관이 없을 때가 많습니다. 권위를 행사할 때는 겸손하게, 순종할 때는 기쁨으로 하는 것이 우리 영혼이 살아갈 길입니다. 애정 관계를 통해 우리는 "나는 너와 다를 바 없다"고 말하는 세상 바깥으로 걸어 나옵니다. 그리스도의 몸 안에서는 더욱 그렇습니다. 그것은 행진이 춤으로 바뀌는 것과 같습니다. 옷을 벗어 버리는 것과 같습니다. 체스터턴Gilbert Keith Chesterton[17]의 표현을 빌면 우리는 고개를 숙일 때 더욱 커지고, 가르칠 때 더욱 낮아집니다. 저는 영국 성공회의 공예배 순서에 사제가 일어서고

신도는 무릎을 꿇는 순간이 있어서 기쁩니다. 바깥세상에서 민주주의가 점점 더 철저하게 적용되고 존경을 표할 기회가 사라져 감에 따라, 교회가 제공하는 활력과 정화의 은혜, 불평등으로 돌아가는 상쾌한 기회가 더욱 필요해집니다.

《영광의 무게》 멤버십

8월 22일

자연적 자아를 십자가에 못 박기

자연적 자아를 거부하는 일, 성경의 강한 표현을 빌자면 자연적 자아를 십자가에 못 박는 일이 영생으로 가는 여권입니다. 죽지 않은 것은 어떤 것도 부활하지 못할 것입니다. 이렇게 해서 기독교는 개인주의와 집단주의의 이분법을 초월합니다. 그리고 바로 이 부분에서 우리 신앙은 외부자들이 화가 날 만큼 모호하게 보이기 마련입니다. 기독교 신앙은 우리의 자연적인 개인주의를 가차없이 적대시합니다. 반면, 개인주의를 버리는 사람들에게는 개성과 함께 그들의 몸에 대한 영원한 소유권을 돌려 줍니다. 생존과 팽창의 의지를 가진 생물로서의 우리는 아무 가치가 없습니다. 우리는 십자가 위에서 죽어야 할 존재에 불과합니다. 그러나 그리스도의 몸의 장기로서, 성전의 돌과 기둥으로서, 우리는 영원한 정체성을 보장받고 영원히 살아 장차 은하수를 옛 이야기로 기억하게 될 것입니다.

이것은 다른 식으로 표현할 수도 있습니다. 개성personalty은 영원하고 신성합니다. 그러나 개성은 우리가 출발점으로 삼는 기준점이 아닙니다. 우리 모두는 개인성individualism에서 출발합니다. 그러나 개인성은 개성의 패러디나 그림자에 불과합니다. 진정한 개성은 저 앞에 놓여 있습니다. 그것이 얼마나 멀리 떨어져 있는지는 감히 말하지 않겠습니다. 거기까지 이르는 열쇠는 우리 안에 있지 않습니다. 우리 안에 있는 무엇인가가 발전해서 거기에 이를 수도 없습니다. 영원한 우주의 구조 안에서 우리가 설계 내지 발명된 목적에 합당한 자리를 차지할 때, 진정한 개성이 우리에게 찾아올 것입니다. 색상은 탁월한 화가의 손에 들려 그가 미리 정해 놓은 지점, 다른 색상들 사이에 놓일 때 비로소 진가를 드러냅니다. 양념은 훌륭한 요리사의 손에 들려 요리사가 원하는 음식에서 적절한 순간 다른 재료들 사이에 들어갈 때 진정한 풍미를 드러냅니다. 개는 인간 가족 안에서 제자리를 차지할 때 진짜 개다워집니다. 우리 역시 우리를 위한 자리에 맞춰 들어갈 때 비로소 진정한 사람이 될 것입니다. 《영광의 무게》 멤버십

개성은 그리스도의 선물이다

우리는 모든 개인성에 "무한한 가치가 있다"는 원칙에서 출발하기 때문에, 하나님을 사람들에게 적합한 일거리를 찾아 주거나 네모난 말뚝에 필요한 네모난 구멍을 찾아 주는 일종의 직업소개소 정도로 생각합니다. 그러나 개인의 가치는 그 안에 있지 않습니다. 개인은 외부에서 가치를 받아야 합니다. 그는 그리스도와 연합함으로써 가치를 받습니다. 개인에게 내재된 가치를 제대로 드러내고 그의 타고난 특이성들을 다 받아 줄 자리를 살아 있는 성전에서 만들어 낼 길은 없습니다. 그곳에 자리가 먼저 있었습니다. 사람은 그 자리를 위해 창조되었습니다. 그 자리에 이르기 전까지는 참 자신이 될 수 없을 것입니다. 빛 안에서만 우리의 몸이 색깔을 발하듯, 우리는 오직 천국에서만 참되고 영원하고 참으로 신적인 사람들이 될 것입니다.

지금까지 저는 모든 사람이 인정하는 사실을 되풀이한 셈입니다. 즉 우리는 은혜로 구원받고, 우리 육신에는 선한 것이 없고, 우리는 철저하게 피조물이지 창조자가 아니며, 우리 스스로가 아니라 그리스도의 힘으로 사는 파생된 존재라는 말을 달리 표현한 것입니다. 간단한 문제를 제가 오히려 복잡하게 만든 것으로 보인다면 용서하시기 바랍니다. 여기서 저는 두 가지 논점을 드러내려 했습니다. 첫째, 집단주의와 나란히 현대 사상에 널리 퍼진, 인간 개인에 대한 비기독교적 숭배를 몰아내려고 했습니다. 한 가지 오류는 정반대의 오류를 낳고, 서로의 문제를 악화시키기 때문입니다. 개성 숭배란 우리 각자의 출발점이 우리 내부에 갇혀 있는 보물인 '개성'이고, 이것을 확장시키고 표현하고 외부의 간섭에서 지켜 내는 것과 '독창적'이 되는 것이 삶의 주된 목표라는 유해한 개념을 말합니다. 이것은 펠라기우스Pelagius[18]적인 생각이자, 더 나아가 자멸적인 생각입니다. 독창성을 소중히 여기는 사람은 결코 독창적이 되지 못합니다. 진실을 말하려 노력하고 무슨 일이건 최대한 잘하려고 노력하다 보면, 이른바 독창성은 어느새 찾아오기 마련입니다. 자연적 수준에서도, 개별성에 집착하지 않고 기능에 충실할 때 진정한 개성이 태어나기 시작하는 것입니다. 둘째, 저는 기독교의 궁극적 관심사가 개인도 집단도 아님을 보여 드리고 싶었습니다. 사람들이 흔히 생각하는 개인이나 집단은 영생을 상속받을 수 없습니다. 자연적 자아도, 집단적 대중도 마찬가지입니다. 오직 새로운 피조물만이 영생을 상속받을 수 있습니다. 《영광의 무게》멤버십

구원받는 방식의 다양성

하나님은 다양한 영혼을 다양한 방식으로 구원하시지 않습니까? 구원받는 모든 사람이 즉각적인 회심과 영원한 확신을 경험해야 한다는 듯이 설교하는 일은 제가 볼 때 매우 위험합니다. 사람들을 주제 넘는 확신이나 절망, 둘 중 하나로 몰아넣기 때문입니다. 예수님이 제자들 한 사람 한 사람을 얼마나 다르게 부르셨는지 보십시오. 완전히 새로운 피조물이 된 사람이라면 우리가 그를 그런 존재로 알아볼 수밖에 없다는 말이 있습니다만, 저는 동의할 수 없습니다. 거룩함이 있어야 거룩함을 분별할 수 있습니다.

스튜어트 로버트슨에게 보낸 편지 [1962년 5월 6일]

8 월 25 일

현대 비평

현대 비평에서 사용되는 핵심 용어가 무엇입니까? '파생적'에 반대되는 '독창적', '관습'에 반대되는 '자발적 태도', '규칙'에 반대되는 '자유'입니다. 위대한 저자들은 혁신자, 선구자, 탐험가들이며, 형편없는 저자들은 학파를 이루고 전범을 따릅니다. 혹은 일류 저자들은 언제나 '족쇄를 부수고' '속박을 깹니다.' 그들에게는 개성이 있으며, 그들은 '그들 자신'입니다. 우리가 이와 같은 언어들에 내포된 의미를 하나의 일관된 철학으로 고안해 내고 있는 것은 아닌지 모르겠습니다. 하지만 안 좋은 작품이 이전 것과의 일치를 꾀하고 모범을 따르는 제자도에서 비롯되는 반면, 좋은 작품은 어떤 폭발적인 힘—분명 스스로 발생하는 힘—의 중심부에서 뿜어져 나온다는 생각을 우리가 일반적으로 머리에 그리고 있는 것은 확실합니다. 그 중심부에 서 있는 사람을 우리는 천재라고 부르지요.

한편 신약성경은 문학에 대해 아무런 말도 해주지 않습니다. 어떤 사람들은 우리 주님을 시인이라 생각하고 그 근거로 예수님의 비유를 즐겨 인용합니다. 성육신을 믿는다는 것은 인간적 탁월함의 모든 양상이 그리스도의 역사적 인성에 내재함을 믿는 것과 같다는 말에 저는 기꺼이 동의하기도 합니다. 물론 그 인성에는 시인의 면모도 포함되어 있겠지요. 그러나 예수님이 그 탁월함들을 모두 드러내셨다면, 한 인간이 지닐 수밖에 없는 한계를 뛰어넘으셨을 것이고, 그분은 더 이상 인간이 아니셨을 것입니다. 따라서 영적인 능력을 제외한 다른 모든 영역의 탁월함은 다양한 정도로 암시되었습니다. 《기독교적 숙고》 1장 기독교와 문학

8월 26일

깨끗한 거울이 되는 것

신약성경에서는 삶이라는 예술 자체가 모방의 예술입니다. 우리가 이 사실을 믿으면서, 확실히 삶에서 파생되는 것인 문학이 '창조성', '독창성', '자발성'을 지향해야 한다고 생각할 수 있겠습니까? 신약성경에서 '독창성'은 분명 하나님만이 가진 특권입니다. 심지어 삼위일체 내에서도 그것은 아버지에게만 국한된 권한으로 보입니다. 다른 모든 존재는 의무적으로 파생해야 하며, 거울처럼 반사함으로써만 비로소 행복을 느낄 수 있습니다. 어떤 성인의 덕이나 영성이 '창조적'이고 '독창적'인 양 은근히 암시하면서 그를 '도덕적 혹은 영적으로 뛰어난 사람'으로 그리는 사람들의 언어만큼 성경의 어조에 낯선 것은 없을 것입니다.

제가 만약 신약성경을 제대로 읽었다면, 변형되거나 은유적인 의미에서조차도 '창조성'은 설 자리가 없습니다. 우리의 운명은 그것과 정반대 방향에 놓여 있는 것 같습니다. 우리 자신을 최대한 드러내지 않고, 우리 것이 아닌 빌려온 향기를 입으며, 우리 얼굴이 아닌 다른 얼굴 형상을 가득 비추는 깨끗한 거울이 되는 것. 여기서 저는 전적타락의 교리를 지지하는 것이 아닙니다. 신약성경이 그것을 지지한다고 말하는 것도 아닙니다. 단지 피조물에게 해당하는 최고선은 피조물다운—즉 파생하거나 반사하는—선이어야 한다는 것입니다. 다시 말해 성 아우구스티누스가 분명하게 지적하듯,[19] 교만은 타락의 앞잡이일 뿐만 아니라 타락 자체입니다. 피조물이 자기보다 나은 존재인 하나님께 집중하다가 하나님보다 못한 자기 자신에게로 관심 대상을 옮기는 것이 바로 타락입니다.

《기독교적 숙고》 1장 기독교와 문학

8월 27일
자아를 대하는 두 가지 태도

비그리스도인은 자신의 기질과 경험을 있는 그대로 취하고, 그것이 단지 사실이기 때문에, 더 나쁘게는 자기 것이기 때문에 전달할 만한 가치가 있다고 여길 수 있습니다. 하지만 그리스도인에게 자기 기질과 경험은 그저 단순한 사실과 자기 것에 불과할 뿐 아무런 가치가 없고 전연 중요하지 않습니다. 만에 하나 그가 그 기질과 경험을 다룬다면, 단지 보편적으로 유익이 될 만한 무언가를 떠올리기 위한 매개체나 근거가 필요하기 때문입니다.

가령 두 사람이 교회나 극장에서 따로 앉아 있는 모습을 상상해 봅시다. 그리고 거기서 나왔을 때, 모두 자신의 경험을 일인칭 화법으로 이야기해 준다고 합시다. 한 사람은 자신이 앉았다는 이유만으로 자기 자리에 마음을 씁니다. "난 그 자리가 너무 불편했습니다"라고 말하겠지요. "믿지 못하겠지만 구석에 있는 문 틈에서 바람이 어쩌나 심하게 들어오던지. 그리고 사람들 하고는! 내 앞에 앉은 여자한테 한소리 하지 않을 수 없었죠." 그러나 또 한 사람은 자기 자리에서 무엇을 볼 수 있었는지 이야기해 줄 것입니다. 그것이 그가 알고 있는 사실일뿐더러, 각 좌석마다 분명 무엇 하나에 대해서만큼은 최고의 전망을 보여 주기 때문에 기꺼이 이렇게 말하겠지요. "그 기둥의 테두리 장식이 뒤쪽까지 돌아간다는 걸 아시나요? 게다가 뒤쪽 디자인은 앞쪽보다 더 오래된 것 같았어요."

여기서 우리는 자아 혹은 기질에 대한 표현주의자와 그리스도인의 태도를 봅니다. 그렇기 때문에 아우구스티누스와 루소 모두 《고백록》을 썼지만 한 사람은 자기 기질을 일종의 절대적인 것으로 여겼고(적어도 나는 타자이다)*au moins je suis autre*, 다른 한 사람은 "좁은 집"이라며 그 고백을 이어갑니다. "당신이 들어오기에는 너무도 협소합니다. 오, 부디 넓히소서. 폐허인 그곳을, 오 다시 세우소서."

……그리스도인 작가는 스스로 터득하거나 독창적일 수 있습니다. ……그러나 기존 형식과 인류에게 공통된 경험을 사용함으로써 좋은 작품을 쓸 수 있는 재

능을 지녔다면, 그는 즐거이 그 일을 감당할 것입니다. 어쩌면 생각보다 훨씬 더 기뻐할지도 모르겠습니다. '오직 자신의 방식으로' 비전에 전적으로 응답해야 한다는 주장은 그를 설득할 만큼 강력하지 않습니다. 또한 생각과 방법이 떠오를 때마다 그는 "이것이 내 것인가"라고 묻는 대신 "이것이 선한가"라고 질문할 것입니다. 《기독교적 숙고》 1장 기독교와 문학

잔인한 자비

모든 일이 잘 돌아갈 때는 우리의 생각을 하나님께로 돌리기가 얼마나 어려운지 알고 계실 겁니다. '원하는 모든 것이 다 있다'는 말은 그 '모든 것' 안에 하나님이 포함되어 있지 않을 때 그야말로 무서운 말이 되어 버립니다. 그 경우 하나님은 우리에게 방해거리로 등장합니다. 아우구스티누스가 어디선가 말했듯이 "하나님은 우리에게 무언가를 주고자 하시지만 우리 손이 꽉 차 있기 때문에—무언가를 주실 자리가 전혀 없기 때문에—주지 못하십니다." 또는 제 친구 한 사람의 말처럼 "우리는 비행기 조종사가 낙하산을 대하듯 하나님을 대합니다. 위기 상황에 대비해 마련해 두긴 하지만, 그것을 사용해야 할 기회는 오지 않기를 바랍니다."

우리를 만드신 하나님은 우리의 본질을 아시며, 우리의 행복이 바로 그분 안에 있음을 아십니다. 그러나 하나님이 행복을 찾을 만하게 보이는 곳을 단 한 군데만 남겨 두셔도 우리는 그분 안에서 행복을 찾으려 들지 않습니다. 우리는 이른바 '나의 삶'이 즐겁게 느껴질 동안에는 그 삶을 하나님께 양도하려 들지 않습니다. 그러니 '나의 삶'을 덜 즐겁게 만들고 그럴듯해 보이는 거짓된 행복의 원천을 빼앗는 것 외에 우리의 유익을 위해 하실 수 있는 일이 무엇이 있겠습니까? 바로 이 자리, 처음에는 하나님의 섭리가 잔인하기 짝이 없게 보이는 이 자리야말로 하나님의 겸손함과 지고한 분의 낮아짐을 찬양해 마지않아야 할 자리입니다. 《고통의 문제》 6장 인간의 고통 I

8월 29일

우리 재능의 사용

제가 몸담고 있는 직업은 비록 기호가 맞고 재능이 있어야 한다는 조건이 붙지만 무엇보다 생계를 유지해야 한다는 필요에 의해 동기부여가 됩니다. 그런데 생계유지에 대해 기독교가 혁명적이고 종말론적인 요소가 있기는 하지만 기쁘게도 평범한 견해를 지닌다는 사실에 저는 안심이 되었습니다. 세례 요한은 세리와 군인들에게 구시대의 경제와 군사 체제를 당장 뒤엎어야 한다고 설교하지 않았습니다. 도덕법을 따라야 한다고 말하고는—그들이 아마도 자기 어머니나 유모에게서 그것을 배우던 때처럼—그들을 일터로 돌려보냈습니다. 성 바울은 데살로니가 교인들에게 자기 하는 일에 충실하고(살전 4:11) 여기저기 참견하는 사람이 되지 말라고 말합니다(살후 3:11). 따라서 어떠한 직업이든 돈이 필요해서 일한다는 것은 결코 근사하지는 않더라도 단순 무해한 동기입니다. 에베소의 교인들은 "선한" 일을 업으로 하라는 권고를 받습니다(엡 4:28). 저는 여기서 '선하다'라는 말이 '무해하다'라는 의미에 지나지 않기를 바라면서, 특별히 고상한 무엇을 암시하지는 않는다고 확신했습니다. 그래서 일단 문화에 대한 수요가 있고 실제로 문화가 심신에 해로운 것이 아니라면, 내가 그와 같은 수요를 채워 줌으로써 생계를 유지하는 것은 정당하다고 결론 내렸습니다. 그리고 저와 같은 위치에 있는 다른 모든 사람들(연구원, 교장, 전문 작가, 비평가, 서평가)도 마찬가지라 생각했습니다. 그들도 저처럼 다른 직업에 거의 재능이 없거나 전혀 없다면—다시 말해 문화와 관련한 직업을 '천직'으로 여기는 이유가 다른 일에 전혀 적합하지 않다고 하는 엄연한 사실 때문이라면—더욱 정당할 것입니다.

《기독교적 수고》 2장 기독교와 문화

8월 30일

문화의 적법한 용도

하지만 문화를 정말로 무해하다고 볼 수 있을까요? 문화는 분명 해로울 수 있고 실제로도 그런 경우가 많습니다. 만일 어떤 그리스도인이 현실과 유리된 진공상태에 새로운 사회를 세우는 위치에 있다면, 남용하기도 너무 쉽고 굳이 사용하지 않아도 되는 무언가를 도입하지 않기로 하는 것은 당연한 일입니다. 하지만 우리가 처한 상황은 다릅니다. 문화는 이미 남용되고 있으며, 그리스도인들이 문화를 향유하건 말건 계속 남용될 것입니다. 그렇기 때문에 어쩌면 '문화 판매자' 계층에 남용에 대한 해독제로서 일부 그리스도인들을 포함시키는 것이 나을지 모릅니다. 이 같은 역할은 그들의 의무일 수도 있습니다. 그렇다고 제가 합법적으로 문화를 사용하는 것마저 무척 고상한 행위라고 말하는 것은 아닙니다. 합법적인 사용이라고 해봐야 그저 무해한 쾌락을 얻는 정도에 지나지 않을지 모릅니다. 그러나 남용이 만연해 있다면, 그러한 남용에 저항하는 일은 합법적일 뿐만 아니라 의무적일지도 모릅니다.

……"문화의 남용에 저항해야 한다"는 말이 뜻하는 바를 덧붙여야 할 것 같습니다. 이것은 그리스도인이 무언가(문화)를 공급하는 대가로 돈을 받고는 그렇게 얻은 기회를 사뭇 다른 무엇(설교법과 변증론)을 공급하기 위해 이용해야 한다는 의미가 아닙니다. 돈을 훔치는 행위와는 다르다는 말입니다. 그리스도인들은 문화 판매자의 계층에 그저 있기만 해도 해독제 역할을 할 것입니다.

……개인적으로 문화가 내게 무엇을 해 주었는지 자문해 볼 때, 그 대답으로 가장 명백한 진실은 상당한 즐거움을 선사해 주었다는 것입니다. 즐거움은 그 자체로 선하고 고통은 그 자체로 악하다는 사실을 저는 전혀 의심하지 않습니다. 그렇지 않다면, 천국과 지옥에 대한 기독교의 모든 전통과 우리 주님의 수난은 아무런 의미도 없을 것입니다. 그렇다면 즐거움은 선한 것입니다. 그리고 '죄가 되는' 즐거움이란 도덕법을 위반하는 상황에서 제공되는 선, 우리가 받아들인

선을 의미합니다. 문화가 주는 즐거움이 본질적으로 그러한 상황에 매여 있는 것은 아닙니다. ……뉴먼이 관찰한 바와 같이, 그 즐거움은 죄가 되는 즐거움과 달리 탁월한 오락인 경우가 많습니다. 따라서 우리도 그것을 누릴 수 있으며, 다른 사람도 누리도록 합법적으로 심지어는 너그럽게 가르칠 수 있습니다.

《기독교적 숙고》 2장 기독교와 문화

어떤 사람들에게는
문화가 예루살렘으로 들어가는 길이 된다

저의 전반적인 논거는 [이렇게] 표현될 수 있습니다. ……즉 문화는 최고의 (하위 기독교적) 가치를 담고 있는 창고라고 말입니다. 이러한 가치들은 혼soul에 속한 것이지 영spirit에 속한 것은 아닙니다. 그러나 혼은 하나님이 창조하신 것입니다. 따라서 혼의 가치는 영의 가치를 부분적으로 반영하거나 그 전조가 되리라 기대할 수 있습니다. 혼의 가치가 사람을 구원하지는 못할 것입니다. 그 가치는 오직 애정이 자비와 흡사한 정도, 명예가 덕과 흡사한 정도, 달이 해와 흡사한 정도로만 거듭난 생명과 닮았습니다. 그러나 "비슷한 것이 곧 같은 것은 아니더라도" 비슷하지 않은 것보다는 낫습니다. 모방이 새로운 것을 만들어낼 수도 있습니다. 어떤 사람에게 모방은 좋은 시작입니다. 그러나 또 어떤 사람에게는 그렇지 않습니다. 문화는 모든 사람이 예루살렘으로 들어갈 수 있는 길은 아니며, 어떤 사람에게는 예루살렘에서 나오는 길이 되기도 합니다.

문화가 우리를 회심으로 이끄는 또 다른 방식이 있습니다. 오늘날 교육받지 못한 사람을 회심시키기 어려운 이유는 그의 자기만족 때문입니다. 대중화된 과학, 자신이 속한 집단의 관행 혹은 '관행으로부터의 탈피성', 모임 프로그램 등이 그를 창문도 없는 자그마한 세계에 가두고, 그는 그 우주를 존재할 수 있는 유일한 세계로 잘못 인식합니다. 멀리 보이는 수평선도, 신비도 없습니다. 그는 모든 것이 정해져 있다고 생각합니다. 반면에 교양 교육을 받은 사람은 실재란 매우 이상하며 궁극적인 진리는 그것이 무엇이든 낯설음의 성격을 지닌 것이 '분명하다'고—교육받지 못한 사람에게는 동떨어지고 기상천외하게 보일 무언가임에 '틀림없다'고—대개 인식하지 않을 수 없습니다. ……이러한 근거에서 결론적으로 저는 문화가 특정 영혼을 그리스도께로 인도하는 데 분명한 역할을 한다고 생각합니다. 모든 영혼을 그렇게 하는 것은 아닙니다. 단순한 성정을 지닌 수많은 사람들이 언제나 따랐던 더 짧고 안전한 길이 있습니다. 그들은 그리스도의 인격에 헌신하면서, 우리가 최후에 도달하기를 바라는 지점에서 출발하는 사람들입니다. 《기독교적 숙고》 2장 기독교와 문화

9월 1일

반사된 햇빛

　　그렇다면 회심한 사람들의 삶에서 문화의 역할은 없는 것일까요? 저는 있다고 생각하며, 두 가지 면에서 그렇습니다. (a) 우리가 기독교로 가는 도상에서 모든 문화적 가치들을 진리의 희미한 전조이자 모형으로 인식했다면, 지금도 여전히 그럴 수 있습니다. 또한 우리는 쉬기도 하고 놀기도 해야 하므로, 이렇게 하는 데 예루살렘의 변두리인 이곳보다 더 좋은 곳이 어디 있겠습니까? 달빛을 보며 우리 눈을 쉬게 하는 것은 합법적인 일입니다. 이제는 그 빛이 어디서 비롯되는지, 곧 햇빛이 간접적으로 전해지는 것임을 아는 이상 더욱 그렇습니다. (b) 순전히 묵상만 있는 삶이 누군가에게는 바람직하든 그렇지 않든 간에 확실한 것은 그것이 모든 사람에게 주어진 소명은 아니라는 점입니다. 대부분의 사람들은 하나님의 영광에 무언가—그 자체로는 영광스럽지 않으며 부여받음으로써 영광스럽게 되는 행위—를 더함으로써 그분께 영광을 돌릴 수밖에 없습니다. 제가 지금 바라는 바처럼 문화적인 활동이 무죄하고 심지어 유용하기까지 하다면, (허버트의 시에 나오는 방을 청소하는 일처럼) 주께 바치는 행위가 될 수 있습니다. 가정부의 일과 시인의 일이 같은 방식 같은 조건하에서 영적인 일이 되는 것입니다. 《기독교적 숙고》 2장 기독교와 문화

9월 2일
두 종류의 선악

"좋은 것인데도 하나님이 기뻐하시지 않는 것이 있고, 나쁜 것인데도 하나님이 싫어하시지 않는 것이 있다는 말입니까?" 그리고 이와 같은 맥락으로 밀어붙인다면 저는 의심에 빠지게 될 것입니다. 그러나 이미 제 안에 담겨 있는 작은 빛을 거짓이라 속임으로써 그러한 의심을 없애려 하지는 않겠습니다. 그 작은 빛에 따른다면, 좋고 나쁜 것에는 두 가지 종류가 있다고 말할 수밖에 없는 것 같습니다. 첫 번째 종류는 미덕과 악 혹은 사랑과 증오처럼 그 자체로 좋거나 나쁠 뿐만 아니라 그것을 소유한 사람까지 좋거나 나쁘게 만듭니다. 두 번째 종류는 그렇지가 않습니다. 거기에는 육체적인 아름다움과 추함, 유머 감각의 있고 없음, 힘과 약함, 즐거움과 고통 등이 포함됩니다. 그러나 우리와 가장 관련 있는 것은⋯⋯ 부부간의 에로스(이는 아가페와 구별되며, 아가페는 당연히 최상의 선입니다)와 육체적 순결함입니다.

두 번째 부류에 대해 이야기할 때 참으로 경건함과는 '별개'라고 보면서도 무의식적으로는 경건함의 '일부', 그것도 작은 일부가 아닌 양 그것을 대하는 사람들을 분명 우리 모두는 만나 본 경험이 있습니다. 게다가 이 두 번째 부류에 속한 선이 그 나름대로 얼마나 선하건 간에 이러한 연고로 악마적demonic 외양을 가장하고 유사 영적인 가치로 자신을 격상시킬 때, 우리는 그것이 적이 된다는 사실에 확실히 동의하고 있습니다.

루지몽 씨M. de Rougemont가 최근에 말한 것처럼, 부부간의 에로스는 "신의 자리에서 내려올 때에만 악마의 자리에서도 내려옵니다." 제 전체 논점은, 문학에는 그것이 전달하는 영적인 선과 악 외에 이와 같은 두 번째 부류의 선과 악, 그야말로 문화적이거나 문학적인 선과 악도 있으며, 이것이 첫 번째 부류의 선과 악처럼 행세하게 해서는 안 된다는 것입니다. ⋯⋯오늘 아침 식사를 저는 맛있게 했고, 그것은 선한 일이었으며 하나님으로부터 정죄받을 일이 아니라고 생각합니다. 하지만 아침 식사를 즐겼다고 해서 내가 선한 사람이라고는 생각하지 않습니다. 제가 보기에 그 구분이 그다지 선명한 것 같지는 않습니다.

《기독교적 숙고》 2장 기독교와 문화

9월 3일 〈그레고리우스 대교황 축일〉

문화의 가치

하나님의 영광, 그리고 그분을 영광스럽게 하는 우리의 유일한 수단인 인간의 영혼을 구원하는 일은 삶의 실제적인 문제입니다. 그렇다면 문화의 가치는 무엇입니까? 물론 이 질문은 새롭게 제기되는 것이 아닙니다. 하지만 살아 있는 질문으로서 제게 새롭게 다가왔습니다.

……그레고리우스 대교황이 말한 것으로 알려진 유명한 격언을 찾아냈는데, 우리가 세속 문화를 사용하는 것은 이스라엘 백성이 칼을 갈러 블레셋으로 내려가는 행위에 비길 만하다는 것이었습니다. 이러한 주장은 그 나름대로 만족스럽고 현대의 조건과도 잘 맞아 든다고 생각합니다. 이교도 이웃을 회심시키려면 우리는 그들의 문화를 이해해야 합니다. '그들과 같은 전술로 이겨야' 합니다. 하지만 분명 이 말은 현대적 관습 내에서 문화를 뒷받침하기에 턱없이 부족한 주장입니다. 비록 기독교 문화를(적어도 이쪽에 자신의 소명을 둔 일부 그리스도인들에게) 정당화해 주기는 하지만 말입니다. 그레고리우스의 관점에서 보면 문화는 무기입니다. 그러나 본질적으로 무기는 우리가 안전해지는 순간 치워 버리는 물건입니다. 《기독교적 숙고》 2장 기독교와 문화

무엇을 하든지
하나님의 영광을 위하여 하라

종교 역시 다른 모든 자연적 활동을 배제하면서 우리의 삶 전체를 차지할 수는 없습니다. 물론, 어떤 의미에서 종교는 삶 전체를 차지해야 합니다. 하나님의 권리 주장을 문화, 정치, 그 외 다른 무엇의 권리 주장과 타협할 수 없습니다. 하나님의 권리 주장은 무한하고 가차 없습니다. 우리는 그것을 아예 거부할 수도 있습니다. 아니면 인정하려는 노력을 시작할 수도 있습니다. 하지만 중간의 길은 없습니다. 그럼에도, 기독교가 사람들의 일상적 활동을 어느 것도 배제하지 않는 것은 분명합니다. 사도 바울은 사람들에게 하던 일을 계속하라고 말합니다. 그리스도인들에게 디너파티에 가도 된다고 합니다. 심지어 이교도들이 베푸는 디너파티의 참석도 허락합니다. 우리 주님은 결혼식에 참석하시고 기적의 포도주를 제공하셨습니다. 기독교가 가장 활발한 시기에 교회의 후원으로 학문과 예술이 번성했습니다. 물론, 여러분은 이 역설의 해결책을 잘 알고 있습니다. "그런즉 너희가 먹든지 마시든지 무엇을 하든지 다 하나님의 영광을 위하여 하라."[1]

우리의 모든 자연적인 활동들, 심지어 가장 비천한 활동들이라도 하나님께 바치면 그분이 받아 주십니다. 하지만 제아무리 고상해 보이는 일이라 해도 하나님께 드려지지 않으면 악한 것이 되고 맙니다. 기독교는 우리의 자연적인 활동들을 몰아내고 새로운 활동들로 대체하지 않습니다. 그보다는 우리의 자연적 활동들을 초자연적 목적들에 사용하는 새로운 조직입니다.

《영광의 무게》 전시의 학문

9월 5일

학문의 필요성

　　세상 사람 모두가 그리스도인이라면, 그들 모두가 교육을 받지 않아
도 별 문제가 없을 것입니다. 그러나 기독교 바깥에는 엄연히 문화가 존재합니
다. 교회 안도 그리 안전한 것은 아닙니다. 우리가 무지하고 무식해서 적을 상대
할 능력을 갖추지 못한다면 그것은 무기를 내버리고 항복하는 것과 같고, 이교
도들의 지적 공격에 맞설 방어책이 (하나님 외에는) 우리밖에 없는, 교육받지 못한
형제들을 배반하는 꼴이 됩니다. 나쁜 철학에 답하기 위해서라도 좋은 철학은
있어야 합니다. 냉철한 지성을 가진 이들은 반대편 지성뿐 아니라 지성 자체를
송두리째 부인하는 혼란스러운 이교적 신비주의와도 맞서야 합니다.

무엇보다 우리는 과거에 대한 정통한 지식이 필요합니다. 과거에 무슨 마법의 힘
이 깃들어 있어서가 아니라, 미래를 연구할 도리가 없는 상황에서 현재와 비교
할 대상은 과거밖에 없기 때문입니다. 현재와 과거를 비교해 봐야만 각 시기마
다 기본 가정들이 달랐고, 교육받지 못한 사람들의 눈에 확실해 보이는 많은 사
실들이 일시적인 유행에 불과함을 기억할 수 있습니다. 여러 장소에서 살아 본
사람은 고향 마을의 지역적 오류에 속을 가능성이 적습니다. 학자는 사상적으
로 여러 시대를 살아온 사람이므로 당대의 언론과 확성기에서 억수같이 쏟아
지는 허튼 소리에 대항할 만한 면역성이 어느 정도 있습니다.

《영광의 무게》 전시의 학문

신학: 하나님에 관한 학문

한편으로는 왜 신학이라면 고개부터 내젓는 사람들이 있는지 이해할 만합니다. 한번은 영국 공군 부대에서 신앙 강연을 한 적이 있는데, 꽤 고집 있어 보이는 한 노_老 장교가 일어서더니 이렇게 말했습니다. "나한테는 전부 쓸모없는 얘기요. 잘 들으시오, 나도 신앙인이오. 나는 하나님이 계시다는 걸 알고 있소. 그분을 느끼기도 했지. 어느 날 밤 혼자 사막에 있을 때였는데, 정말 신비했소. 그렇기 때문에 선생이 하나님에 대해 말하는 그 깔끔하지만 하찮은 교리와 공식들을 믿지 않는다는 거요. 진짜를 경험한 사람한테 그런 건 다 시시하고 사소하고 현학적이며 실제적이지 못한 말로 들릴 뿐이니까!"

저도 어떤 점에서는 그 장교의 말에 동의합니다. 저는 그가 사막에서 정말 하나님을 경험했으리라고 생각합니다. 그런 체험을 한 사람이 기독교의 신조들을 접한다는 것은 그야말로 실제 세계가 덜 실제적인 세계로 바뀌는 일과 같을 것입니다. 해변에서 진짜 대서양을 본 사람이 집에 돌아와 대서양 지도를 볼 때 실제 세계가 덜 실제적인 세계로 바뀌듯이, 눈앞에서 넘실대던 파도가 한낱 색칠한 종이 조각으로 바뀌듯이 말이지요.

그러나 바로 여기에 중요한 점이 있습니다. 지도가 색칠한 종이 조각에 불과하다는 것이 아무리 사실이라 해도, 여러분이 지도에 관해 기억해야 할 사실이 두 가지 있습니다. 첫째는, 그 지도가 수백 수천 명의 사람들이 진짜 대서양을 항해하면서 발견한 사실에 토대를 두고 있다는 사실입니다. 이처럼 그 지도의 이면에는 해변에서 바다를 본 당신의 경험 못지않게 생생한 경험의 덩어리가 자리 잡고 있습니다. 또한 당신의 경험은 바다를 고작 한 번 흘끗 본 것이 전부지만, 지도는 서로 다른 경험들이 한데 모여 만들어진 것입니다.

둘째는, 여러분이 어딘가 가고자 할 때는 지도가 절대적으로 필요하다는 사실입니다. 여러분이 해변을 거니는 데 만족한다면 지도를 보느니 해변에서 직접 바다를 보는 편이 훨씬 재미있을 것입니다. 그러나 대서양을 건너 미국에 가고 싶다면 해변을 거니는 것보다는 지도를 보는 편이 훨씬 유용할 것입니다.

《순전한 기독교》 4장 인격을 넘어서, 또는 삼위일체를 이해하는 첫걸음

9월 7일

지도 없이 항해 하지 말라

신학은 지도와 같습니다. 단순히 기독교 교리를 배우고 거기에 대해 생각하는 데서만 멈춘다면, 그 장교의 사막 경험보다 생생하지도 않고 흥미롭지도 못할 것입니다. 교리는 하나님이 아닙니다. 일종의 지도일 뿐입니다. 그러나 그 지도는 정말 하나님을 만났던 수백 명의 경험─여기에 비하면 여러분과 제가 혼자 경험하는 흥분이나 경건한 감정들은 아주 초보적이고 혼란스러운 것에 지나지 않습니다─에 토대를 두고 있습니다.

또한 여러분이 더 먼 곳에 가고자 한다면 반드시 지도를 써야 합니다. 아시다시피 사막에서 그 장교에게 일어난 일은 분명 흥미진진한 실제 경험이긴 하지만 열매는 없습니다. 사실 이것이야말로 막연한 종교─자연 속에서 하나님을 느끼는 식의 것들─가 사람들의 마음을 끄는 이유입니다. 그런 종교에는 흥분만 있을 뿐 결과가 없습니다. 해변에서 파도를 구경할 때처럼 말이지요. 그런 식으로 대서양을 연구한다고 해서 뉴펀들랜드에 갈 수 없는 것처럼, 꽃이나 음악에서 하나님의 존재를 느끼는 것만으로는 영원한 생명을 얻을 수 없습니다. 바다에 가 보지 않고 지도만 들여다본다고 해서 어디에 갈 수 있는 것은 아닙니다. 그러나 지도 없이 무조건 바다에 나가는 것 또한 그리 안전한 일은 못 되지요.

다시 말해서 신학은 실제적인 것입니다. 오늘날에는 특히 더 그렇습니다. 예전에는 사람들의 교육 수준도 낮았고 토론도 흔치 않았으므로 하나님에 대해 간단한 개념 몇 가지만 알아도 괜찮았습니다. 그러나 지금은 사정이 다릅니다. 누구나 글을 읽고 토론을 듣는 시대가 되었습니다. 따라서 여러분이 신학에 귀 기울이지 않는다는 것은 하나님에 대해 아무 개념도 없다는 뜻이 아닙니다. 오히려 잘못된 개념─여러 가지가 뒤섞인 해롭고 낡은 개념─을 너무 많이 갖고 있다는 뜻입니다. 오늘날 새로운 것인 양 자랑스레 내보이는 개념들의 상당수는 진짜 신학자들이 수세기 전에 이미 검토하여 폐기한 것들입니다. 그러므로 현대 영국에 유행하는 종교를 믿는다는 것은 곧 퇴보를 의미합니다. 오늘날 지구가 평평하다고 믿는 것처럼 말이지요.

《순전한 기독교》 4장 인격을 넘어서, 또는 삼위일체를 이해하는 첫걸음

9월 8일
창조

하나님이 피조물들을 '말씀으로 내신다', '창안하신다'는 말로 내가 '창조의 개념을 희석시키고' 있다는 자네의 비판은 절대 인정할 수 없네. 나는 희미한 유비를 통해 창조의 내용을 다소나마 표현하려고 한 것뿐일세. 창조의 정의는 물론 '무로부터ex nihilo 만드는 것'이지. 그러나 나는 이 정의를 "선재先在하는 어떤 물질로부터가 아닌"의 뜻으로 이해하네. 그것이 하나님이 생각하지 못했던 것을 만드신다거나 그분이 갖고 있지 않은 능력이나 아름다움을 피조물에게 주신다는 뜻일 수는 없네. 어떤 사람의 작품이 '그의 머릿속에서 온전히 흘러나왔을 때' 창조에 가장 가깝다고 생각하지 않나.

그러나 나는 '유출emanation'설을 제안하는 건 아닐세. 유출—말 그대로 하자면 흘러넘침, 새어 나감—의 특성은 본의 아닌 현상을 나타내지. 그러나 내가 사용한 단어인 '말씀하심'과 '창안하심'은 그분의 의도적인 행위를 나타내기 위해 쓴 걸세.

하나님의 창조행위는 전적으로 인간의 상상을 초월한다네. 인간은, 심지어 시인이나 음악가 또는 발명가조차도 궁극적인 의미에서는 무언가를 만들지 못하기 때문이야. 우리는 기존의 재료를 활용해서 조립할 따름이지. 우리가 창조행위에 대해 아는 바는 모두 피조물과 창조주와의 관계를 추측해서 나온 추론일 따름이야. 《애인기도》 14장

9월 9일

하나님의 전능

전능Omnipotence이란 '모든 것을 할 수 있는 능력'이라는 뜻입니다.[2] 성경은 "하나님께는 불가능한 일이 없다"고 말합니다. 믿지 않는 사람과 논쟁하다 보면 "하나님이 존재하며 그가 선한 분이라면 왜 이러저러한 일들을 하시지 않느냐"는 말을 흔히 듣게 됩니다. 그래서 그런 식의 일들은 하나님이 하실 수 없다고 말하면, 즉시 "하나님은 못 하시는 일이 없는 줄 알았는데"라는 응수가 돌아오지요. 여기서 '불가능성'의 문제가 대두됩니다.

일상적으로 불가능하다impossible라는 말에는 대개 '……하지 않는다면unless'이라는 구절이 숨어 있습니다. 지금 제가 글을 쓰고 있는 이 방에서는 바깥에 있는 거리를 보는 것이 불가능합니다. 즉, 시야를 가리는 저 건물 너머를 볼 수 있을 정도로 높은 이 집 맨 위층으로 제가 올라가지 않는다면 거리를 보는 것이 불가능하다는 뜻입니다. 그런데 만약 제 다리가 부러졌다면 "하지만 위층으로 올라가는 건 불가능한걸"이라고 말할 것입니다. 여기에는 '누군가 나를 안고 올라가 줄 사람이 나타나지 않는다면'이라는 뜻이 숨어 있습니다.

자, 이제 "어쨌든 내가 지금 이 자리에 그대로 있고 시야를 가로막는 건물들도 그대로 있는 한, 바깥 거리를 보는 것은 불가능하다"라는 말에 나타나는 바, 불가능성의 또 다른 차원으로 나아가 봅시다. 어떤 사람은 여기에 "공간이나 시야의 본질이 지금과 달라지지 않는다면"이라는 말을 덧붙일지도 모르겠습니다. 일류 철학자들과 과학자들은 뭐라고 이야기할는지 모르겠지만, 저로서는 이 말에 대해 "공간과 시야의 본질이 당신이 말하는 식으로 달라진다는 것이 가능한지 모르겠군요"라고 할 수밖에 없습니다. 여기에서 '가능한지'라는 것은 분명히 우리가 앞서 살펴본 것처럼 상대적인 가능성 및 불가능성을 가리키는 말이 아니라, 어느 정도 절대적인 가능성이나 불가능성을 가리키는 말입니다.

이 새로운 의미에서 볼 때 '지금 이 자리에 앉은 채 시야를 가리는 저 건물을 우회하여 그 앞에 있는 거리를 본다는 것이 가능하냐 불가능하냐에 대해 저는 말할 수 없습니다. 이 말에 자기 모순이 있는지 없는지 모르기 때문입니다. 그러나 만약 이 말에 자기 모순이 있다면, 이 자리에서 거리를 보는 것은 절대 불가능할 것입니다. 절대적 불가능성은 외부의 다른 불가능한 것들—그것들은 그것들대로 또 다른 불가능한 것들에 원인을 두고 있습니다—에 원인이 있는 것이 아니라 그 자체에 원인이 있다는 점에서 내재적 불가능성이라고도 부를 수 있습니다. 《고통의 문제》 2장 하나님의 전능

전능이 말도 안 되는 일까지
포함하는 것은 아니다

'어떤 행위자' 안에는 하나님도 포함됩니다. 하나님이 전능하시다는 것은 내재적으로 가능한 일이라면 무엇이든 하실 수 있는 능력이 있다는 뜻이지, 내재적으로 불가능한 일도 하실 수 있다는 뜻은 아닙니다. 하나님은 기적을 행하시는 분이지 말이 안 되는 일을 하시는 분이 아닙니다. 이것은 그의 능력에 한계가 있다는 뜻이 아닙니다. 가령 "하나님은 한 피조물에게 자유의지를 주시는 동시에 안 주실 수 있다God can give a creature free-will and at the same time withhold free-will from it"는 말은 하나님에 관해 어떤 내용도 전해 주지 못합니다. 단어들을 무의미하게 조합해 놓고 그 앞에 'God can'이라는 말을 붙인다고 해서 없던 의미가 갑자기 생겨나는 것은 아닙니다. 물론 하나님께 모든 것이 가능하다는 말은 사실입니다. 그러나 내재적으로 불가능한 것은 '것things'이 아니라 '헛것nonentities'입니다. 상호 모순되는 일은 하나님이 만드신 가장 약한 피조물도 할 수 없을 뿐 아니라 하나님도 하실 수 없습니다. 하나님의 능력이 장애물을 넘지 못하기 때문이 아닙니다. 우리가 보기에 말도 안 되는 일은 하나님께도 똑같이 말도 안 되는 일이기 때문입니다. 《고통의 문제》 2장 하나님의 전능

9월 11일
자유가 가능하려면

　　자의식, 즉 피조물의 자아 인식은 자아가 아닌 어떤 것, 즉 타자와의
대조를 전제로 생겨납니다. '나 자신'은 환경, 특히 다른 자아들로 이루어진 사
회적 환경에 비추어 볼 때 비로소 드러나는 법입니다. 우리가 단순한 유신론자
였다면 하나님의 자의식을 이해하는 데 어려움을 겪었을 것입니다. 그러나 우리
그리스도인들은 성 삼위일체 교리를 통해 하나님의 존재 안에 '사회' 비슷한 무
언가가 영원 전부터 있었다는 사실—'하나님은 사랑'이라는 것은 플라톤적인 사
랑의 형상Platonic form of love이시라는 뜻일 뿐 아니라, 온 세상이 생기기 전에
이미 구체적인 사랑의 상호관계가 그분 안에 있었고 그 관계로부터 피조물들이
생겨났다는 뜻이라는 사실—을 알고 있습니다.

또한 피조물의 자유란 선택의 자유인데, 선택할 수 있으려면 선택의 대상들이
존재해야 합니다. 피조물에게 환경이 없다면 선택의 여지 또한 없어질 것입니다.
따라서 자유도 자의식처럼(자유와 자의식이 같은 것이 아니라면) 자신의 자아 외에 다
른 자아의 존재를 필요로 합니다. 《고통의 문제》 2장 하나님의 전능

9월 12일

경쟁과 호의

　　이처럼 물질의 성질이 변하지 않기 때문에 언제 어떤 상태에서든 한 영혼에게 한결같은 만족을 주는 것이 불가능하다면, 어느 때건 우주의 물질이 한 사회의 모든 구성원들에게 한결같이 편리하고 만족스럽게 분배된다는 것은 더더욱 불가능한 일일 것입니다. 이쪽 사람에게 내리막길은 저쪽 사람에게는 오르막길입니다. 조약돌이 지금 제가 바라는 위치에 있다면, 우연이라면 모를까, 여러분도 같은 위치에 돌이 있기를 바랄 리는 없습니다.

이것은 악과는 거리가 먼 문제입니다. 오히려 이런 상황은 상대방을 존중하며 호의적이고 이타적으로 행동함으로써 사랑과 좋은 마음과 겸손함을 나타낼 기회를 줍니다. 물론 경쟁과 적대감이라는 큰 악으로 나아갈 여지가 있는 것도 사실입니다. 자유의지를 가진 영혼들이 호의 대신 경쟁으로 문제를 해결하려 들 수도 있기 때문입니다. 실제로 적대적이 되는 쪽을 택한 사람들은 물질의 변함없는 본질을 이용하여 서로에게 상처를 입힙니다. 우리는 나무의 항구적인 성질을 사용해서 대들보를 만들 수도 있지만, 이웃의 머리를 내리칠 무기를 만들 수도 있습니다. 물질에 항구적인 성질이 있다는 것은, 인간들이 싸울 때 명분은 없어도 무기와 기술과 숫자가 우세한 쪽이 대개 이기게 되어 있다는 뜻입니다.

《고통의 문제》 2장 하나님의 전능

9월 13일

불변하는 법칙과 인간의 선택

하나님이 경우에 따라 물질의 움직임을 수정하실 수 있을 뿐 아니라 실제로 수정하기도 하시며 우리가 기적이라고 부르는 일들을 행하기도 하신다는 것은 기독교 신앙의 일부를 이루는 믿음입니다. 그러나 일상적인 세상, 따라서 안정적인 세상에서는 이런 예외적인 일이 극히 드물게 일어날 수밖에 없습니다. 체스 게임을 할 때 자기 재량으로 상대방에게 양보해 줄 때가 있는데, 그것은 마치 기적이 자연법칙에 대립되는 것처럼 평상시 게임 규칙에 대립되는 행동입니다. 여러분은 성장城將 하나를 떼어 주거나, 상대방이 잘못 둔 수를 물러 줄 수 있습니다. 그러나 번번이 상대방의 형편에 맞추어 준다면—언제든지 수를 물릴 수 있게 해주고, 상대방에게 불리할 때마다 자기 말을 치워 준다면—게임 자체가 불가능해질 것입니다. 세상에 살고 있는 영혼들의 삶도 마찬가지입니다. 불변하는 법칙과 인과적 필연성에 따른 결과 및 전체 자연질서는 일상의 삶을 제한하는 한계인 동시에 그러한 삶을 가능케 해주는 유일한 조건이기도 합니다. 따라서 자연질서 및 자유의지와 맞물려 있는 고통을 배제한다는 것은 삶 그 자체를 배제하는 것과 같습니다. 《고통의 문제》 2장 하나님의 전능

9월 14일

있을 수 있는 세상들

이처럼 생각을 진전시키면 진전시킬수록 창조 행위의 통일성이 점점 더 선명해지며, 피조세계의 이러저러한 요소들을 떼어내서 어설프게 땜질하는 것이 불가능하다는 사실 또한 점점 더 분명해집니다. 아마 지금 이 우주는 '있을 수 있는 모든 우주들 중에 가장 좋은 우주'가 아니라 있을 수 있는 단 하나의 우주일 것입니다. '있을 수 있는 세상들'이라는 것은 '하나님이 만드실 수도 있었지만 만들지 않은 세상들'이라는 뜻입니다. 그런데 하나님이 이런저런 세상들을 '만드실 수도 있었다'고 보는 것은 하나님의 자유를 너무 의인화한 사고입니다. 인간의 자유가 무엇을 의미하든 하나님의 자유는 여러 대안 사이에서 마음을 정하지 못하고 있다가 그 중 하나를 고른다는 의미가 될 수 없습니다. 완전한 선은 추구할 목적을 결정하기 위해 숙고할 필요가 없으며, 완전한 지혜는 그 목적을 성취하는 데 가장 알맞는 수단을 결정하기 위해 숙고할 필요가 없습니다. 하나님이 자유로우시다는 것은 그분 자신 외에는 어느 누구도 어떤 행동을 하시게 할 수 없고 어떤 외적인 장애물도 어떤 행동을 못 하시게 막을 수 없다는 것, 하나님의 모든 행동은 바로 그 자신의 선함을 뿌리 삼아 자라며 그 자신의 전능을 대기大氣 삼아 꽃핀다는 것입니다.

……저는 창조하는 편이 창조하지 않는 편보다 낫다는 점을 입증해 보일 생각은 전혀 없습니다. 제가 알기에 인간에게는 그런 엄청난 질문의 무게를 감당할 만한 저울이 없습니다. 존재의 어떤 상태를 다른 상태와 비교하는 일이야 가능하겠지만, 존재와 존재 아닌 것을 비교한다는 것은 결국 무성한 말잔치로 끝나게 마련입니다. "나는 이 세상에 존재하지 않는 편이 더 나아"라고 말하는 사람이 있는데, 그렇다면 무슨 뜻에서 "나는"이라는 말을 쓰는 것입니까? 만약 내가 존재하지 않는다면, "존재하지 않는 편"이 나에게 무슨 유익이 되겠습니까?

《고통의 문제》 2장 하나님의 전능

9월 15일

하나님은 우리에게 필요한 것을 주고자 하십니다

하나님은 '그리스도로 옷 입으라'[3]고, 즉 하나님처럼 되라고 명하십니다. 하나님은 지금 우리가 스스로 원한다고 생각하는 것을 주시는 것이 아니라, 우리가 좋아하든 좋아하지 않든 우리에게 필요한 것을 주고자 하십니다. 이번에도 우리는 하나님의 황송할 정도로 극진한 대접에 당황하게 됩니다. 너무 조금 사랑하시는 데 당황하는 것이 아니라 너무 많이 사랑하시는 데 당황하게 되는 것입니다.

그러나 아직도 우리는 진실에 다 이르지 못했습니다. 하나님이 우리의 유일한 선이신 것은, 단순히 그가 독단적으로 우리를 그렇게 만드셨기 때문이 아닙니다. 오히려 그보다는 하나님이 모든 피조물의 유일한 선이시기 때문입니다. 그러므로 각 피조물은 하나님을 실현하되the fruition of God, 자기 본성에 맞는 종류와 수준으로 실현하는 것에서 자신의 선을 발견해야 합니다. 그 종류와 수준은 피조물의 본성에 따라 다양할 수 있습니다만, 그 외에 다른 선이 있을 수 있다고 생각하는 것은 무신론적인 몽상에 불과합니다. 출처는 정확히 모르겠지만, 조지 맥도널드George Mac-Donald는 인간에게 다음과 같이 말씀하시는 하나님의 모습을 묘사한 바 있습니다. "너희는 나의 강함으로 강해져야 하고 나의 복됨으로 복받아야 한다. 나에게는 그 외에 줄 것이 없기 때문이다."

이것이 전체의 결론입니다. 하나님은 자신에게 없는 것을 주시는 것이 아니라 있는 것을 주십니다. 그는 없는 행복을 주시는 것이 아니라 있는 행복을 주십니다. 하나님이 될 것이냐, 피조물의 자리에서 하나님의 선함에 반응함으로써 그의 선함을 공유하며 그를 닮은 존재가 될 것이냐, 비참한 존재가 될 것이냐, 우리는 이 세 가지 중 하나를 선택해야 합니다. 우주에서 재배되는 유일한 먹을거리, 설사 다른 우주가 있다 해도 거기서 자랄 수 있는 유일한 먹을거리 먹는 법을 배우지 못하는 사람은 영원히 굶는 수밖에 없습니다. 《고통의 문제》 3장 하나님의 선함

9월 16일

자유 의지

자유 의지를 가졌으면서도 그릇 행할 가능성이 전혀 없는 존재를 상상할 수 있다는 이들도 있지만, 저로서는 그런 존재를 상상할 수 없습니다. 선해질 수 있는 자유가 있다면 악해질 수 있는 자유도 있는 법입니다. 악을 가능케 한 것은 바로 이 자유 의지입니다.

그렇다면 하나님은 왜 사람들에게 자유 의지를 주셨을까요? 악을 가능케 하는 것도 자유 의지지만, 사랑이나 선이나 기쁨에 가치를 부여하는 유일한 것 또한 자유 의지이기 때문입니다. 자동기계—기계적으로 움직이는 피조물들—의 세계는 창조할 가치가 없습니다. 하나님이 가장 고등한 피조물들에게 주고자 하시는 행복은 사랑과 즐거움의 절정에서 자유로우면서도 자발적으로 하나님과 연합하며 이웃과 연합하는 데서 생겨나는 행복으로, 거기에 비하면 지상에서 남녀가 나누는 가장 황홀한 사랑조차 물 탄 우유처럼 싱거울 것입니다. 바로 이런 행복을 누리기 위해 인간은 자유로워야 하는 것입니다.

《순전한 기독교》 2장 그리스도인은 무엇을 믿는가?

9월 17일

사탄

'어두운 권세'는 어떻게 타락하게 되었을까요? 이것은 인간이 확실히 대답할 수 없는 질문임이 분명합니다. 그러나 우리 자신이 타락했던 경험에 비추어 합리적으로(그리고 전통에 의거하여) 추측해 볼 수는 있습니다. 여러분이 자아라는 것을 조금이라도 갖게 되는 순간, 여러분에게는 자기 자신을 앞세울 가능성—스스로 중심에 있고 싶어할 가능성, 사실상 하나님이 되고 싶어할 가능성—이 생깁니다. 이것이 바로 사탄이 지은 죄였고, 사탄이 인류에게 가르친 죄입니다. 어떤 이들은 인간의 타락이 성적인 문제와 관련되어 있다고 생각하는데, 그것은 잘못된 생각입니다(창세기의 이야기는 오히려 타락 이후에야 성적인 본성이 부패하게 되었다는 것, 즉 성적 부패는 타락의 원인이 아니라 결과라는 것을 보여 줍니다). 사탄이 우리 옛 조상들의 머릿속에 불어넣어 준 생각은 그들도 "하나님과 같이" 될 수 있다⁴—마치 스스로 자신을 창조하기라도 한 양 자존적인 존재가 될 수 있다, 스스로 자신의 주인이 될 수 있다, 하나님 밖에서 하나님과 상관 없이 스스로 행복을 만들어 낼 수 있다—는 것이었습니다. 그리고 바로 그러한 가망 없는 시도로부터 우리가 인간 역사라고 부르는 거의 모든 것—돈, 가난, 야망, 전쟁, 매춘, 계급, 제국, 노예제도 등, 하나님 외에 무언가 다른 것에서 행복을 찾고자 했던 인간들의 길고 무서운 이야기—이 나왔습니다. 《순전한 기독교》 2장 그리스도인은 무엇을 믿는가?

9월 18일

사탄과 미가엘

가장 흔한 질문은 내가 정말로 '악마the Devil'를 믿느냐는 것이다. 만일 그 '악마'가 '하나님처럼 영원하고 자존적이되, 하나님과 반대가 되는 권세자'를 뜻하는 것이라면, 내 대답은 분명 '아니오'다. 하나님 외에 영원하고 자존적인 존재란 있을 수 없다. 하나님과 반대가 되는 존재도 있을 수 없다. 그 어떤 존재도 하나님의 완전한 선에 대적하는 '완전한 악'을 얻을 수 없다. 어떤 존재에게서 온갖 종류의 선(지성, 의지, 기억력, 에너지, 존재 그 자체)을 전부 제거해 버린다면, 남는 것이 하나도 없을 것이기 때문이다.

따라서 정말 악마를 믿느냐고 묻기보다는 악마들devils을 믿느냐고 묻는 것이 더 적절한 질문이다. 그 질문에 대한 내 대답은 '그렇다'이다. 나는 천사들의 존재를 믿으며, 그들 중 일부가 자유의지를 잘못 사용하여 하나님의 적이 되었고, 따라서 인간의 적이 되었음을 믿는다. 이렇게 타락한 천사들을 우리는 '악마들'이라고 부른다. 악마들은 선한 천사들과 본질이 아예 다른 존재가 아니라, 그 본질이 부패한 존재들이다. 악인이 선인의 반대이듯이 악마는 천사의 반대이다. 악마들의 지도자 내지 독재자인 사탄은, 하나님과 반대되는 존재가 아니라 미가엘과 반대되는 존재인 것이다. 《스크루테이프의 편지》 1961년판 서문

9월 19일

이원론에 반하는 사례

같은 이야기를 다른 방식으로 해보겠습니다. 만약 이원론이 맞다면, 악한 힘은 악 그 자체를 좋아하는 존재입니다. 그러나 실제로 우리는 단지 악이 악하기 때문에 좋아하는 사람을 본 적이 없습니다. 우리는 여기에 가장 가까운 사례를 잔인한 행동에서 찾아볼 수 있습니다. 그러나 현실 생활에서 사람들이 잔인하게 구는 이유는 둘 중의 하나입니다. 가학성 변태성욕자sadist, 즉 잔인한 행동에서 감각적 쾌락을 얻는 성도착 증세가 있는 사람이기 때문이거나, 그런 행동을 통해 얻으려는 무언가—돈이나 권력이나 안전—가 있기 때문인 것입니다. 그런데 쾌락이나 돈이나 권력이나 안전은 일정한 범위를 벗어나지 않는 한 전부 선한 것들입니다. 그릇된 수단을 동원해서 그릇된 방법으로 너무 많이 추구할 때 악이 되는 것이지요. 물론 이런 짓을 하는 사람들이 그렇게 극악한 자들이 아니라는 뜻은 아닙니다. 제 말은, 사악함을 자세히 살펴보면 그것이 선한 것을 그릇된 방식으로 추구하는 것임을 알게 된다는 뜻입니다.

여러분은 단지 선 그 자체를 위해 선해질 수 있습니다. 그러나 단지 악 그 자체를 위해 악해질 수는 없습니다. 여러분은 친절을 베풀 마음이 전혀 없고 그 행동에서 전혀 기쁨을 느끼지 못할 때에도 단순히 '친절은 옳은 일'이라는 이유로 친절을 베풀 수 있습니다. 그러나 단순히 '잔인한 행동은 그른 일'이라는 이유로 잔인한 행동을 하는 사람은 아무도 없습니다. 그 잔인함이 자신에게 쾌락을 주거나 유용하기 때문에 그렇게 하는 것일 뿐입니다. 다시 말해서 악은 선이 선 되는 것과 같은 방식으로 악이 될 수 없습니다. 이를테면 선은 선 그 자체입니다. 그러나 악은 선이 부패한 것에 지나지 않습니다. 무언가 부패했다는 것은 처음에는 좋은 것이 있었다는 뜻입니다. 《순전한 기독교》 2장 그리스도인은 무엇을 믿는가?

9월 20일

사탄이 이해하지 못하는 것

밀턴이 《실낙원》에서 가장 잘 그려낸 캐릭터는 사탄입니다. 그 이유를 찾기는 어렵지 않습니다. 밀턴이 그려낸 주요 캐릭터 중 가장 그리기 쉬운 캐릭터가 바로 사탄이기 때문입니다. 100명의 시인에게 같은 이야기를 써보라고 하십시오. 그 중 90편 정도는 사탄의 캐릭터가 가장 잘 그려져 있을 것입니다. 대부분의 이야기에서는 '착한' 캐릭터가 가장 시원찮습니다. 아주 간단한 이야기라도 만들어본 적이 있는 사람이라면 그 이유를 금방 알 수 있습니다. 우리 안에는 악한 격정들이 끊임없이 발버둥치고 있고, 실생활에서 우리는 그것들이 밖으로 튀어나가지 못하게 끈으로 묶어놓고 있습니다. 자신보다 악한 캐릭터를 만들어내려 할 때는 그 악한 격정들을 상상 속에서 풀어놓기만 하면 됩니다.

우리 각 사람 안에는 기회만 나면 튀어나올 만반의 준비를 갖춘 사탄과 이아고, 베키 샤프[5]가 있습니다. 평소 우리는 그들이 우리 삶에서 그들이 활개치지 못하도록 묶어놓지만, 책을 쓸 때는 묶어놓았던 끈을 풉니다. 그러면 그들이 곧장 튀어나와 그동안 누릴 수 없었던 휴가를 책 속에서 마음껏 즐기는 것입니다. 그러나 자신보다 선한 캐릭터를 그려내려고 하면, 자신에게 있었던 최고의 순간을 기억해낸 뒤 오랜 시간에 걸쳐 그런 식으로 한결같이 행동하는 모습을 상상하는 수밖에 없습니다. 더욱이, 우리가 전혀 갖고 있지 못한 진짜 고상한 미덕들에 대해서는 그저 외적인 모습으로 묘사할 수밖에 없습니다.

우리는 자신보다 훨씬 선한 사람의 마음상태를 모릅니다. 그의 내면 풍경 전체가 우리가 한 번도 보지 못한 것이라, 우리가 그 모습을 추측해 보면 결과물이 어설프기 짝이 없습니다. 소설가들은 그들의 '선한' 캐릭터 안에서 의식하지 못한 채 가장 충격적으로 자신을 드러내는 것입니다.

천국은 지옥을 이해하나 지옥은 천국을 이해하지 못합니다. 우리도 다들 정도는 달라도 사탄처럼, 적어도 나폴레옹처럼 자기보다 선한 존재를 이해하지 못합

니다. 사악한 캐릭터를 상상하려면 평소 하던 일과 하다가 지친 (우리 속의 악을 억
제하는) 일을 멈추기만 하면 됩니다. 하지만 선한 캐릭터를 상상하기 위해서는 우
리가 할 수 없는 일을 해야 하고 자신과 다른 모습이 되어야 합니다. ……밀턴이
그 안에 있는 사탄 때문에 사탄의 캐릭터를 잘 그려낼 수 있었던 것처럼, 우리는
우리 안에 있는 사탄 때문에 그 캐릭터를 잘 이해할 수 있습니다.

《실낙원 서문》 13장

9월 21일

죄

질문이 하나 떠오르는군. 거짓말쟁이나 신성모독자가 말할 때도 여전히 하나님이 말씀하시는 걸까? 어떤 의미에서는 그렇다고 할 수 있네. 사람이 하나님과 떨어진다면 말조차 할 수 없기 때문일세. 하나님의 말씀에서 나지 않은 말이 없고, 순수 현실태이신 분에게서 오지 않은 행동도 없네. 신학이 가르치는 죄의 가증함을 실감할 수 있는 방법은 하나뿐일세. 모든 죄는 하나님이 우리에게 불어넣으신 에너지를 뒤틀어 버린 것임을 기억하는 거지. 그렇게 뒤틀리지 않았다면 그 에너지는 '하나님이 하신 일'이면서 동시에 '내가 한 일'이라고 말할 수 있는 거룩한 행위들로 꽃필 수 있었을 거야. 우리는 하나님이 우리 안에 부으시는 포도주를 못 쓰게 만들고, 우리를 악기 삼아 연주하기 원하시는 곡조를 죽여 버리네. 우리는 그분이 그리기 원하시는 자화상을 우스꽝스럽게 망쳐 버린다네. 따라서 종류를 막론하고 모든 죄는 신성모독이라 할 수 있지.

《개인기도》 13장

9월 22일

타락

　　우리 식대로 말하자면 "제 영혼을 제 것으로 삼기" 원하는 것입니다. 그러나 그것은 거짓된 삶을 살고 싶다는 뜻입니다. 우리 영혼은 실제로 우리 것이 아니기 때문입니다. 그들은 하나님께 "여기는 당신 소관이 아니라 제 소관입니다"라고 말할 수 있는 곳을 우주 안에 한 구석이라도 얻게 되기를 바랐습니다. 그러나 그런 구석이라는 것은 있을 수 없습니다. 그들은 명사가 되기 바랐지만, 실제로는 형용사에 불과하며 영원히 형용사일 수밖에 없는 존재였습니다. 이처럼 모순되고 실현 불가능한 소원이 구체적으로 어떤 하나의 행위 또는 일련의 행위로 표출되었는지 우리는 알지 못합니다. 저는 그 소원이 문자 그대로 어떤 과일을 먹은 일과 관련이 있으리라 생각하지만, 그것은 중요한 문제가 아닙니다.

이처럼 피조물이 자기 고집대로 하려 든 것은 피조물의 참 신분을 아주 벗어나는 행위로, '타락'이라 할 수 있는 유일한 죄입니다. 최초의 죄를 생각할 때 어려운 점은, 그것이 극악무도한 것—그렇지 않았다면 이렇게 끔찍한 결과를 낳지 않았겠지요—인 동시에, 타락한 인간이 받는 유혹으로부터 자유로운 존재도 범할 수 있음직한 것이어야 한다는 데 있습니다. 그런데 하나님으로부터 자아로 방향을 바꾼 일은 이 두 가지 조건을 다 충족시킵니다.

이것은 낙원의 인간도 저지를 수 있는 죄입니다. 자아가 존재한다는 사실 자체에 자아 숭배의 위험성이 처음부터 내포되어 있기 때문입니다. 나는 그야말로 나이므로, 나 자신이 아닌 하나님을 향해 살려면 아무리 사소하고 대단치 않은 일인 경우에도 반드시 자기를 포기하는 행위를 해야 합니다. 이렇게 표현해도 된다면 이것은 피조물의 본질 자체가 지닌 '약점'으로, 하나님은 그 위험을 감수할 가치가 있다고 생각하신 것 같습니다.

또한 최초의 죄는 극악무도한 죄였습니다. 왜냐하면 낙원의 인간이 포기했어야 하는 자아에는 포기되기를 완강히 거부하는 천성이 아직 생기지 않았기 때문입니다. 이를테면 그의 논거는, 의지에 전적으로 복종하는 심신心身 유기체와 강요받지 않아도 기꺼이 전적으로 하나님을 지향하는 의지로 이루어져 있었습니다. 타락하기 전의 '자기 양도'는 갈등을 의미하는 것이 아니라, 기꺼이 극복당할 준비가 되어 있는 극미량의 자기 집착을 즐겁게 극복해 내는 일을 의미했습니다. 우리는 제가끔 뭔가에 사로잡힌 듯 자기를 포기하려 드는 연인들에게서 이와 비슷한 현상을 희미하게나마 발견할 수 있습니다. 따라서 낙원의 인간에게는 '자아란 곧 그 자신을 가리킨다'는 있는 그대로의 사실이 있었을 뿐, 자아를 선택하려는 유혹(지금 우리가 말하는 의미의 유혹), 즉 집요하게 그 방향으로 나아가고자 하는 경향이나 열정이 없었습니다. 《고통의 문제》 5장 인간의 타락

9월 23일

인간의 고유한 본성을 상실함

타락의 순간에 이르기 전까지는 인간의 영혼이 유기체를 완전히 통제하고 있었습니다. 그 영혼은 더 이상 하나님께 순종하지 않더라도 이런 통제력을 유지할 수 있으리라고 기대했을 것이 분명합니다. 그러나 그 영혼이 유기체에 행사하던 권위는 위임받은 권위로서, 하나님의 대리자 역할을 포기하는 순간 상실되는 것이었습니다. 그는 자기 존재의 원천으로부터 자신을 최대한 단절시킴으로써 능력의 원천에서도 자신을 단절시켜 버렸습니다. 피조물의 세계에서 'A가 B를 다스린다'는 말은 곧 '하나님이 A를 통해 B를 다스리신다'는 뜻입니다.

저는 하나님이 자신에게 저항하는 인간 영혼을 통해 계속해서 유기체를 다스린다는 것이 본질적으로 가능한 일인지 의심스럽습니다. 여하튼 하나님은 그렇게 하시지 않았습니다. 그는 영혼의 법칙이 아니라 자연의 법칙에 따라 좀더 외적인 방식으로 유기체를 다스리기 시작하셨습니다.[6] 그리하여 유기체의 기관들은 인간 의지의 지배를 받는 대신 정규 생화학 법칙의 통제 아래 놓이게 되었고, 고통과 노쇠와 죽음이라는 부분에서 그 법칙들이 상호작용을 통해 야기하는 결과들을 모두 겪게 되었습니다. 또한 욕망도 이성의 선택에 따라 인간의 마음에 들어오는 것이 아니라, 오직 주변에 있는 생화학적인 사실들이 유발시키는 대로 들어오게 되었습니다. 인간의 정신 자체도 심리적 연상법칙과 하나님이 고등 유인원들의 심리를 다스리기 위해 만드신 심리법칙들의 통제를 받기 시작했습니다. 단순한 자연의 해일海溢에 휩싸인 의지 또한 새롭게 밀어닥친 몇몇 사고와 욕망을 온힘을 다해 몰아내는 수밖에는 다른 길이 없어졌고, 이처럼 불편한 저항으로 인해 현재 우리가 알고 있는 바와 같은 잠재의식이 형성되기에 이르렀습니다.

제 생각에 이 과정은 지금 한 개인이 겪을 수 있는 단순한 타락과는 양립될 수 없는 성질의 것입니다. 그것은 종種의 지위를 상실하는 과정이었습니다. 인간은 타락함으로써 인간 특유의 고유한 본성을 상실해 버렸습니다. "너는 흙이니 흙으로 돌아갈 것이니라."[7] 《고통의 문제》 5장 인간의 타락

9월 24일

반역의지와 고통

피조물에게 합당한 선은 자신을 창조자에게 맡기는 것—피조물이라는 사실 자체에 이미 부여되어 있는 관계를 지적으로, 의지적으로, 감정적으로 실현시키는 것—입니다. 그렇게 할 때 비로소 피조물은 선해지고 행복해집니다. 우리가 이 일을 고충으로 여기지 않게 하기 위해 피조물의 차원을 훨씬 뛰어넘는 차원에서 이와 같은 종류의 선이 이미 시작되었습니다. 즉, 성부께서 아버지의 사랑으로 영원토록 성자 안에 낳으시는generate 그 존재를, 성자 되신 하나님 자신이 아들의 순종을 통해 성부 하나님께 영원 전부터 되돌려 드리고 계신 것입니다.

인간은 바로 이러한 모형을 본뜨도록 만들어졌고—낙원의 인간은 그렇게 했습니다—. 이처럼 피조물이 자신에게도 기쁨을 주며 창조자에게도 기쁨을 드리는 순종을 통해 그가 주신 의지를 완벽하게 되돌려 드리는 그 자리에 확실히 천국이 있으며, 그로부터 성령이 나오십니다proceed. 지금 우리가 알고 있는 세상에서 중요한 문제는 바로 이러한 자기 포기를 어떻게 회복하느냐 하는 것입니다. 우리는 단순히 개선될 필요가 있는 불완전한 피조물이 아니라, 뉴먼John Henry Newman의 말처럼 손에 든 무기를 내려놓아야 할 반역자들입니다.

따라서 왜 우리의 치료가 고통스러울 수밖에 없느냐에 대한 첫 번째 대답은 '우리가 너무나 오랫동안 자기 것으로 주장해 온 의지를 되돌려 드리는 일은 어디서 어떤 식으로 이루어지든 본질적으로 가혹한 고통이 될 수밖에 없다'는 것입니다. 《고통의 문제》 6장 인간의 고통 I

하나님의 메가폰

인간의 영혼은 모든 상황이 좋아 보일 때에는 아집을 포기할 생각을 하지 않습니다. 잘못이나 죄에는 모두 이런 속성이 있어서, 심한 잘못이나 죄를 범하고 있는 사람일수록 자기가 그런 잘못이나 죄를 범하고 있다는 사실을 알아채지 못하는 법입니다. 이런 잘못이나 죄는 가면을 쓴 악이라고 할 수 있습니다. 그러나 고통은 가면을 벗은 악, 명백히 눈에 띄는 악입니다. 누구나 아픔을 느낄 때는 무언가 잘못되었다고 생각하게 마련입니다. ……또한 고통은 즉시 인지되는 악이기도 하지만 무시할 수 없는 악이기도 합니다.

우리는 우리의 죄와 어리석음에 만족하며 지낼 수 있습니다. 최고로 맛있는 음식을 아무 생각 없이 퍼먹고 있는 대식가를 본 적이 있는 사람이라면, 우리가 쾌락조차 무시할 수 있는 존재임을 인정할 것입니다. 그러나 고통은 고집스럽게 우리의 주목을 요구합니다. 하나님은 쾌락 속에서 우리에게 속삭이시고, 양심 속에서 말씀하시며, 고통 속에서 소리치십니다. 고통은 귀먹은 세상을 불러 깨우는 하나님의 메가폰입니다. 《고통의 문제》 6장 인간의 고통 I

9월 26일

고통은 개심의 기회를 준다

우리 선조들이 고통과 슬픔을 가리켜 죄에 대한 하나님의 '보복'이라 했다고 해서, 하나님이 우리에게 꼭 악한 감정이 있다고 생각했던 것은 아닙니다. 그들은 응보의 개념에 선한 요소가 있다는 점을 인지하고 있었을 것입니다. 악인은 악이 고통의 형태를 띠고 자기 눈앞에 명백히 나타나기 전까지는 환상에서 벗어나지 못하는 법입니다. 그러나 일단 고통을 통해 깨어나고 나면, 자신이 이런저런 식으로 실제 우주와 '대치하고 있다'는 사실을 깨닫게 되지요. 그는 그 사실에 맞설 수도 있고(이 경우에는 어느 정도 단계가 지나면서 문제점도 더 분명해지고 회개도 더 깊이 하게 될 가능성이 있습니다), 조정調整을 시도하다 결국 종교로 인도될 수도 있습니다. 하나님(혹은 신들)의 존재를 더 광범위하게 인정했던 시대와 비교할 때는 오늘날 이 두 가지 효과 중 어느 쪽도 확실히 나타나지 않고 있는 것이 사실이지만, 그래도 고통은 여전히 효과를 발휘하고 있습니다. 하디Thomas Hardy와 하우스먼A. E. Housman 같은 무신론자들조차, 자신들의 관점에 따르자면 하나님이 존재하지 않음에도(또는 존재하지 않는다는 이유로) 그에게 반항하며 분노를 표출합니다. 또 헉슬리Aldous Huxley 같은 무신론자들은 고난을 통해 실존의 문제 전체를 제기하고 그 문제와 타협할 방법, 즉 기독교적인 방법은 아니지만 세속적인 삶에 멍청히 안주하는 것보다는 한결 월등한 방법을 찾았습니다.

하나님의 메가폰으로서 고통이 혹독한 도구라는 데에는 의심의 여지가 없습니다. 또 고통은 끝까지 회개하지 않는 반항으로 이어질 수도 있습니다. 그러나 고통은 개심改心할 수 있는 유일한 기회를 악인에게 제공합니다. 고통은 베일을 벗깁니다. 고통은 반항하는 영혼의 요새 안에 진실의 깃발을 꽂습니다.

《고통의 문제》 6장 인간의 고통 I

9월 27일

하나님의 겸손

존경스럽고 악의가 없으며 훌륭한 사람들—열심히 일하는 유능한 주부, 부지런하며 검소한 소상인, 소박한 행복을 위해 너무도 열심히, 또 정직하게 일해 왔고, 이제 충분한 자격으로 그 행복을 즐기기 시작한 사람들—에게 불행이 닥치는 것을 볼 때 우리는 당혹감을 느낍니다. 이제부터 해야 할 말을 어떻게 하면 최대한 부드럽게 전할 수 있을까요? 적대적인 독자들은 지금부터 설명하려는 모든 고난을 제가 개인적으로 책임져야 할 것처럼 생각하리라는 것을 알지만—오늘날까지도 사람들이 "성 아우구스티누스는 세례 받지 못한 유아들이 지옥에 가길 원했다"는 식으로 말하는 것과 똑같이—그런 오해를 받는 것이 그리 중요한 문제는 아닙니다. 그러나 제가 만약 한 사람이라도 진리에서 소외시키게 된다면, 그것은 엄청나게 중요한 문제가 되지 않을 수 없습니다.

독자 여러분에게 부탁하건대, 이처럼 행복을 누릴 가치가 있는 사람들을 만드신 하나님께서 '아무리 그들이 소박한 성공을 거두고 그 자녀들이 행복을 누린다 해도 그것만으로 복된 존재가 될 수는 없다'고 생각하시는 것이 참으로 옳은 일일 수 있음을 잠시만이라도 믿어 보시기 바랍니다. 즉, 이 모든 성공이나 행복은 결국 그들에게서 떨어져 나갈 수밖에 없으며, 하나님 알기를 배우지 못하는 한 그들은 비참해질 수밖에 없음을 믿어 보라는 것입니다. 그렇기 때문에 하나님은 그들에게 어려움을 주심으로써, 언젠가는 그들 스스로 발견해야 할 부족함에 대해 미리 경고해 주시는 것입니다. 그들과 그들의 가족은 현재 누리고 있는 삶 때문에 자신들의 필요를 깨닫지 못합니다. 그래서 하나님이 그 삶을 덜 달콤하게 만드시는 것입니다.

저는 이것을 하나님의 겸손이라고 부르는데, 왜냐하면 배가 이미 가라앉고 있는 상황에서 하나님께 백기를 드는 것은 궁색한 일이기 때문입니다. 최후의 수단으로 어쩔 수 없이 하나님께 나아가는 것, 더 이상 지닐 가치가 없어졌을 때 비로소 '자기 것'을 바치는 것은 궁색한 일입니다. 《고통의 문제》 6장 인간의 고통 I

9월 28일
시련의 필요성

늘 그렇듯이 타락하고 불경스러운 상황에 만족하면서, 다음날 있을 친구들과의 즐거운 만남이나 오늘 나의 허영을 채워 준 소소한 일, 휴일이나 새로운 책에 빠져 하루하루 살아가고 있던 어느 날, 심각한 병일지도 모르는 복부의 갑작스런 통증이나 우리가 전멸할지도 모른다고 위협하는 신문 머릿기사가 등장하여 상황을 완전히 뒤집어 버립니다. 처음에 저는 놀라서 어찌할 바를 모릅니다. 저의 작은 행복들은 마치 부서진 장난감처럼 흩어집니다. 저는 서서히, 마지 못해, 조금씩 자신을 추슬러, 실은 그 전에 이미 견지하고 있었어야 했던 마음 상태로 돌아가기 위해 노력합니다. 저는 이런 장난감들을 마음에 두어서는 안 되며, 나의 행복은 다른 세상에 있고, 유일한 진짜 보배는 그리스도뿐이라는 사실을 스스로에게 상기시킵니다. 그리고 하나님의 은혜로 성공을 거두면, 하루나 이틀 정도는 그를 의식적으로 의지하며 올바른 원천에서 힘을 끌어오는 피조물로 삽니다. 그러나 위협이 물러가는 순간, 저의 전 본성은 대번 그 장난감들을 향해 달려가 버립니다. 심지어 위협 아래 있을 때 저를 지탱해 주던 유일한 버팀목을 마음에서 치워 버리려고 안달하기까지 하는데—하나님께서 용서해 주시기를—, 이제는 그것이 오히려 지난 며칠간의 불행을 연상시키는 애물단지가 되어 버렸기 때문입니다.
시련의 필요성은 이처럼 너무나 분명합니다. 하나님은 고작 48시간 동안만 저를 소유하신 것이며, 그나마 그것도 다른 모든 좋은 것들을 제게서 빼앗으심으로써 겨우 가능한 일이었습니다. 그가 잠시라도 칼을 거두시면, 금세 저는 싫어하는 목욕을 끝낸 강아지 꼴이 되어 버립니다. 몸을 마구 흔들어 최대한 털을 말린 다음, 예전처럼 지저분해지고 싶어 가까운 거름더미로 내빼거나 그게 안 되면 가까운 꽃밭으로라도 내빼 버리지요. 하나님이 보시기에도 우리가 개조되었든지, 아니면 아예 개조의 가능성이 완전히 사라져 버리지 않는 한, 시련이 그칠 수 없는 이유가 바로 여기에 있습니다. 《고통의 문제》 6장 인간의 고통 I

천사들

모든 천사들, 즉 '좋은' 천사든 우리가 마귀라고 부르는 나쁜 '타락한' 천사든, 그들은 모두 이 시공간적 자연과의 관계에서 공히 '초-자연적' 존재입니다. 그것들은 자연 바깥에 있고, 이 자연이 줄 수 없는 힘과 존재 양식이 있습니다. 그러나 좋은 천사들은 또 다른 의미의 초자연적 생명을 영위하기도 합니다. 그들은 하나님께서 창조하실 때 주신 그들의 '본성'을, 사랑 안에서 자유의지를 통해 다시 하나님께 바쳤습니다. 물론 어떤 의미에서는, 모든 창조물이 하나님으로부터 오는 생명으로 살아간다고 할 수 있습니다. 그분이 그들을 만드셨고, 또 매 순간 그들의 존재를 유지해 주고 계시기 때문입니다. 그러나 더 심층적이고 더 높은 종류의 '하나님으로부터 온 생명'이 있고, 이 생명은 오직 자기 자신을 자원하여 내어 놓는 창조물에게만 주어지는 생명입니다. 좋은 천사들은 이 생명을 가지고 있으나 나쁜 천사들은 가지고 있지 않습니다. 이는 절대적 의미에서 초자연적 생명인데, 왜냐하면 이는 세상의 어떤 창조물도 단순히 자신의 창조된 본성 덕분에 가질 수 있는, 그런 생명이 아니기 때문입니다.

《기적》 '영', '영적'이라는 단어에 대해

9월 30일 〈제롬 축일〉

천지창조

    제 주장은 하나님의 자연 창조가 하나님의 존재만큼 엄밀하게 증명
될 수 있다는 것이 아니라, 제게는 가히 압도적일 정도로 그 개연성이 높게 여겨
진다는 것입니다. 그래서 열린 마음으로 이 문제에 접근하는 사람은 누구도 다
른 가정을 진지하게 고려하지 않을 거라는 생각이 들 정도입니다. 사실 초자연
적 하나님의 존재를 이해하면서도 그분이 창조자이심을 부인하는 사람은 거의
없습니다. 우리가 가진 모든 증거는 그 방향을 가리키며, 달리 믿고자 할 경우
는 온갖 난점이 사방에서 생겨납니다. 제가 지금껏 접해 본 어떠한 철학적 이론
도 "태초에 하나님이 천지를 창조하시니라"라는 창세기의 말씀을 근본적으로
개선시키지는 못했습니다. '근본적인' 개선이라고 말한 것은, 창세기의 저 이야
기는—성 제롬St. Jerome⁹도 오래전에 말했다시피—당시의 '대중 시인'의 방식으
로, 즉 민간설화의 형태로 말해진 것이기 때문입니다. 그러나 그 이야기를 다른
민족들의 창조 전설—어떤 거인들의 몸이 쪼개지고 홍수가 마르고 하는 일 등
이 창조 전에 있었다고 하는 우스꽝스러운 이야기들—과 비교해 본다면, 이 히
브리 설화의 깊이와 독창성이 명백히 드러날 것입니다. 거기서는 엄밀한 의미에
서의 창조 개념이 충분히 이해되고 있습니다. 《이적》 4장 자연과 초자연

10월 1일

인간 본성의 법칙

우리는 사람들이 다투는 소리를 흔히 듣습니다. 개중에는 재미있는 다툼도 있고 불쾌감만 주는 다툼도 있지요. 어떤 다툼이건 그들이 주고받는 말들을 가만히 들어 보면 아주 중요한 무언가를 배울 수 있다고 생각합니다. 가령 그들은 이런 식으로 말합니다.

"누가 너한테 이런 짓 하면 좋겠어?"

"거긴 내 자리예요. 내가 먼저 맡았다구요."

"걔 좀 내버려 둬. 너한테 나쁜 짓 한 거 없잖아."

"왜 먼저 밀고 들어오는 거야?"

"내 오렌지도 좀 줬으니까 네 것도 좀 줘야지."

"이봐요, 당신이 약속했잖아요."

못 배운 사람뿐 아니라 배운 사람도, 다 큰 어른들뿐 아니라 어린아이들도 매일 이런 종류의 말들을 합니다.

여기서 제가 흥미롭게 생각하는 점은, 이런 말을 하는 사람들은 한결같이 상대방의 행동이 어쩌다 보니 자기 마음에 들지 않더라는 식으로 말하지 않는다는 것입니다. 그는 상대방도 당연히 알고 있으리라고 기대되는 행동 기준에 호소합니다. 이런 말을 들은 사람이 "그런 기준 따위는 집어치우시지"라고 대꾸하는 경우는 거의 없습니다. 오히려 실은 자신의 행동이 그 기준에 위배되는 것이 아니라거나, 기준에 위배되긴 하지만 그럴 만한 사정이 있었다는 사실을 입증하려고 애쓰는 경우가 거의 대부분이지요. 즉 이 특별한 상황에서는 설사 자리를 먼저 맡았더라도 그 자리를 고집할 수 없는 특별한 이유가 있다든지, 자기가 오렌지를 받았을 때와 지금의 상황은 사뭇 다른 것이라든지, 약속을 지킬 수 없는 사정이 생겼다는 식의 구실을 댄다는 것입니다.

사실 이것은 공정한 처신fair play이라 해도 좋고 바른 행동이라 해도 좋고 도덕이라 해도 좋은, 아니면 그 밖에 다른 이름으로 부를 수도 있는 어떤 '법칙'이나 '규칙'을 양쪽 모두 염두에 두고 있으며, 실제로 거기에 동의하고 있다는 사실을 보여 줍니다. 그들에게는 법칙이나 규칙이 있습니다. 만약 이런 것이 없다면 짐승처럼 으르렁거리며 싸울 수는 있겠지만, 인간적인 의미에서 다툴 수는 없을 것입니다. 다툼quarrelling이란 상대방의 그름을 밝히려는 행동이니까요. 두 사람 사이에 무엇이 '옳고 그른가'에 대해 일종의 합의가 이루어져 있지 않다면 다툼은 무의미한 일이 되고 맙니다. 풋볼 경기의 규칙에 대해 서로 합의가 이루어져 있지 않을 때, 선수에게 파울을 선언하는 일이 무의미한 것처럼 말입니다.

《순전한 기독교》 1장 옳고 그름, 우주의 의미를 푸는 실마리

10월 2일

옳고 그름

　　무엇보다 주목해야 할 사실은 다음과 같습니다. '옳고 그름'이라는 것이 진짜 존재한다고 믿지 않는다는 사람조차 금세 자기 입장에 반대되는 행동을 한다는 사실입니다. 그는 자기가 남에게 한 약속은 마음대로 어기면서도, 남이 자기한테 한 약속을 어기려고 하면 당장에 "이건 공정치 못해" 하면서 불평을 터뜨립니다. 조약이란 하등 중요한 것이 아니라고 주장하던 국가가 바로 다음 순간에 "이 조약은 불공정 조약이므로 파기한다"고 말하는 이율배반을 저지르기도 합니다. 만약 조약이라는 것이 정말 중요한 것이 아니라면, '옳고 그름'이라는 것이 정말 존재하지 않는다면—즉 '자연법'이 존재하지 않는다면—, 공정한 조약이든 불공정한 조약이든 무슨 차이가 있습니까? 이것은 겉으로 무슨 말을 하든 실은 그들 역시 다른 사람들처럼 '자연법'을 알고 있음을 무심결에 드러내는 것이 아닙니까?

이제 우리는 '옳고 그름'의 존재를 믿지 않을 도리가 없는 것 같습니다. 숫자 계산이 가끔 틀릴 수 있듯이 '옳고 그름'에 대한 판단도 가끔 틀릴 수 있습니다. 그러나 구구단이 취향이나 견해의 문제가 아닌 것처럼, '옳고 그름'도 단순한 취향이나 견해의 문제가 아닙니다. 《순전한 기독교》 1장 옳고 그름, 우주의 의미를 푸는 실마리

도덕률과 본능

위험한 지경에 처한 어떤 사람이 도움을 요청하는 소리가 들려온다고 합시다. 아마 여러분은 두 가지 욕구를 동시에 느낄 것입니다. 하나는 당장 달려가 도우려는 욕구요(이것은 집단 본능에서 나온 것입니다), 다른 하나는 위험을 피하려는 욕구입니다(이것은 자기 보존 본능에서 나온 것이지요). 그러나 여러분은 이 두 가지 충동 외에 "도망치려는 충동을 누르고 도우려는 충동을 북돋우라"고 말하는 제3의 무언가를 내면에서 발견하게 됩니다. 이처럼 그 두 본능 사이에서 판단을 내리며 그 가운데 어느 본능을 따라야 할지 결정하는 이것이 곧 그 두 본능 가운데 하나일 수는 없습니다. 언제 어떤 키를 눌러야 하는지 지시하는 악보가 곧 피아노 건반 키 가운데 하나일 수 없는 것과 마찬가지지요. 도덕률이 우리가 연주해야 할 곡曲이라면, 본능은 단지 건반 키들에 불과합니다.

도덕률이 단순히 본능 중 하나가 아님을 알 수 있는 길이 또 하나 있습니다. 만약 사람의 마음 속에 두 가지 본능만 있다면, 그 두 가지가 충돌할 때에는 강한 쪽이 이겨야 마땅합니다. 그런데 우리가 도덕률을 가장 선명하게 의식하는 순간에는 대개 둘 중에 더 약한 본능 편을 들어야 할 것 같은 느낌을 받습니다. 여러분은 아마 물에 빠진 사람을 돕는 편보다는 자신의 안전을 도모하는 편을 더 바랄 것입니다. 그런데 도덕률은 그래도 그를 도와야 한다고 말합니다. 또한 도덕률이 옳은 충동을 원래보다 더 강화시키기 위해 애쓰라고 할 때가 종종 있지 않습니까? 즉 옳은 일을 할 수 있는 동력을 얻기 위해 상상력을 일깨우고 동정심 등을 불러일으킴으로써 집단 본능을 자극해야 한다는 의무감이 느껴질 때가 종종 있습니다. 이처럼 한 본능을 다른 본능보다 강화시키려 드는 것은 분명히 본능에서 나오는 행동이라고 할 수 없습니다. 집단 본능 자체가 "너의 집단 본능은 지금 잠들어 있으니 깨우라"고 말할 수는 없습니다. 피아노 건반 키 자체가 자신을 다른 키보다 더 크게 치라고 지시할 수는 없습니다. 《순전한 기독교》 1장 옳고 그름, 우주의 의미를 푸는 실마리

인간의 몸을 보는 세 가지 관점

인간이 자기 몸을 보는 관점에는 세 가지가 있습니다. 첫째는 몸을 영혼의 감옥 내지 '무덤'이라고 불렀던 저 금욕적인 이교도들과, 몸을 '똥 부대'이며 벌레의 먹이며 더럽고 창피스러운 것이며 악인에게는 유혹을, 선인에게는 수치를 주는 것일 뿐이라고 말한 피셔John Fisher' 같은 그리스도인의 관점입니다. 둘째는 몸을 영광스러운 것으로 여기는 신新이교도들(그들 대다수는 헬라어를 모릅니다), 누드주의자들, 그리고 암흑의 신들을 신봉하는 자들의 관점입니다. 셋째는 자기 몸을 '나귀 형제'라고 부른 프란체스코의 표현에 나타나는 견해입니다. 이세 관점 모두 나름으로 일리는 있겠지만, 저는 프란체스코의 관점이 옳다고 봅니다.

'나귀'는 정말 기가 막히게 딱 맞는 표현입니다. 왜냐하면 제 정신이라면 누구도 당나귀를 숭배하거나 증오하지 않을 것이기 때문입니다. 나귀는 쓸모 있고 억세며 게으르고 고집스러우며 끈기 있고 사랑스러우며 성질을 돋우는 짐승입니다. 때로는 채찍, 때로는 당근이 필요하며, 측은해 보이는 동시에 우스꽝스럽게 보이는 아름다운 짐승입니다. 우리 몸도 그렇습니다. 《네 가지 사랑》 5장 에로스

10월 5일

도덕법은 보편적이다

중국인들도 '도道'라고 부르는, (가장) 위대한 어떤 것에 대해 말합니다. 그것은 모든 술어를 넘어선 실재이며, 창조자 앞에 있던 심연深淵입니다. 그것은 자연(본성)이며 길입니다. 그것은 우주가 돌아가는 길이며 만물이 끝없이 조용하고 고요하게 공간과 시간 속으로 출현하는 길입니다. 또한 그것은 모든 사람이 자신의 모든 행위를 그 위대한 본보기에 합치시키며, 그 우주적이고 초우주적인 진행을 본받아 걸어야 할 길입니다.[2] 《논어》는 말합니다. "의식, 즉 예禮에서 중요한 것은 자연과의 조화이다."[3] 마찬가지로 고대 유대인들도 율법을 '참된'[4] 것으로 찬양합니다.

다양한 형태—플라톤적, 아리스토텔레스적, 스토아 학파적, 기독교적, 동양적—를 띤 이 개념을 지금부터는 간단히 '도'라고 칭하겠습니다. 앞서 인용된 예 중에는 단지 기이하고 마술적으로 들리는 이야기도 있겠지만, 이 모두에는 결코 무시할 수 없는 공통점이 하나 있습니다. 그것은 바로 객관적 가치가 존재한다는 교리, 즉 우주의 어떤 것에 대해서, 또 우리의 어떤 면에 대해서 어떤 태도는 진실로 참되지만 또 어떤 태도는 정말로 거짓됐다는 믿음입니다. 아이들은 즐거움을 주는delightful 존재이고, 노인들은 공경해야venerable 할 존재라고 말하는 것은, 단순히 부모나 자식의 입장에서 우리가 품을 수 있는 심리 상태를 나타내는 말이 아니라, 그들에게는 우리로부터 (즐거움이나 공경심 같은) 합당한 응답을 받아야 하는 어떤 특질이 있음을 인정하는 말이라는 것이, '도'를 아는 이들의 주장입니다.

저 자신은 어린아이들과 노는 것을 좋아하지 않습니다. 그런데 '도'를 인정하는 저는 이것이 저의 결점임을 인정합니다. 마치 음치거나 색맹인 사람이 그것을 자신의 결점으로 인정하는 것과 마찬가지로 말입니다. 이렇듯 우리의 승인과 불승인은 객관적 가치에 대한 인정이며 객관적 질서에 대한 응답이기에, 우리의 감정 상태는 이성과 조화로운 관계일 수도 있고(우리가 마땅히 승인하는 것을 좋아할 때), 조화롭지 못한 관계일 수도(마땅히 좋아해야 한다고 인식은 하지만 그렇게 할 수 없을 때) 있습니다. 어떤 감정도 그 자체만으로는 판단이 아닙니다. 그런 의미에서 모든 감정과 정서는 논리와 상관없는 것입니다. 그러나 그것이 이성에 순응하느냐 않느냐에 따라 이성적이 될 수도 있고 비이성적이 될 수도 있습니다. 가슴이 결코 머리를 대신할 수는 없습니다. 그러나 가슴은 머리에 순종할 수 있고 또 순종해야 합니다. 《인간폐지》 1장 가슴 없는 사람

모든 가치판단의 유일한 원천

저는 편의상 '도'라고 불렸지만, 다른 이들은 도덕률(자연법)Natural Law, 전통적 도덕Traditional Morality, 실천이성의 제1원칙the First Principles of Practical Reason, 가장 평범한 진리the First Platitudes 등으로 부르기도 하는 그것은, 여러 가능한 가치 체계들 중의 하나가 아닙니다. 그것은 모든 가치 판단들의 유일한 원천입니다. 만일 그것이 거부된다면 모든 가치가 거부되는 것입니다. 또 어떤 가치가 인정된다는 것은 그것 역시 인정되는 것입니다. 그것을 논박하고 그 대신 어떤 새로운 가치 체계를 세우려는 시도는 자기모순입니다. 전에도 그렇고 앞으로도 세계 역사 속에서 전적으로 새로운 가치 판단이란 결코 있을 수 없습니다. 새로운 가치들, 혹은 (요즘 말로) '이데올로기'라고 주장되는 것들은 모두 '도' 자체의 단편들로 이루어진 것입니다. 전체 맥락에서 제멋대로 찢겨져 나가서는 격리되어 광기에 빠진 것들이지만, 여전히 그것들은 '도'에 의존하고 있으며, 자기 타당성을 오로지 '도'를 통해 얻습니다.

만일 부모에 대한 의무가 미신에 불과하다면 후손에 대한 의무 역시 미신에 불과합니다. 만일 정의가 미신이라면 자기 나라와 인종에 대한 의무도 마찬가지입니다. 만일 과학적 지식에 대한 추구가 참된 가치라면, 부부간의 정절도 마찬가지입니다. '도'에 맞서는 새로운 이데올로기들의 반란은 실상, 나무에 맞서는 가지들의 반란입니다. 반란군들이 성공할 경우 실은 그들 자신을 파괴하는 셈입니다. 인간의 지성은 새로운 원색primary colour을 상상해낼 수 없고 새로운 태양이나 하늘을 창조해낼 수 없는 것과 마찬가지로, 새로운 가치를 창안해낼 능력도 없습니다. 《인간폐지》 2장 도

10월 7일

고인 물처럼 썩는다는 비유에 대하여

    현대적 사고는 두 가지 노선의 방어책을 제시합니다. ……두 번째는, 우리 자신을 변치 않는 도덕률에 묶는 것은 모든 진보를 막고 '침체'를 묵인하는 것이라고 외칩니다. ……먼저 두 번째 주장을 살펴보지요. '침체'라는 말을 써서 웅덩이, 덮개를 씌운 수영장을 암시하며 비논리적인 감정적 효과를 등에 업는 모습을 벗겨내 봅시다. 물이 너무 오래 고여 있으면 악취가 납니다. 이 이유로 무엇이든 오랫동안 제자리에 머물면 해롭다고 추론하는 것은 은유로 피해를 입는 격입니다. 공간이 처음부터 지금까지 삼차원을 유지했다고 해서 악취가 나는 것이 아닙니다. 직각삼각형에서 빗변을 한 변으로 하는 정사각형의 넓이가 다른 두 변을 각각 한 변으로 하는 두 정사각형의 넓이의 합과 언제나 같다고 해서 거기서 곰팡이가 피는 것은 아닙니다. 사랑이 불변한다고 해서 더럽혀지는 것이 아니며, 우리가 손을 씻는 것은 어떤 상태에 머물기 위해, '시간을 되돌리기' 위해, 하루를 시작할 때의 손 상태를 인위적으로 복구하기 위해, 우리가 태어나고 죽기까지 끊임없이 더러워지는 사건의 자연적 흐름을 거부하기 위해서입니다. '침체된'이라는 감정적 단어 대신 '항구적'이라는 기술적記述的 단어를 써봅시다. 항구적인 도덕적 기준이 진보를 가로막습니까? 오히려 변하지 않는 기준을 가정하지 않은 채 진보는 불가능합니다. 선善이 고정된 것이라면 적어도 우리는 그것에 점점 가까이 갈 수 있습니다. 그러나 종착역이 기차가 움직이는 만큼 움직인다면 어떻게 기차가 종착역을 향해 나아갈 수 있겠습니까? 선에 대한 우리의 생각은 바뀔 수 있습니다. 하지만 근접하거나 물러설 수 있는 절대 불변의 선이 존재하지 않는다면 우리의 생각은 더 좋게도 더 나쁘게도 바뀔 수 없습니다. 완벽하게 올바른 하나의 답이 '고여 있는' 경우에만 우리는 그 정답에 더 가깝게 셈을 맞출 수 있는 것입니다. 《기독교적 숙고》 6장 주관주의의 독

10월 8일

도덕률 배후에 있는 인격

기독교는 사람들에게 회개를 촉구하며 용서를 약속합니다. 그렇기 때문에 자신이 회개할 일을 저질렀다는 사실을 모르는 사람, 자신에게 용서가 필요하다고 생각지 않는 사람에게는 기독교가 아무 의미도 가질 수 없습니다. 여러분은 먼저 도덕률이 정말로 존재하며, 그 법칙의 배후에 어떤 힘이 있고, 여러분이 그 법을 어김으로써 그 힘과 잘못된 관계를 맺게 되었다는 것을 깨달아야 합니다. 이 모든 것을 깨닫기 전에는, 정말이지 이 모든 것을 깨닫는 그 순간이 오기 전까지는 기독교는 여러분에게 아무 말도 할 수 없습니다.

여러분은 스스로 병들었다는 것을 알 때에야 비로소 의사의 말에 귀 기울일 것입니다. 그처럼 여러분은 인간이 거의 아무 가망도 없는 처지에 있다는 점을 깨달을 때에야 비로소 그리스도인들의 말을 이해하기 시작할 것입니다. 그리스도인들은 왜 인간이 지금처럼 선을 미워하는 동시에 사랑하는가에 관해 설명해 줍니다. 하나님이 어떻게 도덕률 배후에 있는 비인격적 정신인 동시에 인격일 수 있는지에 관해서도 설명해 줍니다. 그들은 여러분과 제가 충족시킬 수 없는 이 법이 어떻게 우리를 위해 충족되었는가, 어떻게 하나님 자신이 인간이 되어 그를 인정하지 않는 인간들을 구원하셨는가에 관해 말해 줍니다. 이것은 오래된 이야기입니다. 이 이야기를 더 듣고 싶다면 저보다 더 권위 있게 말해 줄 사람에게 부탁하면 됩니다.

제가 하고자 하는 일은 사람들에게 그 이야기의 전제가 되는 사실들을 직면하게—기독교가 답을 주겠다는 문제들이 어떤 것인지 이해하도록—하는 것입니다. 그 사실들은 아주 무서운 것들이었습니다. 저도 좀더 유쾌한 이야기를 할 수 있었으면 좋겠습니다. 그러나 저로서는 제가 참으로 믿는 바를 말할 수밖에 없군요. 물론 저는 결국 기독교가 우리에게 말할 수 없는 위안을 준다는 사실에 동의합니다. 그러나 기독교는 제가 지금까지 말해 온 것과 같은 낭패감에서 출발하는 종교로서, 그 낭패감을 먼저 겪지 않는 한 아무리 위안을 얻으려고 노력한들 소용이 없습니다. 전쟁이나 그 밖의 경우에도 그렇지만 종교에서도 위안은 구한다고 얻을 수 있는 것이 아닙니다. 여러분이 진리를 구한다면 결국 위안을 발견할 것입니다. 그러나 위안 그 자체를 구한다면 위안도 진리도 얻지 못한 채, 오로지 감언이설과 몽상에서 출발해서 절망으로 마치고 말 것입니다.

《순전한 기독교》 1장 옳고 그름, 우주의 의미를 푸는 실마리

10월 9일

무신론

     하나님을 반대하는 저의 논거는 세상이 너무나 잔인하고 불의하다는 데 있었습니다. 그렇다면 저는 정의니 불의니 하는 개념을 어떻게 갖게 된 것일까요? 만일 인간에게 직선의 개념이 없다면 굽은 선이라는 개념도 없을 것입니다. 그렇다면 세상을 불의하다고 판단할 때 저는 이 우주를 무엇에 비교하고 있는 것입니까? 눈에 보이는 것이 하나부터 열까지 악하고 무의미하기만 하다면, 그 일부인 제가 어떻게 거기에 대해 그토록 격렬하게 반발할 수 있습니까? 사람이 물에 빠졌을 때 축축하다고 느끼는 것은 그가 수중 동물이 아니기 때문입니다. 물고기는 축축함을 느끼지 못합니다.

물론 '정의에 대한 나의 개념은 순전히 개인적인 것'이라고 치부하며 그 개념 자체를 포기해 버릴 수도 있습니다. 그러나 그렇게 하면 하나님을 반대하는 저의 논거 역시 무너지고 맙니다. 하나님을 반대하는 저의 논거는 '어쩌다 보니 세상이 나의 취향에 거슬린다'는 것이 아니라 '세상은 정말 불의하다'는 것이기 때문입니다. 이처럼 하나님이 존재하지 않는다는 것—달리 말하자면 실재 전체의 무의미함—을 증명하려 하다 보면, 어쩔 수 없이 실재의 한 부분—즉 정의에 대한 나의 개념—만큼은 전적으로 의미 있다는 가정을 하지 않을 수 없습니다.

결과적으로 무신론은 너무나 단순한 것임이 드러났습니다. 우주 전체에 정말 아무 의미가 없다면 우주에 의미가 없다는 그 생각 자체를 아예 하지 못했을 것입니다. 우주에 빛이 없고 따라서 눈을 가진 생물도 없다면 우주가 어둡다는 사실 자체를 알 수 없는 것처럼 말이지요. 그 경우에 어둡다는 말은 아무 의미도 갖지 못할 것입니다. 《순전한 기독교》 2장 그리스도인은 무엇을 믿는가?

10월 10일

보편적 진화설

제가 말하는 보편적 진화설이란 우주의 흐름이 불완전에서 완전으로, 작은 출발에서 위대한 결말로, 초보적인 것에서 정교한 것으로 옮겨 가는 과정이라고 공식화할 수 있다는 믿음을 뜻합니다. 이 믿음 때문에 사람들은 도덕이 원시적 금기에서 생겨났다고 자연스럽게 생각하게 됩니다. 성인의 감정은 유아기의 성적 부적응에서 나왔고, 사고思考는 본능에서, 정신은 물질에서, 생물은 무생물에서, 질서는 무질서에서 나왔다고 생각하게 되는 겁니다. 이것이 현대인들의 가장 뿌리 깊은 정신 습관일 것입니다. 그러나 제가 보기에 이것은 정말 말도 안 되는 주장입니다. 우리가 자연에서 목격할 수 있는 모습과 너무나 다르기 때문입니다. 닭이 먼저인지 달걀이 먼저인지에 대한 오래된 수수께끼를 기억하실 것입니다. 현대인들이 보편적 진화설에 동의한 것은 닭이 달걀에서 나오는 모습에만 주의를 기울여서 생겨난 일종의 착시 현상입니다. 우리는 어린 시절부터 도토리에서 완벽한 참나무가 자라나는 모습에만 주목합니다. 도토리가 완전한 참나무에서 떨어졌다는 사실은 잊으라고 배웁니다. 장성한 인간이 배아였다는 사실은 끊임없이 듣지만, 그 배아가 두 장성한 인간에게서 나왔다는 말은 듣지 못합니다. 오늘날의 제트엔진이 '로켓'의 후손이라는 사실은 주목하지만, '로켓'이 그보다 초보적인 엔진에서 생겨난 것이 아니라 훨씬 더 완벽하고 복잡한 존재인 천재에게서 나왔음은 잘 기억하지 못합니다. 제 생각에 대부분의 사람들이 창발적인 진화 개념을 명백하고 자연스럽게 받아들이는 것은 순전히 환각 때문입니다. 《영광의 무게》 신학은 시詩인가?

10월 11일

생명력

　　많은 이들이 '창조적 진화' 이론에 매력을 느끼는 한 가지 이유는, 이 이론이 하나님을 믿는 데 따르는 감정적 위안은 듬뿍 제공하면서, 믿음에 따라오는 덜 유쾌한 결과물들은 전혀 주지 않기 때문입니다. 내 건강 상태가 좋고 태양은 찬란히 빛나서 전 우주가 원자들의 기계적 춤에 불과하다는 사실을 믿고 싶지 않을 때, 수세기에 걸쳐 작용해 온 이 위대하고 신비로운 힘이 나를 최고의 자리에 올려 놓았다고 생각하는 것은 기분 좋은 일이지요. 반대로 무언가 추잡한 일을 하고 싶을 때, 도덕의식도 정신도 없는 맹목적 힘에 불과한 이 '생명력'은 어렸을 때 배운 골치 아픈 하나님처럼 나한테 간섭해 오는 법이 없습니다. '생명력'은 일종의 길들여진 하나님입니다. 필요할 때는 얼마든지 스위치를 눌러 불러낼 수 있지만, 나를 귀찮게 하지는 않지요. 즉 이 관점은 종교의 감동은 전부 누리면서 그 대가는 하나도 치르지 않겠다는 것입니다. 이 '생명력' 사상이야말로 지금까지 세상에 등장한 몽상 중에 가장 큰 성과물이 아닐까요?

《순전한 기독교》 1장 옳고 그름, 우주의 신비를 푸는 실마리

10월 12일

전체주의

여러분은 정말로 자신을 재교육시킬 필요가 있습니다. 다시 말해 여러분은 지성에서, 우리 모두가 교육받아 온 사고 유형을 완전히 몰아내기 위해 부단히 노력해야 합니다. ……그 사고 유형을 전문용어로는 일원론Monism이라고 합니다. 그러나 아마 일반 독자들은, 제가 그것을 전체주의Everythingism라는 말로 바꾸어 부르면, 제가 말하려는 바를 가장 잘 이해하실 수 있을 것입니다. 제가 말하는 이 '전체주의'에서 '전체'는 자존적 존재로서 낱낱의 개별자보다 더 중요한 존재이며, 이 '전체' 안에 담겨 있는 모든 개별적 존재는 그다지 서로 다른 존재들이 아니라는 신념을 말합니다. 개별적 존재들은 서로 〔다양성 가운데〕 '일치at one'를 이루는 것이 아니라, 실은 이미 하나one라는 것입니다. 그래서 전체주의자는 하나님으로부터 시작할 경우에는 범신론자가 됩니다. 즉 하나님 아닌 것은 아무것도 없다고 믿는 사람이 됩니다. 그렇지 않고 자연으로부터 시작할 경우 전체주의자는 자연주의자가 됩니다. 즉 자연 아닌 것은 아무것도 없다고 믿는 사람이 됩니다. 전체주의자는 모든 것은 결국 다른 모든 것의 전조, 발전, 유물, 사례, 겉모습 등일 '뿐이라고' 생각합니다.

저는 이것이 완전히 틀린 철학이라고 믿습니다. 실재는 '못 말리도록 다양하다 incorrigibly plural'[5]라고 말한 이가 있습니다. 저는 그의 말이 옳다고 생각합니다. 모든 것은 다 하나One에서 기원합니다. 그래서 모든 것은 (서로 다르고 복잡한 방식들로) 관계를 맺고 있습니다. 그러나 모든 것이 다 하나인 것은 아닙니다. '전부 everything'라는 단어는 어느 주어진 순간 존재하는 모든 것들의 총계(우리가 할 수만 있다면 일일이 다 열거해 낼 경우 얻어지는 그런 총계)를 의미하는 말로만 이해되어야 합니다. 그것에 어떤 사상적 대문자가 부여되어서는 안 됩니다. 다시 말해, 그것은 (그림식 사고방식을 따라) 개별자가 다 가라앉아 있는 어떤 물웅덩이 같은 것으로, 혹은 개별자가 건포도들 마냥 박혀 있는 어떤 케이크 같은 것으로 둔갑되지 말아야 합니다. 정말로 실재하는 모든 것은 각자 선이 분명하고, 도드라져 있으며, 복잡하고, 서로 다릅니다. 전체주의가 우리 사고방식에 잘 맞는 것은 그야말로 이 전체주의적totalitarian이고, 대량 생산적이고, 군대 문화적인 시대의 자연적 철학이기 때문입니다. 이것이 바로 우리가 늘 그것에 대해 경계태세를 늦추지 말아야 할 이유입니다. 《기적》 17장 에필로그

10월 13일

실재하는 것들은 단순하지 않다

종교가 단순하기를 바라는 것은 부질없는 짓입니다. 어쨌거나 실재하는 것들은 단순하지 않기 때문입니다. 겉으로는 단순해 보여도 실은 단순하지 않습니다. 제가 앉아 있는 이 탁자는 단순해 보입니다. 그러나 과학자에게 이 탁자가 실제 무엇으로 되어 있는가—이 탁자를 구성하는 원자부터 시작해서 빛의 파장이 어떻게 탁자에 반사되어 내 눈까지 와닿게 되는가, 그것이 내 시신경에 어떤 작용을 하며 내 뇌에 무슨 작용을 하는가에 이르기까지—를 물어 보면, 단순히 '의자를 본다'라고 일컫는 행동이 실은 거의 끝을 알 수 없을 정도로 신비하고 복잡한 것임을 알게 됩니다. 기도하고 있는 아이는 단순해 보입니다. 여러분이 이렇게 단순하게 보이는 지점에서 멈추는 데 만족하겠다면 좋습니다. 그러나 그렇지 않다면—현대 세계도 대개는 여기에 만족하지 않습니다—, 더 나아가 실제로 무슨 일이 일어나는지를 알고자 한다면, 무언가 어려운 이야기를 들을 준비를 해야 합니다. 단순한 대답 이상의 것을 요구하면서 왜 대답이 단순하지 않느냐고 불평하는 것은 어리석은 일이지요. 그런데 의식적으로나 무의식적으로 기독교를 무너뜨리고 싶어하는 이들은 결코 어리석지 않음에도 이런 태도를 보일 때가 아주 많습니다. 그들은 여섯 살짜리 어린애한테나 맞을 기독교를 내세워 놓고 공격의 대상으로 삼습니다. 그래서 교육받은 성인들이 실제로 믿고 있는 기독교 교리를 설명해 주려 하면, 머리가 핑 돌 정도로 복잡하다고 투덜거리면서 하나님이라는 존재가 정말 있다면 '종교'를 단순하게 만들었을 거라고 불평하지요. 단순한 것이 아름답다느니 하는 말들을 늘어놓으면서 말입니다. 자기 입장을 손바닥 뒤집듯 바꾸어 가면서 여러분의 시간만 축내기 십상인 이런 사람들은 경계해야 합니다. '종교를 단순하게 만든다'는, 그들의 신의 개념에 주의하십시오. 이것은 '종교'가 '자신의 본성에 관한 절대 불변의 사실들을 공표하신 하나님의 말씀'이 아니라 단순한 하나님의 발명품인 양 착각한 데서 비롯된 개념입니다. 《순전한 기독교》 2장 그리스도인은 무엇을 믿는가?

10월 14일

실재는 짐작할 수 없는 어떤 것이다

제 경험으로 볼 때 실재는 복잡할 뿐 아니라 대개는 기이하기까지 합니다. 실재는 말끔하거나 분명하지 않으며, 여러분이 예상하는 바와도 아주 다릅니다. 예컨대 지구를 비롯한 여러 행성이 태양 주위를 돈다는 것을 알았을 때, 여러분은 자연스럽게 그 행성들이 조화를 이루고 있으리라고—이를테면 행성간 간격이 다 똑같든지 아니면 일정하게 늘어날 거라고, 또는 행성들의 크기가 다 똑같든지 아니면 태양에서 멀어질수록 더 커지거나 작아질 거라고—예상합니다. 그러나 실제로는 크기에서든 간격에서든 어떤 규칙성이나 동기(우리 인간들의 눈에 보이는)도 발견할 수 없습니다. 어떤 행성에는 달이 하나 있고 어떤 행성에는 네 개가 있으며, 어떤 행성에는 두 개가 있고, 어떤 행성에는 하나도 없고, 또 어떤 행성에는 띠가 둘려 있지요.

사실 실재란 대개 여러분이 짐작할 수 없는 어떤 것입니다. 이것이 제가 기독교를 믿는 이유 가운데 하나입니다. 기독교는 여러분이 짐작할 수 없는 종교입니다. 만일 기독교가 우리가 늘 예상하는 것과 같은 종류의 우주를 제시한다면, 저는 기독교를 인간이 만들어 낸 종교로 생각할 것입니다. 그러니 사실상 기독교는 인간이 만들어 낼 수 있는 부류의 것이 아닙니다. 실재하는 것들이 다 그렇듯이 기독교에도 우리의 예상과 맞지 않는 기묘한 비틀림이 있습니다. 그러니 이제 미숙한 철학들—지나치게 단순한 답들—은 다 제쳐두기로 합시다. 문제 자체가 단순하지 않고, 따라서 답 또한 단순하지 않을 테니 말입니다.

《순전한 기독교》 2장 그리스도인은 무엇을 믿는가?

10월 15일

성전聖戰

　　처음으로 신약성경을 진지하게 읽었을 때 놀란 점 가운데 하나는, 우주 안에 존재하는 '어두운 권세'—죽음과 질병과 죄의 배후 세력으로 간주되는 막강한 악령—에 관한 언급이 상당히 많다는 것이었습니다. 그러나 기독교는 이 어두운 권세 역시 하나님이 창조하신 존재로서 본래는 선하게 창조되었으나 후에 악하게 변한 존재로 생각한다는 점에서 이원론과 구별됩니다. 이 우주가 전쟁중이라는 견해에서는 기독교는 이원론에 동의합니다. 그러나 이 전쟁을 두 독립적인 권세들 간에 일어나는 일로 생각하지는 않습니다. 기독교는 이 전쟁을 일종의 내란 내지는 반란으로 생각하며, 우리가 살고 있는 우주가 반역자들에게 일부 점령당했다고 생각합니다.

　　적들의 점령 지역, 이것이 현재 이 세상의 모습입니다. 기독교는 합법적인 왕이 이를테면 변장을 한 채 어떻게 이 지역에 상륙했는가에 관한 이야기로서, 우리 또한 이 거대한 파괴 작전에 참여할 것을 촉구합니다. 교회에 가면 동지들의 비밀 무전을 들을 수 있습니다. 그렇기 때문에 적들이 우리를 교회에 못 나가게 하려고 그토록 노심초사하는 것입니다. 적은 이 일을 위해 우리의 자만과 게으름과 지적 허영을 이용하고 있습니다.

　　저에게 "요즘 같은 시대에 옛날에나 어울릴 악마—발굽이나 뿔 같은 것들이 달린—를 다시 소개할 생각은 아니겠지요?"라고 묻고 싶은 분도 있을 것입니다. 글쎄요, '요즘 같은 시대'라는 것이 이 문제와 무슨 상관이 있는지 모르겠군요. 또 저는 악마에게 정말 발굽과 뿔이 있는지 알아볼 만큼 꼼꼼하지 못합니다. 그러나 그 외의 점에서라면 제 대답은 "그렇습니다"라는 것입니다. 저는 악마의 생김새에 대해서는 아는 바가 없습니다. 만약 누군가 악마를 정말 더 잘 알고 싶어하는 분이 있다면 이렇게 말씀드리고 싶습니다.

　　"걱정 마세요. 당신이 정말 원한다면 알게 될 겁니다. 하지만 그렇게 알게 되었을 때 과연 당신이 그걸 좋아하게 될는지는 잘 모르겠군요."

《순전한 기독교》 2장 그리스도인은 무엇을 믿는가?

10월 16일

신분 노출에 관한 스크루테이프의 정책

　　　　당분간은 정체를 숨기는 것이 우리의 정책이다. 물론 처음부터 그랬던 건 아니지. 사실 우린 지독한 딜레마에 직면해 있다. 인간이 우리 존재를 믿지 않으면 직접 테러를 가함으로써 얻는 즐거운 이득을 포기해야 하고 마술사도 만들어 낼 수 없다. 반대로 인간이 우리의 존재를 믿게 되면 유물론자나 회의론자를 만들어 낼 수 없지.

어쨌든 적어도 아직까지는 우리 존재를 알릴 때가 아니야. 그러나 나한테는 한 가지 원대한 소망이 있다. 언젠가 적당한 때가 되면 과학을 감상적으로 만들고 신화화함으로써, 원수를 믿으려는 인간의 마음이 미처 열리기 전에 사실상 우리에 대한 믿음(물론 우리 이름을 노골적으로 내세우지는 않겠지만)을 슬금슬금 밀어넣는 법을 터득할 날이 오고야 말리라는 소망이지. '생명력Life Force'이라든가 성性 숭배 풍조, 정신분석의 몇몇 부분은 이 점에서 유용하게 써먹을 만하다. 언젠가 우리가 '유물론자 마술사'라는 완전무결한 작품을 만들어 낼 그 날이 오면, 즉 '영'의 존재는 거부하되 자기가 막연히 '힘Forces'이라고 부르는 것을 직접 활용까지는 못 하더라도 사실상 숭배하는 사람을 탄생시키는 그 날이 오면, 그때 비로소 우리는 이 기나긴 전쟁의 끝을 보게 될 게다. 그 전까지는 명령에 따라야지.

네 환자를 무지의 어둠 속에 가두어 두는 게 그리 어려울 것 같지는 않구나. 현대인들은 '악마'를 대체로 희극적인 모습으로 상상한다는 사실이 힘이 될 게다. 혹시라도 환자의 마음속에 네가 정말 존재할지도 모른다는 의심이 희미하게라도 떠오를 때는, 즉시 몸에 딱 달라붙는 빨간 타이즈 입은 꼴 따위를 보여 주면서 이런 우스꽝스러운 존재는 믿을 수 없으니 네 존재도 믿을 수 없지 않느냐고(이건 오래전부터 인간을 혼란시킬 때 써먹었던 교과서적인 방법이지) 설득하거라. 《스크루테이프의 편지》 7장

10월 17일

자유의지를 위해 치러야 할 대가

그리스도인들은 한 악한 권세가 현재 이 세상의 군주 행세를 하고 있다고 믿습니다. 그렇다면 여기서 당연히 나올 질문이 있지요. 이런 현 상태는 하나님의 뜻에 일치하는 것입니까, 그렇지 않은 것입니까? 만약 일치한다면 하나님은 그야말로 이상한 분이 되어 버립니다. 반면에 일치하지 않는다면, 절대적 권세를 가진 존재의 뜻에 반하는 일이 어떻게 일어날 수 있다는 말입니까?

……하나님은 자유의지를 가진 존재들을 창조하셨습니다. 자유의지를 가졌다는 것은 옳은 일을 할 수도 있고 그른 일을 할 수도 있다는 뜻입니다. 자유의지를 가졌으면서도 그릇 행할 가능성은 전혀 없는 존재를 상상하는 이들도 있지만, 저로서는 그런 존재를 상상할 수 없습니다. 선해질 수 있는 자유가 있다면 악해질 수 있는 자유도 있는 법입니다. 악을 가능케 한 것은 바로 이 자유의지입니다. ……물론 하나님은 인간들이 자유를 잘못 사용할 때 어떤 일이 벌어질 것인지 잘 알고 있었습니다. 그러나 그는 그런 위험을 감수할 가치가 있다고 생각하신 것이 분명합니다. 우리는 거기에 동의하고 싶지 않을 수 있습니다. 그러나 실제로 동의하지 않기는 어렵습니다. 그는 여러분이 가진 추론 능력의 원천이기 때문입니다. 강의 지류가 그 원천보다 높이 흐를 수 없듯이, 그는 그르고 여러분은 옳은 경우란 있을 수 없습니다. 여러분이 그에게 반대하여 논쟁하는 것은, 여러분을 논쟁할 수 있게 만든 바로 그 힘에 반대하여 논쟁하는 것과 같습니다. 그것은 자기가 걸터앉아 있는 나뭇가지를 잘라내는 것이나 다름없는 일이지요. 하나님이 지금 이 우주의 전쟁 상태를 자유의지를 위해—즉 하나님이 줄을 잡아당겨야만 움직이는 꼭두각시들의 세상이 아니라, 자유의지를 가진 피조물들이 진짜 선을 행하거나 해를 끼칠 수 있는 세상, 진짜 중요한 일이 벌어질 수 있는 살아 있는 세상을 만들기 위해—치러야 할 대가로 생각하신다면, 우리 또한 그렇게 생각해야 합니다. 《순전한 기독교》 2장 그리스도인은 무엇을 믿는가?

탁월한 이야기꾼, 시원찮은 서기관

겟세마네에서 제자들이 잠들어 있었다면 주님이 기도하시는 소리를 듣지 못했을 것이고 따라서 그것을 기록할 수도 없었을 거라고 반론을 제기하기도 하지만, 거기에 답하는 건 그리 어려운 일이 아닐세. 제자들이 기록으로 남긴 기도 내용을 소리 내어 말한다면 채 3초도 안 걸릴 걸세. 주님은 '돌 던질 만큼'만 떨어져서 기도하셨네. 밤이었으니 사방은 고요했어. 그리고 주님이 큰 소리로 기도하셨을 거라고 확신하네. 당시 사람들은 모든 것을 소리 내어 했거든. ……사도행전 24장에도 비슷한 상황이 등장하네. 유대인들은 더둘로라는 전문 변호사를 고용해서 사도 바울을 고발했네. 내 셈이 맞다면, 누가가 기록한 고발 내용은 그리스어로 여든네 단어야. 여든네 단어는 정식 재판에 참여한 그리스 변호사로선 말도 안 되게 짧은 걸세. 그렇다면, 혹시 요약문preécis이 아니었을까? 하지만 팔십여 단어 중 무려 사십 단어가 재판관을 찬사하는 내용인데, 그렇게 짧은 요약문에 싣기에는 무리인 부분일세. 누가는 탁월한 이야기꾼이었지만 서기관으로서는 신통치 못했네. 처음에 누가는 더둘로의 말을 통째로 기억하거나 다 받아 적으려고 했을 거야. 그리고 앞부분은 잘 받아 적었네. (문체를 볼 때 분명하지. 그런 식으로 말하는 건 전문 변호사뿐이거든.) 그러나 누가는 곧 좌절하고 말아. 나머지 부분은 연설 전체가 우스꽝스러울 만큼 간략한 요약으로 끝나고 있거든. 하지만 누가는 그런 사정을 밝히지 않았고, 본의 아니게 더둘로가 조리 있게 말하지 못했다는 인상을 주게 되었지. 만약 더둘로가 요약문처럼 말했던 거라면 전문 변호사로서 설자리를 잃었을 걸세. 《애인기도》 9장

타락한 세상을 위해 하나님이 하신 일

하나님은 무슨 일을 하셨을까요? 무엇보다 먼저 우리에게 양심, 즉 옳고 그른 것에 대한 분별력을 남겨 주셨습니다. 그래서 어느 시대에나 자신의 양심에 따르려고 노력하는 이들이 나왔습니다(그 중 몇몇은 아주 열심히 노력했지요). 그러나 그들 중 어느 누구도 완전히 성공하지는 못했습니다. 둘째로, 하나님은 제가 '좋은 꿈'이라고 부르는 것을 인류에게 보내 주셨습니다. 여기서 '좋은 꿈'이란 어떤 이방 종교에나 다 퍼져 있는 기묘한 이야기, 즉 죽었다가 다시 살아나 어떤 식으로든 인간에게 새 생명을 주는 신에 대한 이야기를 가리키는 것입니다. 셋째로, 하나님은 한 특정한 민족을 택하여 자신이 어떤 하나님인가를—하나님은 한 분밖에 없으며 그는 옳은 행동을 원하신다는 것을—수세기에 걸쳐 그들의 머리에 심어 주셨습니다. 그 민족이 바로 유대 민족이며, 그렇게 심어 주신 과정을 기록한 것이 바로 구약성경입니다.

그런데 정말 충격적인 사건은 그다음에 일어났습니다. 이 유대인 가운데 한 남자가 갑자기 나타나 하나님으로 자처하며 다니기 시작한 것입니다. 그는 자신에게 사람들의 죄를 용서해 줄 권한이 있다고 주장했습니다. 그리고 자기가 전부터 항상 존재해 왔다고 했습니다. 또 마지막 날 다시 와서 세상을 심판하겠다고 했습니다.

여기서 우리가 분명히 짚고 넘어가야 할 점이 하나 있습니다. 인도인 같은 범신론자라면 얼마든지 자기가 하나님의 일부라거나 하나님과 하나라고 말할 수 있습니다. 그러니까 그런 사람들한테는 이 말이 전혀 이상하게 들리지 않을 수 있지요. 그러나 이 사람은 유대인이었고, 따라서 그가 말하는 하나님은 그런 범신론적인 하나님이 아니었습니다. 유대인의 하나님은 세상 밖에 계시며 세상을 만드신 존재, 세상 모든 것과 완전히 구별되는 존재입니다. 이 점을 생각한다면, 이 사람의 말이야말로 인간의 입에서 나올 수 있는 가장 충격적인 말임을 알 수 있을 것입니다. 《순전한 기독교》 2장 그리스도인은 무엇을 믿는가?

10월 20일
기이한 주장

　　　그의 주장 중에 이제는 우리 귀에 너무 익은 나머지 무심코 흘려듣는 말이 하나 있습니다. 그것은 바로 죄를 용서해 준다는 말, 어떤 죄라도 용서해 준다는 말입니다. 이 말을 한 사람이 하나님이 아니라면, 이것이야말로 웃음이 나올 정도로 황당무계한 말이 아닐 수 없습니다. 알다시피 용서라는 것은 해를 입은 사람이 해를 끼친 사람에게 베푸는 것입니다. 즉 여러분이 제 발을 밟았을 때 제가 여러분을 용서하는 것이고, 여러분이 제 돈을 훔쳤을 때 제가 여러분을 용서하는 것입니다. 그런데 자기 발을 밟히지도 않았고 자기 돈을 도난당하지도 않았으면서 다른 사람의 발을 밟고 돈을 훔친 당신의 죄를 용서해 주겠노라고 선언하는 사람이 있다면, 과연 어떻게 생각해야 할까요? 그것은 아무리 부드럽게 표현한다 해도 얼간이짓이라고 할 수밖에 없는 행동입니다.

그런데 예수가 바로 그런 행동을 한 것입니다. 그는 사람들에게 그들의 죄가 용서받았다고 선언했으며, 그들의 죄에 피해를 입은 이들의 의견을 구하지 않았습니다. 그는 전혀 망설이지 않고 스스로 가장 큰 피해를 입은 당사자인 양 행동했습니다. 이것은 그가 정말 하나님일 경우에만 이해할 수 있는 행동입니다. 모든 죄는 하나님의 법을 깨뜨리며 그의 사랑에 상처를 입히는 것이기 때문입니다. 그러나 하나님이 아닌 존재가 이런 말을 했다면, 역사에 등장했던 어떤 인물보다 우스꽝스럽고 자만에 찬 짓을 했다고 볼 수밖에 없습니다.

《순전한 기독교》 2장 그리스도인은 무엇을 믿는가?

10월 21일

충격적인 갈림길

그리스도는 스스로 "나는 온유하고 겸손하다"고 했고, 우리는 그의 말을 믿습니다. 그러면서도 그가 인간에 불과할 경우, 온유나 겸손과는 아주 거리가 멀다고 해야 할 말들을 자주 했다는 사실은 알아채지 못하지요.

제가 이런 말을 하는 것은 "나는 예수를 위대한 도덕적 스승으로는 기꺼이 받아들이지만, 자신이 하나님이라는 주장만큼은 받아들일 수 없다"는 어리석기 짝이 없는 말을 누구도 못 하게 하기 위해서입니다. 우리는 이런 말을 할 수 없습니다. 인간에 불과한 사람이 예수와 같은 주장을 했다면, 그는 결코 위대한 도덕적 스승이 될 수 없습니다. 그는 정신병자—자신을 삶은 계란이라고 말하는 사람과 수준이 똑같은 정신병자—거나 아니면 지옥의 악마일 것입니다.

이제 여러분은 선택해야 합니다. 이 사람은 하나님의 아들이었고, 지금도 하나님의 아들입니다. 그게 아니라면 미치광이거나 그보다 못한 인간입니다. 당신은 그를 바보로 여겨 입을 틀어막을 수도 있고, 악마로 여겨 침을 뱉고 죽일 수도 있습니다. 아니면 그의 발 앞에 엎드려 하나님이요 주님으로 부를 수도 있습니다. 그러나 위대한 인류의 스승이니 어쩌니 하는 선심성 헛소리에는 편승하지 맙시다. 그는 우리에게 그럴 여지를 주지 않았습니다. 그에게는 그럴 여지를 줄 생각이 처음부터 없었습니다. 《순전한 기독교》 2장 그리스도인은 무엇을 믿는가?

10 월 22일
주님의 가르침

우리는 조직적인 형태로 궁극적인 진리를 제시해 주는 굴절되지 않은 빛—구구단 표처럼 우리가 일람표를 만들어 암기하고 의지할 수 있는 무언가—을 기대했을 수 있고, 그것이 더 좋았을 거라고 생각할 수 있습니다. 우리는 근본주의자들의 성경관이나 로마 가톨릭 교회의 교회관을 존중할 수 있으며, 때로는 부러워할 수도 있습니다.

그러나 그런 입장들을 주장할 때 우리가 조심해야 하는 한 가지 논증이 있습니다. 바로 "하나님은 분명 최선의 방법을 사용하셨을 것이다, 이것이 최선의 방법이다, 따라서 하나님은 이렇게 하셨다"라는 식의 주장입니다. 왜냐하면 우리는 인간에 불과하며, 우리에게 무엇이 최선인지를 스스로 알지 못하는 존재들이기 때문입니다. '하나님은 분명 이렇게 하셨다'라고 규정짓는 것은 위험한 일입니다. 특히 그분의 최종적인 일을 도저히 확인할 수 없는 상황에서는 더욱 그렇습니다.

어떠한 불완전도 없는 우리 주님의 가르침도, 우리가 기대했을 법한 논리정연하고 똑떨어지고 체계적인 형태로 우리에게 주어지지 않았다는 사실을 주목할 필요가 있습니다. 그분은 책을 쓰시지 않았습니다. 우리는 다만 전해 온 말씀들만 가지고 있을 뿐이며, 대부분의 그 말씀들도 어떤 질문에 대한 답으로서 주어진 것들로, 어느 정도 정황에 의해 모양새를 갖춘 것입니다. 그리고 우리는 그 말씀들을 다 모은다 해도 하나의 체계로 정리해 넣을 수 없습니다. 그분은 설교를 하시지 강의를 하시지 않습니다. 그분은 역설과 격언과 과장과 비유와 아이러니와 심지어 '재치 있는 표현'(불경한 말로 보지 마시기를)도 사용하십니다. 그분은 대중적인 격언들처럼 엄밀히 따지면 서로 모순되어 보일 수도 있는 금언들도 사용하십니다.

이렇듯 그분의 가르침은 우리의 지성만으로 파악할 수 있거나 '학과'처럼 '정통

할' 수 있는 것이 아닙니다. 그런 시도를 하는 사람에게 하나님은 누구보다도 알쏭달쏭한 분일 것입니다. 그분은 단도직입적인 질문에 단도직입적으로 대답하신 경우가 거의 없습니다. 그분은 우리가 원하는 방식대로 '규정되지' 않는 분이십니다. 그런 시도는 (이번에도 불경하게 보지 마시기를) 마치 햇살을 병 속에 담으려는 것과 같습니다. 《시편사색》 11장 성경

10 월 23 일

완전한 참회

하나님은 적에게 점령당한 이 세상에 인간의 모습으로 오셨습니다. 그렇다면 이 모든 일의 목적은 무엇이었을까요? 그는 무엇을 하려고 세상에 온 것입니까? 물론 그는 가르치려고 왔습니다. 그러나 신약성경이나 다른 기독교 저술들을 살펴보면, 무언가 다른 일—그의 죽음과 다시 살아남—에 대해 계속 이야기하고 있다는 사실을 알게 됩니다. 그리스도인들은 모든 이야기의 주안점이 바로 여기에 있다고 생각하는 것이 분명합니다. 그들은 그가 이 땅에 온 주된 목적이 고난받고 죽임당하기 위해서라고 생각합니다.

그리스도인이 되기 전, 저는 그리스도인이라면 무엇보다 먼저 이 죽음의 핵심에 관한 한 가지 특정 이론을 꼭 믿어야 하는 줄 알았습니다. 그 이론에 따르면, 하나님은 자신의 자리에서 이탈하여 '대반역'에 가담한 인간을 벌하고자 했으나 그리스도가 자원하여 인간 대신 벌을 받음으로써 우리를 사면하셨습니다.

……제가 나중에 알게 된 것은 이 이론뿐 아니라 다른 어떤 이론도 그것이 곧 기독교는 아니라는 점이었습니다. 기독교 신앙의 중심은 그리스도의 죽음이 어떤 방식으로든 우리로 하여금 하나님과 바른 관계를 맺게 하며 새로이 출발하게 해주었다는 데 있습니다. 어떻게 이런 일이 일어났느냐에 관한 이론들은 따로 살펴보아야 할 사항입니다. 그리스도의 죽음이 어떻게 효력을 갖느냐에 관해서는 의견을 달리하는 이론들이 아주 많습니다. 그러나 그 죽음이 효력을 갖는다는 사실 그 자체는 모든 그리스도인들이 동의하는 바입니다.

이와 비슷한 경우를 예로 들어 보겠습니다. 지각 있는 사람이라면 누구나 피곤하고 배고플 때 음식을 먹으면 도움이 된다는 사실을 압니다. 현대의 영양학 이론들—비타민이니 단백질이니 하는—은 별개의 문제입니다. 비타민에 관한 이론을 듣기 훨씬 전부터 사람들은 밥을 먹고 기운을 차렸습니다. 그리고 언젠가 그 이론이 폐기되는 날이 온다 해도 전과 똑같이 밥을 먹을 것입니다. 그리스도

의 죽음을 다루는 이론들 그 자체는 기독교가 아닙니다. 그것들은 그리스도의
죽음이 어떻게 효력을 갖느냐에 관한 설명일 뿐입니다.

《순전한 기독교》 2장 그리스도인은 무엇을 믿는가?

10월 24일

완전한 희생

그리스도의 죽음이야말로 도무지 상상할 수 없는 무언가가 바깥에서부터 우리 세상으로 뚫고 들어온 역사의 지점입니다. 우리 세상을 이루고 있는 원자도 그림으로 그릴 수 없다면, 이 일은 더더욱 그림으로 그릴 수 없는 것이 당연합니다. 만약 이 사건을 완전히 이해하게 되었다고 생각된다면, 그렇게 생각했다는 것 자체가 이 사건은 우리가 이해했노라고 공언하는 그것이 아니라는 사실—이것은 우리가 인식할 수도 없고 누가 만들어 낸 것도 아닌 자연 너머의 사건으로서, 마치 번개처럼 자연 속으로 치고 들어온 일이라는 사실—을 나타내는 것입니다.

그렇다면 이처럼 이해할 수 없는 일이 우리에게 무슨 유익이 있겠느냐고 물을 수 있겠지요. 그 대답은 쉽습니다. 음식이 어떻게 영양분을 공급하는지 정확히 모르는 사람도 밥을 먹을 수는 있습니다. 이처럼 그리스도가 하신 일이 어떻게 효력을 갖게 되는지 모르는 사람도 그 일을 받아들일 수는 있습니다. 사실 그 일을 받아들이기 전까지는 그 일이 어떻게 효력을 갖는지 결코 알 수 없습니다.

우리는 그리스도가 우리를 위해 죽임을 당했으며, 그 죽음이 우리의 죄를 씻어 주었고, 그가 죽음으로써 죽음의 세력이 힘을 잃었다는 말을 듣습니다. 이것이 공식입니다. 이것이 기독교입니다. 이것이 우리가 믿어야 하는 바입니다. 그리스도의 죽음이 어떻게 이 모든 효력을 갖게 되느냐에 대한 이론들은 제가 볼 때 아주 부차적인 것들입니다. 그 이론들은 도움이 되지 않을 경우 얼마든지 무시해 버릴 수 있을 뿐 아니라, 설령 도움이 된다 해도 실물 자체와 혼동해서는 안 되는 도식이나 도해에 지나지 않습니다. 《순전한 기독교》 2장 그리스도인은 무엇을 믿는가?

10월 25일

세례, 믿음, 성만찬

그리스도는 완전하게 복종했고 완전하게 낮아졌습니다. 그는 하나님이었기 때문에 이 일을 완전하게 할 수 있었고, 인간이었기 때문에 복종하며 낮아질 수 있었습니다. 그리스도인들은 어떤 식으로든 그의 낮아짐과 고난을 나눌 때 죽음을 정복한 그의 승리 또한 나눌 수 있으며, 죽은 후에 새 생명을 찾아 그 안에서 완전한 피조물이 된다는 것, 완전히 행복한 피조물이 된다는 것을 믿습니다. 이것은 단순히 그의 가르침을 따르려고 노력하는 것 이상을 의미합니다. 사람들은 종종 다음 단계의 진화—인간보다 더 나은 단계의 진화—가 일어날 것인지를 궁금해합니다. 기독교적 관점에서 보면 다음 단계의 진화는 이미 일어났습니다. 그리스도 안에서 새로운 종류의 인간이 나타난 것입니다. 그에게서 비롯된 이 새로운 종류의 생명은 오늘 우리 안에도 들어올 수 있습니다. 그렇다면 이 일은 어떻게 이루어질까요?

……그리스도의 생명이 우리에게 전파되는 방식에는 세 가지가 있습니다. 세례와 믿음, 그리고 그리스도인들이 각기 다른 이름—성만찬, 미사, 주의 만찬—으로 부르는 신비한 행위가 그것입니다. 적어도 이 세 가지는 통상적인 방법입니다. 지금 저는 이 세 방법 외에 다른 방법으로는 결코 이 생명이 전파될 수 없다고 말하는 것이 아닙니다. 그러나 지금은 그 특별한 경우들까지 살펴볼 시간도 없고, 그 부분에 대한 제 지식 또한 충분치 못합니다. 만약 여러분이 누군가에게 에딘버러에 가는 법을 몇 분 안에 설명해 주어야 한다면, 아마 기차를 타고 가라고 할 것입니다. 물론 보트나 비행기를 타고 갈 수도 있겠지만, 그런 이야기까지는 꺼내지 않겠지요. 기독교 교리를 가르치는 사람이라면 누구나 이 세 가지를 다 말할 것이며, 현재 저의 목적에는 이것들만 이야기하는 것으로 충분합니다. 《순전한 기독교》 2장 그리스도인은 무엇을 믿는가?

10월 26일

그리스도가 우리 안에 있다

　　세례와 믿음과 성만찬만 있으면 그리스도를 본받으려는 노력 같은 건 하지 않아도 된다는 말로 듣지는 마십시오. 여러분의 자연적인 생명은 부모에게서 온 것이지만, 그렇다고 아무 노력 없이 유지되는 것은 아닙니다. 여러분은 그 생명을 소홀히 다루다가 영영 잃어버릴 수도 있고, 자살함으로써 의도적으로 없애 버릴 수도 있습니다. 생명을 유지하려면 영양을 공급해 주어야 하며 잘 돌보아야 합니다. 그러나 그것은 생명을 만드는 일이 아니라 다른 사람에게 얻은 생명을 지키는 일에 불과하다는 사실을 기억해야 합니다. 이와 마찬가지로 그리스도인은 자신에게 주어진 그리스도의 생명을 잃어버릴 수 있으며, 따라서 그것을 지키기 위해 노력해야 합니다. 아무리 훌륭한 그리스도인이라도 자기 동력으로 움직일 수는 없습니다. 자신의 노력으로는 결코 얻을 수 없었을 생명을 보살피고 보호할 뿐입니다.

바로 여기서 실제적인 결론이 나옵니다. 여러분의 몸에 자연적인 생명이 있는 한 그 생명은 몸을 회복시키기 위해 많은 일을 할 것입니다. 살아 있는 몸은 죽은 몸과 달리 상처를 입었을 때 어느 정도까지 자신을 치유할 수 있습니다. 몸이 살아 있다는 것은 절대 상처를 입지 않는다는 뜻이 아니라, 어느 한도까지는 스스로 회복할 수 있다는 뜻입니다. 마찬가지로 그리스도인이란 절대 잘못을 저지르지 않는 사람이라는 뜻이 아니라, 넘어질 때마다 회개하고 다시 일어나 몇 번이고 새롭게 시작할 수 있는 사람—그 안에 있는 그리스도의 생명이 매번 그를 회복시키며 그리스도처럼 일종의 자발적인 죽음을 반복할 수 있게(어느 정도까지는) 해주므로—이라는 뜻입니다. 《순전한 기독교》 2장 그리스도인은 무엇을 믿는가?

10월 27일

권위에 입각한 믿음

제가 예수가 하나님이었다고(그리고 지금도 하나님이라고) 믿는 이유는 이미 설명한 바 있습니다. 그가 자기를 따르는 자들에게 새 생명이 이와 같은 방식으로 전달된다고 가르친 것은 역사적 사실이니만큼 명백한 일이라고 할 수 있습니다. 다시 말해서 저는 그렇게 말한 예수의 권위에 입각하여 이것을 믿습니다. 권위라는 말에 질겁할 필요는 없습니다. 권위에 입각하여 어떤 것을 믿는다는 것은, 믿을 만한 사람의 말이므로 믿는다는 뜻에 지나지 않으니까요. 사실 여러분이 믿고 있는 사실들의 99퍼센트는 모두 권위에 입각해서 믿는 것들입니다. 저는 뉴욕이라는 곳이 있다는 사실을 믿습니다. 그러나 뉴욕을 제 눈으로 본 적은 한 번도 없습니다. 그런 곳이 틀림없이 존재한다는 것을 추상적인 추론을 통해 입증할 수도 없습니다. 그런데도 제가 뉴욕의 존재를 믿는 것은 신빙성 있는 사람이 그렇게 말해 주었기 때문입니다.

평범한 사람들은 권위에 입각하여—즉 과학자들이 그렇게 말하기 때문에—태양계와 원자와 진화와 혈액 순환 따위를 믿습니다. 세상의 역사적 진술들도 모두 권위에 입각해서 믿는 것입니다. 우리 중에 노르만 정복 사건을 직접 본 사람은 아무도 없습니다. 수학에서 무언가를 증명하듯이 순전히 논리를 통해 그 사건을 증명할 수 있는 사람도 없습니다. 그런데도 그런 일이 있었다고 믿는 것은 그 일을 목격한 사람들이 그것에 관한 기록을 남겼기 때문입니다. 즉 권위에 입각해서 믿는 것이지요. 종교의 권위를 선뜻 받아들이지 못하듯이 다른 영역에서도 권위를 받아들이지 못하는 사람은 평생 아무것도 모르는 채 만족하며 살아야 할 것입니다. 《순전한 기독교》 2장 그리스도인은 무엇을 믿는가?

10 월 28 일 〈시몬과 유다 축일〉

대속의 교리가
사도들의 창작이라는 주장에 대하여

　　루시우스는 일말의 구실만 있었다면 복음서 기자들이 복음서 안에 대속의 교리를 집어넣었을 텐데 그렇게 하지 않은 것으로 보아 우리 주님이 그런 교리를 가르치시지 않은 것이 분명하다고 주장하네. 하지만 그렇지 않아. 서신서에서 사도들(실제로 주님을 알았던)은 주님이 돌아가신 '직후' 그분의 이름으로 이 교리를 '분명히' 가르쳤네. 그러니 그분이 이 교리를 가르치신 것이 분명하다고 봐야 하네. 그렇지 않다면 그들이 상당한 자유재량을 행사했다는 말이 되지. 하지만 우리 주님이 돌아가신 직후에 [기록한 서신서들에서] 사람들이 그분의 교리를 제멋대로 해석할 수 있었다면, 어떻게 훨씬 나중에 [복음서를] 쓴 사람들(정직한 필자라면 기억의 착오로 그런 자유재량을 행사할 여지가 더 많을 시점, 부정직한 필자라면 의도적으로 자유재량을 행사해도 발각될 가능성이 줄어들 시점에)의 기록이 더 정확할 수 있단 말인가? 원래 어떤 일에 대한 기록은 시간이 갈수록 점점 더 부정확해지지 않는가. 어쨌거나, 기독교에서 속죄 개념을 빼버린다면 [그것을 미리 보여 주는 것이 목적이던] 유대교와 이교 모두 아무 의미가 없어지고 말 걸세.　루이스의 편지 중 '그들은 함께 했다' [1932년 1월 10일]

10 월 29일

그리스도는 교회를 통해 일하신다

그리스도인들이 "내 안에 그리스도의 생명이 있다"고 말하는 것은 단순히 정신적이거나 도덕적인 의미에서 하는 말이 아니라는 점을 분명히 해야겠습니다. "나는 그리스도 안에 있다"거나 "그리스도가 내 안에 있다"는 말은 단지 머릿속으로 그리스도를 생각하고 있다거나 그를 본받고 있다는 뜻이 아닙니다. 이것은 그리스도가 실제로 그들을 통해 움직이고 있다는 뜻입니다. 그리스도인들의 전체 무리는 그리스도가 활동하는 물리적 유기체—우리가 그의 몸의 세포이자 손가락이자 근육을 이루고 있는—입니다.

이 사실에 비추어 두어 가지 문제를 설명할 수 있습니다. 이 사실은 이 새로운 생명—그리스도의 생명—이 믿음 같은 순전히 정신적인 행위를 통해서만 전파되는 것이 아니라 세례와 성만찬 같은 물리적인 행위를 통해서도 전파되는 이유를 설명해 줍니다. 이 생명의 전파는 단순한 사상의 전파와 다릅니다. 사상의 전파보다는 진화, 즉 생물학적 사실 내지는 초생물학적 사실에 더 가깝지요.

인간은 하나님보다 더 영적인 존재가 되려고 아무리 애써 봐야 소용이 없습니다. 하나님은 원래 인간을 순전히 영적인 피조물로 만들지 않으셨기 때문입니다. 그래서 그는 떡이나 포도주 같은 물질로 우리에게 새 생명을 주시는 것입니다. 우리는 이것이 조잡하며 영적이지 못한 방법이라고 생각할 수 있습니다. 그러나 하나님은 그렇게 생각하시지 않습니다. 먹는 것을 처음 만드신 분은 하나님입니다. 그는 물질을 좋아하십니다. 그가 물질을 만드셨습니다.

《순전한 기독교》 2장 그리스도인은 무엇을 믿는가?

10월 30일

예수의 개성

　　모든 신자에게, 심지어 많은 불신자에게 무엇이든 공통적인 것이 있다면, 그것은 복음서를 볼 때 그 안에서 한 인격을 만난 느낌을 받는다는 것입니다. 어떤 인물들에 대해서 우리는 그들을 역사 속 인물로 인지하지만 개인적으로 안다고 느끼지는 않습니다. 알렉산드로스 대왕이나 아틸라Attila 혹은 오렌지 가家의 윌리엄이 그렇습니다. 반면에 역사적으로 실존했다고 힘주어 말하지는 않지만 그럼에도 우리가 실제로 아는 사람인 듯 이해하는 인물들이 있습니다. 폴스타프Falstaff,[6] 토비 아저씨Uncle Toby,[7] 피크위크Pickwick[8] 씨가 그렇습니다.

하지만 첫 번째 부류와 같은 실존성을 주장하면서도 두 번째 부류의 실존성도 가지는 인물은 셋밖에 없습니다. 그들이 누구인지는 다들 잘 압니다. 플라톤의 글에 나오는 소크라테스, 복음서의 예수, 그리고 보즈웰이 쓴 전기의 주인공 존슨입니다. 우리가 그들을 잘 안다는 사실은 여러 가지 방식으로 드러납니다. 우리가 외경 복음서를 볼 때 이런저런 예수 어록에 대해 "아니야. 좋은 말이긴 하지만, 예수가 한 말이 아니야. 그는 그런 식으로 말하지 않았어"라고 노상 말하지 않습니까. 우리가 사이비 존슨 글을 대할 때 그렇게 하듯 말입니다. 우리는 각 인물의 내면에서 상반되는 면들을 접해도 전혀 혼란스러워하지 않습니다. 소크라테스에게는 신비로울 정도의 열정과 늘상 보이는 분별력이, 그리스의 동성애에 대한 소박하고도 외설스러운 킥킥거림과 함께 나타납니다. 존슨에게는 심오한 진지함과 우울함, 재미와 난센스를 애호하는 면이 공존합니다. 패니 버니Fanny Burney[9]는 존슨의 그런 면모를 이해했으나 보즈웰은 결코 그러지 못했지요.

예수에게는 시골 사람 특유의 능숙함과 지독한 엄중함, 저항할 수 없는 부드러움이 함께 보입니다. 그 개성에서 풍겨나는 향기가 너무도 강렬해서, 그를 온전한 의미에서 성육신하신 하나님이라고 가정하지 않는다면 끔찍하게 교만하게 들릴 발언을 그가 하는데도 우리는 물론이고 많은 불신자들도 "나는 마음이 온유하고 겸손하다"라는 그의 자기 평가를 그대로 받아들입니다. 신약성경에서 표면적으로든 의도적으로든 신성에 집중하고 인성에는 가장 덜 관심을 기울이는 구절마저도 우리로 하여금 그 개성에 직면하게 합니다. 오히려 그러한 구절들이 더 그 개성을 보여 주는 것이 아닌가 싶습니다. "우리가 그의 영광을 보니 아버지의 독생자의 영광이요 은혜와 진리가 충만하더라 …… 우리가 들은 바요 눈으로 본 바요 자세히 보고 우리의 손으로 만진 바라."

《기독교적 숙고》 13장 현대 신학과 성경 비평

우리는 선택해야 한다

하나님은 왜 적군이 점령한 이 세상에 변장하고 들어와 일종의 비밀 결사대를 통해 마귀의 세력을 뒤엎으시려 합니까? 왜 대군을 이끌고 침공하시지 않습니까? 그만큼 강하지 못해서입니까? 그리스도인들은 때가 되면 하나님이 대군을 이끌고 오시리라 생각하고 있습니다. 그때가 언제인지는 모릅니다. 그러나 그가 지체하시는 이유는 짐작할 수 있습니다. 그는 자진해서 그의 편에 가담할 수 있는 기회를 주고 계신 것입니다. 여러분이나 저라면 연합군이 독일로 진군해 들어가고 나서야 우리 편이라고 나서는 프랑스인을 과연 높이 평가해 주겠습니까?

하나님은 세상을 침공하실 것입니다. 그러나 하나님이 드러내놓고 직접 세상에 간섭해야 한다고 하는 사람들을 보면 정말 그 뜻을 알고 그런 말을 하는 것인지 궁금해집니다. 그런 일이 일어나는 날은 바로 세상이 끝나는 날입니다. 극작가가 무대 위로 걸어나오면 연극은 끝난 것입니다. 하나님은 틀림없이 세상을 침공하실 것입니다. 그러나 자연계 전체가 하룻밤 꿈처럼 사라지고 무언가 다른 것—그전까지 한 번도 생각지 못했던 무언가—이 밀고 들어오는 것을 보게 될 그날, 어떤 이들에게는 너무나도 아름답게, 또 어떤 이들에게는 너무나도 무섭게 다가와 더 이상 선택의 여지를 주지 않을 그날에 가서야 그의 편이라고 나서 봐야 무슨 소용이 있겠습니까?

그때 하나님은 변장하지 않은 모습으로 나타나실 것입니다. 그 모습은 너무도 위압적이어서 피조물들은 저마다 거역할 수 없는 사랑에 뒤덮이거나, 거역할 수 없는 공포에 뒤덮일 것입니다. 그때에야 어느 편에 설 것인지 선택하려 들면 이미 늦습니다. 일어서는 것이 불가능해진 상황에서 엎드리겠다고 하는 것은 쓸데없는 짓입니다. 그때는 선택의 때가 아닙니다. 그때는 우리가 참으로 어느 편을 선택했는지 드러나는 때이고, 우리가 그 사실을 전에도 알았는지 몰랐는지 깨닫게 되는 때입니다. 지금, 오늘 이 순간이야말로 옳은 편을 선택할 수 있는 기회의 때입니다. 하나님은 바로 이 기회를 주려고 잠시 지체하고 계십니다. 그러나 영원히 지체하시지는 않을 것입니다. 우리는 지금 이 기회를 잡든지 버리든지 둘 중의 하나를 택해야 합니다. 《순전한 기독교》 2장 그리스도인은 무엇을 믿는가?

성인聖人에게 바치는 기도에 대하여

살아 있는 사람들에게 기도를 요청할 수 있다면, 죽은 자들에게도 그렇게 못할 이유는 없지 않나? 물론 여기엔 큰 위험도 있지. 일부 사람들이 이것을 오용해서 천국에 대해 한없이 어리석은 생각을 만들어 내더군. 천국을 지상의 법정과 비슷한 곳으로 만들어 버리는 거야. 배후에서 손을 쓰고, 최고의 '채널'을 찾아내고, 가장 영향력 있는 압력집단에 붙는 것이 현명한, 지상의 법정 말일세. 하지만 나는 이런 생각과 전혀 관계가 없네.……성인들에게 바치는 기도의 합리성과 심지어 적법성을 놓고 나뉘어 있는 기독교계지만 그나마 위안이 되는 점은 그들과 함께 기도하는 데는 모두 동의한다는 사실이야. "천사들과 천사장들과 천국의 모든 사람들과 함께"[1] 말일세. ……이론적으로야 성인들과 함께 기도함을 늘 인정하지. 하지만 적절한 순간에 의식적으로 떠올려 우리의 작은 음성에 목소리를 더하는 위대한 성인들과 (바라건대) 우리가 사랑하는 망자들을 연상하면 전혀 다른 경험을 하게 되네. 그들의 목소리는 우리의 목소리 안에 묻어나는 못난 특성을 압도하고 고유의 작은 가치를 돋보이게 해주는지도 몰라. 《애인기도》 3장

11월 2일 〈위령의 날〉

죽은 자들을 위한 기도

물론 나는 죽은 자들을 위해 기도하네.[2] 이 일은 내 안에서 너무나 자연스럽게 우러나고 거의 불가피한 것이어서, 이 일을 중단하려면 매우 강력한 신학적 반론이 있어야 할 걸세. 그리고 죽은 자들을 위한 기도가 금지된다면 내가 드리는 나머지 기도가 살아남을 수 있을지 모르겠군. 우리 나이가 되면 가장 사랑하는 이들 대부분이 저세상 사람 아닌가. 내가 가장 사랑하는 대상을 하나님께 말씀드릴 수 없다면 하나님과 어떤 종류의 교제를 나눌 수 있겠나?

전통적인 개신교 견해에 따르면, 모든 죽은 자들은 영원히 정죄받거나 구원받네. 그들이 정죄를 받았다면 그들을 위한 기도는 쓸데없을 걸세. 그들이 구원받았다고 해도 마찬가지겠지. 하나님은 그들을 위해 모든 일을 다 하셨으니까. 우리가 무엇을 더 구할 수 있겠는가?

그러나 우리는 하나님이 살아 있는 자들을 위해서도 할 수 있는 일을 벌써 다 하셨고 이미 하고 계신다고 믿지 않는가? 우리가 무엇을 더 구할 수 있단 말인가? 하지만 하나님은 우리에게 구하라고 말씀하시네.

자네는 이렇게 대답하겠지. "그 말은 맞지만, 살아 있는 자들은 아직 여정이 남아 있네. 여전히 많은 시련과 발전 그리고 오류 가능성이 기다리고 있지. 그러나 구원받은 자들은 완전해지지 않았나. 그들은 과정을 마쳤다구. 그들을 위해 기도한다는 건 진보와 어려움이 계속 가능하다는 걸 전제하는 걸세. 지금 자네는 연옥 Purgatory 비슷한 개념을 끌어들이는 거야."

글쎄, 그런 것 같군. 그러나 나는 천국에서도 지속적이고 더욱 기꺼운 자기복종을 통해 참 행복을 점점 더 깊이 누리게 될 거라고 보네. 실패할 가능성은 없지만 나름의 열심과 수고가 따라야 할 거라고 말이야. 연인들이라면 다들 공감하는 것처럼 기쁨에도 어려움과 가파른 경사가 있는 법 아닌가. 《헤인기도》 20장

11월 3일
만드는 것과 낳는 것

　　기독교의 주안점들 중에서도 가장 충격적인 것은 우리가 그리스도께 붙어 있기만 하면 '하나님의 아들이 된다'는 말입니다. 어떤 이는 "이미 우리는 하나님의 아들이 아닌가요? 하나님의 아버지 되심은 기독교의 주된 개념 중 하나가 아닙니까?"라고 묻습니다. 물론 어떤 의미에서는 우리가 이미 하나님의 아들인 것이 분명합니다. 우리를 존재하게 하시고 사랑하시며 돌보신다는 점에서 그는 우리의 아버지 같은 분이지요. 그러나 성경이 '하나님의 아들이 된다'고 말하는 데에는 틀림없이 무언가 다른 의미가 있습니다. 그리고 그 의미는 우리를 신학의 중심부에 직면하게 합니다.

기독교 신조 가운데 하나는 그리스도가 하나님의 아들로 '창조되신 것이 아니라 나셨다'는 것입니다. 거기에는 '모든 세계가 창조되기 전에 아버지에게서 나셨다'는 말이 덧붙어 있습니다. 이 말은 그리스도께서 사람으로 세상에 오셨을 때 동정녀의 아들로 태어나셨다는 사실과는 아무 관계가 없음을 분명히 아시겠지요? 지금 우리는 동정녀 탄생에 대해 생각하고 있지 않습니다. 우리는 자연이 창조되기 전, 시간이 시작되기 전에 일어났던 어떤 일에 대해 생각하고 있습니다. '모든 세계가 창조되기 전에' 그리스도는 창조되신 것이 아니라 나셨습니다. 이 말이 무슨 뜻입니까?

……낳는다는 것은 아버지가 된다는 뜻이고, 창조한다는 것은 만든다는 뜻이지요. 이 두 단어의 차이는 이런 것입니다. 여러분이 낳는 것은 여러분과 같은 종류에 속한 것입니다. 즉 사람은 사람의 아이를 낳고, 비버는 비버 새끼를 낳으며, 새는 새 새끼로 부화될 알을 낳습니다. 그러나 여러분이 만드는 것은 여러분과 다른 종류에 속한 것입니다. 즉 새는 둥지를 만들고, 비버는 둑을 만들며, 사람은 라디오를 만듭니다. 물론 사람은 라디오보다는 더 자기를 닮은 것, 이를테면 조상彫像을 만들 수 있습니다. 실력 있는 조각가라면 정말 사람과 흡사한 조

상도 만들 수 있을 것입니다. 물론 그렇다 해도 그 조상이 진짜 사람이 될 수는 없지요. 조상은 숨을 쉬거나 생각할 수 없습니다. 조상은 그저 사람과 흡사하게 생겼을 뿐입니다. 그것은 살아 있는 존재가 아닙니다.

《순전한 기독교》 4장 인격을 넘어서, 또는 삼위일체를 이해하는 첫걸음

11월 4일
생물학적 생명과 영적 생명

인간이 자연적으로는 얻을 수 없는 것이 있는데, 그것은 바로 영적인 생명—하나님 안에 있는 생명으로서 생물학적 생명과 다른 생명, 그보다 더 위에 있는 생명—입니다. 우리는 두 가지 다 '생명'이라고 부릅니다. 그렇다고 해서 두 생명을 같은 종류로 생각한다면, 우주의 '광대함'과 하나님의 '광대함'을 같은 종류로 생각하는 것이나 다름없는 잘못을 저지르는 것입니다. 사실 생물학적 생명과 영적인 생명은 너무나 중대한 차이가 있기 때문에, 저는 이 두 가지를 각각 다른 이름으로 부르려 합니다. 자연을 통해 우리에게 오는 생물학적인 종류의 생명, 늘 소모되고 쇠퇴하는 성질이 있어서 공기나 물이나 음식 등을 통해 끊임없이 자연의 보조를 받아야만 유지되는 생명은 바이오스Bios입니다. 영원 전부터 하나님 안에 있는 영적인 생명, 자연 세계 전체를 만들어 낸 생명은 조에Zoe입니다. 확실히 바이오스는 어떤 그림자나 상징처럼 조에를 닮았습니다. 그러나 그 유사성은 사진이나 풍경이나 조상과 사람 사이에 나타나는 유사성과 같은 종류의 것입니다. 그러므로 사람이 바이오스를 가졌다가 조에를 갖게 된다는 것은 석상이 진짜 사람으로 변하는 것만큼이나 큰 변화가 아닐 수 없습니다.

이것이 정확히 기독교가 말하는 바입니다. 이 세상은 위대한 조각가의 작업실이고, 우리는 그 조각가가 만든 조상들입니다. 그런데 지금 이 작업실에는 우리 중 일부가 언젠가 생명을 얻으리라는 소문이 떠돌고 있습니다.

《순전한 기독교》 4장 인격을 넘어서, 또는 삼위일체를 이해하는 첫걸음

11월 5일
인격을 뛰어넘는 존재

요즘 보면 "나는 하나님을 믿지만 인격적인 하나님을 믿는 건 아니야"라고 말하는 사람들이 상당히 많습니다. 즉 그들은 모든 것의 배후에 있는 신비스러운 존재는 인격 이상의 존재여야 한다고 생각하는 것입니다. 요새는 그리스도인들도 이런 생각에 꽤 동의하고 있습니다. 그러나 인격을 뛰어넘는 존재가 과연 어떤 존재인가에 관한 개념을 제시해 줄 수 있는 이들은 오직 그리스도인들밖에 없습니다. 다른 사람들은 말로는 하나님이 인격을 뛰어넘는 존재라고들 하지만, 실제로는 비인격적인 존재, 즉 인격 이하의 존재로 생각하고 있습니다. 만약 여러분이 초인격적인 존재, 인격 이상의 존재를 찾는다면, 기독교의 개념과 다른 개념 사이에서 망설일 필요가 없습니다. 초인격적인 신의 개념을 가진 종교는 오직 기독교 하나뿐이니까요.

또 어떤 이들은 인간의 영혼은 이생을 거친 후, 또는 여러 생을 거친 후 하나님께 '흡수된다'고 생각합니다. 그런데 그들의 설명을 가만히 들어보면, 한 물질이 다른 물질에 흡수되듯이 우리 존재가 하나님께 흡수된다고 생각하는 듯합니다. 그들은 이 일이 마치 물 한 방울이 바다 속에 흘러들어가는 일과 같다고 말합니다. 물론 물 한 방울의 운명은 그것으로 끝나 버립니다. 만약 우리에게 일어나는 일도 이와 같다면, 우리의 존재는 하나님께 흡수되는 동시에 사라지고 말겠지요. 그리스도인들은 인간의 영혼이 하나님의 생명 속에 이끌려 들어가면서도 어떻게 제 모습 그대로 남아 있을 수 있는지—아니, 실은 전보다 훨씬 더 자기다워질 수 있는지—설명할 수 있는 개념을 가진 유일한 사람들입니다.

《순전한 기독교》 4장 인격을 넘어서, 또는 삼위일체를 이해하는 첫걸음

11월 6일

교회의 시작

사람들은 막연하지만 하나님에 대해 알고 있었습니다. 그런데 어느 날 스스로 하나님이라고 주장하는 인간이 나타났습니다. 하지만 그는 미치광이로 쉽게 치부해 버릴 만한 사람이 아니었습니다. 그는 사람들에게 믿음을 주었습니다. 사람들은 분명히 그가 죽은 것을 목격했음에도 다시 그를 만날 수 있었습니다. 그 후 작은 모임 내지는 공동체를 이룬 그들은 하나님이 어떤 방식으로든 자기들 안에도 계신다는 사실을 깨달았습니다. 그분은 그들을 인도해 주셨고, 전에는 할 수 없었던 일들을 하게 해주셨습니다. 이 모든 일을 살펴본 끝에 그들은 '삼위일체 하나님'이라는 기독교의 정의定義에 도달했습니다.

……여러분이 하나님을 알고자 할 때, 그 주도권은 전적으로 하나님께 있습니다. 하나님이 자신을 보여 주시지 않는 한 우리는 무슨 수를 써도 그를 찾을 수 없습니다. 실제로 하나님이 자신을 더 많이 보여 주시는 사람들이 있는데, 이것은 하나님이 그들을 편애하시기 때문이 아닙니다. 마음과 됨됨이가 온통 잘못되어 있는 사람에게는 하나님도 자신을 보여 주실 수 없습니다. 햇빛이 편애라는 것을 할 수 없음에도 깨끗한 거울에 비치는 밝기만큼 더러운 거울에 환히 비칠 수 없는 것과 같습니다.

……하나님은 참다운 사람에게만 자신을 있는 모습 그대로 보여 주실 수 있습니다. 여기서 참다운 사람이란 단순히 선한 개인들을 가리키는 말이 아니라, 한 몸 안에 연합되어 서로 사랑하고 서로 도우며 서로에게 하나님을 보여 주는 사람들을 가리키는 말입니다. 그것이 하나님이 원래 의도하신 사람들의 모습입니다. 한 악단에 모여 있는 연주자들이나 한 몸에 속한 신체 기관들 같은 모습 말이지요. 《순전한 기독교》 4장 인격을 넘어서, 또는 삼위일체를 이해하는 첫걸음

11월 7일
하나님 앞에서 베일을 벗다

하나님은 늘 우리를 완전히 아시며, 한결같이 아시네. 싫건 좋건 그것이 우리의 운명이야. 하나님이 우리를 완전히 아신다는 사실은 결코 달라지지 않지만, 우리가 알려지는 정도는 달라질 수 있지. "자유는 자발적 필연이다"라고 주장하는 학파가 있지. 그들의 주장이 옳은지 그른지는 개의치 말게. 나는 그저 그 개념을 비유로 쓰려는 거니까. 통상적으로, 하나님께 알려진다고 할 때 우리는 그런 목적에서 사물의 범주에 들어가게 되네. 우리는 지렁이, 양배추, 성운星雲처럼 신의 인지 대상이 되는 거야. 하지만 우리가 (a)그 사실을 (일반적 개념이 아니라 현재적 사실로서) 인식하고 (b)우리의 의지를 총동원해 그 일에 동의할 때, 우리는 하나님과의 관계에서 스스로를 사물이 아니라 인격체로 대하게 되네. 우리가 베일을 벗은 거라고 할 수 있지. 하나님이 꿰뚫어보실 수 없는 어떤 베일이 있었다는 말은 아닐세. 변화는 우리 안에서 일어난 거야. 수동적 존재가 능동적 존재로 바뀐 거지. 가만히 있다가 알려지는 대신, 우리 스스로를 드러내며 보시라고 자신을 내놓는 걸세.

이렇게 우리 자신이 하나님 앞에서 인격적인 자격을 가지고 선다는 생각은 억측과 망상에 불과할 수도 있겠지. 그러나 성경은 그렇지 않다고, 우리에게 그러한 자격을 주신 분이 바로 하나님이시라고 가르치고 있네. 우리가 하나님을 '아버지'라고 부르짖게 하는 주체가 바로 성령이시거든.[3] 베일을 벗음으로써, 그리고 우리 죄를 고백하고 간구하는 바를 '아룀'으로써, 우리는 하나님 앞에서 인격체라는 높은 지위를 갖게 되네. 그리고 그분은 낮아지심으로 우리에게 인격체가 되시지. 《애인기도》 4장

시간과 시간 너머

우리에게는 삶이 한 순간씩 다가옵니다. 한 순간이 지나가야 다음 순간이 다가올 수 있으며, 각 순간은 아주 짧습니다. 이것이 바로 '시간'입니다. 물론 여러분이나 저는 이러한 시간의 연속—과거, 현재, 미래의 진행—이야말로 우리에게 다가오는 삶의 당연한 방식일뿐 아니라 모든 사물이 실제로 존재하는 방식이라고 생각하지요. 그리고 전 우주와 하나님 또한 우리처럼 언제나 과거에서 미래로 움직인다고 생각하려 듭니다.……

하나님이 시간에 매여 살지 않으신다는 것은 거의 확실합니다. 하나님의 삶은 연속되는 순간들로 이루어지지 않습니다. 오늘 밤 10시 30분에 100만 명의 사람들이 동시에 기도한다 해도, 하나님은 우리가 '10시 30분'이라고 부르는 짧은 순간에 그 모든 기도를 들으실 필요가 없습니다. 하나님께 10시 30분—그리고 태초 이래의 모든 순간—은 언제나 '현재'입니다. 바꾸어 말하면 하나님께는 불길에 휩싸여 추락하는 비행기 속에서 조종사가 드리는 그 찰나의 기도를 들으실 여유가 영원무궁히 있는 것입니다.

이해하기 어려운 말이라는 것을 압니다. 꼭 들어맞는 예는 아니지만 비슷한 예를 하나 들어 보겠습니다. 제가 지금 소설을 쓰고 있다고 합시다. 저는 "메리는 책을 내려놓았다. 그 순간 문 두드리는 소리가 들렸다!"는 문장을 쓰려고 합니다. 이 때 소설 속에 설정된 가상의 시간 속에 사는 메리의 경우, 책을 내려놓는 일과 문 두드리는 소리를 듣는 일 사이에는 시간 간격이 전혀 없습니다. 그러나 메리의 창조자인 저는 그 가상의 시간 속에 살고 있지 않습니다. 그러니까 첫 문장을 먼저 써 놓고 두번째 문장을 쓰기 전 세 시간 동안 메리에 대해 계속 생각할 수 있습니다. 저는 마치 메리가 소설 속의 유일한 등장인물인 양 얼마든지 메리만 생각할 수 있지만, 제가 그렇게 보낸 시간은 메리의 시간(소설 속의 시간)에는 전혀 나타나지 않습니다. 《순전한 기독교》 4장 인격을 넘어서, 또는 삼위일체를 이해하는 첫걸음

11월 9일

무한히 돌보시는 하나님

작가가 소설 속 가상의 시간에 쫓기지 않는 것처럼 하나님도 우주의 시간 흐름에 쫓기지 않으십니다. 하나님께는 우리 한 사람 한 사람을 돌보실 여유가 무한히 있습니다. 그분은 우리를 뭉뚱그려 대하실 필요가 없습니다. 그분은 여러분 한 사람 한 사람이 그가 만든 유일한 존재인 양, 그 각각의 사람과 함께하십니다. 그리고 그리스도는 여러분 하나하나가 세상에 존재하는 유일한 인간인 양, 그 각각의 사람을 위해 죽으셨습니다.

제가 든 예가 하나님의 경우에 맞지 않는 부분은 이런 것입니다. 작가가 하나의 시간 흐름(소설의 시간 흐름)에서 벗어나려면 또 다른 시간 흐름(현실 속의 시간 흐름)으로 들어가야 합니다. 그러나 제가 믿는 바 하나님은 어떤 시간 흐름에도 매여 있지 않으십니다. 그의 삶은 우리의 삶처럼 한 순간씩 똑딱 똑딱 흘러가지 않습니다. 말하자면 하나님께는 지금이 아직 1920년이면서 벌써 1960년인 것입니다. 하나님의 삶은 곧 하나님 자신입니다.

시간을 우리가 곧장 따라가야 하는 직선이라고 한다면, 하나님은 그 직선이 그려진 종이 전체라고 할 수 있습니다. 우리는 그 직선의 일부를 한 걸음씩 밟아갑니다. 우리는 A를 지나야 B에 갈 수 있으며 B를 지나야 C에 갈 수 있습니다. 그러나 하나님은 위에서, 밖에서, 또는 사방에서 이 직선 전체를 품고 계시며 이 모든 것을 보고 계십니다. 《순전한 기독교》 4장 인격을 넘어서, 또는 삼위일체를 이해하는 첫걸음

11월 10일

시간에 대한 우리의 오해

　　제가 그리스도인이 되기 전에 기독교를 반대한 이유는 다음과 같은 것이었습니다. 그리스도인들은 어디에나 계시며 전 우주를 운행하시는 영원한 하나님께서 한 번 인간이 되신 적이 있다고 했습니다. 저는 "그렇다면 하나님이 아기였을 때나 자고 있을 때 우주는 어떻게 계속 운행될 수 있었단 말인가? 모든 것을 아시는 하나님이 어떻게 동시에 '내게 손을 댄 자가 누구냐?'[5]고 제자들에게 묻는 한 인간이 될 수 있단 말인가?"라고 반박했지요.

결국 함정은 시간과 관련된 말 속에 있다는 것을 여러분도 알아챘을 것입니다. "아기였을 때……", "어떻게 동시에……?" 다시 말해서 저는 하나님이신 그리스도의 삶 역시 시간 속에 있으며, 팔레스타인에서 인간 예수로 살았던 기간은 그 시간의 일부였다고—나의 군복무 기간이 내 전 생애의 일부를 차지하듯이—가정했던 것입니다. 아마 우리 대부분이 이렇게 생각할 것입니다. 우리는 인간이 되기 전의 기간을 거쳐 마침내 인간이 되어 살다가 후에 그처럼 인간으로 살았던 과거를 회상하며 사는 하나님의 모습을 떠올립니다. 그러나 이런 생각은 십중팔구 사실과 일치하지 않습니다. 팔레스타인에 살았던 그리스도의 삶과 모든 시공간을 뛰어넘는 하나님으로서의 삶을 시간 관계 속에 끼워맞출 수는 없습니다. 연약함과 잠과 무지라는 인간적 경험과 본성이 어떤 방식으로든 하나님의 신적인 삶 속에 포함되어 있다는 것은, 정말이지 시간을 초월한 진리라고 해야 할 것입니다.

우리의 관점에서는 하나님 안에 있는 이 인간의 삶이 세상 역사의 한 특정한 기간(기원후 1년부터 십자가 처형 때까지) 동안 이루어진 것처럼 보입니다. 그래서 하나님 자신의 실존 역사에서도 한 기간을 차지하는 것처럼 착각합니다. 그러나 하나님께는 역사가 없습니다. 하나님은 지극히 완전한 실재이시므로 역사가 있을 수 없습니다. 역사가 있다는 것은 자기 실재의 일부는 잃었고(이미 과거 속으로 사라졌으므로) 일부는 얻지 못했다는(아직 미래에 있으므로) 뜻, 즉 있는 것이라곤 오로지 현재라는 찰나뿐인데 그 현재조차 '지금은 현재'라는 말을 채 끝내기도 전에 사라져 버리고 만다는 뜻입니다. 하나님은 자신을 그런 존재로 생각하지 못하게 하십니다. 사실은 시간에 매여 사는 우리조차 늘상 그런 존재로 언급되는 일은 피하고 싶을 것입니다. 《순전한 기독교》 4장 인격을 넘어서, 또는 삼위일체를 이해하는 첫걸음

11 월 11 일
영원한 '지금'

하나님을 믿는 사람이라면 누구나 '하나님은 우리가 내일 할 일을 알고 계신다'고 믿습니다. 그러나 하나님이 정말 내가 내일 할 행동을 알고 계신다면, 나에게는 그와 다르게 행동할 자유가 없는 것 아닙니까? 이것 역시 하나님을 우리처럼 시간 흐름에 매여 사는 존재로 생각하기 때문에, 즉 하나님은 앞일을 미리 안다는 점에서만 우리와 다르다고 생각하기 때문에 생기는 어려움입니다. 자, 그것이 정말 사실이라면, 정말 하나님이 우리의 행동을 예견하신다면, 우리에게 행동의 자유가 있다고 보기는 대단히 힘들 것입니다. 그러나 하나님을 시간의 흐름 밖, 그 위에 계신 분으로 생각해 보십시오. 그렇다면 그는 우리가 '내일'이라고 부르는 날도 '오늘'처럼 보실 수 있습니다. 그에게는 모든 날이 '지금'입니다. 그는 여러분이 어제 한 일을 기억하시는 것이 아니라 지금 보고 계십니다. 여러분에게는 어제가 이미 지나가 버렸지만 하나님께는 지나가지 않았기 때문입니다. 그는 당신이 내일 할 일을 예견하시는 것이 아니라 지금 보고 계십니다. 여러분에게는 내일이 아직 오지 않았지만 하나님께는 이미 왔기 때문입니다. 지금 이 순간 자신이 하고 있는 일을 하나님이 아신다고 해서 자유롭지 못하다고 생각할 사람은 아무도 없습니다. 그는 바로 이런 식으로 당신이 내일 할 행동을 아시는 것입니다. 그는 이미 내일에 계시면서 당신을 지켜보시는 것일 뿐입니다. 그러므로 어떤 의미에서는 당신이 행동하기 전까지는 어떤 행동을 할지 모르신다고도 할 수 있습니다. 그러나 당신이 그 행동을 하는 순간, 하나님께는 이미 '지금'이 됩니다. 《순전한 기독교》 4장 인격을 넘어서, 또는 삼위일체를 이해하는 첫걸음

11월 12일

기도와 '예정'

우리가 가령 어떤 전투나 의학 진찰 결과에 대해 기도하고 있을 때, 흔히 이 사건은 (우리가 아직 몰라서 그렇지) 어느 쪽으로든 이미 결정 난 사건이지 않은가 하는 생각이 떠오릅니다. 저는 이것이 기도하기를 멈출 이유가 될 수 없다고 믿습니다. 그 사건은 분명 이미 결정되어 있습니다. 어떤 의미에서는 이미 '창세 전에before all worlds' 결정되었습니다. 그러나 그것을 결정하는 일에서 고려된 것 중 하나, 따라서 그 사건이 일어나게 하는 원인 중 하나가 바로 지금 우리가 드리고 있는 이 기도일 수 있습니다. 충격적으로 들릴 수 있겠으나, 저는 낮 12시에도 오전 10시에 일어나는 어떤 사건의 부분적 원인이 될 수 있다고 믿습니다. (어떤 과학자들은 일반 대중보다 이를 더 쉽게 받아들일 것입니다.) 이 지점에서 상상력이 온갖 트릭을 부리려 들 것은 분명합니다. 상상력은 이런 질문들을 일으킬 것입니다. "그렇다면 내가 만일 기도를 중단한다면 하나님은 뒤로 돌아가셔서 이미 일어났던 일도 바꾸실 수 있단 말인가?" 그렇지 않습니다. 그 사건은 이미 일어났고, 여러분이 지금 기도하는 대신 그런 질문을 하고 있다는 사실도 그 원인 중 하나였습니다. 상상력은 또 이렇게도 물을 것입니다. "그렇다면 내가 기도하기 시작하면 하나님은 뒤로 돌아가셔서 이미 일어났던 일도 바꾸실 수 있단 말인가?" 그렇지 않습니다. 그 사건은 이미 일어났고, 여러분이 현재 드리는 그 기도가 그 원인 중 하나입니다. 이렇게 무언가가 정말 나의 선택에 달려 있습니다. 나의 자유로운 행위가 이 우주의 모양에 기여합니다. 그런데 그러한 기여는 영원 안에서, '창세 전에' 이루어졌습니다. 그 기여를 내가 의식하게 되는 것은 시간 흐름 안의 특정 시점에서이지만 말입니다. 《기적》 '특별섭리'에 대해

기도의 효력

　　　　　몇 년 전 어느 날 아침, 저는 잠자리에서 일어나면서 런던 방문을 준비할 겸 머리를 깎아야겠다고 생각했습니다. 그런데 그날 열어본 첫 번째 편지의 용건이 제가 런던에 갈 필요가 없다는 내용이었습니다. 그래서 저는 머리 깎는 것도 다른 날로 미루기로 했습니다. 그런데 그때 도무지 설명할 수 없지만 무엇인가가 제 마음을 재촉하는 느낌이 들었습니다. 마치 어떤 목소리가 "그래도 머리 깎아. 가서 머리를 깎아"라고 말하는 것 같았습니다. 그 목소리를 더 이상 무시할 수 없는 지경에 이르자 결국 저는 집을 나섰습니다. 제가 자주 찾는 이발소의 이발사는 같은 신자였고, 많은 어려움을 겪고 있어서 형과 제가 몇 번 도울 기회가 있었습니다. 제가 이발소 문을 열고 들어서는 순간, 이발사가 말했습니다. "아, 오늘 교수님이 오셨으면 하고 기도하고 있었습니다." 알고 보니 제가 하루만 늦었더라도 그에게 아무 도움도 되어주지 못했을 상황이었습니다.

그 일은 제게 경외감을 갖게 했습니다. 지금도 그때 일을 생각하면 경외감이 다시 고개를 듭니다. 하지만 이발사의 기도와 저의 방문 사이의 인과관계를 엄밀하게 밝힐 수는 없습니다. 그건 텔레파시였을 수도 있고 우연이었을 수도 있습니다.

……그러자 이런 의문이 들더군요. '어떤 종류의 증거가 있어야 기도의 효력을 입증할 수 있을까?' 우리가 기도한 대로 이루어질 수도 있지만, 그것이 애초에는 그렇게 될 일이 아니었다는 것을 어떻게 알 수 있겠습니까? 그 일이 명백한 기적이었다고 해도, 내 기도 때문에 벌어진 일이라는 결론이 나오는 것은 아닙니다. 대답은 분명합니다. 우리가 과학에서 볼 수 있는 것과 같은, 절대 부인할 수 없는 경험적 증거는 결코 얻을 수 없습니다.

어떤 일들은 경험의 한결같은 균일성이 있어야 입증됩니다. 중력의 법칙은 모든 물체가 예외 없이 그 법칙을 따른다는 경험적인 사실로 확증됩니다. 하지만 기도는 다릅니다. 사람들이 기도하는 대로 모든 일이 이루어지지도 않거니와, 설령 그렇게 된다 해도 그리스도인들이 말하는 기도의 효력을 입증할 수는 없을 것입니다. 기도는 요청이기 때문입니다. 강제와 달리, 상대가 들어줄 수도 있고 들어주지 않을 수도 있는 것이 요청의 핵심입니다. 게다가 무한히 지혜로운 존재가 유한하고 어리석은 피조물들의 요청에 귀를 기울인다면, 당연히 그는 요청을 들어줄 때도 있고 거절할 때도 있을 것입니다. '기도의 효력'

11월 14일

기도는 주문이 아니다

신약성경에는 얼핏 볼 때 우리 기도를 어김없이 들어주겠다는 약속처럼 보이는 구절들이 분명히 있습니다. 그러나 그 구절들이 정말 그런 뜻일 수는 없습니다. 왜냐하면 신약성경 이야기의 한복판에, 정반대의 경우를 보여 주는 무시할 수 없는 사례가 있기 때문입니다. 모든 청원자 중 가장 거룩하신 분이 겟세마네 동산에서 자신이 받아야 하는 잔을 거두어달라고 세 번 기도했습니다. 그러나 그 잔은 거두어지지 않았습니다. 그 후로부터 기도가 효과만점의 주문이라는 생각은 설자리가 없어졌다고 봐야 할 것입니다.

어떤 일들은 경험만으로는 입증되지 않고 인위적으로 고안된 경험, 즉 '실험'을 통해야만 입증됩니다. 기도도 그런 식으로 입증이 될 수 있을까요? 그리스도인은 "주 너의 하나님을 시험하지 말라"[6]는 금지명령을 받았기 때문에 그런 프로젝트에 참여해선 안 된다는 반론에 대해서는 건너뛰겠습니다. 금지된 것이건 아니건, 그것이 가능하기는 할까요?

6주간에 걸쳐 한 무리의 사람들(많을수록 좋습니다)이 A병원의 모든 환자를 위해 나름대로 최선을 다해 기도하고, B병원의 환자들을 위해서는 기도하지 않는 내용의 실험이 있었다는 기사를 본 적이 있습니다. 6주 후 A 병원의 완치자 수가 더 많고 사망자 수는 더 적은지 알 수 있다는 것이지요.

……그런데 문제가 하나 있습니다. 그런 조건에서 어떻게 진정한 기도가 드려질 수 있는가, 저는 모르겠습니다. 《햄릿》에서 왕은 "진심이 안 담긴 기도는 결코 하늘에 닿지 않는다"라고 말합니다. 기도의 말을 중얼거린다고 다 기도인 것은 아닙니다. 그렇지 않다면 잘 훈련시킨 앵무새들을 동일한 실험의 대상으로 쓸 수 있을 것입니다. 아픈 사람들의 회복을 구하는 것이 목적이 아니라면 그들의 회복을 위해 기도할 수 없습니다. 한 병원의 모든 환자들의 회복을 원하면서 다른 병원의 환자들의 회복을 원하지 않을 이유는 전혀 없습니다. 실험에 임하는

사람들은 고통 받는 이들의 고통을 덜어주기 위해 기도하는 게 아니라 무슨 일이 벌어지는지 보려고 기도한 겁니다. 기도의 진짜 목적과 명목상의 목적이 다르다는 말이지요. '기도의 효력'

11월 15일

기도는 요청이다

우리는 하나님뿐 아니라 동료 인간들에게도 요청합니다. 소금을 달라고 하고, 급료 인상을 청하고, 휴가를 떠나 집을 비우는 동안에 고양이를 챙겨달라고 친구에게 부탁하고, 여인에게 청혼을 합니다. 요청하는 바를 얻을 때도 있고 얻지 못할 때도 있습니다. 그러나 우리가 요청하는 바를 얻게 될 때, 요청과 얻음의 인과관계를 과학적 확실성을 갖고 증명하기란 생각만큼 쉽지 않습니다.

이웃사람이 원래 인정이 많아서 우리가 잊어버리고 부탁을 하지 않았더라도 고양이가 굶주리게 내버려두지 않았을 수도 있습니다. 사장이 급료를 올려준 이유는 우리의 요청 때문이라기보다는 우리가 경쟁사에서 더 많은 월급을 받을 수 있다는 걸 알고 우리를 잡아두기 위해서일 가능성이 높습니다. 청혼을 승낙한 여성에 대해 말하자면, 그녀가 결혼하기로 이미 결정을 내린 상태가 아니었다고 확신할 수 있을까요? 당신의 청혼은 그녀가 내린 결정의 원인이 아니라 결과였을 수도 있습니다. 그녀에게 그런 의도가 없었다면 당신과 나눈 몇몇 중요한 대화는 아예 이루어지지도 않았을 것입니다.

따라서 하나님께 드리는 기도의 인과적 효력을 둘러싼 의심은, 정도 차는 있으나 인간에게 하는 기도에도 똑같이 적용됩니다. 우리가 얻는 것은 그것이 무엇이건 어쨌거나 얻게 되어 있었을지도 모릅니다. 그러나 방금 말한 대로, 정도 차가 있습니다. 우리의 친구나 사장이나 아내는 우리가 요청했기 때문에 그 요청대로 행동했다고 우리에게 말할 수 있습니다. 그리고 그들을 잘 아는 우리는 그들이 진심을 말하고 있으며, 자신의 동기를 제대로 파악했다고 확신할 수 있습니다. 그러나 그 확신은 과학적 방법론을 통해 얻은 것이 아닙니다. 우리는 급료 인상을 거절하거나 약혼을 파기한 후 새로운 조건에서 같은 요청을 되풀이하는 대조 실험을 하지 않습니다. 우리의 확신은 과학적 지식과는 종류가 상당히 다

룹니다. 그것은 상대방과 우리의 인격적 관계에서 생겨납니다. 그들에 대한 정보를 알아서가 아니라 그들을 알기 때문에 생겨난 확신입니다.   '기도의 효력'

11월 16일
기도가 효력이 있는가?

하나님이 우리의 기도를 언제나 들으시고 가끔은 구하는 바를 들어 주신다는 확신, 그리고 하나님이 허락하신 것처럼 보이는 일은 단지 우연의 일치가 아니라는 확신 역시 하나님을 알 때만 생겨납니다. 성공과 실패의 대조표를 만들어 우연으로 치부할 수 없을 정도로 성공의 비율이 높은지 알아보려는 것은 아무 소용이 없습니다. 상대방이 우리가 요청한 일을 할 때 과연 그가 우리 요청 때문에 그 일을 한 것인지 아닌지 누가 알 수 있을까요? 아마 그 사람을 가장 잘 아는 사람 아닐까요? 마찬가지로, 앞서 이발사의 기도 때문에 하나님이 나를 이발소로 보내신 것인지 아닌지 누가 알 수 있을까요? 아마 하나님을 가장 잘 아는 사람들일 것입니다.

지금까지 우리는 기도라는 문제를 완전히 잘못된 방식으로, 잘못된 수준에서 다루었습니다. "기도가 효력이 있는가?"라고 묻는 바람에 처음부터 잘못된 태도로 기도를 대하게 된 것이지요. '효력'이라뇨. 기도가 무슨 마법입니까, 아니면 자동적으로 작동하는 기계입니까. 기도는 완벽한 착각이거나, 아니면 미숙하고 불완전한 인격체들(우리)과 더없이 구체적인 인격자와의 인격적 접촉이거나, 둘 중 하나입니다. 무엇인가를 구한다는 청원의 의미로서의 기도는 전체 기도의 작은 한 부분일 뿐입니다. 자백과 참회로 기도의 문지방을 넘고, 흠모로 기도의 성소에 들어간다면, 하나님의 임재를 느끼고 그분을 보고 누리는 것은 기도의 떡과 포도주를 먹고 마시는 일입니다. 기도 안에서 하나님은 우리에게 자신을 드러내십니다. 하나님이 우리의 기도에 응답하시는 것은 그 계시의 자연스러운 결과이지 가장 중요한 결과는 아닙니다. 하나님이 누구신지 알게 되면 그분이 어떤 일을 하시는지 배우게 됩니다. '기도의 효력'

11월 17일

하나님의 자진 양위

파스칼은 "하나님은 그분의 피조물들에게 원인자가 되는 위엄을 허락하시고자 기도를 정하셨다"고 말했습니다. 하지만 기도만 그런 게 아닙니다. 우리가 어떤 행동을 하건 그때마다 하나님은 우리에게 그 위엄을 빌려주십니다. 저의 기도가 사건의 경로에 영향을 끼친다는 것은 저의 다른 행동이 사건의 경로에 영향을 끼치는 것과 그다지 다를 바가 없습니다. 우리의 행동에 따라 하나님이 다른 생각을 갖게 된다는 뜻은 아닙니다. 그분의 마음, 즉 그분의 전반적인 뜻이 바뀌는 것도 아닙니다. 그러나 그 뜻이 실현되는 방식은 달라질 것입니다. 기도는 그런 변화를 이끌어내는 행동 중 하나입니다.

하나님은 피조물들에게 위임할 수 있는 일을 절대 혼자서 처리하시지 않는 것 같습니다. 그분은 눈 깜짝할 사이에 친히, 완전하게 하실 수 있는 일을 우리에게 맡겨 느릿느릿 어설프게 하게 하십니다. 그분이 맡기신 일을 우리가 소홀히 하거나 실패하는 것도 허락하십니다. 우리는 유한한 자유의지를 가진 자들이 어떻게 전능자와 공존할 수 있는지 온전히 깨닫지는 못할 것입니다. 하지만 하나님은 매순간 모종의 자진 양위를 하시는 듯 보입니다. 우리는 그저 받기만 하는 자, 또는 구경만 하는 자들이 아닙니다. 우리는 경기에 참가할 특권을 받은 자, 그 안에서 협력하여 "작은 삼지창을 휘둘"러야 하는 자입니다. 이 놀라운 과정은 단순히 우리 눈앞에서 창조가 진행되는 것일 뿐일까요? 하나님은 이런 과정을 거쳐 (결코 가벼운 문제가 아닙니다) 아무 것도 아닌 존재를 대단한 존재로, 아니, 신들로 만드십니다. '기도의 효력'

11월 18일

하나님의 한 가지 지속적인 행위

　　　　　제가 이야기하는 내용은 기껏해야 한 가지 심적 모델이나 상징일 뿐입니다. 이런 주제들에 대해 우리가 하는 말은 모두 유비적이고 비유적일 수밖에 없습니다. 그 실체는 우리 능력으로 이해할 수 없음이 분명합니다. 그러나 어쨌거나 안 좋은 유비와 비유들을 몰아내려는 시도는 의미가 있습니다. 기도는 기계장치가 아닙니다. 마법이 아닙니다. 하나님께 드리는 조언도 아닙니다. 우리의 다른 모든 행위가 그렇듯, 기도 또한 하나님의 그 지속적인 행위에서 분리해 내서는 안 됩니다. 그 안에서만 모든 유한한 원인들이 작동합니다.

기도한 것을 얻는 사람들을 총애 받는 신하, 왕좌에 영향을 끼칠 수 있는 측근들로 생각하는 것은 더 곤란합니다. 겟세마네 동산에서 거절된 그리스도의 기도를 떠올린다면 그런 생각을 넉넉히 물리칠 수 있을 것입니다. 경험 많은 그리스도인에게 들었던 가혹한 말을 이 자리에 옮기지 않고는 넘어갈 수가 없군요. "나는 놀라운 기도응답을 많이 보았고 그 중에는 기적적인 응답도 있었습니다. 그러나 그런 응답은 대체로 신앙생활의 초기에 주어집니다. 회심 직전이나 직후에 말이지요. 그리스도인의 삶이 진행됨에 따라 그런 응답은 드물어지는 경향이 있습니다. 거절되는 기도가 잦아질 뿐 아니라 그 양상이 더 분명하고 단호해집니다."

그렇다면 하나님은 그분을 가장 잘 섬기는 사람들을 버리시는 것입니까? 글쎄요, 누구보다 하나님을 가장 잘 섬겼던 분이 고통스러운 처형으로 죽어 가시면서 "어찌하여 나를 버리셨나이까?"라고 말씀하셨습니다. 하나님이 사람이 되셨는데, 다른 누구도 아닌 그분이 가장 큰 어려움에 처했을 때 하나님의 위로를 전혀 받지 못했습니다. 여기에는 큰 신비가 있습니다. 설령 제게 그럴 능력이 있다 해도 감히 파헤쳐볼 용기가 나지 않는 신비입니다. 우리 같은 미약한 사람들은, 도저히 바랄 수 없고 가능성도 없는 상황에서 하나님이 우리가 기도한 것을 때로 허락해 주실 때, 우리가 뭔가 혜택을 받은 거라는 성급한 결론을 내려서는 안 됩니다. 우리가 더 강하다면 덜 부드러운 대접을 받을 것이기 때문입니다. 우리가 더 용감하다면 하나님은 치열한 전투가 벌어지는 곳으로 우리를 보내실 것입니다. 우리는 거의 도움을 받지 못하는 상태에서 가장 절망적인 경계구역을 지키는 임무를 맡게 될 것입니다. '기도의 효력'

11월 19일

되풀이해서 얘기하기

나는 우리가 미래의 역경뿐 아니라 미래의 축복도 순종의 태도로 준비해야 한다는 생각이 들어. 두서없는 말 같겠지만 잘 생각해 보게. 하나님이 주시는 좋은 것이 우리가 기대했던 바와 다르다는 이유로 토라져서 거절할 때가 얼마나 많은가. 무슨 뜻인지 이해하겠나? 우리는 종교적 체험이나 미각적, 성애적, 심미적, 사회적 경험 등 삶의 모든 면에서 완벽해 보이는 특정 경우만을 되풀이해서 이야기하고 표준으로 삼았지, 그것과 비교해서 떨어져 보이는 다른 모든 경우는 하찮게 여겨 왔네. 그러나 우리가 마음을 열기만 한다면 그런 경우들 속에서도 새로운 축복을 얼마든지 찾을 수 있을 거라고 생각하네. 하나님께서 영광의 새로운 측면을 보여 주시는데 우리는 그걸 거부하며 옛날 것만 찾는 거야. 물론 우리는 그것을 얻지 못하지. 《리시다스Lycidas》를 스무 번째 읽으면서 처음 읽던 때의 감동을 다시 느낄 거라고 기대할 수는 없네. 그렇지만 스무 번째 나름의 감동을 받을 수 있는 거야. 《애인기도》 5장

11 월 20 일

앙코르!

많은 종교인들이 회심했을 때의 첫 열정이 사라졌다고 한탄하지. 그들은 그 이유가 자신의 죄 때문이라고 생각한다네. (물론 그럴 때도 있지만 늘 그런 건 아니네.) 그래서 황금 시절을 되살려 보려고 안쓰러울 정도로 노력을 기울이기도 하지. 하지만 당시의 열정—여기서 핵심 단어는 당시일세—이 계속 지속되는 게 맞을까?

하나님이 절대 들어주시지 않는 기도도 있다고 하는 건 경솔하겠지만, 그래도 가장 그럴 만한 강력한 후보를 꼽자면 앙코르*encore*라는 말로 표현될 법한 기도일세. 무한자가 어떻게 같은 것을 되풀이하시겠는가? 한 번씩만 당신을 표현하시기에도 하나님께는 시공간 전체가 너무 작다네.

우리가 과거의 황금 같은 순간을 표준으로 삼으려 할 때는 괴로움을 겪을 따름이지만, 그것들을 있는 모습 그대로 추억으로 삼고 만족할 때는 훌륭한 양분이자 유익을 주는 매력덩어리가 되어 돌아온다는 점에서 이 모든 상황은 희극이 될 수도, 비극이 될 수도 있네. 과거 적당한 자리에 놓아두고 다시 불러오려는 비참한 시도를 하지 않을 때, 그것들은 절묘하게 자라날 걸세. 알뿌리를 그냥 내버려 두면 새로운 꽃이 올라온다네. 하지만 캐내서 만지작거리고 냄새를 맡아대며 작년에 핀 꽃을 얻고자 하면 아무것도 얻지 못할 걸세. "한 알의 밀이……죽지 아니하면……."[8] 《애인기도》 5장

11월 21일

모든 기도에 앞서 드려야 할 기도

기도하는 순간은, 이 '실제 세계real world'와 '실제 자아real self'가 결코 근본적인 실재가 아님을 깨닫고 깨우치는—혹은 깨우칠 조건을 제공하는—순간이네. 육체 안에 있는 나는 무대를 떠나 무대 뒤를 들여다보거나 객석에 자리를 잡고 앉을 수 없어. 하지만 그런 영역이 존재한다는 것을 기억할 수는 있지. 또한 겉으로 드러난 내 자아—광대나 주인공 또는 영웅—의 분장 밑에는 무대 바깥의 삶이 있는 진짜 인간이 존재한다는 것도 기억한다네. 극중 인물이 진짜 인간을 그 안에 숨겨 두지 않는다면 무대를 밟을 수도 없어. 실제의, 미지의 내가 존재하지 않는다면 무대 위의 나를 진짜 나로 착각할 수도 없을 거야. 그리고 기도할 때, 이 실제의 나는 그 순간만이라도 다른 배우가 아닌 그 누군가에게 말을 걸고 인사하려고 안간힘을 쓴다네. 그 누군가를 뭐라고 불러야 할까? 우리 모두를 만드셨으니 작가? 모든 것을 관리하시니 제작자? 아니면 공연을 지켜보고 판단하실 것이니 관객?

기도는 공간과 시간에서 벗어나는 것이 아니네. 또한 기도는 객체를 대하는 주체로서의 내 피조물적 상황에서 벗어나려는 시도도 아니야. 기도의 목표는 그보다 훨씬 소박하지. 그 상황에 대한 인식을 다시금 일깨우는 데 있네. 그것이 가능하다면, 굳이 다른 곳으로 갈 필요가 없네. 내 앞의 상황 자체에서 매 순간 하나님의 현현顯現, theophany이 일어날 수 있거든. 지금 이곳이 떨기나무가 불타는 거룩한 땅이네.

물론 이러한 시도는 크고 작게 성공할 수도 있고 반대로 실패할 수도 있네. 모든 기도에 앞서 우리가 드려야 할 기도는 이것일세. "실제의 제가 기도하게 하소서. 제가 실제 당신께 기도하게 하소서." 우리는 무수히 다양한 수준에서 기도하네. 감정의 강렬함은 영적 깊이를 말해 주는 증거가 아닐세. 겁에 질려 기도하면 물론 진심으로 기도하겠지. 하지만 그건 두려움이 진짜라는 걸 말해 줄 뿐이네.

하나님만이 우리의 심연 속까지 두레박을 내려 주실 수 있네. 그리고 우리도 한 편으로는 우상 파괴자로 끊임없이 일해야 하네. 우리가 하나님에 관해 만들어 내는 모든 개념을 하나님이 은혜로써 깨뜨려 주셔야 하지. 기도의 가장 복된 결과는 기도를 마치며 이렇게 생각하는 걸 거야. "하지만 전에는 전혀 몰랐다. 꿈도 꾸지 못했다……."

토마스 아퀴나스는 말년에 자신의 모든 신학이 "지푸라기에 지나지 않는다"고 말했다네. 혹시 그가 그런 순간을 맞은 게 아니었을까. 《개인기도》 15장

11월 22일 〈교회음악 수호성인 세실리아 축일〉

교회음악의 유익

하나님의 은총이 머문다고 우리가 확신할 수 있는 음악적 상황이 두 가지 있다고 생각합니다. 하나는, 목회자나 오르간 연주자가 그 자신은 훈련되고 섬세한 감각을 지닌 사람이지만, (미학적으로 정당한) 자기 욕구를 겸손하고 자비롭게 희생하고 자신이 바라는 것보다 더 초라하고 조악한 것을 사람들에게 제공하는 경우입니다. 이렇게 함으로써 사람들을 하나님께로 인도할 수 있다고 믿으면서(심지어 이것이 잘못된 믿음이라 하더라도) 말입니다. 또 다른 하나는, 감성이 무디고 음악적 재능이 없는 평신도가 겸손히 인내하며 무엇보다도 침묵 가운데, (온전히) 이해할 수 없는 음악을 듣는 경우입니다. 그 음악이 어떻게든 하나님을 영화롭게 하며, 만약 자기 자신을 교화시키지 못한다면 그것은 자신의 결함 때문임이 분명하다고 믿으면서 말이지요. 이러한 지식인과 비지식인은 전혀 이상하지 않은 사람들입니다. 양측 모두에게 교회음악은 은혜의 통로가 되었을 것입니다. 그 음악은 그들이 좋아한 음악이 아니라 좋아하지 않은 음악입니다. 그들은 모두 자신들의 기호를 온전한 의미에서 바치고 희생했습니다. 그러나 이와 반대의 상황이 벌어질 때, 곧 음악가가 재능에 대한 자부심이나 경쟁 바이러스가 넘쳐나서, 음악을 이해하지 못하는 회중을 경멸스럽게 쳐다본다거나, 음악적 재능이 없는 사람이 자신의 무지와 보수적 성향에 고집스럽게 안주하면서, 감각을 개선시켜 주려는 모든 사람을 열등감에서 생겨나는 증오로 분개에 휩싸인 채 끊임없이 바라볼 때, 양측이 바치는 모든 것은 은혜를 입지 못하며 그들을 움직이는 영은 성령이 아니라고 우리는 확신할 수 있습니다. 《기독교적 숙고》 8장 교회음악에 대하여

11월 23일

바른 의도를 견지하는 성가대의 특권

그러나 음악이 하나님을 영화롭게 할 수 있는 방법(들)에 대해서는 우리 모두가 신중하게 정의해야 한다고 봅니다. 앞에서 조금 언급한 것처럼 모든 자연적 존재들 심지어 무생물까지도 하나님이 그들에게 주신 능력을 드러냄으로써 하나님을 지속적으로 영화롭게 하는 측면이 있습니다. 이런 의미에서 우리도 자연적 존재로서 똑같이 행동합니다. 그러한 수준에서는 우리의 악한 행위들이 우리의 재능과 능력을 드러내 보이는 한 우리의 선한 행위만큼 하나님을 영화롭게 한다고 할 수 있을 것입니다. 그러므로 탁월하게 연주된 음악은 인간에게 주어진 특별한 능력을 매우 높은 수준에서 드러내는 자연적인 작용이라는 점에서, 연주자의 의도가 무엇이건 늘 하나님을 영화롭게 할 것입니다. 그러나 이러한 찬미는 '용들과 깊은 바다', '얼음과 눈'이 드리는 찬미와 다를 바 없습니다. 인간인 우리에게 요구되는 것은 의도가 들어가 있는 다른 종류의 영광 드림입니다. 위대한 작품을 공연하기에 앞서 모든 토론과 결정, 모든 정정과 실망, 교만과 경쟁심과 야망의 모든 유혹을 거치면서, 성가대 전체가 그 의도를 유지하는 일이 얼마나 쉬운지 혹은 어려운지 저는 (당연히) 알지 못합니다. 그러나 모든 것은 그 의도에 달려 있습니다. 만약 이것이 성공한다면 그들이야말로 인간 가운데 가장 부러워할 만한 대상일 것입니다. 그들은 비록 유한한 존재이지만 천사들처럼 하나님을 영화롭게 하고, 몇몇 황금 같은 순간에는 영과 육, 기쁨과 수고, 기술과 예배, 자연과 초자연 등 모든 것이 타락 이전에 연합되어 있던 상태로 융합되는 것을 보는 특권을 지닐 것입니다. 《기독교적 숙고》 8장 교회음악에 대하여

11월 24일

기독교를 믿지 않고
선하게 살 수 없느냐는 질문에 대하여

기독교를 믿지 않고 선한 삶을 살 수는 없는가? 이 질문에 답하기에
앞서 한마디 할 말이 있습니다. 이 질문은 스스로에게 이렇게 말하는 사람이 제
시한 것처럼 보입니다. "기독교가 사실이건 아니건 상관없어. 진짜 우주가 유물
론자들이 말하는 것보다 그리스도인들이 말하는 바와 더 비슷한지 알아보고
싶은 마음도 없어. 내 관심사는 선한 삶을 사는 것뿐이야. 나는 옳은 신념이 아
니라 도움이 되는 신념을 선택할 거야."

솔직히 말해 저는 이런 마음 상태에 공감하기 힘듭니다. 인간과 다른 동물을 구
분해 주는 요인 중 하나는 인간이 세상을 알고 싶어 하고, 단순히 앎 자체를 위
해 실재가 무엇인지 알려 한다는 점입니다. 누군가의 가슴 속에서 그 욕구가 완
전히 꺼져 버렸다면, 저는 그가 인간보다 못한 존재가 된 것이라고 생각합니다.
그러나 사실 저는 어느 누구도 그 욕구를 정말 잃어버렸다고 믿지는 않습니다.
그보다는 아마, 기독교가 우리에게 큰 도움이 될 것이며 사회에 참으로 유익하
다는 말을 늘 들려주는 어리석은 설교자들이 기독교가 특허 의약품이 아니라
는 사실을 잊어버리도록 사람들을 이끈 결과일 겁니다. 기독교는 '사실'을 제대로
알려준다고, 진짜 우주가 어떤 곳인지 말해 준다고 주장합니다. 우주에 대한 기
독교의 설명은 옳을 수도 있고 옳지 않을 수도 있습니다. 그러나 일단 그 설명을
접하게 되면, 타고난 호기심이 발동하여 진실을 알고 싶어져야 마땅합니다. 만
약 기독교가 옳지 않다면, 그것이 아무리 도움이 된다 해도 정직한 사람은 그것
을 믿으려 하지 않을 것이고, 그것이 옳다면 아무 도움이 안 된다 해도 정직한 사
람이라면 누구나 그것을 믿고자 할 것입니다. 《피고석의 하나님》 1부 인간인가 토끼인가?

11월 25일

그리스도인과 유물론자

　　이 두 부류의 사람이 동료 시민들을 위해 하는 일에서 동의할 수 있는 부분은 아주 많습니다. 두 사람 다 효율적인 하수도 체계와 실력 있는 병원과 몸에 좋은 식사의 가치를 인정할 것입니다. 그러나 두 사람의 신념이 다르니 조만간 둘이 내놓는 실제적인 제안도 달라질 것입니다. 예를 들어, 둘 다 교육에 큰 관심을 보일 수 있지만, 그들이 사람들에게 제공하기 원하는 교육의 종류는 다를 것입니다. 다시 말합니다. 유물론자는 주어진 정책에 대해 "다수의 행복을 증진시킬 것인가"만 묻는 반면, 그리스도인은 이렇게 말할 것입니다. "그것이 설령 다수의 행복을 증진시킨다 해도, 우리는 그 일을 할 수 없다. 그건 불의한 일이다." 그리고 그들의 정책 전체를 관통하는 커다란 차이점이 하나 있을 것입니다. 유물론자에게는 민족, 계급, 문명이 개인보다 더 중요할 것입니다. 개인은 각기 칠십 정도밖에 살지 못하는 반면, 집단은 여러 세기 동안 지속될 수 있기 때문입니다. 그러나 그리스도인에게는 개인이 더 중요합니다. 개인은 영원히 살지만 그에 비하면 종족과 문명 같은 것들은 하루살이에 불과합니다.

그리스도인과 유물론자는 우주에 대해서도 다른 믿음을 갖고 있습니다. 둘 다 옳을 수는 없습니다. 틀린 사람은 진짜 우주와 맞지 않는 방식으로 행동할 것입니다. 결과적으로, 그는 더없는 선의를 가지고 동료 피조물들이 멸망하도록 도울 것입니다. 《피고석의 하나님》 1부 인간인가 토끼인가?

11 월 26 일

우리 각 사람 앞에 놓인 질문

우리 각 사람 앞에 놓인 질문은 " 기독교 없이 누군가가 선한 삶을 살 수 없는가?"가 아닙니다. "나는 그럴 수 있는가?"입니다. 우리 모두 그리스도인이 아니었던 선한 사람들을 알고 있습니다. 기독교를 들어 보지도 못한 소크라테스와 공자 같은 사람들이나 정직하게 기독교를 믿을 수 없었던 밀 J. S. Mill 같은 사람들입니다. 기독교가 옳다고 가정할 때, 이 사람들은 정직한 무지 내지 정직한 오류 상태에 있었습니다. 그들의 무지는 그냥 내버려 두면 그들과 그들의 영향을 받은 사람들에게 악덕을 불러일으킬 것입니다. 그러나 그들의 의도가 제가 생각하는 것처럼 선했다면(물론 저는 그들의 은밀한 마음을 알 수 없습니다), 하나님이 능력과 자비로 그런 악들조차 바로잡아 주시기를 바라고 능히 그러실 것으로 믿습니다.

그러나 제게 "기독교를 믿지 않고도 선한 삶을 살 수 있을까요?"라고 묻는 사람은 분명 그들과 상황이 다릅니다. 그가 기독교에 대해 들어 보지 못했다면 이 질문을 하지 않았을 것입니다. 기독교에 대해 들어 보고 심각하게 고려해 본 후 그것이 옳지 않다는 판단을 내렸다 해도, 역시 이런 질문을 하지 않았을 것입니다. 이 질문을 하는 사람은 기독교에 대해 들어 보았고 그것이 옳지 않다는 확신이 전혀 없습니다. 그는 사실 이렇게 묻는 겁니다. "내가 기독교 때문에 신경 쓸 필요가 있을까? 이 문제를 그냥 넘길 수는 없을까? 잠자는 개는 내버려두고 그냥 '선하게' 살아갈 수는 없을까? 그 무시무시한 문을 노크해서 그 안에 누군가 있는지 없는지 확인하지 않아도, 선한 의도가 나를 충분히 안전하고 흠 없이 지켜 주지 않을까?" 이런 사람에게는 "당신은 지금 선이 무엇인지 알아보기 위해 최선을 다하지도 않은 채 '선한' 상태로 그냥 지내게 해달라고 요청하고 있는 것"이라고 말해 주는 걸로 충분할 겁니다. 그러나 그것으로 이야기가 종결되는 것이 아닙니다. 우리는 하나님이 그의 비겁함과 게으름을 벌하실지 물어볼 필요가 없습니다. 그가 스스로를 벌할 테니까요. 그는 쪼그라들고 있습니다. 《피고석의 하나님》 1부 인간인가 토끼인가?

11월 27일

회피하기를 그치라

       그런 이유들 때문에 불신자로 머무는 사람은 정직한 오류의 상태에 있다고 할 수 없습니다. 그는 부정직한 오류의 상태에 있고 그 부정직함이 그의 모든 생각과 행동으로 퍼져 나갈 것입니다. 둘러대는 태도가 생기고, 마음 한구석에 막연한 염려가 쌓이며, 정신력이 둔감해지는 결과가 따라올 것입니다. 그는 지적인 동정童貞을 잃어버렸습니다. 정직하게 그리스도를 거부하는 행위는 그것이 아무리 큰 잘못이라 해도 용서받고 치유될 수 있습니다. "누구든지 말로 인자를 거역하면 사하심을 받으"[9]리라 했습니다. 그러나 하나님의 아들을 회피하고, 일부러 다른 쪽을 바라보고, 보고도 못 본 척하고, 갑자기 거리 맞은편의 무엇인가에 몰두하고, 그분이 전화했을까 봐 수화기를 들지 않고, 그분이 보낸 것일까 봐 낯선 필체의 편지를 열어 보지 않는다면, 이것은 문제가 다릅니다. 그리스도인이 되어야 할지 확신이 들지 않을 수는 있습니다. 그러나 최소한 인간은 되어야 하지 않겠습니까. 모래 속에 머리를 숨기는 타조가 되어서야 되겠습니까.

하지만 지적 명예가 워낙 실추된 시대이다 보니 그래도 누군가 이렇게 징징대며 묻는 소리가 들려옵니다. "그게 내게 도움이 될까요? 날 행복하게 해줄까요? 정말 제가 그리스도인이 되면 나아질 거라고 생각하시나요?" 좋습니다. 꼭 대답을 들어야겠다면 말씀드리지요. 제 대답은 "그렇다"입니다. 하지만 이 단계에서 답을 제시하는 것은 그리 탐탁지 않습니다. 여기 문이 하나 있고, 일부 사람들의 말에 따르면 그 뒤에는 우주의 비밀이 기다리고 있습니다. 그것은 옳거나 옳지 않습니다. 그리고 만약 옳지 않다면, 그 문이 실제로 가리고 있는 것은 사상 최대의 속임수, 기록에 남아 있는 가장 어마어마한 '사기'일 뿐입니다. 어느 쪽인지 알아내려 힘쓴 후 이 엄청난 비밀에 전력 봉사하거나 이 거대한 야바위를 깨뜨리는 데 온 힘을 기울이는 것이 모든 사람(토끼가 아닌 사람이라면)의 임무가 아니겠습니까? 이런 사안에 직면하고서도, 정말 자신의 복된 '도덕적 발전'에만 완전히 몰두할 수 있을까요? 《피고석의 하나님》 1부 인간인가 토끼인가?

11월 28일
토끼는 사라져야 한다

좋습니다. 기독교는 여러분에게 유익을 줄 것입니다. 이제껏 원하거나 기대했던 것보다 훨씬 더 많은 유익을 줄 것입니다. 그리고 그 첫 번째 유익은 이제까지 여러분이 '선'이라 불렀던 것, 즉 '품격 있는 삶을 사는 것', '친절한 행위' 등이 여러분이 생각했던 것만큼 훌륭하고 더없이 중요한 것이 아니라는 사실을 분명히 깨닫게 되는 일일 것입니다. 기독교는 여러분에게 자신만의 도덕적 노력으로는 (하루 24시간 동안) '선할' 수 없다는 사실을 가르쳐 줄 것입니다. 그리고 설령 여러분이 선하다 해도 여러분이 창조된 목적을 이루지는 못하고 있음을 가르쳐 줄 것입니다. 단순한 도덕은 인생의 목표가 아닙니다. ……그리스도 없이 훌륭하게 살 수 없느냐고 계속 묻는 사람들은 삶의 본질이 무엇인지 모르는 것입니다. 그들이 그것을 알았다면, '품격 있는 삶'은 우리 인간이 만들어진 진정한 목적에 비하면 그저 껍데기에 불과함을 파악했을 것입니다. 도덕은 필수불가결합니다. 그러나 우리에게 자신을 내어주고 우리를 신이 되도록 부르는 하나님의 생명이 우리를 위해 마련한 것 안에서 그 도덕은 삼켜지고 말 것입니다. 우리는 다시 만들어질 것입니다. 우리 안에 있는 모든 토끼는 사라질 것입니다. 겁 많고 육욕적인 토끼뿐 아니라 염려하고 깐깐하고 윤리적인 토끼도 사라질 것입니다. 털이 몇 줌 빠질 때 우리는 피를 흘리고 비명을 질러 댈 것입니다. 그리고 그다음에는, 놀랍게도 그 밑에서 이제껏 전혀 상상도 못했던 것을 발견하게 될 것입니다. 강하고 광채가 나고 지혜롭고 아름답고 기쁨에 잠겨 있는 진짜 인간, 시대를 초월한 신, 하나님의 아들입니다. 《피고석의 하나님》 1부 인간인가, 토끼인가?

도덕은 최종 목적지가 아니다

기독교가 처음에는 온통 도덕 얘기만 하고 의무와 규칙과 죄와 덕에 관한 말만 하는 것 같아도, 결국은 이 모든 것을 통해 도덕 너머의 것으로 우리를 이끌어 간다는 데에는 모든 그리스도인들이 동의하리라 생각합니다. 농담할 때가 아니라면 이런 것들이 한낱 얘깃거리도 못 되는 나라에 대해 우리는 어렴풋이나마 알고 있습니다. 거기 사는 사람들은 마치 거울이 빛으로 가득하듯 우리가 선이라고 불러야 할 것으로 가득 차 있습니다. 그러나 그들은 그것을 '선'이라고 부르지 않습니다. 달리 무어라고도 부르지 않습니다. 그것에 대해 생각지도 않습니다. 다만 그것이 흘러나오는 근원을 바라보느라 여념이 없을 뿐입니다. 그러나 이것은 이 세상의 바로 바깥에 있는 단계에 불과합니다. 그 너머 아주 멀리까지 내다볼 수 있는 사람은 없습니다. 저보다 멀리 볼 수 있는 사람이야 물론 많지만 말입니다. 《순전한 기독교》 3장 그리스도인의 행동

11월 30일

천국에 사로잡힌 사람들

역사를 더듬어 보면, 이 세상을 위해 가장 많이 일한 그리스도인들은 바로 다음 세상에 대해 가장 많이 생각했던 이들이었음을 알게 됩니다. 로마 제국이 기독교 국가로 전환하는 데 토대를 놓은 사도들이나 중세를 확립한 위대한 인물들, 노예 제도를 폐지시킨 영국의 복음주의자들이 지구상에 이 모든 흔적을 남길 수 있었던 것은 그들의 마음이 천국에 사로잡혀 있었기 때문입니다. 그러나 대부분의 그리스도인들이 다음 세상에 대해 더 이상 생각하지 않게 되면서, 기독교는 세상에서 그 힘을 잃고 말았습니다.

천국을 지향하면 세상을 '덤으로' 얻을 것입니다. 그러나 세상을 지향하면 둘 다 잃을 것입니다. 이상한 법칙처럼 들릴지 몰라도, 이와 유사한 법칙이 적용되는 예들을 많이 찾아볼 수 있습니다. 건강은 큰 축복이지만, 건강을 직접적이고 주된 목표로 삼는 순간부터 여러분은 노상 어디가 병들지는 않았나 노심초사하며 까다롭게 살피는 사람이 되어 버립니다. 건강은 오히려 다른 것—음식, 운동, 일, 오락, 신선한 공기—을 추구할 때 더 쉽게 얻어지는 법입니다. 마찬가지로 우리가 문명 자체를 주된 목표로 삼는 한, 문명을 구원할 수 없습니다. 우리는 문명 이상의 것을 바라는 법을 배워야 합니다. 《순전한 기독교》 3장 그리스도인의 행동

12월 1일

재림

여러분 자신이 살아 있는 집이라고 상상해 보십시오. 하나님이 오셔서 그 집을 다시 지으려 하십니다. 처음에는 그가 하는 일이 이해가 될 것입니다. 그는 하수구를 고치고 지붕에 새는 곳들을 막는 등의 일들을 하십니다. 이런 것들은 필요한 일이므로 놀랄 필요가 없습니다. 그런데 얼마 안 가 집을 마구 때려 부수기 시작하는데, 지독하게 아플 뿐 아니라 도무지 이해할 수 없습니다. 도대체 그는 무슨 짓을 하고 계신 것입니까? 그는 여러분의 생각과 영 다른 집을 짓고 계십니다. 여기에는 한쪽 벽을 새로 세우고 저기에는 바닥을 더 깔고 탑을 새로 올리고 마당을 만드십니다. 여러분은 보기 좋은 작은 오두막집을 생각했습니다. 그런데 그는 궁전을 짓고 계십니다. 그는 친히 그 궁전에 살 작정이십니다. 《순전한 기독교》 4장 인격을 넘어서, 또는 삼위일체를 이해하는 첫걸음

12월 2일
지금의 상황

하나님의 아들은 사람들을 하나님의 아들 되게 하시려고 사람이 되셨습니다. 인류가 하나님을 거역하고 원수 편이 되지 않았다면 어떻게 되었을지 우리는—적어도 저는—모릅니다. 아마 모든 인간이 태어날 때부터 '그리스도 안에' 살면서 하나님의 아들이 가진 생명을 나누어 가졌겠지요. 바이오스, 즉 자연적 생명은 당연히 창조되지 않은 생명인 조에 속으로 즉시 이끌려 올라갔을 것입니다. 그러나 이것은 추측일 뿐입니다. 여러분과 저의 관심사는 바로 지금의 상황이 어떠한가 하는 것입니다.

우리의 현재 상태는 이렇습니다. 지금 이 두 종류의 생명은 서로 다를 뿐 아니라 (이 두 생명은 처음부터 달랐습니다), 더 나아가 실제적인 적대 관계에 있습니다. 우리 각 사람 안에 있는 자연적 생명은 자기 중심적인 것으로서, 남들이 다 자기만 다독여 주고 감탄해 주길 바라며, 다른 생명들을 이용하며 전 우주를 착취하려 듭니다. 특히 이 생명은 혼자만 있고 싶어합니다. 즉 자기보다 더 좋거나 강하거나 높은 것, 그래서 상대적으로 자기를 왜소하게 만드는 것이라면 무엇이든 피하려 합니다. 지저분하게 자란 사람이 목욕을 두려워하듯이, 이 생명은 영적인 세계의 빛과 공기를 두려워합니다. 어떤 의미에서 이것은 아주 당연한 현상입니다. 자연적 생명은 영적 생명에게 일단 붙잡히면 이 모든 자기 중심성과 아집이 끝장난다는 걸 알기 때문에, 그런 사태를 피해 보려고 이를 악물고 손톱을 세워 가며 싸울 준비를 하는 것입니다. 《순전한 기독교》 4장 인격을 넘어서, 또는 삼위일체를 이해하는 첫걸음

12월 3일

고집 센 장난감 병정들

어렸을 때 장난감들이 살아난다면 얼마나 재미있을까 생각해 본 적이 있습니까? 여러분이 정말 장난감에게 생명을 불어넣을 수 있다고 해봅시다. 그래서 양철 병정을 진짜 작은 사람으로 바꾼다고 상상해 보는 것입니다. 그렇게 하려면 장난감의 양철을 사람의 살로 바꾸어야 합니다. 그런데 그 양철 병정이 그것을 싫어한다고 생각해 보십시오. 그 장난감 병정은 사람의 살에는 관심이 없습니다. 그의 눈에는 오직 자기 양철이 망가지는 것처럼 보일 뿐입니다. 그는 여러분이 자기를 죽이려 한다고 생각합니다. 그래서 어떻게 해서든지 여러분을 저지하려 합니다. 그렇게 하는 한 그는 사람이 되지 못할 것입니다.

여러분이라면 그 양철 병정에게 어떻게 할지 모르겠군요. 하나님이 우리에게 하신 일은 이것입니다. 즉 하나님 안에 있는 둘째 위격인 성자가 몸소 사람이 되신 것입니다. 그는 진짜 사람—키도 자라고 몸무게도 나가며 자기 머리색도 있고 특정한 언어로 말하는 진짜 사람—으로 세상에 태어나셨습니다. 전 우주를 창조했으며 모든 것을 알고 있는 영원한 존재가 사람이 되셨을 뿐 아니라 아기가 되셨고, 그보다 먼저는 한 여성의 몸 안에서 태아가 되신 것입니다. 이것이 어떤 일인지 실감하고 싶다면, 여러분 자신이 달팽이나 게가 되면 어떨까 생각해 보시기 바랍니다. 《순전한 기독교》 4장 인격을 넘어서, 또는 삼위일체를 이해하는 첫걸음

12월 4일
처음 만난 진정한 인간

성자가 사람이 되신 결과, 여러분은 모든 사람이 원래 갖추었어야 할 모습을 실제로 갖춘 한 인간, 어머니에게 물려받은 '창조된created' 생명이 '태어난begotten' 생명으로 완전하고도 완벽하게 변화된 한 인간을 만날 수 있게 되었습니다. 자연적 인간은 그분 안에서 신의 아들 속으로 완전히 들어올려졌습니다. 인성humanity은 이 한 사례 안에서 이를테면 완성에 도달했습니다. 즉 그리스도의 생명으로 바뀐 것입니다. 그는 우리의 모든 곤경은 자연적 생명이 어떤 의미에서 '죽는다'는 데서 비롯된다는 것을 아셨기 때문에, 번번이 자신의 인간적 욕망을 죽이는 길―가난, 가족들의 오해, 가까운 친구의 배신, 치안대의 야유와 학대, 고문과 처형―을 택하셨습니다. 그분 안에 있는 인성은 신의 아들됨과 연합되어 있었으므로, 그는 이렇게 죽임을 당한 후에―어떤 의미에서는 날마다 죽임을 당한 후에―다시 살아나셨습니다. 그때 하나님만 다시 살아난 것이 아니라 그리스도 안에 있는 인간도 같이 살아났습니다. 이것이 요점입니다. 우리는 처음으로 진정한 인간을 보게 되었습니다. 한 양철 병정―다른 장난감 병정들처럼 진짜 양철로 만든 병정―이 놀랍게도 완전하게 살아났습니다.

《순전한 기독교》 4장 인격을 넘어서, 또는 삼위일체를 이해하는 첫걸음

12월 5일

하나님이 세상을 이처럼 사랑하사

이제 우리는 양철 병정의 예가 들어맞지 않는 지점에 이르렀습니다. 실제로 양철 병정이나 조각상이 생명을 얻는다 해도, 그 일은 나머지 병정이나 조각상들에게 아무 영향도 끼칠 수 없습니다. 그것들은 각기 별개의 존재들이기 때문입니다. 그러나 인간은 그렇지 않습니다. 인간도 각자 따로 다니니까 별개의 존재처럼 보이기는 하지요. 하지만 그것은 우리가 현재의 순간만을 볼 수 있게 만들어진 탓입니다. 만약 우리가 과거도 볼 수 있다면 사정은 당연히 달라질 것입니다. 어떤 인간이든 어머니의 일부였던 때가 있고, 더 전에는 아버지의 일부였던 때가 있으며, 조부모의 일부였던 때가 있기 때문입니다. 우리가 하나님처럼 인류를 시간 안에 좍 펼쳐놓고 볼 수만 있다면, 인류는 제각각 흩어져 있는 무수한 점으로 보이는 것이 아니라 점점 성장해 가는 단일체―가지를 무성히 뻗은 나무처럼―로 보일 것입니다. 즉 각 개인이 제각각 연결되어 있는 모습으로 보인다는 것이지요. 그뿐만이 아닙니다. 각 개인은 서로 분리되어 있지 않은 것처럼 하나님과도 분리되어 있지 않습니다. 세상의 모든 남녀노소가 이 순간 감각을 느끼며 숨을 쉬고 있는 것은 오직 하나님께서 '붙잡고 계시기' 때문입니다.

따라서 그리스도가 사람이 되신 일은 여러분 중 하나가 양철 병정이 되는 일과 다릅니다. 이 일은 마치 전 인류에게 늘 작용하고 있던 무언가가 어느 시점부터 새로운 방식으로 작용하기 시작한 일과 같습니다. 그 시점부터 시작된 효력은 인류 전체로 퍼져 나갑니다. 그 효력은 그리스도 이후 태어난 사람들뿐 아니라 그리스도 이전에 살았던 사람들에게도 미치며, 그리스도에 대해 전혀 듣지 못했던 사람들에게까지 미칩니다. 마치 물컵 속에 무언가가 한 방울 떨어져, 그 물 전체의 맛과 색깔을 바꾸어 놓는 것과 같습니다.

《순전한 기독교》 4장 인격을 넘어서, 또는 삼위일체를 이해하는 첫걸음

12월 6일

구원을 받아들일 것인가, 거부할 것인가?

그리스도께서 인류 전체에 끼친 효력이란 무엇입니까? 그 효력이란 바로 이런 것입니다. 하나님의 아들이 되는 일, 창조된 존재에서 태어난 존재로 변화되는 일, 일시적인 생물학적 생명에서 시간을 초월한 '영적' 생명으로 바뀌는 일이 우리에게 일어났습니다. 원칙적으로 인류는 이미 '구원받았습니다.' 물론 우리 각 사람은 그 구원을 자기 것으로 삼아야 합니다. 그러나 정말 어려운 일—우리 스스로 도저히 할 수 없는 부분—은 이미 이루어졌습니다. 이제는 우리 힘으로 영적인 생명을 향해 올라가려고 애쓸 필요가 없습니다. 그 생명은 이미 인류에게 내려왔습니다. 그 생명으로 충만히 차 있는 분, 하나님이면서도 인간이신 분에게 우리 자신을 드러내기만 하면, 그가 우리를 위해 우리 안에서 그 일을 행하실 것입니다. 제가 '좋은 전염'에 대해 했던 말을 기억하십시오. 우리 인류 중 한 사람이 이 새로운 생명을 가지고 있습니다. 그에게 가까이 다가가기만 하면 우리에게도 그 생명이 옮아 올 것입니다.

물론 이 일은 다른 방식으로도 얼마든지 표현될 수 있습니다. 그리스도가 우리 죄 때문에 죽으셨다고도 할 수 있습니다. 우리가 했어야 할 일을 그리스도께서 대신 하셨으므로 성부께서 우리를 용서하셨다고도 할 수 있습니다. 어린 양의 피로 우리가 씻음받았다고도 할 수 있습니다. 그리스도가 죽음을 이기셨다고도 할 수 있습니다. 이것들은 전부 맞는 말입니다. 그러니 이 중에서 마음에 와닿지 않는 문구는 내버려 두고, 마음에 와닿는 문구를 취하면 됩니다. 그러나 부디 어떤 문구를 취하든 간에, 여러분과 같지 않은 문구를 쓴다는 이유로 다른 이들에게 싸움을 걸지는 마시기 바랍니다.

《순전한 기독교》 4장 인격을 넘어서, 또는 삼위일체를 이해하는 첫걸음

12월 7일

하나님께 회심의 '공식'을
불러 드려서는 안 된다

사도 바울의 가르침을 받아들이는 사람이라면 누구나 '성화聖化'에 대한 믿음을 가져야 합니다. 그러나 그런 성령의 작용을 '체험'으로 묘사하지 않도록 매우 조심해야 합니다. 자칫 그것이 자기성찰을 통해 파악할 수 있는 체험인 것처럼 생각할 수 있기 때문입니다. 그런 체험들을 모든 그리스도인이 갖추어야 할 필수불가결한 규범(아니면 교수과목syllabus!)으로 제시하지 않도록 더욱 조심해야 합니다. 저는 하나님이 우리를 구원하시는 방식이 무한히 다양하며, 구원받는 사람이 그 사실을 자각하는 정도도 제각각일 거라고 생각합니다. 그에게 '이제 곧 2단계가 찾아올 텐데, 이게 그건가?'라고 말하게 하는 성화론이 있다면, 그것은 안 좋은 이론이며 주제 넘는 확신 또는 절망, 둘 중 하나로 사람들을 몰아갈 가능성이 높다고 봅니다. 상처의 치료는 하나님께 맡겨야지 우리가 붕대 아래를 자꾸만 들여다봐서는 안 됩니다. 에드워드 엘에게 보낸 편지 [1949년 12월 4일]

12월 8일

그리스도인은 전체주의자도 아니고 개인주의자도 아니다

기독교는 인간 개개인을 단순히 어떤 모임에 속한 구성원이나 목록에 나열된 항목으로 보는 것이 아니라, 한 몸의 기관들—자기만의 역할을 수행하는 서로 다른 존재들—로 봅니다.

여러분의 자녀나 학생, 심지어 이웃들을 당신의 판박이로 만들고 싶은 마음이 들거든, 그것은 결코 하나님의 뜻이 아니라는 사실을 기억하십시오. 여러분과 그 사람들은 각기 다른 기관으로서 각기 다른 역할을 감당하게 되어 있습니다. 반대로 다른 사람의 어려움을 보고서도 "내가 상관할 바 아니지" 하며 무관심하고 싶은 마음이 들거든, 그가 여러분과 다른 존재이면서도 동시에 같은 유기체의 일부임을 기억하십시오. 그가 여러분과 같은 유기체에 속해 있다는 사실을 잊을 때 여러분은 개인주의자가 됩니다. 반면에 그가 여러분과 다른 기관이라는 것을 잊을 때, 각자의 차이를 무시하고 모든 사람을 획일화하고자 할 때, 여러분은 전체주의자가 됩니다. 그리스도인은 전체주의자가 되어서도 안 되고 개인주의자가 되어서도 안 됩니다.

이 두 가지 중 무엇이 더 그릇된 생각인지 말하고 싶은 마음이 굴뚝같습니다. 아마 여러분도 그럴 것입니다. 그러나 이것은 악마의 술책입니다. 악마는 그릇된 사상을 세상에 퍼뜨릴 때 항상 짝을 지어—정반대 생각끼리—퍼뜨립니다. 그리고 그 중에 무엇이 더 나쁜지 생각하는 데 많은 시간을 낭비하도록 부추기지요. 그 이유는 물론 아시겠지요? 악마는 우리가 어느 한쪽을 특별히 더 싫어하게 만들어서 그 반대쪽으로 조금씩 끌고가려는 것입니다. 그러나 우리는 속지 맙시다. 우리는 오직 목표만을 바라보면서 그릇된 두 생각 사이에 난 길을 똑바로 걸어가야 합니다. 그 중 하나에 더 관심을 둘 필요가 없습니다.

《순전한 기독교》 4장 인격을 넘어서, 또는 삼위일체를 이해하는 첫걸음

12월 9일

그리스도로 분장하기

여기까지 읽은 사람이라면 한 번쯤 기도할 마음을 먹을 정도의 관심은 있을 것입니다. 그럴 때 다른 기도를 할 수도 있겠지만, 아마 주기도문으로 기도하기가 가장 쉽지 않을까 합니다.

주기도문의 첫 문장은 "하늘에 계신 우리 아버지여"입니다. 무슨 뜻인지 아시겠습니까? 이것은 아주 정직하게 말해서, 여러분이 지금 하나님의 아들 행세를 한다는 뜻입니다. 조잡하게 표현해서 그리스도로 분장했다는 뜻이지요. 이렇게 말해도 괜찮다면, 여러분은 가장假裝하고 있는 것입니다. 이 첫 문장의 뜻을 깨닫는 순간, 여러분은 자기가 하나님의 아들이 아니라는 사실 또한 깨닫게 될 것이기 때문입니다. 여러분은 성부와 한 마음 한 뜻을 품고 계시는 '그' 하나님의 아들과 같을 수가 없습니다. 여러분은 자기 중심적인 두려움과 소원, 욕심, 질투, 자만 등 망할 수밖에 없는 것들을 모아 놓은 꾸러미입니다. 이런 사람이 그리스도로 분장한다는 것은 어떤 점에서 대단히 파렴치한 짓이 아닐 수 없습니다. 그런데 이상한 사실은 그리스도 자신이 이렇게 하라고 명령하셨다는 것입니다.

가장에는 두 가지 종류가 있습니다. 하나는 나쁜 것으로서, 진짜를 밀어내는 가장입니다. 실제로는 돕지 않으면서 돕는 척할 때처럼 말이지요. 그러나 좋은 가장도 있는데, 이것은 진짜로 나아가는 가장입니다. 친밀감을 보여야 할 사람한테 친밀감이 생기지 않을 때 가장 흔히 쓸 수 있는 최선의 방책은, 마치 자기가 실제보다 더 친절한 사람인 양 친밀한 태도와 행동을 보이는 것입니다. 그러면 우리 모두가 이미 경험한 바처럼 얼마 후 전보다 큰 친밀감이 정말 생겨납니다. 어떤 소질을 실제로 기르려면 그 소질이 벌써 생긴 양 행동해야 하는 경우가 아주 많습니다. 《순전한 기독교》 4장 인격을 넘어서, 또는 삼위일체를 이해하는 첫걸음

12 월 10 일

가장이 현실이 된다

여러분은 '지금 나는 그리스도로 분장하고 있다'는 사실을 깨닫는 순간 이야말로 그 가장이 가장에서는 좀더 멀어지고 현실에 좀더 가까워질 수 있는 순간임을 알게 될 것입니다. 여러분이 정말 하나님의 아들이라면 결코 허용치 않았을 생각들이 몇 가지 떠오를 수 있습니다. 그렇다면 그것들을 버리십시오. 지금은 기도할 것이 아니라 아래층으로 내려가 편지를 쓰거나 아내의 설거지를 도와야 한다는 생각이 들 수도 있습니다. 그렇다면 가서 그렇게 하십시오.

일이 어떻게 되어 가는 것인지 아시겠지요. 이렇게 하는 순간, 사람이면서(여러분처럼) 하나님이신(그의 아버지처럼) 하나님의 아들 그리스도가 실제로 여러분 옆에서 여러분의 가장을 현실로 바꾸기 시작하십니다. 그저 양심의 소리에 따르는 것에 불과한 일을 제가 엉뚱하게 부풀리고 있는 것이 아닙니다. 물론 양심에 물어서 답을 얻을 수도 있지요. 그러나 스스로 그리스도로 분장하고 있다는 사실을 의식할 때 얻는 답은 그 답과 다릅니다. 양심상으로 볼 때에는 딱히 잘못이라고 할 수 없지만 그리스도처럼 되려고 진지하게 노력할 경우에는 허용할 수 없는 것들(특히 마음속에 있는 것들)이 아주 많습니다. 이제 여러분에게는 단순히 무엇이 옳고 그르냐가 문제되지 않습니다. 여러분은 좋은 의미에서 한 인격체에게 전염되려고 애쓰는 중이기 때문입니다. 이것은 정해진 규칙을 지키는 일보다는 초상화를 그리는 일에 더 가깝습니다. 이상한 것은 어떤 점에서는 초상화를 그리기가 규칙을 지키기보다 어렵지만, 또 다른 점에서는 오히려 훨씬 쉽다는 것입니다.

진짜 하나님의 아들이 여러분 곁에 계십니다. 그는 여러분을 자신과 같은 존재로 바꾸기 시작하셨습니다. 이를테면 자신과 같은 생각과 생명, 즉 조에를 당신 안에 '넣어 주고' 계신 것입니다. 《순전한 기독교》 4장 인격을 넘어서, 또는 삼위일체를 이해하는 첫걸음

12월 11일

하나님의 은혜가 전해지는 도구

"보이지 않는 그리스도가 나를 도와 준다고 느낀 적은 한 번도 없었어요. 오히려 사람들의 도움을 자주 받았지요"라고 말할 수도 있습니다. 그러나 이런 사람은 제1차 세계대전 때 "우리 식구들은 맨날 토스트만 먹으니까 빵은 떨어져도 상관없어요"라고 말한 여자와 다를 바가 없습니다. 빵이 없으면 토스트도 없습니다. 그리스도의 도움이 없으면 사람의 도움도 없습니다. 그는 온갖 방법으로 우리에게 역사하십니다. 우리가 '신앙생활'로 여기는 부분을 통해서만 역사하시는 것이 아닙니다. 자연을 통해서도, 우리의 몸을 통해서도, 책을 통해서도, 때로는 반기독교적으로 보이는(당시로서는) 경험들을 통해서도 역사하십니다. 습관적으로 교회에 나가던 젊은이가 실은 자신이 기독교를 믿지 않는다는 사실을 정직하게 인정하고 교회에 그만 다니기로 할 경우—부모를 속썩이기 위해서가 아니라 정말 정직해지고 싶어서 이렇게 할 경우—그리스도의 영은 그 전 어느 때보다 그에게 더 가까이 계실 수 있습니다.

그러나 그리스도는 무엇보다 먼저 사람을 통해 일하십니다. 사람은 다른 사람에게 그리스도를 비추어 주는 거울, 또는 그리스도를 전해 주는 '운반인'입니다. 때로는 자기도 모르는 사이에 이런 역할을 할 때도 있지요. 자신은 '좋은 전염'을 경험하지 못했으면서 다른 사람에게는 옮겨 주는 경우도 있습니다. 예컨대 저는 비그리스도인들의 도움으로 그리스도인이 되었습니다. 그러나 대개는 그리스도를 아는 이들이 다른 이들에게 그분을 전해 주게 되지요. 이것이 바로 교회, 즉 서로에게 그리스도를 보여 주는 그리스도인 전체가 그토록 중요한 이유입니다. 《순전한 기독교》 4장 인격을 넘어서, 또는 삼위일체를 이해하는 첫걸음

12월 12일
모래 위에 지은 집

잊지 마십시오. 아기가 처음 어머니의 젖을 먹을 때에는 젖 주는 사람이 어머니인 줄 모르는 게 당연합니다. 우리도 처음 사람의 도움을 받을 때에는 그 뒤에 계신 그리스도를 못 보는 게 당연합니다. 그러나 언제까지나 아기로 머물 수는 없습니다. 우리는 자신에게 정말 도움을 주시는 분이 누구인지 알아보는 수준까지 나아가야 합니다. 그렇게 안 된다면 낭패가 아닐 수 없습니다. 그러면 결국 사람을 의지하게 될 테니까요. 사람을 의지하면 곧 실망하게 마련입니다. 아무리 훌륭한 사람도 실수를 합니다. 그리고 다 죽습니다. 우리는 우리를 도와 준 이들에게 감사해야 하며 그들을 존경하고 사랑해야 합니다. 그러나 어떤 인간에게도 절대로, 절대로 믿음 전체를 걸지는 마십시오. 설령 그가 세상에서 아무리 훌륭하고 현명한 사람이라 할지라도 그렇게는 하지 마십시오. 모래를 가지고 할 수 있는 멋진 일들이 많습니다. 그러나 그 위에 집을 짓는 일만큼은 해서는 안 됩니다. 《순전한 기독교》 4장 인격을 넘어서, 또는 삼위일체를 이해하는 첫걸음

영원한 사람

이제 우리는 신약성경이 늘 하는 말이 무슨 뜻인지 이해하기 시작했습니다. 신약성경은 그리스도인이 '다시 태어나는 일'에 대해 말하고 있습니다. '그리스도로 옷 입는 일'에 대해, '그리스도의 형상이 우리 안에 이루어지는 일'과 '그리스도의 마음을 품는 일'에 대해 말하고 있습니다.'

그리스도인들이 그리스도의 말씀을 읽고 실천하려고 노력하는 것—플라톤이나 마르크스의 글을 읽고 실천하려고 노력하는 것처럼—에 불과한 일을 참 거창하게도 표현한다고 생각지 마십시오. 여기에는 그 이상의 의미가 있습니다. 이것은 실제 인격체인 그리스도께서 바로 지금 여기, 여러분이 기도하고 있는 그 방에 오셔서 일하신다는 뜻입니다. 이것은 2천 년 전에 죽은 한 훌륭한 인물에 관련된 문제가 아닙니다. 이것은 여러분과 똑같은 산 사람이자 세상을 창조한 분과 똑같은 하나님이 직접 찾아와 여러분의 자아에 간섭하시는 일입니다. 여러분 안에 있는 자연적인 옛 자아를 죽이고 그 자신의 자아로 바꾸시는 일입니다. 그는 처음에는 잠깐 잠깐 이 일을 하십니다. 그다음에는 좀더 오랜 기간을 들여 이 일을 하시지요. 그리고 이 모든 과정이 잘 진행되면 마침내 여러분을 완전히 다른 존재로, 새로운 작은 그리스도로, 규모는 작지만 하나님의 생명과 똑같은 생명을 가진 존재로 영원히 바꾸어 놓으십니다. 그리하여 그의 능력과 기쁨과 지식과 영원함에 동참케 하십니다.

《순전한 기독교》 4장 인격을 넘어서, 또는 삼위일체를 이해하는 첫걸음

신비체험의 의미

더 높은 차원의 기도—신비주의자들이 내 시야에서 사라져 버리는 험한 바위산, 얼음으로 뒤덮인 산꼭대기, 뾰족한 봉우리들—에 대해 내가 할 말은 두 가지 뿐일세. 첫째, 내가 생각하기엔 우리 모두가 그런 곳에 올라가도록 '부름 받은' 건 아니라는 거야. '만일 그렇다면, 주님이 우리에게 일러 주셨을 것이니.'[2] 둘째, 요즘 널리 퍼지고 있는 정말로 그럴싸한 주장이 있지. 온갖 다양한 종교적 배경에서 출발한 신비주의자들(이렇게 부르더군)이 모두 동일한 것을 발견한다는 거야. ……그렇지만 나는 이 주장의 전제가 의심스럽다네. 플로티누스Plotinus[3]와 노리치의 줄리안Lady Julian[4]과 십자가의 성 요한[5]이 정말 '같은 것들'을 발견했단 말인가? ……나는 신비체험을 결코 환상으로 여기지 않네. 그런 체험은 죽기 전에 소위 '이 세상'을 벗어날 길, 무대 밖으로 나갈 길이 있음을 보여 준다고 생각해. 하지만 여기를 벗어나 어디로 간다는 걸까? 그건 영국인에게 이렇게 묻는 것과 같다네. "바다는 어디로 흘러갑니까?" 그는 이렇게 대답할 걸세. "잉글랜드만 빼놓고 바다 밑바닥을 포함해 지구 어디든 갑니다." 신비주의자의 항해가 적법하고 안전하고 소기의 성과를 거두려면 항해자의 동기가 순수하고 항해 기술이 뛰어나고, 끈기와 더불어 하나님의 은혜가 있어야 하네. 항해를 시작한다고 해서 능사가 아니지. 참된 종교가 먼저 있어야 그 안에서 나타나는 신비주의도 가치가 있는 걸세. 신비주의가 나타난다고 그 토대가 되는 종교가 쓸모없어지는 건 아니지.

누군가가 악마적 신비주의나 마약이 위대한 기독교 신비주의자들의 체험과 (자기반성을 아무리 철저히 해도) 구별되지 않는 체험들을 만들어 낼 수 있음을 보여 준다 해도 나는 전혀 당황하지 않을 걸세. 출발은 모두 똑같은 거니까. 항해의 절정은 상륙일세. 성인聖人은 성인됨을 통해 그의 신비주의(만약 그가 신비주의자라면 말이야. 그렇다고 물론 모든 성인이 신비주의자는 아닐세)가 그를 올바로 이끌었음을 입증하네. 그가 신비주의를 실천했다는 사실이 그의 거룩함을 입증하지는 못하지. 《애인기도》 12장

12월 15일

타고난 재능만으로는 안 된다

만약 여러분이 사람들에게 호감을 주는 유형이라면—좋은 일을 쉽게 하는 사람이라면—조심하십시오! 많이 받은 자들에게는 많이 요구하실 것입니다. 하나님께서 자연을 통해 여러분에게 주신 선물을 자기 장점으로 착각한다면, 그래서 자기가 호감을 주는 사람이라는 데 만족해 버린다면, 여러분은 여전히 반역자의 자리에 있는 것입니다. 이 모든 선물은 여러분을 더 무섭게 타락시키고 더 심하게 부패시킬 것이며, 여러분의 나쁜 본보기를 통해 더 큰 재앙이 닥치게 만들 것입니다. 악마는 한때 천사장이었습니다. 여러분의 타고난 재능이 침팬지의 재능보다 뛰어난 것 이상으로, 그의 재능은 여러분의 재능보다 뛰어났습니다.

그러나 여러분이 '가난한' 피조물이라면—저속한 질투와 몰상식한 다툼투성이였던 집에서 비참하게 자라 거기에 물든 사람이라면, 자기 뜻과 상관 없이 혐오스러운 성도착증에 사로잡혀 있는 사람이라면, 밤낮없이 열등감에 시달린 나머지 제일 친한 친구한테조차 딱딱거리는 사람이라면—절망하지 마십시오. 그리스도께서는 이 모든 것을 알고 계십니다. 여러분은 그가 축복하신 가난한 사람 중 한 명입니다. 그는 여러분이 형편없는 기계를 돌리려고 애쓰고 있다는 것을 알고 계십니다. 그러니 계속 노력하십시오. 여러분이 할 수 있는 일들을 하십시오. 그는 언제가(다음 세상에서일 수도 있고, 그보다 훨씬 빠를 수도 있습니다) 그 형편없는 기계를 폐기처분하고 새 기계를 주실 것입니다. 그때 여러분은 여러분 자신뿐 아니라 우리 모두를 놀라게 만들 것입니다. 그 고된 학업을 받는 과정에서 새 기계 돌리는 법을 이미 터득했기 때문입니다(나중 된 자가 먼저 되고 먼저 된 자가 나중 되는 것이지요).[6] 《순전한 기독교》 4장 인격을 넘어서, 또는 삼위일체를 이해하는 첫걸음

12월 16일

호감 주는 사람이냐, 새 사람이냐

'호감 주는 성품'—건전하고 원만한 성격—은 아주 좋은 것입니다. 우리는 되도록 많은 이들이 이런 성품을 갖춘 사람들로 자라날 수 있는 세상을 만들기 위해 의학적·교육적·경제적·정치적 수단들을 총동원해서 노력해야 합니다. 모든 사람이 충분히 먹고 살 수 있는 세상을 만들기 위해 노력하듯이 말이지요. 그러나 모든 사람을 이렇게 만들 수 있다고 해서 그들의 영혼까지 구할 수 있는 것은 아니라는 사실을 알아야 합니다. 비참한 세상에 구원이 절실히 필요한 것 못지않게, 자신의 성품에 만족한 채 그 이상을 추구하지 않고 하나님께 등을 돌리고 사는 호인好人들의 세상에도 구원은 절실히 필요합니다.

구속救贖받은 사람은 지금 이 땅 위에서도 개선된 모습을 보일 뿐 아니라 종국에는 상상도 못할 정도로 개선된 모습을 갖추게 되지만, 그럼에도 개선이 곧 구속은 아닙니다. 하나님은 이 피조물들을 아들로 삼기 위해 인간이 되셨습니다. 단순히 옛 사람을 좀더 낫게 개선시키기 위해서가 아니라 완전히 새로운 종류의 인간을 만들기 위해 이 땅에 오신 것입니다. 이것은 말에게 더 높이 뛰는 법을 가르치는 대신, 말을 아예 날개 달린 동물로 변신시키는 일과 같습니다. 일단 날개가 돋은 말은 전에는 한 번도 넘지 못하던 담장을 가뿐히 뛰어넘을 것이며, 보통 말들은 그의 상대조차 되지 못할 것입니다. 그러나 이제 막 날개가 돋기 시작한 터라 아직까지는 그렇게까지 할 수 없는 기간이 있을 수 있습니다. 그 단계에서는 어깨가 부어 오르는 바람에—그리고 아무도 그것이 장차 날개가 되리라는 것을 알아보지 못하는 바람에—모양새만 더 사나워 보일 수도 있습니다.

《순전한 기독교》 4장 인격을 넘어서, 또는 삼위일체를 이해하는 첫걸음

12월 17일

언제나 당신 옆에 계시던 그 존재

여러분이 기독교에 반대할 논거를 찾고 싶다면(기독교가 참일지도 모른다는 의심이 들기 시작했을 때, 저 또한 얼마나 열심히 그런 논거들을 찾아 헤맸는지 모릅니다), 우둔하고 시원찮은 그리스도인 하나를 찾아내 "당신이 자랑해 마지않는 그 새 사람이 여기 있군요. 이렇게 되느니 난 차라리 옛 사람으로 남는 편을 택하겠소"라고 쉽게 말해 버리면 됩니다. 그러나 기독교가 다른 개연성 있는 근거 위에 서 있다는 사실이 일단 눈에 들어오기 시작한다면, 이런 태도는 문제를 회피하는 데 불과하다는 사실을 인정하게 될 것입니다.

다른 사람의 영혼에 대해—그들이 받는 유혹과 기회, 고투에 대해—여러분이 무엇을 알 수 있겠습니까? 여러분이 알고 있는 영혼은 전 창조 세계에 단 하나뿐입니다. 여러분의 손에 그 운명이 달려 있는 영혼도 단 하나뿐입니다. 만약 하나님이라는 분이 계시다면, 여러분 한 사람 한 사람은 어떤 의미에서 그 앞에 각각 홀로 서 있다고 할 수 있습니다. 옆집 사람에 대한 억측이나 책에서 읽은 내용을 내세워 그분을 피할 수는 없습니다. 우리가 '자연' 혹은 '현실 세계'라고 부르는 이 몽롱한 안개가 완전히 걷히고, 언제나 당신 옆에 계시던 그 '존재'가 마침내 손에 잡히는 모습으로 피하려야 피할 수 없이 바로 눈앞에 나타나시는 날, 그런 잡담과 소문들이 다 무슨 소용이 있겠습니까(아니, 그런 말들을 과연 기억이나 할 수 있을까요)? 《순전한 기독교》 4장 인격을 넘어서, 또는 삼위일체를 이해하는 첫걸음

12 월 18 일

그리스도 안에 있는 새 사람

새 단계는 이미 도래했습니다. 이 단계에 벌써 들어선 사람들도 있고 지금 들어서고 있는 사람들도 있습니다. 이 새 사람들은 지구 위 여기저기에 이미 흩어져 있습니다. 어떤 이들은 알아보기가 힘듭니다. 그러나 어떤 이들은 쉽게 알아볼 수 있습니다. 우리는 가끔 그들과 마주칩니다. 그들은 목소리와 얼굴 자체가 벌써 우리와 다릅니다. 더 힘있고, 더 평온하며, 더 행복하고, 더 빛이 납니다. 우리 대부분이 포기하는 지점에서 그들은 새로 시작합니다.

이미 말했듯이, 우리는 그들을 알아볼 수 있습니다. 그러나 그들에게서 어떤 특징부터 확인해야 하는지를 알아야 합니다. 그들은 책에 일반적으로 나오는 '종교인'의 개념과는 거리가 멀기 때문입니다. 그들은 자신에게 관심을 끌어모으지 않습니다. 그래서 실은 그들이 여러분에게 친절을 베풀고 있는데도, 마치 여러분이 그들에게 친절을 베푸는 것처럼 느껴질 때도 있습니다. 그들은 여러분을 누구보다 더 사랑하지만, 누구보다 덜 필요로 합니다(우리는 사람들이 우리를 필요로 하길 바라는 마음을 극복해야 합니다. 그럭저럭 괜찮은 사람들, 특히 여성들에게 이것은 가장 이기기 힘든 유혹입니다). 그들은 대개 시간이 많아 보입니다. 그 비결이 무엇일까 궁금할 정도입니다.

한번 새 사람을 알아보면, 그다음에는 훨씬 쉽게 알아볼 수 있습니다. 저는 그들끼리는 피부색과 성별, 계층과 나이의 장벽뿐 아니라 신조의 장벽까지 넘어, 만나는 즉시 서로를 확실하게 알아볼 수 있지 않을까 하는 생각이 강하게 듭니다(하지만 정확한 사실이야 어떻게 알겠습니까?). 그렇게 볼 때, 거룩해진다는 것은 비밀결사에 가담하는 일과 비슷합니다. 점잖지 못하게 표현한다면, 그것은 그야말로 재미나는 일일 것입니다. 《순전한 기독교》 4장 인격을 넘어서, 또는 삼위일체를 이해하는 첫걸음

모든 인격의 원천

　　우리가 '자기 자신'이라고 부르는 것에서 벗어나면 벗어날수록, 그분께 자신을 드리면 드릴수록, 그만큼 더 우리는 진정으로 자기다워집니다. 그리스도는 얼마나 크신 분인지, 저마다 다른 수십만억 명의 '작은 그리스도'로도 그분을 온전히 표현하기에는 턱없이 부족합니다. 그가 제각기 다른 이 사람들을 창안해 내셨고—작가가 소설의 인물들을 창안해 내듯이—여러분과 저도 거기 속해 있습니다.

이런 의미에서 우리의 진정한 자아는 그리스도 안에서 우리를 기다리고 있다고 할 수 있습니다. 그리스도 없이 '나 자신'이 되려고 아무리 노력해 봐야 소용이 없습니다. 그를 거부하고 혼자 힘으로 살려고 하면 할수록, 유전과 성장 배경과 환경과 자연적인 욕망의 지배만 더 받게 될 뿐입니다. 내가 그토록 의기양양하게 내세우는 '나 자신'은, 내가 시작하지도 않았고 막을 수도 없는 일련의 사건들이 집합하는 장소 이상이 되지 못합니다. '나의 바람'이라는 것 역시 내 신체 기관이 배출했거나 다른 이의 생각이 주입했거나 심지어 악마가 제시한 욕망 이상이 되지 못합니다.

……자연 상태 그대로의 '나'는 내가 믿고 싶어하는 것만큼 주체적인 개인이 못 됩니다. '나한테서' 우러나왔다고 내세우는 일들은 대부분 아주 쉬운 설명이 가능한 것들입니다. 우리가 처음으로 나만의 진정한 인격을 갖기 시작하는 때는 바로 그리스도를 향해 돌아서는 때, 돌아서서 그의 인격에 나 자신을 바칠 때입니다.

처음에 저는 하나님 안에 여러 인격이 있다고 말했습니다. 이제 더 깊이 들어가 보겠습니다. 진정한 인격은 오직 그 안에만 있습니다. 따라서 여러분의 자아를 그에게 바치기 전까지는 진정한 자아를 가질 수 없습니다. 천편일률성은 그리스도께 굴복한 사람들에게 나타나는 특징이 아니라, 가장 '자연적인' 사람들에게 가장 잘 나타나는 특징입니다. 세상의 모든 독재자들과 정복자들은 얼마나 지루하게 하나같이 똑같은지 모릅니다. 반면에 성도들은 얼마나 영예롭게 저마다 다른지 모릅니다. 《순전한 기독교》 4장 인격을 넘어서, 또는 삼위일체를 이해하는 첫걸음

12월 20일

아무것도 남겨 두지 마십시오

진정으로 자아를 포기하는 일이 있어야 합니다. 이를테면 자신을 '무작정' 내던져 버려야 한다는 것입니다. 물론 그리스도께서는 진정한 인격을 주실 것입니다. 그러나 그것 때문에 그에게 나아가서는 안 됩니다. 자신의 인격에 계속 신경 쓰는 한 여러분은 결코 그에게 나아갈 수 없습니다. 여러분이 가장 먼저 해야 할 일은 자아를 통째로 잊어버리려고 노력하는 것입니다. 진정한 새 자아(그리스도의 것이면서 동시에 여러분의 것인 자아, 그의 것이 되었다는 바로 그 이유 때문에 여러분의 것이 된 자아)는 그 자체를 추구하는 한 얻을 수 없습니다. 그 자아는 그리스도를 찾을 때에만 얻을 수 있습니다. 이상한 말처럼 들립니까?

아시겠지만 이것은 많은 일상사에 적용되는 원리입니다. 인간 관계에서도 자기가 상대방에게 어떤 인상을 주고 있는지 신경 쓰는 동안에는 좋은 인상을 줄 수 없습니다. 문학과 예술에서도 독창성에 신경 쓰는 사람은 독창적이 되지 못하지요. 반면에 단순히 진실만을 말하려고 노력하다 보면(전에 이런 말을 한 사람들이 얼마나 많았는가에 전혀 개의치 않은 채), 십중팔구 자기도 모르는 사이에 독창적이 되게 마련입니다. 이것은 삶의 꼭대기부터 밑바닥까지 관통하고 있는 원리입니다. 자신을 포기하십시오. 그러면 진정한 자아를 발견할 것입니다. 자기 생명을 버리십시오. 그러면 생명을 얻을 것입니다. 죽음을 받아들이십시오. 매일의 야망과 이루고 싶은 바람들의 죽음을, 그리고 언젠가 찾아올 몸의 죽음을 받아들이십시오. 온몸과 온 마음으로 받아들이십시오. 그러면 영원한 생명을 발견할 것입니다. 아무것도 남겨 두지 마십시오. 주지 않은 것은 진정한 여러분의 것이 되지 못할 것입니다. 여러분 안에서 죽지 않은 것은 죽음을 떨치고 일어서지 못할 것입니다. 자기 자신을 찾으면 결국 미움과 외로움과 절망과 분노와 파멸과 쇠퇴만을 보게 됩니다. 그러나 그리스도를 찾으면 그를 만날 것이며, 그와 함께 모든 것을 얻을 것입니다. 《순전한 기독교》 4장 인격을 넘어서, 또는 삼위일체를 이해하는 첫걸음

12월 21일

주께서 오심

사실적 면에서, 하나님이 오랜 준비 과정의 끝에 그 절정으로서 사람으로 성육신하셨듯이, 문서적 면에서도 그렇게, 진리는 처음에 신화적인 형태로 나타났다가 오랜 응축 과정, 집중화 과정을 거쳐 마침내 역사History로서 성육신하게 된 것이라고 생각합니다. 이런 견해는 신적 진리의 광선이 인간의 상상력에 떨어진 것으로 봅니다. 다른 민족들처럼, 히브리 민족에게도 신화가 있었습니다. 그러나 그들은 선택된 백성이었기에, 그들의 신화도 선택된 신화였습니다. 즉 인류 역사 가장 초기의 신성한 진리들을 전해 주는 매개물이 되도록, 진리가 마침내 완전한 역사적 진리가 되는 신약성경에서 귀결점을 맞는 그 과정의 첫 번째 계단이 되도록 하나님에게 선택받은 신화였습니다. 《이력》 15장 옛 창조의 기억

12월 22일

성육신은 신화를 초월한다

신화가 사고를 초월하듯, 성육신은 신화를 초월합니다. 기독교의 핵심은 사실이기도 한 신화입니다. 죽는 신을 다룬 옛 신화가 여전히 신화인 채로 전설과 상상의 하늘에서 역사의 땅으로 내려옵니다. 그 일은 구체적인 시간, 구체적인 장소에서 벌어지고, 정의할 수 있는 역사적 결과들이 그 뒤를 따릅니다. 우리는 언제 어디서 죽는지 아무도 모르는 발데르Balder[7]나 오시리스Osiris[8] 같은 신을 지나 (모두 순서에 따라) 본디오 빌라도 치하에서 십자가에 못 박힌 역사적 인물에게 이릅니다.

참으로 불쌍한 사람들은 동정녀가 잉태했을 때 이 위대한 신화가 사실이 되었음을 몰랐던 이들입니다. 그러나 그리스도인들도 사실이 된 이 이야기가 원래 신화였다는 점, 그것이 사실의 세계에 들어오면서 신화의 온갖 특성들을 함께 가져왔다는 점을 기억해야 합니다. 하나님은 하나의 신 이상이신 분이며, 그리스도는 발데르를 넘어서는 분입니다. 그 이하의 존재가 아닙니다. 우리는 기독교 신학에 깃들어 있는 신화적 광채를 부끄러워해서는 안 됩니다. 다른 종교들과의 '유사성'과 '이교 그리스도들'에 긴장해선 안 됩니다. 그런 요소들은 그 자리에 있어야 마땅합니다. 만약 없다면 그게 오히려 걸림돌이 될 것입니다.

《피고석의 하나님》 1부 신화가 사실이 되었다

이교적 '그리스도'와 그리스도

기독교 신학은 그리스도인들과 (그 이전에는) 유대인들에게 특별한 조명이 주어졌다고 말할 뿐 아니라, 모든 인간에게 얼마간의 신적 조명이 주어졌다고도 말합니다. 우리는 하나님의 빛이 "모든 사람에게 비친다"는 말씀을 듣습니다. 그러므로 우리는 위대한 이교도 스승들과 신화 창조자들의 상상력을 빌어 우리가 믿는 바 우주 전체 이야기의 줄거리에 해당하는 테마를 일부 엿보게 된다고 생각할 수 있습니다. 그것은 성육신과 죽음과 부활의 테마입니다. 그리고 이교적 그리스도(발데르, 오시리스 등)와 그리스도의 차이점은 딱 우리가 예상할 만한 정도입니다. 이교의 이야기들은 모두 누군가가 죽었다가 다시 살아나는 내용인데, 그 일은 매년 벌어지거나 언제 어디서 벌어지는지 아무도 모르기도 합니다.

기독교의 이야기는 역사적 인물에 관한 이야기입니다. 그는 이름이 알려진 로마의 총독 치하에서 처형을 당했고, 그 시기를 상당히 정확하게 밝힐 수 있습니다. 그가 세운 종교가 오늘날까지 이어져 오고 있습니다. 이것은 거짓과 참의 차이점이 아닙니다. 한쪽에는 실제 사건이 있고, 다른 쪽에는 그 사건에 대한 희미한 꿈 내지 예고가 있습니다. 이것은 마치 흐릿하게 보이던 사물이 서서히 초점이 잡히는 모습을 지켜보는 것과 같습니다. 처음에 그것은 신화와 의식儀式의 구름으로 광범위하고 모호하게 하늘에 떠 있습니다. 그러다 그것이 점점 압축되고, 단단해지고, 어떤 의미에서는 작아져서 1세기 팔레스타인 지방의 역사적 사건으로 나타납니다. 《영광의 무게》 신학은 시詩인가?

12월 24일

신화가 사실이 되었다

모든 것의 본질적인 의미가 신화의 '하늘'에서 역사의 '땅'으로 내려왔습니다. 그렇게 그리스도께서 자기 영광을 비우고 인간이 되신 것처럼, 신화도 부분적으로 영광을 비웠습니다. 그것이 바로 기독교 신학이 탁월한 시로 경쟁 상대를 압도하기는커녕, 형식뿐 아니라 실제 내용에 있어서도 시적이지 못하다는 사실에 대한 제대로 된 설명입니다. 신약성경이 구약성경보다 시적이지 못한 것도 같은 이유 때문입니다. 여러분은 교회에서 말씀을 들을 때 먼저 놀라운 교리적 교훈을 배운 후 실제적인 적용으로 넘어가면 다소 작다고 할까, 심하게 말하면 평범한 내용이라고 느낀 적이 많지 않으십니까? 실제로도 그렇고, 그렇게 되어야 마땅합니다. 신화가 사실로, 하나님이 인간으로 낮아지는 것입니다. 언제 어디서나 있되 이미지도 없고 말로 표현할 수도 없어서 꿈과 상징과 의식으로 극화된 시에서만 잠깐 엿볼 수 있던 그 무엇이, 작고 견고하게 되어 갈릴리 호수에 떠 있는 배 위에서 잠잘 수 있는 한 사람이 되었습니다. 《영광의 무게》 신학은 시詩인가?

12월 25일 〈성탄절〉

성육신의 의미

범신론에 따르면 하나님은 만유all이시네. 그러나 창조는 하나님이 만유가 되시는 것만으로 만족하지 않으셨음을 분명히 보여 주네. 그분은 '만유 안에 만유가' 되려to be all in all 하시네.[9]

이 진리를 표현할 때 인간의 창조와 하나님의 성육신의 구별이 모호해지지 않도록 조심해야 하네. 이렇게 표현하면 어떨까? 창조 시 하나님은 인간을 만드—창안하—시고 '말씀으로'—주입하심으로— 그를 자연의 영역 속에 두셨네.

성자 하나님은 성육신을 통해 인간 예수의 몸과 영혼을 취하시고 자연환경 전체와 모든 피조물의 곤경을 당신의 존재 속에 담아 내셨네. 그러므로 "그가 하늘에서 내려와"[10]는 '하늘이 땅을 끌어올려 그 안으로 담아내어'라고 고쳐서 표현할 수도 있을 듯하네. 하나님은 국지성, 한계, 잠, 땀, 피곤한 발, 좌절, 고통, 의심과 죽음을 직접 체험하는 자로서, 온 세상 이전부터 아신다는 뜻일세.

순전한 빛이 땅을 거니셨네. 어둠은 신성神性의 심장 속으로 빨려 들어갔다네. 자존하는 빛 가운데가 아니면 어둠이 어디에 잠길 수 있겠나? 《애인기도》 13장

12월 26일

예수, 성육하신 하나님

하나님이 마음만 먹으셨다면 강철 같은 담력을 가진 사람, 신음소리 하나 내지 않는 극기의 화신을 통해 성육하실 수 있었을 것입니다. 그러나 너무나 겸손하신 그분은 섬세한 감수성을 가진 분 안에 성육하기로 선택하셨고, 그분은 나사로의 무덤에서 우셨으며, 겟세마네 동산에서 땀을 피처럼 흘리셨습니다. 그렇지 않았다면 우리는 사람이 선하거나 악한 것은 오로지 본인의 '의지'와 관련된 일이고 '느낌' 자체는 전혀 중요하지 않다는 큰 교훈을 배울 수 없었을 것입니다. 그분이 우리 중 가장 약한 자들이 직면하는 상황을 모두 겪으셨다는 것과 인간성의 강점뿐 아니라 죄를 제외한 모든 약점까지도 공유하셨다는 것을 앎으로써 얻게 되는 너무나 큰 위로도 놓쳐버렸을 것입니다. 예수님이 천성적으로 엄청난 용기를 지닌 사람 안에 성육하셨다면, 많은 사람들이 그분이 아예 성육하지 않으신 것과 별로 다를 바 없는 존재로 느꼈을 것입니다.

루이스의 편지 [1947년 10월 모일]

12월 27일 〈사도 요한 축일〉

아들로 섬길 것인가,
도구로서 섬길 것인가

하나님이 순수한 악으로부터 복합적인 선을 만들어 내실 수 있다고 해서 순수한 악을 저지른 사람들의 책임이 면제되는—하나님의 자비로 구원받을 수는 있어도—것은 아닙니다. 이런 구분은 아주 중요합니다. 죄를 짓지 않을 수는 없지만, 죄를 지은 사람에게는 화가 임합니다. 죄는 확실히 은혜를 더하게 하지만, 그것을 빌미로 계속 죄를 지어서는 안 됩니다." 십자가의 죽음 자체는 역사적 사건 중 최악의 사건인 동시에 최선의 사건이지만, 유다의 역할은 여전히 악한 것입니다.

우리는 이것을 다른 이들이 겪는 고난의 문제에 먼저 적용해 볼 수 있습니다. 어떤 자비로운 사람이 이웃의 유익을 위해 '순수한 선'과 의식적으로 협력하는 가운데 '하나님의 뜻'을 행하고 있다고 합시다. 반대로 어떤 잔인한 사람은 이웃을 학대하면서 순수한 악을 행하고 있었는데 하나님이 그의 동의 없이, 그도 모르는 사이에 그 악으로 복합적인 선을 만들어 내셨다고 합시다.

이때 첫 번째 사람은 아들로서 하나님을 섬긴 것이고, 두 번째 사람은 도구로서 하나님을 섬긴 것입니다. 여러분은 어떤 행동을 하든 하나님의 목적을 수행하게 되어 있습니다. 그러나 유다처럼 섬기느냐 요한처럼 섬기느냐가 문제입니다.

《고통의 문제》 7장 인간의 고통 II

12월 28일

우리 각자의 영혼에 쓰여진
비밀스러운 서명

저도 우리가 천국을 갈망하지 않는 것이 아닐까 생각한 적이 있었습니다. 그러나 그보다 더 자주 떠오른 생각은, 과연 우리가 마음속으로 천국 외에 다른 것을 갈망한 적이 과연 있었던가 하는 것이었습니다. ……여러분이 태어날 때부터 갈망해 오던 그 무언가, 다른 갈망들이 밀물처럼 밀려드는 그 저변에서, 목소리 큰 열정들 사이사이 잠깐씩 찾아오던 침묵의 순간마다, 아이 때부터 노년에 이르기까지 밤낮없이 해를 거듭하며 찾고 지켜보고 귀 기울이던 그 무언가에 대해 어렴풋이 알고 있는(기껏해야 희미하고 불확실하게 알고 있는 것이지만) 또 다른 사람을 만났을 때, 비로소 평생에 걸친 우정의 관계들이 시작되지 않았습니까?

여러분이 그 무언가를 붙잡았던 적은 한 번도 없었습니다. 여러분의 영혼을 깊이 사로잡았던 것들은 모두 그것의 암시—보일 듯 말 듯한 영상映像, 귀에 잡히자마자 사라지는 반향—였을 뿐입니다. 그러나 만약 그것이 정말 모습을 드러낸다면—반향으로 사라지는 것이 아니라 음향으로 증폭된다면—여러분은 그것을 금방 알아볼 수 있을 것입니다. 그리고 조금도 의심 없이 "나는 바로 이것을 위해 지음받았던 거야"라고 말하게 될 것입니다.

우리는 그것이 무엇인지 서로에게 말해 줄 수 없습니다. 그것은 우리 각자의 영혼에 쓰여진 비밀스러운 서명이자 전달할 길 없고 달랠 길 없는 소원이며, 아내를 만나고 친구를 사귀고 직업을 선택하기 전부터 갈망했던 것이자 아내나 친구나 일을 기억하지 못하게 된 죽음의 자리에서조차 여전히 갈망하는 것입니다. 우리가 존재하는 한 이것도 존재합니다. 이것을 잃는 것은 전부를 잃는 것입니다.[12] 《고통의 문제》 10장 천국

12월 29일

방 많은 집

여러분의 개별적 특성 중에 하나님이 모르고 계신 부분은 한 군데도 없다는 사실을 분명히 아시기 바랍니다. 언젠가 여러분 또한 모르는 부분 하나 없이 다 알게 될 날이 올 것입니다. 열쇠를 본 적이 없는 사람의 눈에는 그 열쇠를 본떠 낸 거푸집이 이상해 보일 것입니다. 자물쇠를 본 적이 없는 사람에게는 그 열쇠 자체도 이상해 보일 것입니다. 여러분의 영혼에는 하나님의 본체substance가 지닌 그 무한한 윤곽선의 한 돌출 부분에 들어맞도록 오목하게 패이는 바람에 기이한 모습을 갖게 된 한 형태, 또는 방 많은 집의 한 방문에 꼭 들어맞는 한 열쇠가 있습니다. 구원받는 것은 추상적인 인류가 아니라, 바로 여러분 자신—존 스터브나 재닛 스미스 등의 이름을 가진 한 사람 한 사람—이기 때문입니다. 여러분은 축복받은 행복한 피조물로서 다른 사람의 눈이 아니라 자기 자신의 눈으로 그분을 보게 될 것입니다. 하나님의 선한 인도를 따를 때, 죄를 제외한 여러분의 전 존재는 지극히 만족스러운 상태에 이르게 되어 있습니다.

브로켄의 유령[13]이 '모든 이에게 각자의 첫사랑으로 보인' 것은 일종의 속임수 때문이었습니다. 그러나 하나님이 모든 영혼에게 첫사랑으로 보이는 것은, 진짜 그가 각 사람의 첫사랑이시기 때문입니다. 천국에 있는 나의 자리는 나 한 사람, 오직 나 한 사람에게 맞추어 만든 자리처럼 보일 것입니다. 바로 내가 그 자리에 맞추어—장갑이 손에 맞추어 한 땀 한 땀 만들어지듯이—만들어졌기 때문입니다. 《고통의 문제》 10장 천국

아버지, 구속자, 내주하시는 위로자

　　자아 인식이라는 황금 사과가 거짓 신들 사이에 떨어졌을 때 불화의 열매가 되어 버린 것은, 그들이 서로 그것을 차지하려고 앞다투어 싸운 탓입니다. 그들은 그 거룩한 경기의 첫 번째 규칙, 즉 모든 선수는 공을 잡은 즉시 다른 선수에게 넘겨야 한다는 규칙을 몰랐습니다. 공을 계속 잡고 있다가 걸리면 실책이며, 끝까지 붙들고 있으면 죽음입니다. 눈으로 따라잡기 힘들 정도로 빠르게 공이 옮겨 다닐 때, 그 위대한 주인이 '말씀'의 나심을 통해 영원토록 자신을 피조물들에게 주시며 '말씀'의 희생을 통해 다시 자신에게로 되돌아가심으로써 유쾌한 잔치 자리를 이끌어 가실 때, 참으로 그 영원한 춤은 '천국을 조화로움으로 나른하게 만들 것'입니다. 우리가 지상에서 알았던 모든 고통과 쾌락들은 그 춤동작의 초보 단계에 불과합니다. 그 춤 자체는 현세의 고난과 결코 비교될 수 없습니다. 피조세계에 속하지 않은 그 리듬에 가까이 다가갈수록 고통과 쾌락은 눈앞에서 사라져 버립니다. 그 춤 안에는 기쁨이 있지만, 기쁨을 위해 그 춤이 존재하는 것은 아닙니다. 그 춤은 선이나 사랑을 위해 존재하는 것도 아닙니다. 그 춤은 사랑 그 자신Love Himself이며 선 그 자신Good Himself으로서, 그렇기 때문에 행복한 것입니다. 그것이 우리를 위해 존재하는 것이 아니라, 우리가 그것을 위해 존재합니다.

……지구가 모든 별과 비교될 수 없는 것처럼, 우리 인간과 우리의 관심사들 또한 모든 피조세계와 비교될 수 없는 것이 확실합니다. 또 모든 별들이 우주 공간 자체와 비교될 수 없는 것처럼, 모든 피조세계와 모든 보좌와 모든 권세와 능력과 피조된 신들 중 가장 강한 자 또한 자존하시는 '존재'의 심연, 곧 우리에게는 아버지요 구속자요 내주內住하시는 위로자가 되시지만 원래 그가 어떤 분이시며 '처음부터 끝까지 이루시는' 일이 무엇인지에 대해서는 어떤 인간이나 천사도 말할 수 없고 알 수도 없는 그 '존재'의 심연과는 비교될 수가 없습니다. 왜냐

하면 그들은 모두 실체 없이 파생된 존재들이기 때문입니다. 그들의 시야는 여기서 끝납니다. 그들은 전에도 있었고 지금도 있으며 앞으로도 있을 완전한 현실, 그렇게밖에 될 수 없고 그 반대의 경우란 있을 수 없는 완전한 현실의 견딜 수 없는 빛을 피해 자기 눈을 가릴 것입니다. 《고통의 문제》 10장 천국

12 월 31 일

그림자 나라여, 안녕

아슬란이 그들을 보며 말했습니다. "…… 너희는 그림자 나라 식으로 말하자면 죽은 것이다. 학기가 끝나고 휴일이 시작됐다고 할까. 꿈은 끝나고 이제는 아침이 된 거다……."

우리는 이것이 나니아 이야기의 끝이며, 그들 모두 영원히 행복하게 살았다고 진심으로 말할 수 있습니다. 그러나 그들의 진짜 이야기는 이제 막 시작되었을 뿐입니다. 인간 세계에서 보낸 그들의 삶과 나니아에서 겪은 모든 모험은 책으로 치면 표지와 속표지에 불과했습니다. 이제 그들 앞에는 지구상의 어느 누구도 읽어보지 못한 위대한 이야기의 첫 장이 펼쳐지고 있습니다. 그 이야기는 영원히 계속될 것이며, 새로운 장이 그 앞장보다 항상 나을 것입니다. 《마지막 전투》 16장

날짜가 바뀌는 축일

Movable Fasts and Feasts

사순절의 첫 날 Ash Wednesday

　　받아들이면 안 되는 것, 완전히 물리칠 수는 없지만 매일 싸워야 할 적은 '우리 소유의' 것, 하나님도 손댈 수 없는 '나만의 영역'이라는 생각입니다. ……저는 제 의지로 아무리 노력해도 책임을 적게 지려는 이 갈망, 이 치명적인 유보 성향을 단번에 없애 버릴 수 없다고 생각합니다. 하나님만이 하실 수 있습니다. 저는 하나님이 그렇게 하실 거라고 분명히 믿고 소망합니다. 물론, 제가 '팔짱끼고 앉아만 있어도' 된다는 뜻은 아닙니다. 하나님은 우리를 위해 우리 안에서 일하십니다. 그 과정이 우리에게는 매일 매순간 거듭해서 자기주장의 태도를 부인하는 결단의 모습으로 보일 것입니다(틀린 말은 아닙니다). 우리는 특히 매일 아침 그렇게 해야 합니다. 자기주장의 태도는 매일 밤 새로운 껍질이 돋듯 다시 자라나기 때문입니다. 실패는 용서받을 것입니다. 그러나 우리 안에 우리 것이라 주장하는 영역을 여전히 허용하고 합법화하고 묵인한다면 치명적인 결과를 피할 수 없습니다. 죽기 전까지 이 침입자를 우리 영토에서 완전히 몰아내지 못할 수도 있지만, 그래도 레지스탕스에 속해야지 비시Vichy 정부'에 빌붙어서는 안 됩니다. 우리는 이 싸움을 매일 다시 시작해야 합니다. 《그리스도를 본받아》에 나오는 다음 기도문으로 매일 아침 기도드려야 할 것입니다.
"아직 아무 일도 하지 않았사오니, 흠 없이 오늘을 시작할 수 있게 하소서Da hodie perfecte incipere." 《영광의 무게》 실언

부활절 전 목요일 Maundy Thursday

　　나는 우리 주님이 몸을 찢고 피를 흘리시기 전에 제자들에게 떡과 포
도주를 주시며 그것들이 당신의 몸과 피라고 하신 말씀을 제자들이 어떻게 파
악했는지, 이해는커녕 상상조차 되지 않네. 겉보기엔 떡과 포도주인데 사실은
예수님의 살과 피라니, 그런 '실체'(아리스토텔레스의 의미에서)는 머릿속에 그려지지
가 않네. 그러나 성만찬의 떡과 포도주가 그리스도의 죽음을 되새기기 위해 상
징적으로 사용된 그냥 떡, 그냥 포도주일 뿐이라는 의견에 끌리는 것도 아닐세.
이 정도로 혹은 그 이상으로 그리스도의 죽음을 생각나게 할 수 있는 것이 수
백 가지는 될 텐데, 모든 기독교 세계Christendom(와 내 마음)가 당당하게 선언하고
있듯 굳이 이것이 그렇게 독보적으로 중요한 기념물이 되어야 할 이유를 모르
겠네.

……그러나 지성의 눈으로 볼 때는 바로 이 부분에서 영계와 물질계 사이의 베
일이 가장 불투명하지만, 하나님의 힘이 스며들기에는 충분히 얇고 적합하다고
믿는 데는 전혀 어려움이 없네. 여기서는 가려진 나라에서 온 손이 내 영혼과
내 몸을 만지네. 여기서는 내 속의 학자, 교수, 현대인의 면모가 야만인, 아이의
면모를 능가하지 못하네. 이 안에는 대단한 치료제와 강한 마법이 있네.

……결국 주님의 명령은 "받아서 먹으라"[2]였지 "받아서 이해하라"가 아니었다
네. 《개인기도》 19장

부활절 전 금요일 Good Friday

　　필요한 것이 전혀 없으신 하나님은 자신에게 불필요한 피조물을 순전히 사랑으로써 존재케 하십니다. 피조물을 사랑하고 완성하시기 위해서 말입니다. 그분은 십자가 주변을 윙윙거리며 날아다니는 파리 떼, 거친 말뚝에 짓이겨지고 살점 벗겨진 등, 근심近心 신경을 관통하는 못들, 몸이 아래로 처질 때마다 반복되는 질식의 고통, 숨쉬기 위해 몸을 일으킬 때마다 생겨나는 등과 팔의 격통 등을 이미 예견—아니, 하나님은 시제를 초월하시니 '지금 그것을 보시면서'라고 해야 할 것 같군요—하시면서 우주를 창조하십니다. 감히 생물학적인 이미지를 써서 표현하자면, 하나님은 일부러 기생물들을 창조하셔서는, 기생물인 우리가 하나님 자신을 '이용해 먹을 수 있게' 하시는 '숙주'이십니다. 여기에 사랑이 있습니다. 이는 모든 사랑의 발명자이시자 사랑 자체이신 분의 사랑이 어떤 것인지를 보여 주는 그림입니다. 《네 가지 사랑》 6장 자비

부활절 전 토요일 Holy Saturday

　　한편으로 죽음은 사단의 승리이며 타락에 대한 형벌이고 또 마지막 원수입니다. 그리스도께서는 나사로의 무덤에서 눈물을 흘리셨고 겟세마네에서 피땀을 흘리셨습니다. 그분 안에 있던 참 생명Life of Lives은 우리 못지않게, 아니 우리보다 더 이 형벌로 받은 역겨운 것penal obscenity, 즉 죽음을 혐오하셨습니다. 그러나 또 다른 한편으로는, 자기 생명을 잃는 자만이 자기 생명을 구원할 수 있습니다. 우리는 세례를 통해 그리스도의 죽음 속으로 들어가며, 이는 타락에 대한 치유입니다. 실로 죽음은 요즘 말로 '양면성을 지닌ambivalent' 것입니다. 죽음은 사단의 주력 무기이자, 또한 하나님의 주력 무기입니다. 죽음은 거룩한 것이며, 또한 부정한unholy 것입니다. 우리의 최고 불명예이자 또한 우리의 유일한 희망입니다. 그리스도께서 정복하러 오신 것이자, 또한 그분이 사용하시는 정복 수단입니다. 《기적》 14장 장엄한 기적

부활절 Easter Day

제가 여기서 말하는 '부활'은 그리스도 부활 이후의 첫 몇 시간, 또는 첫 몇 주만을 뜻하는 게 아닙니다. 저는 아래로 아래로 하강한 후 다시 올라가는 거대한 패턴 전체를 말하고 있습니다. 우리가 흔히 부활이라 부르는 것은 말하자면 그 패턴 전체가 돌아가는 회전축에 해당합니다. 그 하강이 무엇인지 생각해 보십시오. 그리스도께서는 내려가시되 인성humanity 속으로뿐 아니라 인간으로 출생하시기에 앞서 우리 모두 경험하는 이상한 전前 인간, 하위 인간의 생명 형태로 태중의 아홉 달로 들어가셨고, 거기서 더 아래 시체 상태까지 내려가셨습니다. 상승의 움직임이 시작되지 않았다면 그 시체는 곧 유기체의 상태에서 벗어나 무기물들의 상태로 돌아갔을 것입니다. 모든 시체가 그렇듯 말입니다.

바다로 곧장 내려가 바다 밑을 훑는 사람의 모습을 연상할 수도 있습니다. 힘센 한 사람이 커다랗고 복잡하게 생긴 짐을 들어 올리는 모습도 그려보십시오. 그는 몸을 숙이고 짐 밑으로 몸을 밀어 넣어 잠깐 시야에서 사라집니다. 그러고는 등을 곧추세워 짐을 어깨에 짊어지고 성큼성큼 걸어갑니다. 이런 모습도 그려 보십시오. 옷을 하나하나 벗어 알몸이 된 사람이 물속에 뛰어듭니다. 그의 몸이 공중에서 잠시 번쩍하는가 싶더니 햇빛이 드는 초록빛의 따뜻한 수층을 지나 칠흑같이 검고 얼어붙을 듯 차가운 수층까지 내려가 바다의 진흙과 찌꺼기에 도달합니다. 그러고는 폐가 터질 것 같은 상태로, 햇빛이 드는 초록빛의 따뜻한 수층을 지나 마침내 햇살 속으로 올라옵니다. 그의 손에는 찾으러 내려갔던 물건이 흠뻑 젖은 채 들려 있습니다. 그 물건은 인간의 본성입니다. 그러나 그것은 그와 연결된 모든 자연, 새로운 우주이기도 합니다. 《피고석의 하나님》 1부 장엄한 기적

그리스도 승천일 The Ascension of the Lord

그러나 우리를 정말로 곤혹스럽게 하는 것은, 우리야 그들의 진술을 어떻게 받아들이든, 우리가 확신하기로 신약성경 기자들은 분명 무언가 상당히 다른 의미로 그런 진술을 했다는 것입니다. 우리는, 그들이 분명 자신들의 스승은 지금 어떤 지역적 '천국'을 향해 출발하셨다고 생각했던 것이라고 확신합니다. 하나님이 보좌에 앉아 계시고 그 옆에 그들의 스승이 앉을 또 다른 보좌가 준비되어 있는 장소를 향해 말입니다. 그런데 저 역시 어떤 의미에서는 그들이 생각한 것은 바로 그런 것이었다고 믿습니다. 그리고 저는, 그들이 실제 본 것이 무엇이었든지 …… 후에 그것을 수직상승 움직임으로 기억하게 된 주된 이유도 바로 여기 있을 것이라고 믿습니다. 그런데 우리가 결코 해서는 안 되는 말이 있습니다. 그것은, 그 목격자들이 지역적 의미의 '천국', 즉 하늘에 있는 보좌나 방 같은 것을, 그들이 하나님, 최상의 능력, 지복 등과의 연합으로서의 '영적인' 천국과 '혼동했다'고 말하는 것입니다. …… 천국에는 다음 네 가지 의미가 있다고 볼 수 있습니다.

    (1) 모든 세상을 넘어서 있는 무조건적 하나님 생명Divine Life.

    (2) 그 생명 안으로의, 창조물 영created spirit의 복된 참여.

    (3) 구속받은 인간 영들이 여전히 인성을 유지한 채, 그러한 참여를 완전히 또 영원히 누리게 되는 곳인 '자연', 즉 체계적 조건들.

    (4) 물리적 하늘, 즉 지구가 움직이고 있는 공간.

이러한 의미를 구별하고 분명히 구분지어 생각할 수 있는 것은 우리가 특별히 영적으로 순수해서가 아니라, 다만 수세기에 걸친 논리적 분석 작업의 상속자들이기 때문입니다. 다시 말해, 우리가 아브라함의 자손이라서 그런 것이 아니라 아리스토텔레스의 자손이라서 그런 것일 뿐입니다. 우리는 신약성경의 기자들이 세 번째나 네 번째 의미의 천국을 첫 번째나 두 번째 의미의 천국과 혼동했다고 가정해서는 안 됩니다. 1파운드를 6펜스와 혼동할 수 있으려면 먼저 영국 화폐 체제를 알고 있어야 합니다. 즉 그 둘이 서로 다르다는 것을 먼저 알고 있어야 합니다. 신약성경 기자들이 가졌던 천국 사상에는 앞서 말한 네 가지 의미들이 다 같이 잠재되어 있었습니다. 후대에 분석을 통해 하나씩 명료화될 수 있는 형태로 말입니다. 그들은 파란 하늘만 따로 떼어 생각해 본 적도 없고, '영적인' 천국만 따로 떼어 생각해 본 적도 없습니다. 파란 하늘을 올려다볼 때, 그들은……그곳이 하나님의 집이라고 추호의 의심 없이 믿었습니다.

그러나 또 한편으로 그러한 천국으로 올라간다는 것은, 지금 우리가 말하는 그런 '영적인' 의미에서 '높아지는' 것임을 역시 추호의 의심 없이 믿었습니다.

……정말로 '천국'이 하늘에 있다고 믿는 사람이라도, 그의 마음속에는, 펜대 한번 놀리는 것으로 손쉽게 그런 생각의 오류를 밝혀낼 수 있는 현대의 많은 논리학자들보다 오히려 천국에 대하여 훨씬 더 참되고 더 영적인 개념이 자리 잡고 있을 수 있습니다. 왜냐하면 성부 하나님의 뜻을 행하는 사람만이 참된 교리를 아는 것이기 때문입니다.[3] 그런 사람이라면 지복직관에 대한 그의 개념 속에 설령 온갖 부적절하고 화려한 물질적 이미지들이 있더라도, 그것들은 전연 해가 되지 못합니다. 왜냐하면 거기서 그것들 자체가 중심이 아니기 때문입니다.

《기적》 16장 새 창조의 기적

성령강림절 Pentecost

이 셋째 위를 신학용어로는 '성령' 또는 하나님의 '영'이라고 합니다. 이것(또는 이분)이 다른 두 하나님보다 다소 모호하고 막연하게 느껴진다고 해서 염려하거나 놀랄 필요는 없습니다. 제 생각에는 이렇게 될 수밖에 없는 이유가 있습니다. 여러분은 그리스도인의 삶을 살면서 대개는 성령을 바라보지 않습니다. 성령은 항상 여러분을 통해 움직이십니다. 성부가 여러분 앞 '저기' 계시는 분이고 성자가 여러분 옆에서 기도를 도우시며 여러분을 하나님의 아들로 바꾸시는 분이라면, 성령은 여러분 안 또는 뒤에 계시는 분입니다. 아마 제3위부터 시작해서 거꾸로 생각하는 편이 오히려 더 이해하기 쉬운 사람도 있을 것입니다. 하나님은 사랑이시며, 그 사랑은 인간을 통해—특별히 그리스도인 공동체를 통해—역사합니다. 그러나 이 사랑의 영은 영원 전부터 성부와 성자 사이에 있어 온 사랑입니다.

자, 그렇다면 이 모든 것은 과연 중요한 문제일까요? 이 세상 그 무엇보다 중요한 문제입니다. 이 삼위 하나님의 생명이 보여 주는 춤, 드라마 또는 양식pattern 전체는 우리 각자의 생명 속에 재현되어야 합니다. 바꾸어 말하면 우리 각 사람은 그 양식 속에 들어가야 하고 그 춤에 참여해야 합니다. 그 외에 행복해질 수 있는 길은 없습니다. 아시다시피 나쁜 것뿐 아니라 좋은 것도 전염됩니다. 따뜻해지려면 불 가까이 가야 합니다. 몸을 적시려면 물속에 들어가야 합니다. 기쁨과 능력과 평화와 영원한 생명을 얻으려면 그것을 가진 존재에게 가까이 가야 하며, 더 나아가 그 속으로 들어가야 합니다. 이것들은 하나님이 아무한테나 나누어 주시는 상품 같은 것이 아닙니다. 실재의 중심에서 솟구쳐 올라오는 능력과 아름다움의 거대한 분수입니다. 그 분수에 가까이 다가가는 사람은 물보라에 젖을 것이고, 다가가지 않는 사람은 여전히 메마른 상태에 머물 것입니다. 하나님과 연합한 사람이 어떻게 영원히 살지 않을 수 있겠습니까? 하나님과 분리된 사람이 어떻게 시들어 죽지 않을 수 있겠습니까? 《순전한 기독교》 4장 인격을 넘어서, 또는 삼위일체를 이해하는 첫걸음

성삼위일체 축일 The Most Holy Trinity

   1차원의 세계는 직선입니다. 2차원의 세계에서는 직선도 그릴 수 있지만 여러 직선으로 도형도 만들 수 있습니다. 3차원의 세계에서는 도형도 만들 수 있지만 여러 도형으로 입체도 만들 수 있습니다. 다시 말하면 좀더 현실에 가깝고 복잡한 차원으로 올라간다고 해서 그보다 단순한 차원에 있는 것들을 아주 버리는 것은 아니라는 말입니다. 여러분은 여전히 그것들을 가지고 있으면서, 동시에 새로운 방식으로—단순한 차원에서는 상상할 수 없었던 방식으로—결합시킬 수 있습니다.

하나님에 대한 기독교의 설명에도 같은 원칙이 적용됩니다. 인간적인 차원은 단순하며 어느 정도는 비어 있다고 할 수 있습니다. 인간적인 차원에서 한 인격은 한 존재이며, 두 인격은 별개의 두 존재입니다. 2차원에서(이를테면 종이 위에서) 한 정사각형은 한 도형이고, 두 정사각형은 별개의 두 도형인 것처럼 말이지요. 신적인 차원에도 인격체들이 있습니다. 그러나 그 인격체들은 그 차원에서 살지 않는 사람은 상상조차 할 수 없는 새로운 방식으로 결합되어 있습니다. 즉 여러분은 하나님의 차원에서 세 인격인 동시에 하나인 존재를 보게 됩니다. 정육면체가 하나의 정육면체인 동시에 여섯 개의 정사각형인 것처럼 말이지요.

물론 지금 우리로서는 그런 존재를 완전히 이해할 수 없습니다. 2차원만 인식하도록 만들어진 존재는 정육면체를 제대로 상상할 수 없는 것과 같습니다. 그러나 일종의 희미한 이해는 얻을 수 있습니다. 그때 우리는 난생 처음으로 초인격적인 존재—인격 이상의 존재—에 대해 어렴풋하나마 구체적인 개념을 얻게 됩니다. 이 개념은 우리 혼자서는 도저히 짐작해 낼 수 없는 것이지만, 일단 듣고 보면 '왜 미리 짐작 못 했을까' 싶을 정도로 우리가 이미 알고 있는 것들과 잘 들어맞습니다.

여러분은 "세 인격三位이면서 동시에 하나인 존재를 상상할 수 없다면, 그런 존재에 대해 이야기해 보았자 무슨 소용이 있을까?"라고 묻고 싶겠지요. 맞습니다. 그런 이야기는 해보았자 소용이 없습니다. 중요한 것은 실제로 이 삼위일체 하나님의 생명 속에 이끌려 들어가는 일이며, 그 일은 언제라도—여러분이 원한다면 당장 오늘 밤에라도—시작될 수 있습니다.

제가 말하고 싶은 것은 이것입니다. 한 평범하고 순진한 그리스도인이 무릎을 꿇고 기도하고 있습니다. 그는 하나님을 만나고 싶습니다. 그러나 그리스도인인 그는 지금 이런 기도를 하게 하신 분 또한 하나님이심을, 즉 자기 속에 계신 하나님이심을 알고 있습니다. 또한 하나님에 대한 모든 참된 지식은 하나님이셨다가 인간이 되신 그리스도를 통해 온다는 것, 바로 그 그리스도께서 지금 자기 옆에서 기도를 돕고 계시며 자기를 위해 기도하고 계시다는 사실도 알고 있습니다. 지금 어떤 일이 일어나고 있는지 아시겠지요. 하나님은 지금 이 사람이 기도하고 있는 대상—그가 도달하고자 하는 목표—입니다. 또한 그가 기도하도록 밀어주고 있는 주체—원동력—이기도 합니다. 동시에 이 사람이 그 목표를 향해 나아가는 길 내지는 다리이기도 합니다. 이처럼 한 평범한 사람이 기도하고 있는 평범한 작은 침실 안에서도 삼위일체 하나님의 삼중적인 생명 전체가 실제로 움직이고 있습니다. 《순전한 기독교》 4장 인격을 넘어서, 또는 삼위일체를 이해하는 첫걸음

그리스도의 성체성혈 대축일 The Body and Blood of Christ

그렇습니다. 당신은 모든 곳에 항상 계십니다.
그러나 그지없이 넓은 숲 속에서 사냥을 한 저는
고귀한 수사슴이신 당신을 궁지에 몰아넣지 못했습니다.

당신의 냄새는 제 사냥개들에게 종잡을 수 없는 것이었습니다.
때로는 전혀 안 나다가, 때로는 어디서나 났으니까요.
제 사냥개들은 다른 냄새나 당신의 냄새를 거의 분간하지 못했습니다.

그래서 저는 이를 수 없는 별과 지평선과
온갖 고운 소리들과 시詩와 굽이굽이 돌아가는
생각의 계단을 등지고 돌아섭니다.

당신을 찾았으나 기껏해야 한 가닥 하얀 빛만 보았던 저는
헛된 사냥을 그만두고 숲을 떠나
당신이 찾아오시는 예정된 자리로 갑니다.

그 자리는 자연 안에도, 인간 안에도 없습니다.
오직 특별한 한 사람, 특정한 시대에 살았고 특정한 키와 몸무게를 가졌으며
아람어를 말했고, 한 가지 직업을 익혔던 한 사람 안에 있습니다.

모든 음식, 모든 떡과 포도주 안에 있지 않습니다.
(저의 보잘것없음이 요구하는 바와 달리)
이 포도주, 이 떡…… 우리가 보기에 흠모할 만한 아름다운 것이 없는
이 안에 있습니다. 시집 중 '흠모할 만한 아름다운 것이 없다'

각주

1월

1. 마태복음 5장 48절.
2. 누가복음 9장 23-24절 참조.
3. 히브리서 12장 8절.
4. 이 시기에 대해 더 알고 싶은 사람은 루이스의 자서전 *Surprised by Joy* (London, 1955)《예기치 못한 기쁨》(홍성사 역간)을 읽으라.
5. 1837-1921. 스코틀랜드의 청교도 설교자, 신학자.
6. 빌립보서 3장 13절.

2월

1. 이사야 53장 3절 참조.
2. Sir Edmund Taylor Whittaker, *The Beginning and End of the World*, Riddell Memorial Lectures, Fourteenth Series(Oxford, 1942), p. 40.
3. Sir Arthur Stanley Eddington(1882~1944). *The Expanding Universe*(1933)의 저자.
4. 프톨레마이오스는 기원후 2세기에 알렉산드리아에서 살았다. 여기서는 그의 책 *Almagest*, bk. I, ch. v.를 가리킨 것이다.
5. Blaise Pascal, Pensée, No. 206.
6. 욥기 41장 1, 4, 9절.
7. 마태복음 18장 12절, 누가복음 15장 4절.
8. 영국 극작가 버나드 쇼를 숭배하는 사람.
9. 아침과 저녁 기도 시간에 하는 죄의 고백에서.
10. 성찬례에 하는 죄의 고백에서.

3월

1. 마태복음 7장 12절.
2. 에베소서 4장 28절.
3. 마태복음 25장 31-46절.
4. 고린도전서 14장 20절.
5. 마태복음 10장 16절.
6. 기원전 496-406년경. 그리스의 비극 시인.

7. 마태복음 5장 44절.

8. parody. 잘 알려진 표현이나 인물 등을 우습고 과장되게 모방하는 것.

9. 빌립보서 2장 12-13절.

10. 누가복음 1장 46-55절.

4월

1. 마태복음 7장 22-23절.

2. 누가복음 22장 43절.

3. 마태복음 27장 46절, 마가복음 15장 34절.

4. 1892-1971. 미국 신학자이자 기독교 현실주의자.

5. 요한계시록.

6. 요한계시록 6장 14절.

7. 요한계시록 20장 11절.

8. 요한계시록 19장 20절, 20장 10, 14-15절, 21장 8절.

9. 요한복음 5장 19절.

10. 요한복음 5장 19절 참조.

11. 사업을 반영구적으로 계속하는 기업, 또는 회계상會計上으로 그렇게 되어 있는 기업을 의미.

12. 존 밀턴의 작품《코머스comus》에 나오는 표현.

13. 태양신으로서 음식, 시, 예언, 건강 등을 주관함.

14. 아폴론과 님프 코로니스의 아들로 의술의 신.

15. 고린도전서 15장 6절 참조.

16. 고린도전서 15장 20절 참조.

17. 히브리서 2장 10절 참조.

18. 사무엘상 28장 참조.

19. 요한복음 14장 2절 참조.

20. 로마서 8장 23절, 11장 16절, 16장 5절, 고린도전서 15장 20절, 야고보서 1장 18절, 요한계시록 14장 4절.

21. 마태복음 14장 29절.

22. 마가복음 13장 30절.

23. 문자적으로 "하나님(의 얼굴)을 (마침내 직접) 뵙는 것." 구원의 최종 완성으로서의 천상의 행복을 가리키는 용어. 'Beatific Vision', 'Beatitude'라고도 한다.

24. 그리스신화에 나오는 맑은 음성을 가진 처녀들. 헤라가 제우스와 결혼할 때 가이아에게서 받은 황금사과들이 열리는 나무를 지켰다.

25. 요한일서 3장 2절 참조.

26. 누가복음 16장 11절 참조.

5월

1. Arius(기원후 250-336), 성부 하나님에 대해 그리스도가 종속적인 존재라는 가르침의 주창자.

2. 아타나시우스 전경Athanisian Creed.

3. 요한복음 14장 2절.

4. 요한일서 3장 2절 참조.

5. 누가복음 12장 35-48절.

6. 요한일서 4장 18절.

7. 시편 131편 1절.

8. 토마스 브라운 경의 Religio Medici, First Part, Section 40을 가리킨 것이다. 원문은 이렇다. "나는 죽음이 두렵다기보다는 부끄럽도다."

9. 마가복음 10장 27절.

10. 마태복음 5장 29-30절 참조.

11. 에베소서 4장 13절 참조.

12. 마태복음 7장 8절 참조.

6월

1. 누가복음 21장 36절 참조.

2. 요한복음 10장 34절(《순전한 기독교》 각주 45).

3. 요한일서 4장 8, 16절

4. 신플라톤주의: 플로티누스Plotinus 로부터 시작된 철학 사조로, 인간은 철학적 신비 명상을 통해 유일자the One인 신과 다시 합일할 수 있다고 가르쳤던 사상.

5. 누가복음 18장 13-14절 참조.

6. 마태복음 11장 28절.

7. 시편 81편 10절.

8. 밀턴의 가면극 《코머스Comus》의 주인공. 로마 신화에 나오는 바커스와 키르케의 아들로, 순결한 처녀를 유혹하는 마술사로 나온다.

9. 영국 시인 앨프레드 테니슨Alfred Tennyson(1809-1892)이 자신의 친구 아서 핼럼 Arthur Hallam를 기리며 쓴 시.

10. 중세 유럽 최대의 연애 이야기에 등장하는 연인들.

11. 그리스·로마 신화에 등장하는 친구들.

12. 중세의 서사시 〈롤란드의 노래The Song of Roland〉에 등장하는 친구들.

13. 중세 전설에 등장하는 친구들.

14. 1903-1950. 영국의 소설가. 본명은 블레어EricArthur Blair로 오웰은 필명. 대표작 《1984년》은 전체주의 체제하의 공포를 그린 반유토피아 소설이며, 《동물농장》은 러시아 혁명(1944)과 스탈린의 배신을 바탕으로 하는 우화 소설이다.

15. 영국성공회의 3대교파(고교회파, 저교회파, 광교회파) 중 개신교의 영향을 많이 받은 교파.

7월

1. 요한복음 20장 29절.
2. 19세기 영국의 시인이자 공예가.
3. 마태복음 25장 14-30절 참조.
4. 마태복음 16장 23절.
5. 누가복음 16장 13절 참조.
6. 고린도전서 15장 50절 참조.
7. 갈라디아서 4장 19절 참조.
8. Nicomachean Ethics, bk. ix, ch. 8. 《니코마코스윤리학》.
9. Introduction to the Devout Life Lyons, (1609)의 3부 9장 'De la douceur envers nous-mêsmes.'
10. 'avec des remonstrances douces et tranquilles.'
11. The Sixteen Revelations of Divine Love, ch. 49.
12. 마태복음 19장 9절, 22장 39절, 마가복음 12장 31, 33절, 로마서 13장 9절, 갈라디아서 5장 14절, 야고보서 2장 8절.
13. 누가복음 14장 26절, 요한복음 12장 25절.
14. Richard III, V, iii, 184.
15. Annals, Bk. I, sect, xx, line 14. "immitior quia toleraverat."
16. On cause mieux quand on ne dit pas Causons.
17. 창세기 27장.
18. J. B. S. Haldane의 《Possible Worlds and Other Essays》(London, 1927)에 실린 에세이. 같은 책에 실린 'The Last Judgment'도 보라.
19. 《오만과 편견》 11장.
20. 그리스어 문법에서 동사의 부정과거는 계속성, 반복성이 없는 단순한 과거시제이다.
21. 야고보서 1장 6절 참조.
22. 창세기 2장 17절.
23. 요한복음 11장 39절 참조.
24. 1491-1556. 예수회 창설자.

8월

1. 마가복음 9장 3절 참조.
2. 블레이크의 시 〈영원Eternity〉에 나오는 내용.
3. 요한복음 6장 53-54절.

4. 히브리서 10장 25절 참조.

5. 1622-1695. 영국의 시인, 신비가.

6. 1637-1674. 영국의 시인.

7. 트로이 부근의 스케리아 섬에서 파이아케스인을 다스리던 왕. 현명하고 공정한 군주로서 백성들의 사랑을 받았고 표류해 온 오디세우스를 환대하고 그의 귀향을 도왔다.

8. 알키노스의 아내.

9. 1823-1901. 영국의 소설가.

10. 기원전 236-184. 고대 로마의 장군, 정치가. 제2차 포에니 전쟁 때 아프리카의 자마에서 한니발을 무찌르고 전쟁을 종결시켰다. 스키피오는 여가 시에도 한가한 적이 없었고, 혼자 있을 때도 고독한 적이 없었다고 한다. 항시 공적인 의무감에서 떠나지 않았고 혼자 있을 때도 자신과 끊임없는 대화를 나누었다는 말이다.

11. 마가복음 16장 18절

12. 한글성경에는 '지체'라고 번역되어 있다.

13. 찰스 디킨스의 소설《골동품 상점》에 등장하는 인물들.

14. 찰스 디킨스의 첫 장편소설《피크위크 페이퍼스》에 등장하는 인물들.

15. 1589-1653. 영국의 정치사상가.

16. 1834-1902. 영국의 역사가, 종교가.

17. 1874-1936. 영국 언론인이자 소설가.

18. 354-418. 영국의 수도사, 신학자. 인간의 자유의지를 강조하고 원죄, 그리스도의 구원, 세례 등을 부정했다.

19. 《신국론》, 제12권, 1

9월

1. 고린도전서 10장 31절.

2. 라틴어의 원래 의미는 '모든 것 '위에' 미치는 능력, 또는 모든 것 '안에' 역사하는 능력'이었을 수도 있습니다. 저는 현대에 통용되는 의미로 사용했습니다.

3. 로마서 13장 14절.

4. 창세기 3장 5절.

5. 《허영의 시장》의 주인공. 신분상승을 위해 수단방법을 가리지 않는다.

6. 이것은 후커Richard Hooker의 법 개념을 발전시킨 것입니다. 여러분이 여러분 '본연의 법'(즉 하나님이 여러분 같은 존재를 위해 만드신 법)를 따르지 않는다는 것은 곧 하나님이 만드신 더 낮은 차원의 법들 중 하나를 따르게 된다는 뜻입니다. 예컨대 미끄러운 포장도로를 걸을 때 신중함의 법을 소홀히 하는 즉시 중력의 법칙을 따르게 되는 것과 같습니다.

7. 창세기 3장 19절.

8. 라틴어 이름은 유세비우스 히에로니무스Eusebius Hieronymus(342경-419경). 라틴

어 역 성경인 불가타 성경(the vulgate)의 번역자.

10월

1. 1469-1535. 영국의 인문주의자이자 고위 성직자로, 교황과 로마 가톨릭에 헌신적이었고 루터의 사상을 비판하여 명성을 얻었다.
2. A. B. Keith, s.v. 'Righteousness(Hindu).' 《종교와 윤리 백과사전*Enc. Religion and Ethics*》, vol. ii, p. 454 B; iv. 12 B; ix 87. A.
3. 《논어》, 아서 웨일리 역, 런던, 1938, I. 12.
4. Psalm cxix. 151. 원어로는 에머스emeth, '진리'. 인도인이 말하는 사티아는 '상응'으로서의 진리를 강조하는데 반하여, 에머스는 ('견고하다'는 의미와 관련된 동사로서) 진리의 신뢰성 내지 믿음직함을 강조하는 표현입니다. 히브리어 학자들은 대안적 번역어로 신실함과 항구성을 제시합니다. 에머스란 속이지 않는 것, 무너지지 않는 것, 변하지 않는 것, 틈이 새지 않는 것입니다. (T. K. Cheyne, 《성서백과사전*Encyclopedia Biblica*》, 1914, s.v. 'Truth' 참조).
5. 영국 시인 루이스 맥니스Louis MacNeice(1907-1963)의 시 '눈snow'에 나오는 표현.
6. John Falstaff, 셰익스피어의 희곡 《헨리 4세》 1부 ·2부와 《윈저의 즐거운 아낙네들》에 등장하는 인물.
7. 영국의 작가 L.스턴의 장편소설 《신사, 트리스트럼 섄디의 생애와 의견》에 등장하는 주요인물.
8. 찰스 디킨스의 소설 《피크위크 페이퍼스》의 주인공.
9. Fanny Burney(1752-1840), 영국의 여류소설가.

11월

1. 《기도서》에 수록된 기도문의 한 구절.
2. 성공회는 연옥에 간 영혼을 고통에서 건져 달라고 기도하는 로마 가톨릭의 관행을 거부했지만, 죽은 신자들의 영혼의 안식과 활력을 위해서는 여전히 기도한다.
3. 로마서 8장 14절-16절 참조.
4. 이 책은 1952년에 출간되었다.
5. 누가복음 8장 45절.
6. 마태복음 4장 7절, 사도행전 5장 9절 참조.
7. 밀턴이 친구 에드워드 킹의 죽음을 애도하며 쓴 시.
8. 요한복음 12장 24절.
9. 누가복음 12장 10절.

12월

1. 요한복음 3장 3절, 로마서 13장 14절, 갈라디아서 4장 19절, 빌립보서 2장 5절.

2. 요한복음 14장 2절 참조.

3. 205-270. 신플라톤주의의 창시자.

4. 1342-1416. 영국의 여성 은둔자이자 신비주의자.

5. 1542-1591. 스페인의 신비주의자.

6. 마태복음 19장 30절.

7. 북유럽 신화에 나오는 광명의 신. '발드르'라고도 함.

8. 이집트 최고의 신. 형의 지위를 노린 아우 세트(악의 신)에게 살해되어 몸이 갈기갈기 찢겨졌으나 아내이자 동생인 이시스가 그 몸 조각을 모아 신비한 방법으로 부활시켜 저승에 가서 왕이 되었다.

9. 고린도전서 15장 28절 참조.

10. 니케아 신경의 네 번째 조항 "그는 우리 인류를 위하여, 우리 구원을 위하여 하늘에서 내려와"에서 인용.

11. 로마서 5장 20절-6장 3절.

12. 물론 결코 사라지지 않는 이러한 동경들은 우리가 인간이기 때문에 창조자가 주신 것으로서, 그리스도 안에 있는 자들에게 주시는 성령의 은사와 혼동해서는 안 됩니다. '우리는 인간이므로 거룩하다'라는 억측을 하면 안 되지요.

13. 브로켄은 독일 하르츠 산맥의 최고봉으로서, 해의 고도가 낮아지면 산 정상에 서 있는 사람의 그림자가 크게 확대되어 산 아래 깔린 구름이나 안개 위에 거인의 실루엣을 그리게 되는데, 이를 가리켜 '브로켄의 유령'이라고 한다.

날짜가 바뀌는 축일

1. 제2차 세계대전 당시 나치 독일에 부역한 프랑스의 친독 정부.

2. 마태복음 26장 26절.

3. 요한복음 7장 17절 참조.

이 책에 실린 글의 출처

1. 국내 번역·출간된 책들은 다음과 같다.
· 《스크루테이프의 편지The Screwtape Letters》 김선형 옮김, 홍성사, 2000.
· 《순전한 기독교Mere Christianity》 장경철·이종태 옮김, 홍성사, 2001.
· 《고통의 문제The Problem of Pain》 이종태 옮김, 홍성사, 2002.
· 《예기치 못한 기쁨Surprised by Joy》 강유나 옮김, 홍성사, 2003
· 《천국과 지옥의 이혼The Great Divorce》 김선형 옮김, 홍성사, 2003.
· 《시편사색Reflections on the Psalms》 이종태 옮김, 홍성사, 2004.
· 《네 가지 사랑The Four Loves》 이종태 옮김, 홍성사, 2005.
· 《인간 폐지The Abolition of Man》 이종태 옮김, 홍성사, 2006.
· 《개인기도Prayer: Letters to Malcolm》 홍종락 옮김, 홍성사, 2007.
· 《기적Miracles》 이종태 옮김, 홍성사, 2008.
· 《영광의 무게The Weight of Glory》 홍종락 옮김, 홍성사, 2008
· 《루이스가 메리에게Letters to an American Lady》 이종태 옮김, 홍성사, 2009.
· 《피고석의 하나님God in the Dock》 홍종락 옮김, 홍성사(근간).
· 《기독교적 숙고Christian Reflections》 양혜원 옮김, 홍성사(근간).

2. 그 외의 출처는 다음과 같으며, 여기서 발췌한 글들은 홍종락이 번역하였다.
· The Pilgrim's Regress: An Allegorical Apology for Christianity, Reason and Romanticism. J.M. Dent, 1933; Sheed and Ward, 1935; Geoffrey Bles, 1943, with the author's new Preface on Romanticism, footnotes, and running head-lines.
· A Preface to 'Paradise Lost'. Oxford University Press, 1942.
· Perelandra. John Lane the Bodley Head, 1943.
· 'Equality', The Spectator, CLXXI.
· The Last Battle. The Bodley Head, 1956. Fontana Lions paperback, 1980.
· The World's Last Night and Other Essays. New York: Harcourt, Brace & World, 1960.
· An Experiment in Criticism. Cambridge University Press, Cambridge, 1961.
· Poems. Ed. Walter Hooper. Geoffrey Bles, 1964.

- *Screwtape Proposes a Toast and Other Pieces*. Ed. Jocelyn Gibb. Collins, 1965.
- *Letters of C.S. Lewis*. Ed. W.H. Lewis. Geoffrey Bles, 1966.
- *Selected Literary Essays*. Ed. Walter Hooper. Cambridge University Press, Cambridge, 1969.
- *Undeception: Essays on Theology and Ethics*. Ed. Walter Hopper. Geoffrey Bles, 1971.
- *Fern-Seed and Elephants and Other Essays on Christianity*. Ed. Walter Hooper. Fount Paperbacks, 1975.
- *They Stand Together: The Letters of C.S. Lewis to Arthur Greeves* (1914-1963). Ed. Walter Hooper. Collins, 1979.
- *Of This and Other Worlds*. Ed. Walter Hooper. Collins, 1982 and Fount Paperbacks, 1984.

옮긴이 **홍종락**

서울대학교 언어학과를 졸업하고, 한국해비타트에서 4년간 일했다. 지금은 아
내와 팀을 이루어 전문 번역가로 일하고 있으며, 번역하며 배운 내용을 자기
글로 풀어낼 궁리를 하고 산다. 저서로 《나니아 나라를 찾아서》(정영훈 공저),
《오리지널 에필로그》가 있고, 《당신의 벗, 루이스》, 《순례자의 귀향》, 《피고석
의 하나님》, 《세상의 마지막 밤》, 《개인기도》, 《실낙원 서문》, 《오독: 문학비평의
실험》, 《영광의 무게》, 《C. S. 루이스의 순전한 기독교: 전기》, 《조지 맥도널드
선집》, 《고전》(이상 홍성사), 《폐기된 이미지》(비아토르), 《사랑과 정의》, 《한나의 아
이》(이상 IVP) 등 여러 권의 책을 번역했다. 〈2009 CTK(크리스채너티 투데이 한국판)
번역가 대상〉을 수상했다.

C. S. 루이스, 기쁨의 하루
The Business of Heaven

지은이 C. S. 루이스
옮긴이 홍종락
펴낸곳 주식회사 홍성사
펴낸이 정애주
국효숙 김경석 김의연 김준표 박혜란 송승호 오민택
오형탁 이현주 임영주 주예경 차길환 최선경 허은

2010. 12. 15. 양장 1쇄 발행   2017. 7. 12. 양장 4쇄 발행
2020. 4. 17. 무선 1쇄 인쇄   2020. 4. 27. 무선 1쇄 발행

등록번호 제1-499호 1977. 8. 1.
주소 (04084) 서울시 마포구 양화진4길 3 전화 02) 333-5161 팩스 02) 333-5165
홈페이지 hongsungsa.com 이메일 hsbooks@hongsungsa.com
페이스북 facebook.com/hongsungsa 양화진책방 02) 333-5163